本书为2004年国家社科基金资助项目
（项目批准号：04BRK006）结题成果

流动人口婚姻家庭问题研究

基于2003—2005年的调查

叶文振　等　著

厦门大学出版社　国家一级出版社
XIAMEN UNIVERSITY PRESS　全国百佳图书出版单位

图书在版编目（CIP）数据

流动人口婚姻家庭问题研究：基于 2003—2005 年的调查 / 叶文振等著. -- 厦门：厦门大学出版社，2024.7

ISBN 978-7-5615-9389-9

Ⅰ.①流… Ⅱ.①叶… Ⅲ.①流动人口-婚姻问题-研究-中国-2003-2005②流动人口-家庭问题-研究-中国-2003-2005 Ⅳ.①D669.1

中国国家版本馆CIP数据核字(2024)第100172号

责任编辑　许红兵
美术编辑　李嘉彬
技术编辑　朱　楷

出版发行　厦门大学出版社

社　　　址　厦门市软件园二期望海路 39 号
邮政编码　361008
总　　　机　0592-2181111　0592-2181406(传真)
营销中心　0592-2184458　0592-2181365
网　　　址　http://www.xmupress.com
邮　　　箱　xmup@xmupress.com
印　　　刷　广东虎彩云印刷有限公司

开本　720 mm×1 000 mm　1/16
印张　28
插页　2
字数　480 千字
版次　2024 年 7 月第 1 版
印次　2024 年 7 月第 1 次印刷
定价　96.00 元

本书如有印装质量问题请直接寄承印厂调换

目　录

第一章 绪 论

　　流动人口是改革开放在人口领域的衍生物。这个由改革开放推出,又反过来成为改革开放的一个对象的新人口现象,很快就和人口数量一样吸引着包括人口学界在内的各个相关学科的学术关注。时至今日[①],随着流动人口不断裂变出越来越多值得关注的问题,学界对它的研究领域也逐步扩展,特别是从过去更多分析流动人口与流出流入地的关系,转变为更多对流动人口本身的生存质量和发展机会的研究。这种从人格平等与尊重引申出来的以人为本的学术关怀,在很大限度上深化了对流动人口这个现象的研究,而且还影响着我们的决策者从过去带有歧视性的制度化管理,变成更多的富有公平意识的人性化服务。

　　本研究正是在这样对流动中的农民兄弟姐妹非学术化的情感传递中,开始对流动人口现象介入与探索的学术化过程。在这个过程中,我们将把自己有限的学术资源集中投放在流动人口城乡异地流动中婚姻家庭生活经历的跟踪与解说上。我们希望,我们的努力会拉开一幅关于流动人口婚姻家庭生活的生命周期式的画卷,在这幅画卷上,不仅有对流动人口婚育观念与行为的直接描述,以及对他们地域流动与婚姻家庭生活实际之间关系的深入探讨,还有对他们婚育模式变迁的理论解释与未来展望。

　　本章是本研究的开篇。除了更明确地提出所关注的研究问题以外,我们将比较系统地梳理与评价有关流动人口一般研究的文献与流动人口婚姻家庭研究的成果,并在客观评价前人研究得失的基础上,展开我们的研究构想,特别是提出解释流动人口婚姻家庭经历的理论框架。最后,在简单归纳本研究将要追求的学术目标及这种追求所体现的意义之后,我们将说明呈现本研究成果的篇章结构。

---

　　① 本研究文献检索及数据对比分析,截至 2009 年。

第一节　流动人口婚姻家庭研究的背景

新中国成立初期至改革开放前,"受制度制约、交通不畅、机会欠缺以及安土重迁的思想观念和'父母在、不远游'文化传统的影响"(杨菊华,2009),我国人口流动主要以计划性、政策性流动为主,如修建电站的集体搬迁、反右派时的下乡劳动改造、"文革"后期的知识青年上山下乡等,而以个人或家庭为单位的人口流动,尤其是跨越城乡二元制度障碍的人口流动并不普遍。

中国改革开放激起了流动人口大潮(朱宝树,2009)。1978年改革开放后,随着市场经济的发展以及相关体制制度的松动,特别是四个经济特区的兴起所产生的对劳动力需求的拉动,新中国成立30年来一直守着土地生存的农民居然成为异地流动的先行者和主力军,把早期小规模的异地移动推波助澜成巨大的人口流动浪潮,并以自己独特的模式在世界人口迁移史上留下了十分惊人的印记:

第一,流动的人口规模异常庞大,2007年外出农民工总数达到了1.37亿(崔传义,2009),大约是非洲的尼日利亚(1.31亿)或亚洲的孟加拉国(1.38亿)的整个国家人口在流动。

第二,流动人口数量增速很快(见图1-1),从1982年的657万人增加到

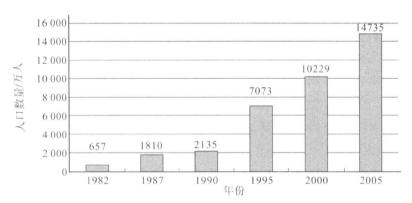

图 1-1　我国流动人口数量变动趋势

资料来源:根据1982年第三次全国人口普查、1987年全国1%人口抽样调查、1990年第四次全国人口普查、1995年全国1%人口抽样调查、2000年第五次全国人口普查和2005年全国1%人口抽样调查数据计算。

1990 年的 2135 万人、1995 年的 7073 万人,并在 2000 年突破一亿人,达到 10229 万人,再到 5 年后的 2005 年,几乎又净增了 5000 万人,达到 14735 万人,其中 20 世纪 90 年代的增幅最大,年均增长高达 15%(杨菊华,2009;崔传义,2009)。

第三,人口流动的地域跨度加大,1993 年跨省流动的比重达 35.5%,比 1989 年上升了 12.5 个百分点,在 2000 年和 2005 年,跨省流动的比重都保持在 30% 以上,分别为 35% 与 34%(崔传义,2009;陈友华,2009)。

第四,流动路线单一,流出流入地域分布分明,主要是从农村流向城市,从中西部不发达地区流向先富起来的东部沿海地区。

第五,人口流动"家庭化"。已经结婚甚至生育的中青年农村女性,还有他们婚生的孩子也加入了这个流动群体,把过往的个人流动演变为"举家迁徙"的过程,家庭流动的农民工已经占到 20% 以上(段成荣、周皓,2001;段成荣 等,2008;崔传义,2009)。

规模如此庞大的流动人口的动力机制、流动模式以及它们可能给流出和流入地甚至给整个国家的经济社会文化带来的影响,成为大家共同关注的热点领域,从而,流动人口的婚姻家庭生活状态也逐步成为一个新的视点,开始进入政府相关职能部门和学界各相关学科的视野。相对政府侧重于公共管理的政策取向,学界更多是从学术的角度来描述和解释流动人口在流动中所经历的婚姻家庭生活过程和变化,并通过这样的学术关注和研究,在影响政府的公共决策中间接地表达对流动人口的人文关怀。在我们看来,至少有以下几个事实说明学界的关注是十分必要的,而且必须纳入我们综合分析的思路之中:

(1)不论是未婚个人的流动,还是已婚已育个人的出走或整个家庭流动,我们对与他们流动过程相伴随的婚恋、生育观念与行为现状至今还了解不多,有限的几个实际调查是否比较客观地、全面地反映了这个现状,我们还不能给出比较肯定的判断。这种研究对现实的滞后在很大程度上归结于三个原因:一是流动人口的高流动性使我们不能有效地借用先进的抽样调查技术抽取比较有代表性的样本来推论总体;二是源自城乡二元结构、计划生育等制度与政策因素的心理顾虑影响被调查的流动人口填答问题的真实性;三是对于流动人口,我们把更多的行政关注放在他们的经济行为上,而且主要从区域的经济发展和社会稳定角度来考虑,还比较少从流动人口的个体层面和实际需要去研究和关心他们私人领域的感情生活与婚育行为。

（2）流出后的流动人口的婚姻家庭观念与行为是否有别于流出之前？如果存在差别，其具体表现是什么？差别的程度富有统计意义吗？对于流动人口这个群体来说，观念更新与行为转变，哪个变化幅度更大？这两种变化存在着内在联系吗？它们是同步的，还是表现出时间上的先后？过去的研究似乎还没有对这些问题做出令人满意的回答，还比较少通过流动人口与从未流出人口这两个群体的对比来揭示流动人口在流动以后在婚姻家庭观念与行为上所发生的变化。

（3）从统计资料可以看出，越来越多的流动人口是跨越省份、从农村走向城镇的流动，那么在思考他们婚姻家庭观念与行为变迁的动力机制时，至少四个方面的因素的影响是不能忽视的，即地域文化的因素、城市婚姻家庭生活方式的因素、流动过程本身的因素、个人与家庭背景的因素。然而从以往的研究来看，基本上是一种二元的分化：要么侧重于宏观层面的解释，把流动人口在婚姻家庭观念与行为的变化更多地归因于对流出地文化的远离和对其他地域文化和城市生活方式的亲近；要么强调微观因素的影响，认为每一个流动人口的流动经历和个人家庭背景将发挥更大的助变作用。实际上，不把这些因素一并考虑，其结果都会在一定程度上过高估计宏观或微观影响因素的作用，也不利于去发现这些因素的影响机制，也就是它们的作用是通过什么样的路径发挥出来的。如果再严密一点，我们还要注意到流动人口婚姻家庭这个单元的生命周期里面，不同环节之间还存在一定的制约关系，甚至一个环节的不同侧面也存在着密切的联系，如生育意愿里的生育规模追求、生育质量要求、性别结构偏好、生育时间选择之间就表现出十分明显的关联性。所以，已经形成的关于流动人口婚姻家庭观念与行为的理论解释似乎把问题简单化处理了。

（4）我们不难想象，在跨省域的城乡流动中，流动人口不仅要面对就业与生计的压力，而且在处理个人婚姻家庭事务时，也不可避免地存在着不少困难与障碍。例如在择偶过程中，流动年轻女性高攀与流动男性低就的不同择偶走向，就有可能把不少的流动男性搁置在婚姻市场中，成为择偶人口中的弱势群体，他们虽然可以从流出地寻找自己的对象，但成婚后的家庭流动，又可能把婚姻置放在缺乏父母和家族支持的流入地环境中，存在着不少风险和变数，如何在更为开放的异乡保持初建婚姻关系的稳定，确实也是一大难题。在过去的相关调研中，关于流动人口在流动中可能遭遇的与婚姻家庭有关的困难和问题并没有得到足够的重视，这些问题和困难产生的原因自然也没有得到深入的研究。这方面研究的滞后也在很大限度上影响了流入地的媒体和政府相关职能部门去主动地发现和有效地帮助解决这些问题。

综上所述,关于流动人口的婚姻家庭问题是不容忽视和轻视的,研究和解决好流动人口的这些感情和私人生活问题,将在很大限度上提高他们流出后的生活质量,这对于适度降低他们的流动性,加快流动人口对流入地的全面融入,确保流入地的经济发展与社会稳定,提高我国城市化水平和社会主义新农村建设速度,都是十分有利的。这也就是我们把有限的学术资源投放在流动人口婚姻家庭问题研究上最主要的动因和最基本的愿望。

为了实现本研究的学术愿望,我们有必要对将要展开的研究进行学术定位,也就是通过系统与科学的对前人研究的综述与评价,以便在过去研究的基础上,在更高的学术起点上,来建构我们的研究框架与解释理论。下面我们将从对流动人口研究的文献综述开始,逐步过渡到对以往关于流动人口婚姻家庭问题研究成果的系统梳理和客观评价。

第二节 相关研究的文献综述

这里的文献综述分为两个部分:一是从更为宽泛的视角对流动人口一般研究的回顾、总结和评价;二是把综述与评价局限在我们所关心而且也要介入的关于流动人口的婚姻家庭观念与行为研究。从前者我们可以看到有多少学科介入对流动人口这一现象的研究,它们都在研究什么以及怎么研究,而从后者我们则能够提醒自己,在追求既定的学术目标时,要从哪里去寻找研究的突破口,要在哪些方面去努力并有所创新与发展。

一、流动人口研究的文献综述

关于流动人口的研究开始于 20 世纪 80 年代初,当时只是对流动现象的简单描述和对流动人口问题的初步探索,一直到 20 世纪 80 年代末 90 年代初,对流动人口的调查与研究才逐步发展为我国学术界关注与投入的热点领域之一。中国社会科学院农村成研究所在 1987 年举行的对 11 个省222 个村 26993 名外出打工农村劳动力的调查是此类专题调研的第一次实践,在这个调查基础上形成的《当代中国农村人口向城镇的大迁移》(马侠,

1989)以及随后发表的《流动人口对城市发展的影响及对策》(李梦白 等,1991)是国内最早研究流动人口的论著。1990 年全国第四次人口普查首次全面调查了中国人口流动的状况,为流动人口的研究提供了比较系统的资料支持,并比较准确地计算出当时的流动人口总规模、基本结构特征与地域分布。

进入 20 世纪 90 年代后,政策研究部门和学术研究机构继续对 80 年代后期对社会形成强烈冲击的"民工潮"展开了较为深入的调查和研究。1993 年年底到 1995 年间,不同主管部门和行业分别资助了四项大规模的调查:中国农业银行调查系统于 1993 年 12 月至 1994 年 1 月对 26 个省、自治区、直辖市的 600 多个县 14343 个样本户的问卷调查;全国政协和国务院发展研究中心在 1994 年对 15 个省、自治区的 28 个县的 28 个村的调查;农业部"民工潮"跟踪调查与研究课题组在 1994 年 5 月对 11 个省、自治区 75 个固定观察村庄的调查;农业部农研中心在 1994 年 11 月至 1995 年 4 月期间对分布在 29 省、自治区、直辖市 318 个固定观察点村庄的 25600 个样本户的调查。此外,在联合国粮农组织的资助下,中国社会科学院曾在 1994—1995 年主持完成一项涉及 8 个省的 8 个村庄的流动人口的研究项目;美国福特基金会也在 1995 年资助北京有关研究单位完成 8 个关于流动人口的专题研究课题(张继焦,2004)。这些调查研究不仅为流动人口研究提供了丰富的数据资料,取得了不少有价值的学术成果,而且还吸引不少学者加入流动人口研究的学术队伍中,加强了这方面的研究力量,特别是推动了不同学科的研究合作。

进入 21 世纪以后,相关的研究数量急剧增加,跨学科的研究合作更为普遍,研究内容覆盖面相当广泛,研究视角多元且细致、深入,研究方法也时有创新。可以说,关于流动人口的研究已逐步成熟并形成相当规模的科研产出,仅从中国期刊全文数据库上搜索到的关于"流动人口"的学术文章就有 3881 篇(截至 2009 年),而且从各年份关于流动人口研究数量的增长情况便可看到,这方面的研究产出与我国人口流动发展历程是相当一致的,呈很强的正向相关。随着流动人口规模的不断扩大,关于流动人口研究的数量也逐年增加,到 2000 年其研究成果达到高峰(见表 1-1)。

表 1-1　不同年代关于流动人口研究的数量分布

时 期	篇数	百分比/%
1979—1990 年	169	4.4
1991—1995 年	303	7.8
1996—2000 年	603	15.5
2000—2009 年	2806	72.3
总计	3881	100

从介入的学科分布来看,目前已有人口学、社会学、经济学、管理学、教育学、心理学、统计学、建筑与城市规划学、医学等十多个相关学科,其中人口学与社会学的介入不仅比较早,而且表现很活跃,科研产出也最多。下面让我们对各个学科的研究表现做一个简单的综述。

(一)医学的研究

对流动人口的医学研究专业特征很突出,成果也很丰富。从所关心的研究问题来看,大约可以分为三大类:一是对流动人口一些疾病发生情况的调查、影响因素的分析,以及预防控制措施的探讨,这些疾病主要有血吸虫病、肺结核、麻风病、麻疹、疟疾等。二是对某些致命疾病尤其是艾滋病的知识、态度与行为的调查分析、干预效果评价以及相关的健康教育研究。三是对流动人口生殖健康、避孕节育、新生儿出生保健、婴儿死亡情况等的调查分析与干预措施研究。医学研究发现,流动人口对一些疾病的病因、传染性、症状、治疗等知晓率低,并存在恐惧与偏见,健康教育干预之后,这些情况有所改善。因此要做好流动人口健康教育,包括各种疾病知识的健康教育和生殖健康知识的教育;加强对流动人口的卫生服务,提高流动人口的健康水平;做好流动人口的健康监测与管理,以有效地控制一些疾病通过人口流动向更大规模的人群传染。医学研究都是在实证调查的基础上完成的,其结论与对策对提高流动人口的健康水平具有重大指导意义。

(二)建筑与城市规划学的研究

为数不多的建筑与城市规划学研究主要集中在对流动人口聚居区的分析方面,其科研产出包括:①关于流动人口聚居区的特征分析(吴晓,2003;罗仁朝、王德,2009)。如罗仁朝等指出,流动人口聚居区可分为自发聚居、简易安置、集中安置三个类型,通过现场观察以及对典型流动人口聚居区调查数据的分析发现,流动人口自发聚居区居住环境恶劣,公共服务缺乏,聚居者之间沟通较少,社会矛盾突出;简易安置的流动人口聚居区,尽管物质条件简陋,但管理规范,配套有基本生活服务设施,居住群体之间有较强的认同感,聚居区治安状况、邻里融洽度均较好;而集中安置的聚居区居住环境较好,服务设施完善,且聚居人员文化背景趋同,较易形成认同感,该类聚居区已成为未来改善流动人口在城市居住状况的重要发展方向(罗仁朝、王德,2009)。②关于流动人口聚居区的功能分析(蓝宇蕴,2008)。③关于国内不同地区流动人口聚居区的比较分析与国内外流动人口聚居区的比较分析(千庆兰、陈颖彪,2003),如有的研究者在比较分析的基础上,结合国外的实践经验提出了对流动人口聚居区规划与整合的对策建议(吴晓、吴明伟,2003)。

另外,少数学者的研究还涉及流动人口居住问题。如有的学者从居住供给系统论出发,设计解决流动人口居住问题的方案,提出应遵循市场化为主、住房保障为辅、政府政策扶持、多渠道供应的原则,建构包括商品住宅供应、公共住房供应、集体单位宿舍供应、城中村改造供应、集体所有土地集中建房供应等多层次的流动人口住房供给系统(马光红,2008);也有学者针对低收入流动人口,结合国外解决流动人口居住问题的相关经验,从社会问题空间化的新视角,分别从建筑、社区、城市三个层面探讨适合低收入流动人口居住的相关策略(刘翠、孙晓峰,2007);还有学者结合重庆火车站附近居住区的实践,为有效解决流动人口居住问题,提出了"可出租住宅"的设计方案(李甫、孙秉军,1997)。

个别学者还探讨了流动人口对城市规划与建设的影响(黄俭、李佳能,1990;黄婧、褚军,2005),并计算"聚集指数"来描述流动人口的空间聚集程度,如利用五普数据分析上海市流动人口空间分布特征与聚集水平(罗仁朝、王德,2008)。

从建筑与城市规划学学科角度研究流动人口有利于认识流动人口在流入地的空间分布情况,对于解决流动人口的居住问题、改善他们的居住环境,以及结合流动人口开展城市的规划建设与管理都具有比较明显的现实价值。

(三)统计学的研究

从文献的实际检索来看,对流动人口的统计学研究相对比较少,与该学科对流动人口数据的占有和对分析方法的把握相比较很不对称。在有限的研究中,有学者构建模型对流动人口进行预测(李晓梅,2006;黄健元、刘洋,

2008),也有学者以托达罗人口流动模型为基础,建立包括劳动歧视在内的人口流动分析模型(何新易、廖淑华,2005);还有学者在分析人口流动规模和地区经济社会综合发展水平之间数量关系的基础上,从宏观层面提出调节人口流动规模和方向的具体措施(赵乐东,2009)。

(四)教育学的研究

教育学者在流动人口研究领域表现得很活跃,比较丰富的科研产出主要集中在流动儿童的学校教育与成人流动人口的继续教育问题。

在流动儿童教育研究方面,所涉及的内容主要包括:①流动人口子女教育的基本现状研究,不仅有根据以往研究所整理汇总出来的全国性总体报告,还有分地区的区域性调研;②流动人口家庭教育或教养方式研究,主要从家庭的主客观条件、教育的基本特征来探讨流动人口家庭教育中存在的问题和解决方法;③教育平等或公平研究,主要从入学机会、学习过程和教育结果三个方面来探讨教育公平问题;④留守儿童的教育研究;⑤打工子弟学校的研究;⑥流动人口子女的社会认知、健康状况和学习困难等生活和学习问题研究(夏雪,2008)。在研究中所采用的理论视角有:①平等和公平的视角;②权利的视角,从受教育权利入手,探讨如何尊重和保障流动人口子女的基本权利;③制度性分析、政策分析和政策价值分析的视角,主要针对政府制定的相关教育制度与政策,来分析利弊得失和如何改进;④社会资本的视角,从流动人口及其子女所占据的社会资本来分析其弱势地位及其成因。

流动人口的成人教育研究侧重于成人教育的作用与方式。有学者指出,成人教育以其独特的教育性质,帮助流动人口获得技能,提高综合素养,是他们实现合理向上流动的最佳捷径(曾荣青、贺义梅,2008;熊太和,2009)。也有学者探讨了流动人口成人教育的方式,认为流动人口教育应以社区为载体,以社区成人教育为依托,使流动人口和社区成人教育两者之间相互促进、共同发展(张峰,2001)。

(五)经济学的研究

经济学学科对流动人口的研究主要集中在以下几个方面:一是从经济学角度,在宏观上研究经济变量与流动人口现象之间的关系;二是利用西方托达罗人口流动模型,探讨人口流动的原因与农村剩余劳动力转移的对策;三是关于流动人口的就业问题、人力资源开发问题及收入差异问题的经济学分析;四是探讨人口流动对社会经济发展的影响,包括对区域协调发展、城乡协调发展、产业结构转型以及农村经济的影响等。

(六)人口学的研究

对流动人口研究介入比较早而且一直比较活跃的人口学,在流动人口的计划生育管理与服务研究方面,成果相当丰厚。一些人口学者从不同角度深入探讨流动人口计划生育管理服务存在的问题,并寻找相应的对策,提出了"以房管人""一基三化"等管理服务创新机制,甚至结合社会变革的视域和政府资源短缺的现状,从本质上揭示流动人口计划生育管理服务的规律(苏建明,2009)。也有不少人口学者关注流动人口的生殖健康,如在描述流动人口生殖健康现状的基础上,分析流动人口生殖健康服务存在的问题及原因;又如专门调研流动人口的避孕节育现状,分析发现主要的影响因素。

近年来,越来越多的人口学者开始关注流动人口的生育问题,包括生育观念、生育意愿与生育行为等,并多次举行抽样问卷调查,为具体描述和解释分析流动人口的生育观念与实践提供了不少实证数据。

(七)社会学的研究

社会学学科也是流动人口研究的主力军。根据检索,我们发现,流动人口的社会学研究呈现出以下几个学科特点:

首先,它涉及了流动人口的宏观、中观、微观各个领域,研究内容丰富,分析角度多元、深入。一是从整体上、宏观上研究流动人口问题,包括对流动人口或人口流动的现状、特征、基本规律与发展趋势的分析,对人口流动给流出地流入地、给中国社会经济发展带来的影响的分析,对人口流动的动力机制和主要决定因素的分析,等等。二是从具体领域对流动人口进行专门研究,如流动人口社会保障问题研究,流动人口权益保障问题研究,流动人口的管理与服务问题研究,流动人口婚姻家庭研究,流动人口就业问题、职业发展与技能培训研究,流动人口社会支持、社会融入、社会适应、社会认同、市民化等问题研究,流动人口遭受社会排斥、被边缘化等问题研究,流动人口与城市居民关系研究,流动人口生活方式、生存质量研究,流动人口行为研究,流动人口越轨与犯罪问题研究,等等。三是对流动人口的政策研究。如流动人口政策变迁研究、户籍制度改革研究、流动人口社会保障政策研究、流动人口就业政策研究、流动人口子女教育政策研究等等。四是对人口流动的理论研究,如借鉴西方流动人口理论或对西方理论的简单应用与验证,所涉及的理论主要有雷文斯坦的推拉理论、E.S.李的迁移选择理论、波特斯等人的迁移网络理论、迪琼和法克德迁移决策的概念模型、刘易斯的二元经济结构理论、托达罗的人口流动理论、赫什曼等人的核心与边缘区理论等等。

其次,研究方法有所提升,主要涉及区域研究方法的应用;比较研究方法的推广,如流动人口与城市常住人口的比较研究,流动人口与未外出打工农村人口的比较研究,国内流动人口与国外流动人口的比较研究,流动人口的性别比较研究,不同职业流动人口的比较研究,等等;还有定性与定量方法的结合,不少学者在使用问卷调查法、个案访谈法、实地观察法与文献研究方法的同时,还建立多元定量模型来拟合与解释流动人口的现实问题。

最后,研究目标群体进一步细化,社会学界除了基于整个流动人口这个群体进行研究外,还对流动人口这个群体进行分类、分层,如分成少数民族流动人口、流动儿童、流动女性、返乡流动人口、不同职业流动人口、"80后"流动人口等目标群体进行专题研究。

二、流动人口婚姻家庭研究的文献综述

(一)国内学者的研究

纵观国内学术界关于流动人口问题的研究,可以发现,对流动人口婚姻家庭的研究起步较晚,关注度较低,相关的研究成果也较少。例如,在全国期刊网上检索到的流动人口相关文章有近4000篇,而关于流动人口的婚姻家庭研究仅153篇,还不到所有研究成果的4%。中国社会科学院社会学研究所的学者在2001年和2003年曾出版了两部专门探讨流动人口和进城农民工问题的学术著作,在所收录的32篇研究论文中,没有一篇是专门探讨流动人口或农民工的婚姻家庭问题的(柯兰君 等,2001;李培林,2003)。

我国学术界关于流动人口婚姻家庭的研究主要集中在四个方面:一是流动人口婚姻家庭观念的研究;二是流动人口婚姻家庭现状的研究;三是城乡流动对婚姻家庭影响的专门研究;四是流动人口生育问题的研究。生育问题的研究其实也分属于前三类,成果最为丰富,约占流动人口婚姻家庭研究的40%,在这里我们将它单独归为一类。

1.流动人口婚姻家庭观念的研究

国内学者中比较早研究流动人口婚姻家庭观念的是来自中山大学的陈印陶,她在1996年5月分别对广东省的广州、深圳、东莞和肇庆四市的打工妹进行了随机抽样问卷调查。被调查对象共401人,全部为未婚女性。调查结果表明,打工妹经过打工生活的磨炼,城乡文化的融合,增长了才干、开阔了眼界,经济独立,人格自立,她们的婚恋观念发生了重大变化(陈印陶,1997)。其后,陆续有学者加入流动人口婚姻家庭观念研究(黄润龙,2000,

2002；蔡恩泽，2001；贺飞，2007；迟书君，2008；陈岸涛，2008），较具代表性的是黄润龙教授等人完成的1998年国家哲学社科基金立项资助项目"江苏女性流动人口婚姻现状及婚恋观研究"。该课题组将流动女性分为外来经商女、外来打工妹、外来婚嫁女，采用问卷调查方法收集数据，对这三类流动女性的婚恋观进行描述分析和比较。研究表明，受流入地居民婚恋观的影响，外来妇女的婚恋观念一般处于城市妇女和农村妇女婚恋观念之间而接近于城市妇女，同时她们的婚恋观还与在流入地的职业状况密切相关，打工、保姆、经商女、婚嫁女都有不同的婚恋观念（黄润龙 等，2000，2002）。

进入新世纪，一些学者开始研究新生代农民工或"80后"农民工的婚姻家庭观念（潘永、朱传耿，2007；罗建英 等，2008；刘淑华，2008），这些研究发现，新生代农民工或"80后"农民工比以前的农村流动人口有更多的机会和条件接受学校教育，因此他们的受教育水平比其他农村流动人口高，在一定程度上较少受传统婚恋思想的影响，也更容易接受流入地的新的婚恋观。他们对婚恋的看法与态度既不同于世世代代生活在农村的农民，又不同于市民，与老一辈农民工也有差异，带有更多的市民现代性特征。与此同时，也有少数学者对农民工与市民的通婚意愿进行专门研究（卢国显，2006；许传新，2006）。研究表明，有1/3左右的农民工有同市民恋爱结婚的想法，但制度歧视和文化差异、经济地位悬殊、空间隔离、缺乏交往机会等都在不同程度上制约了农民工与市民通婚意愿的顺利实现；性别、城市生活体验、社会交往、社会距离感等都对通婚意愿产生显著性影响。

显然，以上这些研究都有助于我们了解与认识流动人口的婚姻家庭观念。但在这些研究中，除了许传新对通婚意愿有做简单的回归分析外，其余的均停留在定性分析或简单的描述分析上，解释分析的缺乏致使我们还不能揭示出这个特殊群体婚姻观念的变迁主要归因于哪些因素及其影响机制。弥补这一研究不足的是叶文振教授等人对外来打工妹婚姻家庭观念中的择偶意愿的研究（叶文振 等，2006）。该研究提出了一套多学科视角的关于外来打工妹择偶意愿的理论解释框架，并采用Logistic回归分析方法，把侧重于描述分析的现有研究推进到更深层次的解释分析，把过去比较一般化的定性讨论提升到更为严格的参数估计和模型检验，对推进流动人口婚姻家庭的研究是一个很好的尝试。

2.流动人口婚姻家庭现状的研究

关于流动人口婚姻家庭现状研究成果比较多，但主题也较为分散，所涉及的内容主要包括：

(1)流动人口婚姻家庭状况、特征、模式研究(张国平,1996;李强,1996;黄润龙 等,2000;迟书君,2005;仰和芝,2006;肖和平、胡珍,2008;谭雪洁,2008;魏晓娟,2008)。

(2)流动人口婚姻家庭面临的问题或困境研究,其中有从整体上研究流动人口婚姻家庭面临的问题(贾劝宝,2006;蒋成凤,2006;陈桂菊、梁盼,2007;戚少琴,2008),也有从具体领域研究流动人口婚姻家庭问题,如流动人口婚变问题研究(熊伟、杨玉美,2007)、流动人口家庭暴力问题研究(张洪林、廖宏军,2008)以及流动农民工家庭中的夫妻两地分居问题研究(罗忆源,2006)等。

(3)流动人口婚姻家庭生活质量研究,包括流动人口婚姻满意度研究(仰和芝,2007;王玲杰、叶文振,2008;韦克难 等,2008)、流动人口婚姻家庭关系研究(周全德,1998;迟书君,2007;孙慧芳、时立荣,2007;吴银涛、胡珍,2007;王东亚 等,2007;金一虹,2009)、流动人口婚姻稳定状况研究(仰和芝,2007)、流动人口家务分工研究(叶苏、叶文振,2005)以及打工妹婚姻家庭地位变化研究(刘倩,1998)等。

(4)青年农民工闪婚现象研究(齐桂玲,2008;裴斐、陈健,2008;施磊磊,2008)。

(5)农村女性婚姻迁移研究(程广帅、万能,2003;邓智平,2004;孙琼如,2004)。

这些研究结果都表明,城市为主要流入地的人口流动对流动人口婚姻家庭产生了重大影响,使流动人口的婚姻家庭状况发生了显著变化,大部分流动人口家庭关系变得更加和谐平等,也有不少流动人口婚姻家庭面临许多挑战与问题。从这些多样化的研究内容可以看出,学术界关于流动人口婚姻家庭问题的研究出现更加细化的趋势。

3.城乡流动对婚姻家庭影响的专门研究

事实上,在前两类研究即流动人口婚姻家庭观念研究与流动人口婚姻家庭状况研究中,都涉及了城乡流动对流动人口婚姻家庭的影响,但都不是这些研究的重点,未做专门的系统分析。2000年以后这种研究状况有了改变,不断有学者专门针对城乡走向的流动与婚姻家庭之间的因果关系进行研究。例如,有的学者研究了城乡流动对农村婚姻的影响,包括对农村婚姻制度的影响和对农村青年本身婚姻生活的影响,他们认为,随着农民流向城市的频率和范围的扩展,城市的一些新的观念和行为规范开始传入农村社区,农村社会文化由封闭走向开放,传统的婚姻制度也受到城市文明的影响和冲击(黄了,2006);与此同时,打工经济还改变了农村青年的婚恋方式,婚姻自主权明显扩大,自由恋爱大幅度增加,尽管婚事操办仍未完全脱离村庄传统(田先红、陈玲,2008)。

又如,有的学者研究了城市流动对家庭的影响,包括对家庭关系的影响和对家庭生活各方面的影响。分析结果表明,外出务工对家庭关系的影响,主要表现为情感关系与权威关系的变化:家庭情感关系出现进一步增强或情感危机甚至破裂的两极变动;家庭老人权威被外出务工年轻人取代,外出打工女性家庭从属地位被打破等。对家庭生活各方面的影响则表现在:流动人口外出就业后,其家庭的经济情况有明显改善,家庭成员生活满意度较他们未外出打工时有明显提高,但他们的外出也造成了留守家庭成员的家务与家教负担加重、夫妻之间的亲密生活中断等(龚维斌,1999;王迴澜,2007;张继焦,2000)。

还有一些学者研究了外出经历对农村妇女初婚年龄的影响。郑真真的研究发现,有外出经历妇女的初婚年龄明显大于没有外出经历的妇女,向城市的流动提高了农村妇女的初婚年龄(郑真真,2002)。靳小怡等人的研究表明,社会交往、居住环境和在城市的滞留时间对流动妇女的初婚年龄均存在显著影响;已婚流动妇女的理想平均婚龄明显高于实际平均婚龄;受教育水平较高的妇女理想婚龄较大,但实际婚龄较小、初婚风险较大(靳小怡等,2005)。如同前面提到的叶文振等人的研究,这两项研究也都通过构建相关的理论模型,并采用 OLS、COX 等回归分析方法进行统计检验,弥补了以往研究在分析方法上的粗浅与不足。

4.流动人口生育问题的研究

学术界关于流动人口生育问题的研究成果最为丰富,也比较多地采用实证分析方法和区域研究方法,而且多学科特征非常明显,目前学者们已从人口学、社会学、经济学、心理学等不同的学科视角进行研究。研究的内容可以概括为以下几个方面:

(1)流动人口对生育的态度与看法研究。学者们从各自不同的需要出发,分别研究了流动人口的生育观念、生育价值观、生育意愿、生育态度等,其中包括对流动人口生育意愿、生育观念等的现状描述分析,对流动人口生育意愿的变迁及其影响因素分析,以及对城市流动与流动人口生育意愿、生育观念变化之间关系的专门研究。

（2）流动人口生育现状的描述与解释分析,其中既有从整体上描述分析流动人口生育状况、生育行为、生育特点的,也有从具体角度研究流动人口生育状况的,如生育规模及其影响因素分析、初育年龄变化及其影响因素分析、生育子女数的影响因素分析等。

（3）流动人口政策外生育现象的原因分析与对策研究。

（4）城乡流动对流动人口生育观念与行为的影响研究,包括对生育观念、生育意愿的影响分析,对生育行为的影响分析,还有对生殖健康的影响分析等。

以上这些研究表明,城乡流动对流动人口的生育观念、生育行为产生了比较明显的影响,其主要表现是,流动人口期望的子女数有所下降,流动人口结婚年龄、生育年龄有所推迟,一胎与二胎生育间隔延长,等等(彭良军,2006)。

(二)西方学者的研究

与西方城市化起步较早一样,西方学者在流动人口婚姻家庭方面的研究也有比较长的历史,所积淀下来的学术成果也比国内丰富多彩,并在以下两个领域有了十分深入的探讨。

1. 对人口流动与婚姻关系的研究

关于婚姻与人口流动的关系,西方学术界主要持两种观点。第一种观点认为人口流动是婚姻的结果,即嫁到另一个地区才实现了人口流动,婚姻迁移更多的是一种经济策略,对妇女而言更是如此。农村妇女受到性别身份、农村户口、低受教育程度的限制,流入城市后往往会被排除在城市劳动力市场之外,她们以实现经济效益或改变经济状况为目的的流动更多是借助婚姻迁移实现的,而且往往是嫁到发达地区的农村(Fan and Huang,1998)。

第二种观点则强调,人口流动不是婚姻的结果,相反,人口流动对婚姻产生重要影响,但对产生什么样的影响却有两种截然相反的看法。一部分学者认为流动对婚姻产生消极影响,至少推迟了流动人口的结婚时间,因为流动使得当事人离开了当地婚姻市场,而在迁入地却需要一段调整适应时期,加上刚迁入时还面临着经济上的不确定性,这些都可能推迟流动人口的结婚时间。另外,流动人口的弱势地位也使他们在迁入地寻找配偶时遭遇困难(Limanonda,1983;Parrado,1998;Chattopadhyaya,1999)。另一部分学者则认为迁移对婚姻产生积极影响,不仅加大婚姻的可能性,而且还将结婚的时间前移,这是因为流动对家庭经济有积极影响,在城市获得较高收入可以促进婚姻建构所需经济资源的积累,加速婚姻关系的形成(Parrado,1998);人口迁移给正处在婚育时期的大部分迁移者提供了在迁出地婚姻市场之外认识更多迁移伙伴的机会,有利于迁移者配偶的选择;便利的交通也使得很多迁移者在城市与农村进行循环流动,进而拥有迁出地与迁入地双重的婚姻市场,配偶选择的范围更广、机会更多(Jampaklay,2006),与不同地区的人结婚的可能性更大(Jampaklay 2003)。个别研究还指出,迁移对婚姻的影响存在性别差异:对妇女而言,迁移独立于其他生命事件直接影响其婚姻;对男性而言,迁移通过其他生命事件,主要是就业,影响其婚姻(Aree Jampaklay,2006)。

2.对人口流动与生育率关系的研究

众多研究表明,流动到城市的人口,其生育率低于来源地农村的生育率,但要高于目的地城市的生育率,人口流动对降低生育率有积极影响。对此,由于研究者采用不同的研究设计、不同的关键概念操作化以及不同的控制变量,所给出的解释也就不同(Lee,1989)。在这些不同的理论解释中,最具代表性的是选择理论、干扰理论、适应理论等。

迁移者选择性理论认为,流出人口具有选择性或表现出比较明显的同质性,只有某些特定的人才可能成为迁移者,如具有较高教育程度、较低年龄,以及强烈的发展愿望和对都市现代生活的追求的人更趋向于流动,而这部分人一般具有比较低的生育意愿,流入后都会主动地推迟结婚和控制生育规模(Kahn,1988;Eric and Dennis,2004)。但Brockerhoff和Yang的研究否定了这个看法,发现成为移民的人在迁移前的生育率水平高于平均水平,因此迁移者在生育意愿方面不存在选择性(Brockerhoff and Yang,1994)。

干扰理论认为,人口流动或迁移会对婚姻生育过程产生干扰,在流动迁移初期会产生夫妻暂时分离的情况,从而降低了流动迁移者的实际生育水平(Goldstein and Tirasawat,1977;Harrison et al.,1986;Kiningham et al.,1996);流动迁移对婚姻生育的干扰还表现在,迁移拉大了流动人口的生育间隔时间,进而降低了他们的生育率(Eric and Dennis,2004)。

适应理论则强调,流动降低生育率主要归因于迁入地与迁出地具有不同的文化与制度环境,流动人口进入城市后接触了偏好低生育率的群体或机构,接受了当地主流社会的生育观念并被当地生育政策规范成统一的生育行为,结果导致生育率水平的降低(Brockerhoff and Yang,1994)。Eric

和 Dennis 进一步指出,流动通过对城市的适应降低生育率,不仅表现在对城市低生育规范的适应与遵循上,更体现在对需求变化的适应上,流动人口进入城市后收入的变化、生活成本的变化及生育、抚养孩子成本的提高,都使得生育孩子的机会成本上升,进而引起生育率的下降(Eric and Dennis,2004)。还有学者认为,流动人口对新环境的适应因人而异,婚姻家庭观念与行为的调整与适应与迁移者的气质、性格特点、文化程度、语言能力、地方劳动力、获得迁入地的协助与否、当地城市环境等因素相关(McHugh et al.,1998)。

另外还有研究发现,流入的地区越城市化,生育率越低;流动后拥有有薪工作的女性比流动后无工作的女性,生育间隔时间更长,生育率水平更低;迁移到过的城市越多,观念上与城市越趋同,生育间隔的时间也越长(Eric and Dennis,2004);流动人口聚居区有利于流动人口对新环境的适应和尽快融入主流社会,也有利于流动人口婚姻家庭观念与行为向迁入地主流文化转变(Kaplan,2004);或者流动人口聚居区所依赖的社会资本有碍于流动人口融入主流社会,不利于流动人口婚姻家庭观念与行为的改变与趋同于迁入地(zhou M et al.,2004)。

除了以上研究成果以外,西方学者还提出了不少涉及多学科的关于流动人口婚姻家庭的理论解释,其中具有一定影响的有:

(1)人口结构理论(Cuttentag M and Secord P,1983),认为外来务工者的婚姻家庭行为是本群体人口规模、适婚人口性别比和居住分布密度等变量的共同函数,来自同一个迁出地的人口越多,性别比越均衡,居住越集中,同乡婚配就越多,婚姻稳定性就越高。

(2)结构同化理论(Stephen and Bean,1992),认为外来人口与当地居民在社会经济方面的趋同必将逐步消除二者在婚姻家庭意识和行为模式上的差异。

(3)亚文化假说(Swicegood et al.,1988),认为外来务工者的婚姻家庭观念与实践取决于他们对原有文化价值的保持程度。

(4)社会地位分析(Halli,1987),认为外来务工者的外来身份以及由此而生的边缘感觉和不安全感,都在一定程度上影响他们的婚姻家庭生活安排,与当地居民对比,他们的个人发展具有更大的婚姻家庭代价。

(5)交换理论(Strong and De Vault,1986),认为婚姻家庭是当事人各自所拥有的资源理性交换的结果,异地创业的不稳定性和压力强化了外来人口的婚姻交换意识,促成了婚姻市场上许多社会经济长处和非社会经济优点相交换而形成的婚配。

(6)累积因果关系理论(Douglas Massey et al.,1998),认为迁移者作为文化携带体,接受了迁入地新的婚姻家庭价值观念、行为方式和态度,衍生出一种新的、具有自主性的文化环境。这种新生文化在迁出地会产生一种示范效应,可能不断地被模仿和复制,从而改变与影响着迁出地的婚姻家庭文化与制度。

西方学者的研究虽然起步早、理论建构与定量分析都比较先进,但遗憾的是,大部分都是针对国外的流动人口,对我国流动人口的应用研究甚少。而且,由于文化和社会背景的显著差异,这些理论是否适用于解释我国流动人口的婚恋与生育变迁,还有待进一步的探讨。

三、评价

对流动人口研究从无到有,再到现在很不错的发展态势,我国学术界的努力和贡献是不可低估的。但是,为了进一步把这个领域的研究继续往前推进,改变理论和政策研究相对滞后于流动人口发展的局面,我们还是有必要从不足的角度对已有的研究成果进行评价,以明确继续研究的主要学术方向,并给本书的研究进行学术定位。

鉴于流动人口研究与流动人口婚姻家庭研究存在的不足有不少相同之处,尤其是学术界对流动人口婚姻家庭的研究关注度还不够,我们这里的评价就围绕流动人口婚姻家庭研究的主要缺陷展开。通过前面对流动人口婚姻家庭现有研究成果的综述,我们以为,至少存在着以下几个值得弥补的不足:

(1)从研究理论来看,大多数研究缺乏系统的理论解释框架,理论支撑较弱与创新不足,特别是本土化的理论建构与解释力度都不够。国内学术界对流动人口婚姻家庭的理论研究还没有给予足够的重视,把研究目标定位在理论解释上的研究还是不多,有些学者建构的理论模型也只能解释个别地区的情况或个别问题,缺乏系统性,不具普遍性与代表性。即使有意识地想在理论方面有所作为的研究,也主要是对西方相关理论的简单应用或验证,缺乏创意和扩展。大多数西方的流动人口婚姻家庭理论主要是用来研究和解释完全市场经济条件下以及西方婚姻家庭制度与文化背景下的流动人口婚姻家庭观念与行为,并不足以解释中国历史条件下的流动人口婚姻家庭问题。因此,未来研究有必要在借鉴西方理论的同时立足于中国国情来构建本土化的流动人口婚姻家庭理论,以更好地解释我国流动人口婚姻家庭行为模式及其变化,指导以解决流动人口婚姻家庭问题为目标的公共决策。

(2)从研究方法来看,虽然采用定量分析方法的研究呈不断增长的趋势,但很多都还是建立在小样本的问卷调查基础上,其结论不一定具有普遍性与代表性,或者停留在简单的统计描述和比较分析上,假设检验式的量化研究还是相对比较少。研究方法与分析技术不能较快地提升,不仅不利于流动人口理论的发展与整体研究的深入与细化,也不利于在规范的学术平台上与国外学者进行交流与合作。今后的研究有必要将定性讨论与简单的描述分析提升到更为严格的参数估计和模型检验,同时还必须通过抽样调查技术的创新,为流动人口婚姻家庭的定量分析提供更有质量的数据支持。

(3)从研究学科来看,虽然已有不少学科不断介入流动人口婚姻家庭问题的研究,但大多数研究都还是在某一个学科的范畴内进行,缺乏打破学科界限的跨学科合作,形成优势互补的多学科综合研究,致使已有研究的视野较为狭窄,不利于更为全面系统地观察流动人口婚姻家庭问题;单学科研究还可能过多地强调与本学科相关变量的作用,夸大这些变量对流动人口婚姻家庭观念与行为的影响;而且学者们从各自学科角度出发提出的对策建议往往互相冲突,也不利于流动人口婚姻家庭问题的有效解决。其实,婚姻家庭是一个具有多学科性质的领域,仅靠某个学科的孤军作战是远远不够的,西方学界的学术实践已经很好地证明了这一研究事实。由此可见,流动人口婚姻家庭问题的研究已经到了多学科联手合作的时候,开放式的多学科综合研究应该成为今后研究的发展方向。

(4)从研究对象来看,大部分研究都是基于流动人口整个群体进行研究,缺乏分层分类的视角,当流动人口内部的差异性增大时,整体性研究就不可能体现这种差异性,其研究结论的科学性也就会受到影响。例如从婚姻家庭的状态来看,流动人口可分为未婚、已婚但不带家属、已婚带家属和离婚再婚四种婚姻类别或群体,显然,各种类别或群体所面对的婚姻家庭问题的重点是不一样的,有必要分别对待。整体性研究还不利于开展类别之间的比较研究,如流动人口婚姻家庭的性别比较研究,而这种比较研究对于认识流动人口中不同的婚姻家庭生活模式及其动力机制又是非常重要的。

(5)从研究角度来看,现有的研究或者从宏观角度进行探讨,或者从微观角度进行分析,较少从微观与宏观相结合的角度透视流动人口婚姻家庭问题。仅从宏观角度进行研究,往往会忽略微观层面的影响因素,对问题的解释力度不具说服力,提出的对策也显得空乏;而仅从微观角度探知问题的主要成因与寻求问题的完全解决也是不可能的,这会使得提出的对策较为分散且不具普遍性。从宏观与微观相结合的视角研究流动人口婚姻家庭问题,既能够比较客观地估计各个变量对流动人口婚姻家庭观念与行为的作用,又有利于了解宏观层面的因素是通过什么样的机制或路径影响流动人口的婚姻家庭选择。例如,除了个人条件以外,流入地的文化环境、政策取向、经济发展速度和产业结构水平等也都会影响流动人口婚姻家庭生活的安排和稳定,我们在设计理论解释框架时也要把这些社区层面的影响因素结合进来,否则我们所建构的整个模型的解释力,以及每一个变量的作用程度和方向都可能受到影响。

(6)从研究应用来看,一些研究还缺乏必要的行动性与实践性,在对策思考上过于宏观与宽泛,可行性与可操作性都不强。另外,对人口流动的预测性研究还相当稀少,不能对流动人口政策制定形成富有前瞻性的指导。我们认为,要将研究成果转化为对人口流动问题的有效解决,成为相关公共决策不可或缺的理论参考,需要学界进一步做好有针对性的对策研究与富有前瞻性的预测研究。

第三节　研究的理论视角

根据以上的文献综述与评价,本研究将把重点放在两个方面:一是全面分析流动人口由于居住地的空间转换而在婚姻家庭观念和行为上表现出来的变迁;二是深入探讨这种变化的特征、决定因素以及对个人、家庭和社区三个层面的影响。

我们将从五个角度透视所提出的研究问题。第一,分类分析的视角。从婚姻家庭的状态来看,流动人口可分为未婚、已婚但不带家属、已婚带家属和离婚再婚四种类别,显然,各种类别所面对的婚姻家庭问题的重点不一样,有必要分别对待。对未婚外来人口,我们侧重于分析他们的恋爱态度与经历、婚姻生育意愿与偏好;对已婚独自流动的,我们主要研究他们的婚姻生育经历、目前的感情联系方式和个人生活自律,还有婚姻的稳定程度;对以家庭为单位流动的,我们集中探讨流动家庭的人口特征、家庭成员之间的性别关系和代际关系、婚姻生活状态与质量等;对离婚再婚的流动人口,我们主要观察其离婚再婚的过程与原因以及离婚带来的影响和再婚后的婚姻家庭生活状态。

第二,比较分析的视角,包括流动人口与原居住地人口之间的比较研究,流动人口中的性别比较分析,以及不同城市流动人口之间的比较分析。

第三,多学科综合分析的视角。婚姻家庭是一个具有多学科性质的领域,以上的文献综述表明,各相关学科的研究既有重要的学科意义又显示出本学科的局限性,要克服现有研究存在的不足,还要加强各相关学科的交融。我们在突出人口学、社会学分析的同时,也考虑采用经济学、心理学等其他学科的理论与方法。

第四,西学中用的视角。西方学术界在流迁人口的婚姻家庭研究方面已有相当丰富的学术积累,我们将把西方的相关理论应用于我国流动人口婚姻家庭选择的研究。

第五,微观和宏观结合分析的视角。除了个人条件以外,流入地的文化环境、政策取向、经济发展速度和产业结构水平也都会影响流动人口婚姻家庭生活的安排和稳定。我们在设计理论解释框架时也把这些社区层面的影响因素结合进来。

根据以上的思考,我们先提出一个总的理论解释框架,然后再按照不同的研究对象和问题,设计相应的计量分析模型。在撰写本书之前,我们对我国人口婚姻家庭生活方式进行了系统研究,构建并实证检验了有关择偶标准、初婚年龄、婚姻质量、夫妻权力关系、婚姻稳定性、孩子需求、孩子抚养成本与效用、生育文化与家庭制度关系的理论解释模型(叶文振,1998;徐安琪、叶文振,1998;徐安琪、叶文振,2001)。在本研究中,我们将把总的理论解释框架与分专题分析模型对接和融合,以便对流动人口的主要婚姻家庭选择做出切合实际的解释。本研究总的理论假设是:

(1)结构性同化水平越高、外出人口的选择性特征越明显(如受教育程度都相对比较高),流动人口与当地居民在婚姻家庭观念和行为方面的趋同性就越强;相反,外来亚文化的发展、外来人口规模的扩大和居住集中程度的提高则减缓这种趋同的态势。

(2)流动人口的边缘性、生存和发展的压力以及社会经济资源的缺乏会推迟男性流动人口的婚姻家庭生活安排,而对女性流动人口来说,则在一定程度上强化她们的交换意识,进而使她们的婚姻家庭生活选择具有相对比较大的经济实用性,其婚姻家庭关系也多了一份潜在的风险。

（3）流动人口的婚姻家庭生活状态还取决于流入地对外来人口的接纳程度、外口政策倾向、市政服务意识和水平以及当地的社会经济发展速度和结构特征。

第四节　研究的内容与意义

一、研究目的

本研究试图在现有研究的基础上，把西方的相关理论与根据我国国情所建构的多种婚姻家庭数量模型结合起来，以期从理论和方法论方面对我国流动人口的婚姻家庭问题研究有所突破和创新。本研究的具体要求是：

（1）结合使用入户问卷调查和其他相关二手资料，系统描述流动人口的婚育观念、具体实践和行为特征，把现有的单性别侧面分析转化为双性别多侧面的比较研究。

（2）提出一套融合多学科视角的关于流动人口婚姻家庭生活选择的理论解释框架，把侧重于描述分析的现有研究推进到更深层次的解释分析。

（3）通过社会统计分析方法的应用，把过去比较一般化的定性讨论提升到更为严格的参数估计和模型检验，比较分析流动人口婚姻家庭选择的重要决定因素及其影响机制。

（4）利用流动人口样本和从未流出人口样本的对比，具体观察因为流动经历可能带来的对流动人口婚姻家庭行为变化的影响，把过去单样本的分析转化为更多样本的比较研究。

按照这些要求，我们确定了以下四个方面的研究目标：

（1）描述研究。通过对抽样问卷调查结果及其他相关资料的整理、各种婚姻家庭指标的计算，系统描述流动人口的婚育观念、婚育经历和婚姻家庭生活现状，如由初婚、初育年龄反映的婚姻家庭周期的时间或年龄特征，由婚姻状况、家庭类型和代际关系体现的婚姻家庭结构特点，由结婚率、离婚率和生育率表示的婚姻家庭发展水平，以及具体测量已婚流动人口的婚姻生活质量等。同时，我们还分性别、受教育程度、务工类别、流入时间长度、流出流入两地和不同抽查城市等进行流动人口婚姻家庭行为模式的对比分析。

（2）解释分析。侧重于解释流动人口婚姻家庭观念和行为变迁以及他们之间婚姻家庭选择的差异。我们将对资料进行一系列统计推算,估计各问题分析模型(如结婚动机、择偶标准、初婚年龄、婚礼操办与费用支出、婚姻生活质量、离婚再婚选择和生育意愿与行为等)的实际解释能力,比较分析各解释因素的重要作用和影响机制,以获取实证检验对理论假设的支持,提高本研究的科学信度。

(3)后果估量。婚姻家庭生活是社会经济生活的一个重要组成部分,它的变迁势必影响整个社会经济生活的安排和质量。我们将在这一部分从个人、家庭和社区三个层面估计流动人口婚姻家庭观念和行为变迁所产生的正负面影响。

(4)对策讨论。这一部分主要从两个方面展开分析,一是讨论流动人口在婚恋家庭生活方面所遭遇的问题,用我们在解释分析部分所获得的结果,有针对性地提出解决这些问题的个人、家庭和社区等不同层次的对策;二是对流动人口婚姻家庭观念和行为的负面变迁及其所产生的影响进行对策研究。

二、研究意义

本研究的意义主要体现在理论价值与应用功能两个方面。它的理论价值主要表现在四个方面:一是推动相关学科在本研究领域的交融,实现各相关学科之间的优势互补;二是提升本领域研究的理论层次,尤其是在理论解释框架建构上,更注重多学科的融入与多因素的组合;三是促进定性研究和定量分析的结合,用更为先进的统计检验工具为理论建构提供实证支持;四是对流动人口的婚姻家庭生活选择给出更为全面的描述和系统的解释。如前所述,本研究在立足我国实际的基础上,将从多学科交叉和西学中用的视野,从理论建构和统计检验互动中去实现预期的研究目标。这种研究实践将有助于有选择地使用西方多年来对流迁人口婚姻家庭研究的学术积累,加快我国在本研究领域与国际学术界的对接。而且,西方理论的选择性引进还会强化我们的理论意识,并在与我国流动人口的婚姻家庭实际结合时,注意发现和克服西方理论的缺陷和单一学科解释的局限性。由于许多理论都是在实际应用中、在量化的实证检验中逐步发展和完善起来的,所以对理论的重视又会促进我国流动人口婚姻家庭问题研究向定性和定量分析相结合的方向转化。所有这一切都会把我国流动人口婚姻家庭问题研究引向深入,并提高整个研究领域的学术规范和理论品质。

从应用价值来看,改革开放以来,经济特区和沿海城市流动人口数量与日俱增,他们在为流入地区经济发展做出贡献的同时,也因为自己的特有身份和人生安排而面临许多个人的婚姻家庭问题;另外,他们在流动过程中发生的婚姻家庭观念和行为的变迁也可能带来负面的社会后果。如何帮助流动人口正确处理好自己的婚姻家庭大事,如何引导他们接受先进的婚姻家庭观念和行为,都是迁入社区应尽的职责和需要认真思考解决的问题。本项研究不仅揭示流动人口所面临的婚姻家庭问题,估量他们所经历的婚姻家庭观念和行为的变迁可能产生的消极影响,而且还进行多学科、多变量的原因分析。显然,本研究成果对于流入地政府部门制定相关外口扶助政策,对于社区社会工作者提供有效服务以提高流动人口婚姻家庭生活质量,都是必不可少的参考依据。

第五节　本书的篇章结构

本研究的最终成果一共是十章。从前面的叙述中,我们可以看到作为最终成果的开篇,主要是交代本研究的现实背景与学术现状,并对研究的总体目标、理论构思和技术路线进行具体的表述,进而明确本研究的学术定位和主要价值。

讨论本研究采用的研究方法与分析技术是第二章的主要任务,它是本研究顺利实施的必要的分析技术准备。我们详细叙述了本研究用于搜集第一手资料的问卷是怎么设计出来的、都包括哪些内容,以及为什么要包含这些向被调查者询问回答的项目,回顾了问卷调查的实际过程和对调查资料质量进行控制的努力,利用基本的描述统计方法介绍了所收集到的三个样本的基本分布与结构特征。最后我们还简单地交代了本研究所运用的分析方法,以及选用这些分析方法的主要依据。

从第三章到第九章,我们基本上是顺着流动人口的婚姻家庭生命周期,一个环节接着一个环节铺开这些章节的布局。在第三章,我们把研究关注点放在流动人口的婚姻观念转变及其影响因素上。这里不仅根据基本结构特征与不同的流动经历分组分析流动人口对婚姻所持的基本态度和需求,而且还利用他们对相关问题的选答,揭示他们婚姻观念变化的性质与程度。除此之外,我们还建构多元的回归模型,对影响流动人口婚姻态度与需求的主要因素和作用机制进行统计拟合,来检验我们对流动人口婚姻观念的理论假想是否符合客观实际。

流动人口的择偶方式是第四章的研究重点。我们分别从择偶时间、标准、途径以及面临的困难入手,全方位地描述流动人口在流动过程中所经历的择偶实践及其变化,其中我们还对恋爱发生时间、择偶标准偏好与择偶途径选择的影响因素给出理论解释。

在第五章,我们过渡到对流动人口婚姻构建的分析,包括实际初婚年龄的分布及其与理想初婚年龄的对比、办理结婚手续时对登记地的选择和依法登记的意识、举办婚礼地点以及形式的偏好与实际选择,还有婚姻经济学关心的流动人口结婚时的总开支与收入。通过这一章,我们想把流动人口结婚过程的主要环节复原出来,以便于更深入地观察他们在这一过程中所发生的观念与行为的变化及其动力因素和机制。

为了弥补过往研究比较常见的不足,我们添加了第六章和第七章,专门用问卷收集得到的第一手资料,全面展示流动人口在流动过程的家庭生活近况,综合评估已婚流动人口的婚姻质量。对流动人口的家庭生活现状,我们主要从家庭居住方式、日常时间配置和家务分工、夫妻性生活以及家庭地位等方面展开描述与分析;对他们的婚姻质量,我们则使用主客观相结合的办法,分别从婚姻主观满意度与夫妻矛盾发生频率两个方面予以评估与判断。除此之外,我们还在第七章关注流动人口夫妻感情现状及其维系机制,分析他们从婚姻中得到的实际收益,以及决定婚姻收益大小的主要制约因素。

本研究最终成果的第八章和第九章分别研究流动人口的生育意愿与具体实践。在第八章,我们先分析流动人口的生育态度,包括他们对要不要孩子的具体选择,以及要与不要孩子的主要理由与动机,接着我们从生育数量偏好、生育性别结构、生育时间选择三个维度综合反映与解释流动人口对孩子的需求意愿。第九章的重点是从初育年龄、生育经历和避孕实践等方面回顾流动人口实际的生育过程,分析流动经历给他们的生育与避孕行为可能带来的影响。

本来我们还想单设一章专门研究流动人口的离婚与再婚,遗憾的是有这方面经历的被调查流动人口比较少,没有办法把原来的研究目标付诸实践,所以不得不忍痛割爱了。

第二章 资料和方法

与前一章侧重于背景描述与理论建构相对应,本章主要涉及研究方法问题,也就是我们将使用什么资料与分析方法来实现前面提到的研究目标,来检验所提出的理论假设。我们将首先介绍用以收集第一手资料的问卷设计原则与包含的内容,接着叙述问卷调查实施的整个过程,并对调查得到的资料进行质量评估,最后在详细描述样本的地域分布和具体特征之后,一一说明我们在研究中可能用到的分析方法。

第一节 问卷设计与内容

与不少前人研究使用人口大小普查数据不同,本研究是在文献综述与理论建构的基础上,自行设计调查问卷和组织面对面访答来满足对资料的需求的。

确立较为科学的原则指导问卷设计往往有利于提高问卷编制的质量,更好地服务于既定研究目标的实现。首先,我们坚持的第一个原则是针对性,这包含两个方面的含义:一是针对我们整个研究的需要,即每个研究目标所需要的基本资料都能够在问卷中找到相对应的项目或要询问的问题,以防止在我们的研究中出现我们所需要的资料在问卷中没有体现,而问卷实际调查后又有很多资料用不上的遗憾,所以我们既有描述性的询问,也有可作为解释性的问题;二是针对我们要面对面询问和填答的被调查群体,由于我们所调查的对象主要是来自农村的流动人口,他们文化程度不高,观念和意识也相对比较滞后,所以对问什么问题、怎么问、用什么样的措辞来表达,以及问题的前后顺序排列等等,我们都注意到这些被调查对象的特殊背景,使得我们的调查问卷能够让他们看得懂,明白要询问什么问题,而且还能够不羞于回答或选答时不会有心理顾虑。

　　其次是过程与结果、意识与行为相结合的原则。过程与结果的结合,就是我们通过问卷不仅了解某一个婚育环节的现状,而且还从追溯的角度去还原这种现状是怎么形成的,如我们既询问被调查的已婚流动人口的生育数量,又了解这些孩子都是在什么时候在哪里出生的,这样就能够更准确地把流动人口的生育行为与他们的流动经历联结起来。关于意识与行为的结合主要是指我们在设计问卷的问题时,同时关心流动人口主观上的婚育观念与客观上的具体实践,在很多情况下意识会引领行为实践,如有什么样的婚姻观念,往往就会有相应的婚姻选择,当然反过来,许多实践经历又在修正着我们的看法与态度,如即使对同一个流动人口来说,结婚前后,对婚姻的理解也是不一样的。

　　最后是兼顾的原则。如夫妻双方的兼顾。以往不少研究经常把流动人口孤立起来观察,这样做不仅不利于在比较中深化对一些现象的认识,而且还影响我们对流动人口婚育问题的理论解释。在婚育问题上,往往不是一个个体的自我行动,它至少涉及两个当事人,即妻子与丈夫,或恋爱双方,所以对被调查对象的恋人或配偶的了解,十分有助于我们去解释流动人口个体,特别是对丈夫依存度还比较高的流动妇女的婚育行为。

　　在这三大原则的指导下,我们为本研究设计出用来实际调查询问的关于外出打工或流动人口婚姻家庭调查问卷(见本书附录1)。

　　该问卷的结构是五大部分,共126个项目或问题。第一部分是被调查者及其配偶(如果已婚的话)基本情况。在这一部分,我们用26个问题了解流动人口的性别、年龄等人口自然特征,流出地或户口所在地、受教育程度与婚姻状况等社会背景,以及他们所经历的流动过程、在流动地生活与打工的现状以及今后的打算。很显然,这部分的意图是通过第一手资料的收集,能够比较详细地复原被调查对象流动的全过程,较为全面地展示他们在流入地的经济活动、物质生活与社会交往,进而为我们较为科学地解释流动人口婚姻家庭观念与行为的变化提供更为充足的实证依据。

　　问卷的第二部分是被调查对象的婚姻意愿和择偶行为,一共有28个问题,既涉及流动人口对婚姻的基本态度、结婚的愿望和动机、不想进入“围城”的主要原因、婚后的期望居住方式,以及对未婚同居、包二奶与婚外恋等现象的评价,又牵涉到流动人口的恋爱观、情感实践、择偶的主观偏好与实际行为,甚至还深入了解影响他们恋爱观的主要因素和在流动过程中择偶所面临的困难。这一部分的最大特点是:观念与行为一起了解,过程和结果一道询问,行为表现与动力机制一块调查。

在问卷的第三部分,我们分别从婚姻建立、婚姻生活和婚姻质量三个角度调查已婚流动人口的婚姻家庭情况,涉及问题41个,可以说是我们问卷调查中分量最重的部分。在婚姻建立环节,除了询问与婚姻有关的年龄,如实际与理想的初婚年龄以外,我们把调查关注放在流动人口的结婚仪式与经费收支方面,希望了解在城市氛围熏陶与经济能力增长的情况下,流动人口是否在这方面表现出较为明显的都市化倾向。在婚姻生活部分,我们主要询问流动人口与配偶还有孩子是否同居的情况、一天生活工作的主要内容及其时间的配置、关于婚姻生活的切身感受以及对婚姻关系中自我地位的主观评价。在对婚姻质量调查时,我们把重点放在从多角度了解流动人口对自己婚姻关系好坏的主观感受和评价上。

流动人口的生育意愿和行为是问卷第四部分调查的内容。我们分别从要不要生育、为什么生育、什么时候生育、生育规模和性别偏好等侧面系统了解流动人口的生育观念,从婚生孩子的年龄、性别和出生地了解流动妇女实际的生育过程和结果,从避孕知识的拥有、获得的渠道以及谁是避孕承受方等方面了解流动人口避孕节育的具体情况。这部分的问题虽然只有15个,但所体现出来的政策价值却不可低估,因为这些资料既有利于加强对流动人口的计划生育管理与服务工作,又有助于通过了解流动人口在城乡流动中的生育观念变迁,对未来的人口政策形成比较有前瞻性的理论思考。

问卷的最后一个部分是关于流动人口的离婚与再婚,共有16个问题。通过这一部分,我们希望了解流动这个过程会给婚姻的稳定带来什么样的影响,这种影响是通过什么样的机制或路径发生的,以及离婚后的流动人口在再婚市场中的处境及其再婚生活的状况。

从以上对问卷内容的介绍中不难看出,我们把第一手资料收集的重点集中放在对流动人口婚姻家庭问题的描述、对比与解释上,也就是通过这些资料收集、整理与分析,我们就能够在追溯流动人口至今已经经历过的婚姻家庭过程中去描述这个重要的生命周期,在他们婚姻家庭经历的观念与行为、理想与现实、过去与现在的比较中去发现变迁与差异,在梳理和操作各个相关的自变量中去构建关于流动人口婚姻家庭观念与行为差异与变迁的解释框架。

第二节　调查组织与实施

我们的问卷调查是在两个时点上展开的。2003年12月我们首先在厦门市启动本研究的第一次问卷调查,被调查对象是流入厦门市的流动人口。承担本次实地调查任务的是厦门大学人口研究所的全体研究人员和博士、硕士研究生,他们不仅拥有问卷调查的专业知识和实际经验,而且有不少人都是课题组的成员,直接参加调查问卷的设计工作,所以对整个问卷调查的过程及其问卷填答的质量把握得比较到位。

首先,我们根据流入厦门市的流动总人口的大体居住区域分布与职业结构特征,来确定我们要调查的流动人口样本,尽量提高被调查样本的代表性。其次,在被选中的居委会和产业中的工厂或公司的良好配合下,我们在入户或入厂调查的时间安排上都能够兼顾调查的便利与填答问卷对时间的要求。下厂或公司时,我们一般选择在中午歇班用餐的时候,并请厂方适当地延长午休的时间,确保被调查对象能够比较从容地听取调查员对问题的解释和询问,并实事求是地回答各个问题,这些调查基本上都是安排在工厂或公司的职工餐厅里进行;我们的入户调查则放在流动人口傍晚下班回到居所的时候,这样不仅有比较充裕的时间与被调查对象面对面交谈问答,而且还能亲临其境,用对家庭情况的实地观察来判断流动人口对问卷填答的客观性。最后,我们主要通过三种方法来控制问卷调查的质量:一是明确强调我们的调查目的是学术性的,并承诺对被调查者隐私权的尊重,所以我们尽量不回访、不问姓名和联系电话,以消除他们的心理顾虑;二是用通俗的话语向被调查对象询问,耐心向他们解释不容易被理解的一些问题,努力避免被调查对象在不明白问题要问什么的情况下去猜测或随意回答,也尽量避免他们提供不确切、模棱两可的填答;三是在有关联性的问题回答之中进行逻辑检查,一发现差错或疑问随时予以再次询问和填答。

厦门的问卷调查大约持续了近两周时间,最终获得有效问卷491份,形成了以厦门为流入地的或正在厦门打工的流动人口厦门样本。

本研究的第二次问卷调查是在一年后的2005年春节期间完成的。为了能够从全国各地收集第一手材料,以提高本研究的代表性,我们邀请厦门大学公共事务学院社会学系和政治系的本科生利用春节回家过年的机会,在家乡进行入户问卷调查。在城市和城镇居住的同学,每人调查 4 个外来务工人口,其中未婚和已婚各 2 个;在农村居住的同学调查 12 个对象,外出打工和从未外出打工的各 6 人,其中未婚和已婚也各一半。我们对参加调查的学生集中进行培训,主要是阐明问卷调查的主要动机,解释问卷的每一个项目,强调具体调查时的注意事项,如:第一,为了便于数据的分析,问卷的相关内容必须填写完整,不要遗漏应该填答的项目,并且选项要清晰和准确画圈,选答"其他"的请一定详细说明;第二,有些问题难以提问时,如询问夫妻性生活时,可以交给被调查者自己填写;第三,书写清楚,不要潦草,以便保证后期数据处理的质量;等等。最后,我们收集到 483 份(城镇问卷)和 253 份(乡村问卷)有效问卷,分别构成流动人口全国样本和从未外出打工人口的全国样本。

从问卷原始数据录入时的审阅,以及随后的数据整理和部分的逻辑检验中,我们发现,不论是流动人口的厦门样本,还是流动人口的全国样本,以及用来进行横向比较的从未外出打工的全国样本,所收集的资料其质量还是比较好的,缺失值和异常值都不太多,大部分的数值分布比较接近正态分布。

这两次问卷调查得到的数据将是本研究具体展开的基本资料,以下各章的分析将根据需要对样本数据进行相应的整理与组合,以更好地为实现我们的研究目标服务。

第三节　样本分布与特征

文化历史发展理论认为,个体的认识、理解和思想意识的形成都是在一定的历史、社会、文化背景下进行的;建构论认为个体是在与周围环境相互作用的过程中,逐步建构起认知结构的。同样的,在进行关于流动人口的婚姻家庭研究时,不仅要关注流动人口婚姻家庭的相关表现,而且要在全面、详细地了解样本的分布及特征状况的基础上,进一步展开对于这些行为、选择、思想、认识之所以形成和之所以存在差异的背景分析。本节主要从样本的区域分布、人口特征、社会特征、经济特征和流动经历等方面,结合问卷调查数据进行特征描述。

一、样本的区域分布

流动人口样本的区域分布主要包括两个部分内容：样本的户口所在地和样本的打工所在地，即对样本外出打工前后的区域所在地进行统计分析。

(一)户口所在地

经过二十多年的发展，外出打工人口不仅在数量规模上迅速扩张，来源地也已经逐渐遍布全国。从我们对流动人口全国样本的调查统计数据显示，样本户口所在地包括了 25 个省、自治区、直辖市，其中，如图 2-1 所示，样本户口来源地最集中的前九个省份为福建、河南、四川、湖北、江西、湖南、山东、广东、安徽，显然，流动人口全国样本的户口所在地，也就是流动人口的流出地具有中西部地区、人口大省的鲜明特点，这也正与我国流动人口的发展状况完全相符。

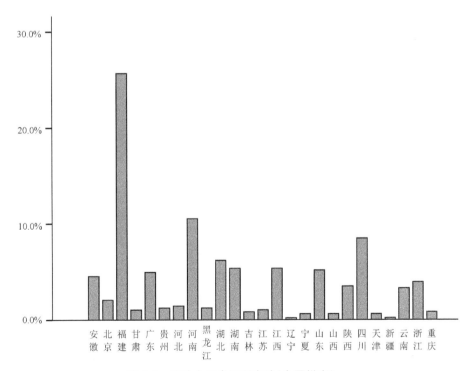

图 2-1 流动人口户口所在地(全国样本)

厦门作为第一批沿海开放经济特区，在率先发展的过程中流动人口也在快速增加。我们对流动人口厦门样本的统计数据显示，如图 2-2 所示，厦门市样本中的调查对象来自福建省内的最多,占 37.9%,其次为江西、四川。福建同样是人口大省,同时受其区域经济发展的不平衡性、地理特征、文化特征等因素影响,富余劳动力在省内流动的较多,厦门更是一个主要的聚集地。从另两个流动人口的主要来源省份来看,江西和四川一个是毗邻省份,一个是邻近省份,且都为人口大省和外出打工人口大省。因此,流动人口厦门样本也就具有了明显的区域特色,即打工地的特区特色和流出地的相对集中特色。

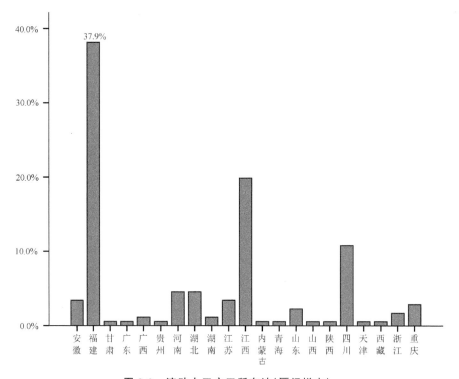

图 2-2　流动人口户口所在地(厦门样本)

　　随着国家工业化和农村现代化的发展,产生了大量农业剩余劳动力,他们纷纷向非农产业转移,自改革开放以来,尤其是 20 世纪 90 年代中期以后,出现了大规模的农村人口向城市流动。调查数据显示,大部分流动人口来自农村。在我们调查的全国样本中,流动人口是农村户口的占了总样本的 59.6%,24.4% 的流动人口来自城镇,仅 16.0% 的流动人口来自城市。厦门样本中,农村户口的占了样本的 56.2%,有 21.6% 来自城镇,但厦门样本中来自城市的流动人口相对较多,占 22.2%(见表 2-1)。

表 2-1　流动人口户口所在地类型

单位:%

户口所在地类型	流动人口(全国样本)	流动人口(厦门样本)
城市	16.0	22.2
城镇	24.4	21.6
农村	59.6	56.2

(二)打工所在地

雷文斯坦的推拉理论认为,人口流动的重要动因之一是迁入地存在吸引人口迁移的力量,这种吸引主要是迁入地的劳动力需求和迁出地与迁入地之间收入水平与生活水平的差距。中国人口迁移显现出的从欠发达地区向发达地区、内陆地区向沿海地区流迁的特点证实了这一理论。我们的研究也发现,福建、广东这两个沿海开放省份在吸纳人口总量方面有着内地城市不可比拟的优势。福建、广东同属沿海地区、经济发达、就业机会多、收入水平高,有着很强的吸引力,也就吸引了越来越多的农村人口到此务工、经商。在流动人口全国样本中,流动人口最近一次或者现在打工的地区最多的是在福建省,占总样本的 40.3%,其次为广东,占 29.3%(见图 2-3)。

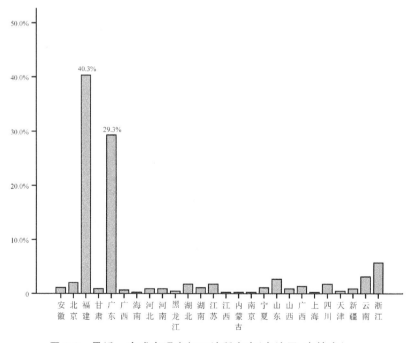

图 2-3　最近一次或者现在打工地所在省(自治区、直辖市)

二、样本的人口特征

本研究中样本的人口特征主要包括流动人口的性别结构与年龄结构两个部分的特征分析。

(一)样本的性别结构

以往有研究显示,流动人口群体中,男性为主体,女性仅占 1/3(谭深,1998)。在流动人口发展的早期阶段,确实具有男性占据外出打工人口主体的特点。随着改革开放的不断深入和城市化进程的加快,流动人口规模迅速扩大,流动女性的数量也在不断增加。一方面是由于近几年来人口流动呈现家庭化趋势,有越来越多的流动人口举家迁移,或者流动男性在外打工几年后,将留守在农村的妻子孩子带进城里,因此流动女性的数量也随之增加。另一方面也与我国流动人口聚集地和聚集产业的性质有着直接关系,从聚集地来看,沿海开放省份或城市是全国流动人口最主要的打工目的地,而这些地区吸收流动人口的主要产业大都是以加工贸易为主的劳动密集型产业,女性在这些产业中比男性更具性别优势。我们的调查结果显示,流动人口中男性比例高于女性,但流动女性的比例也早已超过了 1/3。如表 2-2 所示,在流动人口全国样本中,流动男性占 57.8%,比流动女性(42.2%)高出 15.6 个百分点。在流动人口厦门样本中,流动男性占 52.7%,比流动女性(47.3%)高 5.4 个百分点。特别是在厦门流动人口样本中,女性所占比例将近一半。此外,农村从未外出打工人口样本的性别结构也从另一个侧面表明流动女性的数量增加趋势,我们的调查结果显示,农村从未外出打工人口中,男女比例基本相当,其中,男性占 50.2%,女性占 49.8%,男女两性外出打工的机会已相差不多。

表 2-2　流动人口性别结构

单位:%

性别	流动人口 (全国样本)	流动人口 (厦门样本)	农村从未外出打工人口 (全国样本)
男	57.8	52.7	50.2
女	42.2	47.3	49.8

(二)样本的年龄结构

迁移者选择理论认为,迁移者并不是原居住地人口的一个随机样本,它与迁移者的年龄、性别、受教育程度和职业相关,是一个具有选择性的样本。年轻人和具有较好素质的人更可能成为迁移者。年轻人和高素质人口的迁移活动具有较低成本,且潜在收益较高。我们的研究也发现,流动人口以青年群体为主。如表 2-3 所示,流动人口以青年为主,调查样本的年龄大都在30 岁以下,比农村从未外出打工人口的年龄结构明显更年轻。其中,流动人口全国样本的平均年龄为 27.93 岁,比农村从未外出打工人口样本的平均年龄低了 3.77 岁。流动人口全国样本中 30 岁以下的流动人口占总样本的 66.3%,其中 20～24 岁的流动人口最多,占 32.8%,其次为 25～29 岁的,占 24.1%,而 35～39 岁的仅占样本数的 8.8%,40 岁及以上的仅占样本数的 11.9%。流动人口厦门样本的年龄结构更年轻,平均年龄为 25.70 岁,30岁以下的占 74.9%,其中 20 岁以下的占 20.7%,20～24 岁的占 30.0%,25～29 岁的占 24.2%,而 35 岁以上的仅占样本的 11.5%。显然,流动人口以青年群体为主,除了因为年轻人更可能更容易选择外出务工外,另一方面是由于流动人口在城市工作一段时间后,都面临着留城与回乡的两难选择,而户籍制度的存在及其衍生的一系列制度限制着农民在城市的定居和发展及对城市的认同,很多人在城市打工到一定年龄时只能选择返乡。

表 2-3　流动人口年龄结构

样　　本	流动人口（全国样本）	流动人口（厦门样本）	农村从未外出打工人口（全国样本）
有效样本数/个	478	487	252
20 岁以下	9.4	20.7	7.5
20～24 岁	32.8	30.0	28.6
25～29 岁	24.1	24.2	15.5
30～34 岁	13.0	13.6	9.1
35～39 岁	8.8	7.6	12.3
40 岁及以上	11.9	3.9	27.0
均值/岁	27.93	25.70	31.70
最小值/岁	15	14	15
最大值/岁	55	79	73
中位数	25.10	24.09	29.06
标准差	7.899	7.359	11.109

三、样本的社会特征

本研究主要从流动人口的受教育程度与婚姻状况来对样本的社会特征进行描述。

(一)受教育程度

受教育程度高低是影响社会分层的重要因素。受教育程度较高的人往往拥有更多资源优势,更容易获得较好的职业和较高的收入,在思想意识上也更趋于现代化。很多研究都表明,具有较好素质的人更可能成为迁移者,受教育程度较高的人更易于实现社会流动。我们的调查结果也再次证实了这一观点。如表2-4所示,流动人口受教育程度普遍高于农村从未外出打工人口,文化程度偏低的比例比农村从未外出打工人口的少,文化程度较高的比例则比农村从未外出打工人口的多。其中,流动人口全国样本中小学及小学以下文化程度的比例为17.4%,比农村从未外出打工人口样本(25.9%)少8.5个百分点;而高中或中专与大专及以上文化程度的在流动人口全国样本中占41.5%,高于农村从未外出打工人口样本(29.0%)12.5个百分点。

表 2-4　流动人口受教育程度

样　　本	流动人口 (全国样本)	流动人口 (厦门样本)	农村从未外出打工人口 (全国样本)
有效样本数/个	483	492	492
文盲、半文盲占比/%	5.8	1.7	6.9
小学占比/%	11.6	7.2	19.0
初中占比/%	41.1	37.9	45.1
高中或中专占比/%	30.9	44.9	24.2
大专及以上占比/%	10.6	8.3	4.8

流动人口受教育程度普遍提高,其中以初中与高中或中专文化程度为主。以往研究显示,流动人口以小学和初中文化程度为主,两者占到了76.4%(胡英,2001)。此次调查发现,流动人口大部分接受过初中和高中或中专教育,全国样本中,受教育程度为初中和高中或中专的占到了72%,厦门样本中,占到了82.8%。这与我国普及九年义务教育、实施科教兴国战略,特别是近几年国家重视农村人力资源的开发分不开。

(二)婚姻状况

美国的一项研究表明,迁移者的年龄高峰是 23 岁左右。这一年龄段的人口一般尚未结婚,为了事业和学业的发展,他们可以迁移到各个地方,父母们也期望和鼓励他们去闯事业(佟新,2002)。我们的研究也发现(如表 2-5 所示),从流动人口全国样本的婚姻状况来看,未婚样本的比例过半,达 54.2%;流动人口厦门样本中未婚的比例更高,达 61.2%;而农村未外出打工人口样本的婚姻状况则以初婚有配偶的最多,占 61.3%。全国样本中,流动人口未婚的比例比农村从未外出打工人口样本中未婚的比例高出 19.1 个百分点。很多研究都表明"一个劳动力是否外出,与其说是个人行为,不如说是家庭整体决策的结果"(杜鹰、白南生,1997),因此未婚的农村人口实现社会流动比已婚农村人口受到家庭的束缚与限制较少,他们更易于流动。

从流动人口的婚姻经历来看,初婚有配偶的占比最高,其中,全国样本中有 40.2% 的流动人口为初婚有配偶,厦门样本中有 38.0% 的流动人口为初婚有配偶的。离婚的样本比例很低,全国样本中离婚的比例为 3.8%,厦门样本为 0.2%。调查对象中再婚的人数也很少,全国样本中仅 1.4% 的流动人口为再婚,厦门样本中仅 0.4% 为再婚。丧偶的比例也均不到 1.0%。这可能是由于流动人口年龄结构轻,未婚的占了大多数,所以离婚、丧偶的比例也就很低(见表 2-5)。总体上,流动人口的婚姻状态是以未婚和初婚有配偶的居多。

表 2-5　流动人口婚姻状况

样本	流动人口 (全国样本)	流动人口 (厦门样本)	农村从未外出打工人口 (全国样本)
有效样本数/个	483	492	492
未婚占比/%	54.2	61.2	35.1
初婚有配偶占比/%	40.2	38.0	61.3
离婚再婚有配偶占比/%	0.6	0.4	0.4
丧偶再婚有配偶占比/%	0.8	—	1.2
离婚占比/%	3.8	0.2	1.2
丧偶占比/%	0.4	0.2	0.8

四、样本的经济特征

本研究选取了职业和收入水平这两个最能反映调查对象经济状况的指标来对流动人口的经济特征进行统计分析和描述。

(一)职业

很多研究均表明,户籍制度与二元劳动力市场的存在,以及流动人口受到自身受教育程度较低、技术素质较低等条件的限制,大部分外出打工人口只能进入次属劳动力市场,更多的从事知识技术含量低,且往往是城市里最苦、最累、最脏、收入较低、不稳定的职业。此次调查结果也支持了这一观点。调查结果显示(如表2-6所示),流动人口从事的职业层次偏低,主要集中于生产运输设备操作与商业服务业。在流动人口全国样本中,从事生产运输设备操作人员的占37.0%,从事商业服务业的占34.9%,两者达到了71.9%。在流动人口厦门样本中,从事这两种职业的占82.5%。总体上,流动人口所从事职业的特点是知识技术含量低、劳动密集型、以服务业为主,同时还具有收入偏低、工作不稳定等特点。

从调查结果来看,在流动人口中,从事较高层次职业的比例很低。全国样本中,流动人口为企事业单位负责人、办事人员、专业技术人员的比例仅分别为2.7%、10.6%、9.7%,总和仅不到25%;在厦门样本中更少,仅分别占了1.7%、8.8%、5.2%,总和15.7%。以农村人口为主的流动人口,外出打工的目的就是实现从农业到非农产业的转移,极少数流动人口进入城市后依然从事农林牧渔业,在我们的调查结果中,进入城市后仍然从事农林牧渔业的流动人口,全国样本中仅占0.4%,厦门样本中仅占0.2%。流动人口正是出于对获得工作和增加收入的强烈渴望才离开家乡进入城市的,对于职业和收入的期望值与挑剔程度都远远低于城市人口,因此,在流动人口中家庭主妇或失业人员的比例也很低,全国样本、厦门样本仅分别为1.3%、0.6%。详见表2-6。

表 2-6 流动人口职业分布

样　本	流动人口 （全国样本）	流动人口 （厦门样本）	农村从未外出打工人口 （全国样本）
有效样本数/个	483	491	492
企事业单位负责人占比/%	2.7	1.7	2.0
办事人员占比/%	10.6	8.8	1.6
专业技术人员占比/%	9.7	5.2	3.6
个体户占比/%	3.4	1.0	8.8
生产运输设备操作人员占比/%	37.0	50.4	14.8
从事商业服务业人员占比/%	34.9	32.1	10.4
从事农林牧渔业人员占比/%	0.4	0.2	45.2
家庭主妇或失业人员占比/%	1.3	0.6	13.6

根据许欣欣博士的职业声望排序,几个常见的职业分类高低顺序是:政府机关办事及有关人员、专业技术人员、个体户、商业从业人员、生产运输及有关人员、服务业从业人员和农林牧渔业人员。

尽管流动人口在城市从事的职业其职业层次较低,但与农村从未外出打工人口相比,其职业层次却明显高于后者。调查结果显示,农村从未外出打工人口从事的职业主要为农林牧渔业,流动人口从事的职业主要为生产运输设备操作与商业服务业,后者的职业层次高于前者,且后者的工资水平也较高。农村从未外出打工人口从事农林牧渔业的占到了 45.2%,比流动人口高出了 44.8 个百分点。而流动人口从事生产运输设备操作与商业服务业的,比农村从未外出打工人口从事这两种职业的比例高出了 46.7%。农村从未外出打工人口为家庭主妇或失业人口的比例也高于流动人口,高出 12.3 个百分点。同时,流动人口中从事较高层次的职业的比例明显高于农村从未外出打工人口,流动人口中为企事业单位负责人、办事人员和专业技术人员的占到了样本数的 23%,而农村从未外出打工人口仅为7.2%,两者相差 15.8 个百分点。可见,流动人口从事的职业层次虽然偏低,但却高于农村从未外出打工人口的职业层次。

(二)收入水平

我们的调查结果显示,如表 2-7 所示,流动人口全国样本的平均月收入仅 1251.40 元,比流动人口厦门样本的平均月收入水平高了 298.07 元。总体上,流动人口月收入水平主要集中于500～1099元,在流动人口全国样本中,月收入为500～799元的占21.3%,月收入为800～1099元的占38.1%,两者占到了总样本数的59.4%。在流动人口厦门样本中,月收入为500～799元的占25.4%,月收入为800～1099元的占48.8%,两者占到了总样本数的74.2%。流动人口中高收入的比例较低,在流动人口全国样本中,月收入水平为1100～1399元、1400～1999元、2000元及以上的比例仅分别占了9.7%、14.3%、12.8%;在厦门流动人口样本中,月收入水平为1100～1399元、1400～1999元、2000元及以上的比例仅分别占了7.8%、7.5%、4.6%。

表 2-7　流动人口收入水平

样　本	流动人口(全国样本)	流动人口(厦门样本)	农村从未外出打工人口(全国样本)
有效样本数/个	470	477	228
500 元以下占比/%	4.0	5.9	28.1
500～799 元占比/%	21.3	25.4	28.1
800～1099 元占比/%	38.1	48.8	27.2
1100～1399 元占比/%	9.7	7.8	4.5
1400～1999 元占比/%	14.3	7.5	5.7
2000 元及以上	12.8	4.6	6.6
均值/元	1251.40	952.43	1754.53
最小值/元	0	0	0
最大值/元	20000	5000	100000
中位数	1000	900	600
标准差	1284.371	463.347	9388.544

与农村从未外出打工人口相比,流动人口的收入水平有所提高。在农村从未外出打工人口月收入的统计中,其标准差值很大,为9388.544,这说明其月收入的均值代表性不强。因此,流动人口与农村从未外出打工人口的收入水平用中位数来比较更有说服力。调查结果显示,流动人口全国样本收入水平的中位数为1000元,比农村从未外出打工人口收入水平的中位数(600元)高了400元。同时,在流动人口中,低收入的比例少于农村从未外出打工人口,而高收入的比例高于农村从未外出打工人口。流动人口月收入在1100元以下的为63.4%,比农村从未外出打工人口(83.4%)低了20

个百分点;流动人口月收入在 1100 元以上的有 36.8%,比农村从未外出打工人口(16.8%)多了 20 个百分点。可见,农村人口流入大城市务工经商对其经济状况的改善作用是十分明显的:首先是提高了其经济收入,流动人口的收入水平明显高于农村从未外出打工人口;其次是有利于流动人口人力资源的开发与利用,很多农村人口进入城市后特别是年轻的一代,都不同程度地学到了技术或文化知识,职业层次比在农村时明显提高;再次,流动人口进入城市后受到城市生活方式的熏染,经济状况改善的同时,对于城市生活的接受度、参与度和融入度都在不断提高。

五、样本的流动经历

由于我们此次研究的目标人群是流动人口,因此对于这一群体流动经历的调查与了解是进行样本特征分析时的一个重要组成部分。与其他相关研究不同的是,我们不仅从流动人口外出打工的时间长短,而且从调查对象初次外出打工时间以及打工到过的地区数来对样本的流动经历进行一个更加全面的调查统计与描述。

(一)初次外出打工时间

如表 2-8 所示,从初次外出打工时间分布状况来看,总体上,1996 年以前农村人口外出打工的人数相对较少,1996 年之后,流动人口的规模开始迅速增加。流动人口全国样本中,在 1996 年以前外出打工的仅占总样本数的 21.4%,尤其 1990 年以前的更少,仅占样本总数的 9.3%;厦门流动人口样本中,在 1996 年以前外出打工的人数略高于流动人口全国样本,为 27.5%,其中,在 1990 年及以前外出打工的仅为 8.1%。而到了 1996 年以后,农村人口流入城市的规模迅猛发展,在 1996—2000 年外出打工的在流动人口全国样本中占 37.4%,是 1990 年及以前外出打工人数的 4 倍多,是 1991—1995 年外出打工人数的 3 倍多。2000 年以后外出打工的更是增加到了 41.2%。厦门流动人口在 1996—2000 年外出打工的占 37.5%,在 2000 年以后外出的也有 35.0%,是 1990 年及以前外出打工人数的 4 倍多。在计划经济体制下,强有力的行政干预和机制严格控制着人口迁移,农村人口流向城市几乎是不可能的事,因此 1990 年以前较少农村人口实现社会流动。改革开放以来,市场经济逐步解除了户籍制度的地域限制,使城市和农村的人口流动成为可能,特别是从 20 世纪 90 年代中后期开始,随着城市化进程的加快,农民进城市务工的规模也在飞速扩大。

表 2-8　流动人口初次外出打工时间

样　　本	流动人口（全国样本）	流动人口（厦门样本）
有效样本数/个	473	480
1990 年及以前初次外出打工者占比/%	9.3	8.1
1991—1995 年初次外出打工者占比/%	12.1	19.4
1996—2000 年初次外出打工者占比/%	37.4	37.5
2000 年以后初次外出打工者占比/%	41.2	35.0

(二)打工到过地区数

流动人口是农村人口的精英群体,他们实现了从农村到城市的社会流动,但进入城市后,他们与城市人口的受教育程度差距还是很大,且技术素质低,再加上户籍制度与二元劳动力市场的存在,流动人口进入城市后实现再次社会流动相对困难。特别是流动人口很多都是依赖强关系网络实现流动,因此他们进入某个城市打工后一般不会轻易流动到别的地区去打工。调查结果(见表 2-9)也显示,流动人口打工到过地区数较少,多为 1~2 个,在流动人口全国样本中,打工地区数为 1~2 个的比例达到了 68.7%,在厦门流动人口样本中更是高达 85.9%。其中,到过 1 个地区的比例最高,在流动人口全国样本中,外出打工只到过 1 个地区的,占到总样本数的 44.5%,在厦门流动人口样本中,外出打工只到过 1 个地区的达 61.9%。打工到过 3 个地区的,在流动人口全国样本中仅占了 14.8%,在厦门流动人口样本中仅占了 7.2%。打工到过 4 个及以上地区的,在流动人口全国样本中仅有 16.5%,在厦门流动人口中仅为 6.9%。由此看来,由于受到制度因素、社会因素、人力资本因素、社会资本因素等的限制,农村人口进入某个打工地后其跨地区再次流动性并不强。

表 2-9　流动人口打工到过地区数

样　　本	流动人口（全国样本）	流动人口（厦门样本）
有效样本数/个	472	464
打工到过 1 个地区者占比/%	44.5	61.9
打工到过 2 个地区者占比/%	24.2	24.0
打工到过 3 个地区者占比/%	14.8	7.2
打工到过 4 个及以上地区者占比/%	16.5	6.9

(三)打工时长

很多研究都表明,受中国目前社会、经济发展现状的影响,尤其是二元制的限制,流动人口处于双重边缘化状态,他们在城市生活、工作,但没有城市居民身份;他们离开农村离开土地,但又无法融入城市。因此,很多流动人口在外打工几年后,在一定程度上改善了经济状况,又难以在城市实现稳定生活,就都选择了回乡。本次调查研究也显示,流动人口在城市打工较多是短期性的,如表 2-10 所示,打工时长分布比例最多的为 1~4 年,其中,流动人口全国样本中占 38.3%,厦门流动人口样本中占 32.3%;其次为 5~7 年,在流动人口全国样本中占 27.7%,在厦门流动人口样本中占 26.1%。而打工时长达到 8~10 年和大于 10 年的,在流动人口全国样本中仅占 11.8%,在厦门流动人口样本中仅占 16.0%。

表 2-10 流动人口打工时长

样 本	流动人口 (全国样本)	流动人口 (厦门样本)
有效样本数/个	473	398
打工 1 年以内者占比/%	10.4	9.5
打工 1~4 年者占比/%	38.3	32.3
打工 5~7 年者占比/%	27.7	26.1
打工 8~10 年者占比/%	11.8	16.0
打工大于 10 年者占比/%	11.8	16.0
均值/岁	4.73	5.21
中位数	4.00	4.00
标准差	3.907	4.295

六、小结

通过以上对研究对象基本特征及流动经历的比较分析,我们发现:

(1)流动人口研究对象的户口所在地和打工地遍布全国各地,既有沿海发达地区,也有中西部较不发达地区。但沿海经济发达地区如福建省、广东省吸引外来人口最多。这两个地区是中国改革开放的前沿,对外经济文化交流比较紧密,受西方思潮影响较内地要大得多,其思想观念更多元更开放,对流动人口的婚育观念与行为方式冲击与影响就更大,因此在研究流动人口的婚姻家庭时,要特别注意城市文化对其产生的影响。

（2）流动人口研究对象的性别结构还不均衡,男性比女性更易于实现流动。其主要原因是"男主外女主内""男强女弱"传统性别观念根深蒂固的影响,以及现实社会制度不断地维护与再造出男女不平等的体系。这种传统与现实力量的影响还将延伸到农村人口流入城市后,男女两性在就业、收入、发展与婚姻、家庭、闲暇等各方面也将表现出不均衡、不平等的现象,因此我们在研究时应把性别作为一个重要变量加以考虑,不同性别的流动人口其婚姻观念、家庭生活、婚姻质量、生育意愿等方面必定会有所区别。

（3）流动人口研究对象的年龄结构较轻,大部分都为"80后"新生代流动群体,他们更易于接受新事物,受城市文化的影响也更深,其婚姻家庭的观念与行为方式与城市更易于趋同。同时,与第一代农民工相比,他们有更多的机会和条件接受学校教育,受教育程度普遍提高;参加务农的时间和机会自然就少,他们对土地和农村社区的认同感比父母那一辈弱化很多。这些特点对其婚育观与家庭生活会产生一定甚至很大影响,值得我们加以探讨。

（4）流动人口研究对象未婚的最多,其次为初婚有配偶的,有配偶的还可分为已婚但不带家属和已婚带家属的,同时,研究对象也有少数为离婚、再婚的。不同类别的婚姻家庭形态所面对的婚姻家庭问题的重点不一样,在研究时应注意适当地分类,切忌简单化。不同的婚姻家庭形态也有利于我们对流动人口婚姻家庭问题研究的全面性。

（5）流动人口研究对象的受教育程度、职业分布和收入水平与农村未外出打工人口的差异较为显著,这些差异将延伸到恋爱、择偶、婚姻、生育、家庭等方面的观念态度与行为方式上。因此,它们对婚姻家庭的影响是我们需要着重探讨的。

（6）流动人口研究对象大部分在1996年以后外出打工,到过的打工地区数多为1～2个,也有少数到过3个、4个及以上地区;在外打工时长平均为4～5年,比例最高的为1～4年。流动经历不同,人生阅历不同,受到的城市文化影响程度也不尽相同,这些都会影响到流动人口的婚姻家庭观念与行为方式,我们在研究时应把它作为一个重要变量加以考虑。

第四节　研究方法

为了实现以上学术目标,我们在研究方法和分析技术上分别做以下考虑:

第一,我们结合使用演绎和归纳两种理论建构的方式(艾尔·巴比,2002),搭建本研究对流动人口婚姻家庭观念与行为的理论解释框架,并在这个基础上,进一步具体化为供后续实证检验的理论假设。不论是在第一章我们提出本研究中的解释模型,还是在后续的各个章节中所进行的理论分析,都是这种理论解释分析的具体实践。

第二,我们将比较分析作为贯穿本研究的一个基本研究方法。其中,既包括了基于时间轴的纵向比较,如以家庭生命周期、各年龄段、不同的结婚年代等为时间轴,进而对流动人口的婚育行为或婚育意愿展开比较,并从不同的发展变化趋势中剖析研究对象的婚姻家庭随时代变迁状况与特点;研究中还包括各种横向比较,如男性和女性调查对象之间的比较、城镇与农村之间的比较、流动人口与从未外出打工人口之间的比较,正是通过对这些不同样本之间的横向比较,使得我们可以更加清晰地发现外出打工经历对流动人口,尤其对大多数来自农村的流动人口在其婚育观念上产生的影响与作用,使得我们可以从更深层次分析性别观念变迁对流动女性和流动男性在择偶与生育偏好以及婚姻家庭地位等方面产生的各种程度的趋同与转变。

第三,采用统计图表和相应的统计性显著检验方法,具体描述我们的样本结构特征,了解按照一些重要变量分组后的差异程度,以及展开样本之间的横向比较分析。其中,交叉列表分析方法将得到比较多的应用。这种交叉列表一般用两个自变量对所要分析的因变量进行交叉分组,如对生育意愿,我们可以用受教育程度与性别来交叉分组,然后可以在不同受教育程度分组里,也就是在控制教育程度影响的情况下,观察不同性别是否具有不一样的生育意愿。当然我们还可以从两个自变量扩展到多个自变量来观察流动人口婚姻家庭观念与行为的分布变化。交叉列表分析经常借助于卡方检验,来证实交叉分组之间的差别是否具有统计意义。

第四,对解释模型涉及的被解释变量和解释变量进行科学测量,特别是使用虚拟变量,也就是 0、1 变量等手段,对定性的因素加以量化处理,以便于展开对理论模型的统计检验。

第五,我们将根据被解释变量的性质,采用相应的多元回归分析方法,来验证我们所建构理论模型是否符合流动人口的婚姻家庭生活实际。多元回归分析方法是对多变量解释模型系列统计估计或检验方法的统称,它的主要技术功能是在控制其他自变量影响的情况下,估计某个自变量如教育程度或流动经历,对被研究的流动人口婚姻家庭态度和行为的影响性质和程度,计算所有自变量或整个模型对因变量的综合解释力,以及综合评价各个自变量的影响与整个模型的解释能力是否具有统计意义。为了提高多元回归分析方法应用的技术效果,或者确保整个检验计算过程不违反规定的假设条件,统计学家们还根据被解释变量或因变量的数学性质对一般多元回归模型进行变型使用,如当因变量是连续变量或是间距测度等级以上的变量时,就借助多元线性回归方法估算各种统计值;又如,当因变量是定性变量或是 0、1 分布的二分虚拟变量时,人们就用 logistic 回归分析方法替代线性回归方法检验具体的理论假设等等(郭志刚,1999;杨菊华,2008)。

此外,在展开针对流动人口的婚育意愿和婚育行为及其影响因素分析时,除了以各类型的多元回归分析模型方法为主以外,根据因变量和解释变量的性质及特点,研究中还采用了路径分析法、Cox 比例风险模型等方法进而更准确和全面地估计相应变量的影响方向和作用程度。

第三章　流动人口的婚姻观念

第一节　婚姻的内涵

　　婚姻在中国古籍中为"昏因"或"昏姻"。《释名》上说："婚,昏时成礼也,姻,女因谋也。"《白虎通》上说："婚者谓昏时行礼故曰婚,姻者妇人因夫故曰姻。"《礼记》上则认为"夫妇之义,由此始也"(潘允康,2002)。因此,婚姻的基本意义在于男女结合成夫妇。婚姻是男女经过正式礼节而形成的夫妻关系。它在表现形式上是男女两性的生理结合,从本质上是男女的一种特定的社会结合。潘允康的《家庭社会学》中指出:婚姻是社会对男女结合成夫妻的一种制度性的安排。可以看出,婚姻有两个方面的属性:一是婚姻的生物性,一是婚姻的社会性。婚姻的生物性属性是随着人们生理和心理的成熟而产生的性的需求的规范化,婚姻关系的确立为人类满足自身性的需要提供了一种规范化的模式。婚姻的社会属性则需要满足人的社会生活的需要。有人把婚姻的社会性解释为社会要确立一个适于人们需要的基本生活单位,以满足社会生活的需要;有人把婚姻的社会性解释为社会要确立一个生育和抚育的基本单位,以完成生育和社会繁衍任务;还有人把婚姻的社会属性说成是两性关系的规范化,以维持正常的社会秩序。

　　本章所说的婚姻是指男女之间以共同生活为目的,以相互之间的权利与义务为内容而结为夫妻关系的一种社会结合。应该讲,婚姻的社会属性既然是对社会需要的规范,那么婚姻在不同社会中体现出的社会特征是不同的。不同的社会,人们对于婚姻的认识和看法,对于婚姻目的和意义的理解不尽一致。那么是什么引起人们对婚姻产生不同的认识和理解呢?那就是婚姻观念。婚姻观念是人们的价值观在婚姻问题上的体现,是婚姻行为变化的深层次的原因。一般来说有什么样的婚姻观念就有什么样的婚姻行为。婚姻观念的变化,会导致人们的择偶观、生育观、性观念、离婚观以及对婚姻越轨的观念相应地发生变化。在传统社会,婚姻的意义和目的主要在于宗族的延续和祖先的祭祀。《礼记·昏义》上说:"婚姻者将合二性之好,上以事宗庙,下以继后世也。"这种婚姻模式注重家族(或家庭)的利益,关心的是家系的绵延、祖先崇拜的继续及财产合法继承人的产生,强调的是个体对家族(家庭)的责任,唯独漠视当事人之幸福。而在现代社会,婚姻从本质上说是建立在当事人爱情基础上的,婚姻的目的主要是建立一个和睦、相爱的家庭,使个人在家庭中获得最充分的休息和感情上的交流,满足人们在心理、生理及日常生活各个方面的需要。因此适应工业化和城市化的婚姻观念首先应体现在个人享有比原来更多的婚姻自由以及具有明确的为自己谋幸福的婚姻动机,其次应体现在个人的独立倾向上,最后婚姻观念的变迁也体现在对非传统婚姻观念的看法上。婚姻观念应该包括以下几个侧面的含义,婚姻态度、婚姻需求、婚姻目的和婚姻观念变迁。婚姻态度是婚姻观念中核心的概念,它表明在诸多因素影响下,人们形成的对于婚姻的总体的认识和评价;婚姻需求是指个体受到婚姻态度的影响而表现出的婚姻意愿,即想不想进入婚姻,想不想结婚;婚姻目的是考察那些想进入婚姻的人群是基于何种目的进入婚姻的;而随着社会生活的变迁,人们对于各种不同于传统的婚姻会产生不同认识和评价,从而在了解和认知的过程中表现出人们婚姻观念的变迁。

本章将在这四个婚姻观念内涵的基础上,对比分析从未流动的人口、有流动经历的人口和正在流动的人口的婚姻观念,深入考察流动人口婚姻观念的变化及其动力机制,最后根据分析结果有针对性地提出相关的对策和建议。为了深化本章的解释分析,我们根据第一章的理论阐述,提出一个关于流动人口的婚姻观念的解释框架(见图 3-1)。框架的右边是本章要分析的被解释变量,即流动人口的婚姻观念,包括四个侧面:一是婚姻态度,二是婚姻需求,三是婚姻目的,四是对非传统婚姻观的看法。我们认为这四个方面是相对独立的,但又是相互联系的;婚姻态度不同,有可能婚姻需求也不一样,婚姻的目的也不相同,对于非传统婚姻观念的看法也会产生差异;婚姻目的不一样,也会相应影响到婚姻需求、婚姻态度以及对于非传统婚姻观念的看法。但是由于资料的限制,本研究暂不考虑婚姻观念各个侧面间的内在联系和影响。

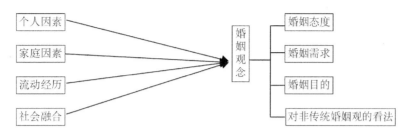

图 3-1　流动人口婚姻观念的理论解释框架

框架的左边是四个层面的解释因素,具体来说,我们认为流动人口的婚姻观念受到来自个体条件、家庭背景、流动经历及其与城市融合程度四个方面的影响,它们和被解释变量之间的关系假设是:

(1)结构性同化水平越高、外出人口的选择性特征越明显(如教育程度都相对比较高),流动人口与城市居民在婚姻家庭观念和行为方面的趋同性就越强。具体来说,我们假设流动人口的婚姻观念与其个人特征有关,年龄越小、教育程度越高、收入越高、职业层次越高、还未进入婚姻生活的未婚青年往往越能接受新的观念,婚姻观念的城市化程度越高。

(2)流动人口的婚姻观念还受到其配偶和父母等家庭因素的影响。流动人口的家庭背景好(如配偶受教育程度高、父母受教育程度高等),会使得流动人口受到熏陶和潜移默化的影响,从而使其婚姻观念与城市居民的婚姻观念趋同。具体来说,我们假设流动人口的婚姻观念与家庭背景有关,配偶受教育程度越高、配偶户口是城市、父母受教育程度越高的流动人口,往往表现出较为现代的婚姻观念。

(3)流动人口的婚姻观念还取决于流动经历及其相关的因素,如初次流动时间、流动时间的长短、流动地区的多少等因素,在考察这一变量时我们同样也关注了流动人口所在家庭人口的流动状况对其婚姻观念产生的影响。我们认为,流动人口所处的时代距离现在越近,流动时间越长,与流入地的社会融合程度越高,流入地对外来人口的接纳程度越好,则流动人口婚姻观念越趋于现代化取向,婚姻关系中更加注重情感因素,从而降低婚姻家庭风险。当然流动人口的婚姻观念的再社会化程度还取决于他们自身群体亚文化的保持程度,一般来讲,城市中外来亚文化的发展会减缓婚姻观念趋同于城市居民的态势。通过具体考察农村流动人口在城市的居住方式,我们认为与外出打工者群体一起聚居(如住在单位提供的宿舍或与其他打工者一起合租)的调查对象,与市民和主流文化相对隔绝;单独散居在城市居民区内(可分单独租房式和住在自己购买的房子中)的打工者不与老乡发生紧密的协作关系,生活方式与当地常住人口已无大的差别(蔡昉,2001)。因此,散居流动人口亚文化不易保持,婚姻观念更容易趋同于城市市民,而聚居者与主流文化相对隔绝,婚姻观念不易趋同于城市市民。

(4)由于流动人口本身的社会经济资源的限制,可能会使流动人口存在边缘感觉,异地创业的不稳定性和压力强化了外来人口的婚姻观念中的功利性和实用性。

第二节　婚姻态度

一、流动人口婚姻态度的总体描述

如前所述,婚姻是社会对男女结合成夫妻的一种制度性的安排。那么男女间基于何种因素缔结婚姻?人们在缔结婚姻时对于婚姻的内容和形式是如何看的?婚姻是基于爱而产生的还是基于其他?婚姻缔结后是以何种形式存在?对于离婚、再婚、忠诚、居住形式及其财产的分配持何种态度?为此我们设计了如下的问题考察流动人口的婚姻态度。您对婚姻的态度是(可多选):婚姻必须有爱,不能凑合着过;即使不满意我的婚姻,我也不和配偶离婚;一个人一生只能结婚一次,万一离婚,我也不会再婚;一旦结婚,我就会保持对配偶的忠诚;一旦结婚,夫妻就应该居住在一起;一旦结婚,夫妻收入和财产就应该共享;其他。

表3-1中关于厦门流动人口的数据显示,在流动人口中,有超过一半的人认为婚姻须有爱,婚姻一经缔结,双方就必须保持忠诚,说明流动人口注重婚姻中情感和忠诚的因素。有近一半的人认为婚姻存续过程中夫妻的财产应该共享,而婚姻一旦缔结就不离婚和不再婚的比例都明显偏低,说明流动人口群体对于夫妻财产的态度是明确的,而对于婚姻的形式,如不再婚、不离婚等因素不太看重。

上述样本数据中考察的是外出打工人口,尤其是占其中大部分的农村外出打工人口,在流动到城市后受到现代生活方式、先进传媒以及丰富信息的浸润,在婚姻态度上表现出来的状况。但是我们还想进一步了解流动对于婚姻态度的变化所产生的影响,了解这一群体与其他群体婚姻观念的差异。为此我们对比分析三份调查问卷的数据,从中发现一些有价值的信息。

首先,我们需要说明的是数据的来源。由于针对农村外出打工经历人口的问卷对象和从未外出打工的人口问卷来自 25 个省、自治区、直辖市,其中福建省籍不到 25%;而针对厦门市流动人口的问卷对象中福建省籍的超过了总数的 50%。因此,我们可以认为农村从未外出打工的人口反映了在农村原有生活环境和发展节奏下的状况而成为对比分析时的本底状态,目前生活在农村的但是曾经有过流动经历的人口由于经历过流动所以婚姻观念上可作为分析时的又一参照对象,而针对厦门市的农村外来务工人员则是具有较强的流入地特色而成为分析沿海典型地区的流动人口婚姻观念的重要的数据库。

根据表 3-1 可知,农村未外出人口、有流动经历的外出打工人口和在厦门打工人口三种类型的人群婚姻态度的差异主要表现在:(1)对于"婚姻须有爱,不能凑合着过""一旦结婚,我就会保持对配偶的忠诚""一旦结婚,夫妻收入和财产就应该共享"问题的认同度按认同度高低排序依次是:农村未外出人口、厦门流动人口和有流动经历的农村人口,表明流动对于婚姻中爱的因素的强调、对于忠诚的保持和财产共享的认识有减弱的效应,有流动经历的农村人口对此认同度低于厦门正在流动的人口,这说明流动经历对于人们观念的影响深远,经历过流动的人口对于婚姻态度中爱、忠诚及财产共享的认识不会因为生活在农村而突然改变,而表现出流动后的一种加固和延伸,但也有可能是因为厦门本地的地域文化较为传统使正在流动的人口在上述婚姻态度中表现中较高的认同。(2)对于"即使不满意我的婚姻,我也不和配偶离婚""一个人一生只能结婚一次,万一离婚,我也不会再婚""一旦结婚,夫妻就应该居住在一起"这些婚姻形式,依照认同度的高低,分别是农村未外出人口、有流动经历的农村人口和厦门打工人口。这说明流动和城市化水平在一定程度上减弱了人们对于婚姻中形式的要求,传统的"从一而终"的婚姻贞节观念逐步弱化。可以说,从整体上,流动人口的婚姻态度呈现出多元的取向,他们对于婚姻中爱的因素认同度降低,并对离婚、再婚和居住方式这些婚姻的形式比未流动人口更不看重。厦门地区由于处于改革开放的前沿,作为发达的沿海城市,流动人口对于婚姻的形式如再婚和离婚表现出更多的认可,并且有较少的人主张婚姻后必须居住在一起。

表 3-1 流动人口的婚姻态度

单位:%

样　本	婚姻须有爱	不离婚	不再婚	忠诚	住在一起	财产共享	其他
厦门流动人口 (N=369)	58.5	9.8	8.7	60.2	35.5	57.2	0
有流动经历 人口(N=312)	52.9	13.8	10.6	51.6	43.3	48.7	1.6
从未外出 人口(N=237)	59.5	21.5	11.8	58.6	51.1	59.1	4.4

二、流动人口婚姻态度的单因素分析

(一)不同个人背景下流动人口的婚姻态度

个体因其不同的生理和社会特征,对婚姻的态度不尽相同。当我们控制性别,发现男性与女性流动人口对于婚姻态度如"一个人一生只能结婚一次,万一离婚,我也不会再婚",其看法有显著差异。数据显示,女性对此观念的认同度为 12.5%,男性对此的认同度为 5.1%,也就是说,女性相较男性来说,在婚姻中更加强调婚姻的从一而终,一方面表明女性对于婚姻的重要性更加看重,另一方面也表现出女性相对男性较为传统的婚姻观念。详见表 3-2。

表 3-2 不同个人背景下厦门市流动人口的婚姻态度

单位:%

样　本	婚姻须有爱	不离婚	不再婚	忠诚	财产共享
女			12.3		
男			5.1		
显著性检验 χ^2			6.043*		
未婚	63.3	4.1			51.1
已婚	51.4	18.2			66.2
显著性检验 χ^2	6.184*	20.769****			8.658*
小学以下		31.3	21.9	37.5	
初中		12.5	11.2	60.5	
高中		4.6	3.9	64.1	

续表

样 本	婚姻须有爱	不离婚	不再婚	忠诚	财产共享
大学以上		0	7.7	69.2	
显著性检验 χ^2		26.451****	12.450**	8.727*	
20 岁以下		2.4			
20～25 岁		3.7			
25～30 岁		13.8			
30～35 岁		14.0			
35 岁以上		28.2			
显著性检验 χ^2		29.657****			
收入 500 元以下		17.5			
500～600 元		13.0			
601～700 元		13.5			
701～800 元		4.1			
801～1000 元		5.7			
1001～1500 元		10.0			
1500 元以上		0			
显著性检验 χ^2		10.769#			
无职业		100.0			
学生		100.0			
农林渔业人员		14.0			
服务业从业人员		6.3			
生产运输及有关人员		3.4			
商业从业人员		0			
个体户		0			
专业技术工作		0			
政府机关办事及有关人员		0			
显著性检验 χ^2		28.602****			

注：♯表示 $P<0.1$；* 表示 $p<0.05$；** 表示 $P<0.01$；*** 表示 $P<0.005$；**** 表示 $P<0.001$。以下表格若无特别说明,均相同。

婚姻状况对"婚姻中须有爱,即使不满意我的婚姻,我也不和配偶离婚"及"婚姻中收入和财产应该共享"的看法产生影响。数据表明,已婚人口对于"婚姻须有爱"的认同度相较未婚人口更低,说明婚姻在存续过程中面对非常多的现实问题,在一定程度上确实削弱了人们对于浪漫爱情的憧憬,而更加趋于理性地认知现实的婚姻;另外已婚流动人口对于现实的婚姻质量要求较未婚人口低,即使不满意自己的婚姻也不和配偶离婚;已婚人口相较未婚人口而言更加认同收入财产共享,从认同的比例来看,已婚人口比未婚人口认同财产共享的比例超过 15.1 个百分点,说明已婚人口更加看重婚姻的物质基础。

教育程度对离婚和再婚观念产生影响,随着教育程度的上升,人们更加重视婚姻的质量,降低了对婚姻形式维系的认同,对于不再婚和不离婚的观念都随着教育程度的提升而有所下降,但是数据呈现出这样的结果,那就是随着教育程度的增加,流动人口群体越认同婚姻中要保持忠诚,可以肯定的是,随着受教育程度的提升,人们对于维系低质量的婚姻表现出较低的认同,但是对于婚姻存续期间彼此忠诚的要求却是越来越高。

年龄对婚姻态度中的不离婚理念产生影响。年龄越大,越不愿离婚,数据显示,20 岁以下的流动人口对不离婚的认同度为 2.4%,可是随着年龄的增加,到 35 岁以上,对此的认同度已升为 28.2%。一般来讲,人们在青年时代可能较为看重理想的爱情,但随着年龄的增加,人们会逐步地调低期望、降低标准,表现为对婚姻中爱的要求逐步降低,而表现出对已存婚姻的维系。另外随着年龄的增加,在婚姻市场中的竞争力越来越弱,这也在一定程度上削弱了年龄大的人走出不满意婚姻的动机和行为。

收入对婚姻态度中不离婚的观念产生影响。收入越高,对于不离婚的认同度越低,人们随着收入的增加越来越不看重婚姻的形式。

职业对婚姻态度中不离婚的观念产生影响,依照无职业、学生、农林渔业、服务业、生产运输业、商业、个体、专业技术工作和政府机关工作的职业顺序,人们对于婚后须居住在一起的认同度表现出较大的差异,职业与婚姻居住方式两个变项的相关度大于 0.001。

(二)家庭背景对流动人口婚姻态度的影响

婚姻态度的形成受到很多因素的影响,一个非常重要的因素就是家庭,其中,结婚前或是外出打工前家庭的影响主要表现为与父母共同生活过程中父母对其观念的影响,而进入婚姻后则更多地表现为配偶背景对其观念的影响作用。为此,我们考察流动人口的父母和配偶的背景,分析婚姻态度是否受到父母和配偶的个人和社会特征的影响(见表3-3)。

表 3-3　外出打工人口配偶背景对流动人口婚姻态度的影响

单位:%

	样　本	财产共享	忠诚	居住在一起	不和配偶离婚
父亲受教育程度	文盲、半文盲	64.1	64.1		
	小学	62.9	60.7		
	初中	50.0	54.4		0
	高中	53.2	62.0		
	大学	70.3	81.1		
	研究生	25.0	25.0		
	显著性检验 χ^2	17.475#	10.284#		
母亲受教育程度	文盲、半文盲			43.8	
	小学			25.2	
	初中			41.5	
	高中及以上			31.1	
	大学			44.4	
	显著性检验 χ^2			16.363*	
配偶收入	500 元以下				37.1
	500～600 元				25.0
	600～700 元				20.0
	700～800 元				27.3
	800～1000 元				3.6
	1000～1500 元				10.0
	1500 元以上				5.6
	显著性检验 χ^2				15.972*
配偶教育背景	小学				30.2
	初中				21.2
	高中及以上				7.5
	大学				0
	显著性检验 χ^2				7.848*

　　表 3-3 列示的数据显示:流动人口父亲的受教育程度对流动人口婚姻观念中关于是否认同收入财产共享和是否保持对配偶的忠诚产生影响,并

在 0.1 水平上通过统计检验。母亲的受教育程度对于是否赞同居住在一起产生影响，并在 0.05 水平上通过统计检验。在外出打工群体中，流动人口配偶的年龄、户口城乡、职业等均未对婚姻态度产生影响，但是配偶收入和教育背景对于正在打工的流动人口的婚姻观念中的离婚观产生影响。我们发现在外出打工者群体中，配偶收入状况对于婚姻后不再离婚的观念产生显著性差异，这在 0.05 水平上具有统计意义。另外，配偶的教育背景对流动人口关于婚姻观念中不离婚的认同度表现出显著差异。配偶教育背景越高，对不离婚的认同度越低，配偶教育背景为高中及以上的流动人口群体对于结婚就不要离婚的认同度最低，低于小学和初中文化程度的人群。这一结果带给我们的启示是：配偶拥有较高文化程度的流动人口对于婚姻的形式上要求（比如：即使不满意我的婚姻，我也不和配偶离婚）更不认同，有着对更高婚姻质量的追求。

（三）流动经历对流动人口婚姻态度的影响

上面的分析已经得到结果，即正在外出打工的人口、有过流动经历的人口与从未流动的人口在婚姻观念上表现出各自的特点。那么流动经历是如何影响正在流动人口的婚姻态度的呢？我们进一步把外出打工的人群按第一次外出打工的时间、流动时间长短、共在几个地区打工和在打工地的居住方式，考察流动经历对婚姻态度的影响。表 3-4 的数据显示：只有在外流动时间的长短和在打工地的居住方式对婚姻态度中"财产共享"的说法产生影响。

表 3-4　流动经历对流动人口婚姻态度的影响

单位：%

选　项		财产共享	显著性检验 χ^2
在厦门打工时长	1 年内	33.3	49.402****
	1～2 年	—	
	2～3 年	50.0	
	3～5 年	77.8	
	5～10 年	56.3	
	10 年以上	62.1	
居住方式	单住	65.3	4.929#
	合住	53.4	

流动人口的婚姻态度随着在外流动时间的长短有所变化，对于婚姻中

财产共享的认同度随着出外打工时间的长短而表现出显著差异。打工时间为1年以下的持肯定态度的比例为33.3%;流动时间3~5年的,对此的认同度为77.8%;流动时间在10年以上的,对此的认同度下降至62.1%,且在0.001水平上具有统计意义。其他的流动变量对婚姻态度中其他选项均未产生影响:在打工地的居住方式也对婚姻态度中关于财产的态度发生影响,如果打工者是单独居住在居民小区,则对于财产共享的意识相对较强;居住在集体宿舍或者与打工者老乡合租则表现出较弱的财产共享观念。两组的显著性差异表现为0.1水平上相关。

同组考察有流动经历的农村人口的流动经历对其婚姻态度的影响,如表3-5所示,我们发现初次打工时间对其婚姻态度中忠诚的观念产生影响。总的来说,时间距离现代越近,人们对于婚姻中须保持对对方的忠诚的观念越弱,我们可以发现在1985年前外出打工的调查对象中,对于忠诚的认可度最高,达到66.7%。在1986—1990年出外打工的人群中,人们对于忠诚的认可度最弱,只占11.1%。在1991—1994年外出打工的调查对象中,对于忠诚的认可度回升到50.0%,在1995—1999年进一步回升至58.3%,在2000—2005年逐渐减弱到49.7%。对于婚姻中是否有爱的认识,随着在厦门打工时间的长短而表现出不同的差异。另外最近的打工地区是在农村还是在城镇对其婚姻态度中是否要居住在一起产生影响,城市打工的人对此的认同度远远低于农村,两变量表现出较强的相关性。调查对象中,自己居住在居民小区内的人更不认同不再婚,更加认同忠诚的婚姻态度。配偶最近打工的地区对其婚姻中须有爱的婚姻态度产生影响,配偶在农村打工相较配偶在城市打工的人口更加认同婚姻中须有爱。另外返乡时间对于婚姻态度中的不离婚和不再婚的婚姻形式产生影响,数据显示,返乡时间越长,人们更加赞同此婚姻态度。这些数据使我们更加有理由相信,随着社会的发展,中国工业化和城市化、现代化程度的提高,人们的婚姻态度产生了极大的变化,主要表现为伴随着农村人口大规模的流动,人们的婚姻观念迅速发生变化,流动对婚姻态度的作用主要体现在流动本身弱化了传统婚姻态度中对于婚姻形式的苛求,表现出多元的婚姻态度,凸现出个体意识的存在在不断强化。通过考察有流动经历的调查对象其返乡时间的长短我们发现,人们的生活环境对其婚姻态度的现代化发生巨大作用,由生活环境而带来的人际关系等条件的不同,使人们的价值观念发生变化,回到乡村时间越长,人们的婚姻态度中对不再婚和不离婚等婚姻形式的认同迅速回升。

表 3-5　有流动经历的农村人口的流动经历对其婚姻态度的影响

单位:%

	样　本	婚姻须有爱	不离婚	不再婚	忠诚	居住在一起
初次打工时间	1985 年以前				66.7	
	1986—1990				11.1	
	1991—1994				50.0	
	1995—1999				58.3	
	2000—2005				49.7	
	显著性检验 χ²				9.240#	
在厦门打工时长	1 年内	47.2				
	1~2 年	72.1				
	2~3 年	65.7				
	3~5 年	47.3				
	5~10 年	52.4				
	10 年以上	48.3				
	显著性检验 χ²	10.064#				
最近工区	农村					63.0
	城市					37.3
	显著性检验 χ²					15.681****
返乡时间	3 个月以下		16.7	4.2		
	3~6 个月			13.3		
	6~9 个月		14.6	14.6		
	9~12 个月		6.5	21.7		
	12~24 个月		35.7			
	24~36 个月		10.0	20.0		
	36 个月以上		29.4	23.5		
	显著性检验 χ²		15.323*	18.157*		
居住方式	单住			8.3	59.3	
	合住			16.3	38.3	
	显著性检验 χ²			4.305*	11.201****	
配偶最近工区	农村	83.3				
	城市	48.1				
	显著性检验 χ²	2.769#				

三、婚姻态度的 Logistic 回归分析

我们首先对厦门正在流动的人口进行婚姻态度的回归分析。我们根据已经建立的理论解释框架,把代表个人背景、家庭背景、流动经历与社会融合的程度的相关变量纳入模型中来解释婚姻态度中非常重要的六种态度。这六种态度分别是:婚姻须有爱,不能凑合着过;即使不满意我的婚姻,我也不和配偶离婚;一个人一生只能结婚一次,万一离婚,我也不会再婚;一旦结婚,我就会保持对配偶的忠诚;一旦结婚,夫妻就应居住在一起;一旦结婚,夫妻收入和财产就应该共享。回归分析结果汇总见表 3-6、表 3-7、表 3-8。下面我们将从整个模型的拟合效果、个体变量的影响性质和程度以及检验结果的总体评价三个方面对这些结果进行分析。

(一)模型的拟合效果

在五个 logistic 回归模型中(不再婚的模型中没有一个变量产生显著性影响),拟合效果最好的是婚姻态度中不离婚的模型,其正确预测率为 88.8%,最低的是婚姻态度中居住在一起的模型,其正确的预测率为 71.3%。对于婚姻态度中有关收入财产共享、婚姻后须保持忠诚和婚姻须有爱的模型拟合度分别为 81.3%、75.0% 和 72.5%。应该说,从模型拟合的效果来看,这些模型的预测能力还是比较强的,换句话说,本研究的理论建构还是比较符合我们所研究的流动人口的婚姻态度的。

(二)解释变量的影响性质和程度

从表 3-6、表 3-7、表 3-8 中所列示的数据来看,虽然不是所有的被选用的解释变量的影响都具有统计的显著性,但是,有几个重要的解释变量的作用和作用的方向还是和前面的理论假设基本上相一致的。

从表 3-6 所示的回归结果来看,首先,个人背景中性别变量对于婚姻观念中的不离婚和忠诚产生影响。模型得出的数据显示,男性比女性更加认同不离婚的观念,男性中认为即使对婚姻不满意也不离婚的概率是女性的 45 倍多;但是,男性却比女性在婚姻须忠诚方面降低了近 95% 的概率。受教育程度变量对婚姻须有爱的婚姻态度发生影响(在 0.05 统计水平上具有显著意义),而且正如我们的假设一样,是一种正向的影响,即如果受教育程度越高,那么个体的婚姻态度越注重婚姻中爱的因素,具体来说,受教育程度每上升一个等级,对于婚姻须有爱的认同比例增加 218.5% 的可能性。受教育程度对于不离婚和居住在一起的婚姻观念也产生影响,受教育程度越

高,越不赞成不离婚或者婚后须居住在一起。父亲的受教育程度对于婚姻态度中一旦结婚夫妻收入和财产就应该共享产生影响(在 0.1 水平上具有统计显著性)。具体来看,父亲的受教育水平每上升一个等级,对于婚姻中夫妻收入和财产共享认同的可能性上升 77.5%。

表 3-6　流动人口婚姻态度的 logistic 回归分析

样　本	婚姻须有爱 Exp(B)	不离婚 Exp(B)	保持忠诚 Exp(B)	住在一起 Exp(B)	收入和财产共享 Exp(B)
性别(0 为女,1 为男)		45.631#	0.05*		
婚否					
受教育程度	3.185*	0.226#		0.278*	
年龄					
配偶受教育程度					
配偶户口类型					
父亲受教育程度					1.755#
母亲受教育程度					
初次打工时间			2.543*		2.588*
在厦门打工时长					
共几个地区打工		0.226#			
职业为服务业					
职业为生产运输业					
职业为商业					
职业为个体户					
月收入		0.316*	1.636#		
配偶月收入					
配偶职业为农业					
服务业					
生产运输业					
商业					
个体户					
专业技术人员					
来厦门前打工地 (1 为城市)					
居住方式 (1 为单独居住)		11.272#			
样本数	369	369	369	369	369
Model Chi-square	24.745	42.967*	29.000	28.972	16.259
正确预测率	72.5	88.8	75.0	71.3	81.3

其次,流动经历中作为反映出外打工的宏观社会背景的变量,初次打工时间对于婚姻态度中的婚姻须保持忠诚以及一旦结婚收入和财产须共享产生影响。两者在 0.05 水平上具有统计显著性。数据显示,该变量对被解释变量的影响方向是正向的,初次打工时间离现在越近,越认同在婚姻中须保持对对方的忠诚和财产与收入应该共享。具体来说,初次打工的时间每变化一个阶段,对于婚姻中须保持对配偶的忠诚的可能性增加 154.3%,对于财产和收入应该共享持认同态度的可能性增加 158.8%。共在几个地区打工对于不离婚产生影响,打工的地区越多,越是降低人们对一旦结婚就不离婚的认同度。月收入对于不离婚也产生影响,收入越高,人们越不认同不离婚的观念。但同时我们也发现随着收入的增加,流动人口对于婚姻中彼此忠诚认同度的可能性增加了。

再次,表示流动人口与流入地社会融合的变量对于流动人口的婚姻态度产生影响。流动人口如果居住方式不是集体宿舍或者与老乡合租,而是散居住在流入地的居民小区中,自己单独居住或者自己购买住房居住对婚姻态度中不离婚的认可的可能性上升 10 倍多。这与我们的假设不相符合。我们认为如果分散地居住在居民小区内,有利于其婚姻观念的城市化,与城市居民的婚姻观念保持一致,但是数据检验的结果却不支持我们的预设。这可能是因为居住方式这个变量不能代表社会融合的程度,另外单独居住和合租的流动人口还有不同的类型,这个问题较为复杂,还须建立更为完整的模型进行分析检验。

同组考察有流动经历的农村人口的六种婚姻态度,如表 3-7 所示,我们发现模型中的变量除对财产共享产生影响外,对其余婚姻态度均未产生影响。具体探讨各个变量对婚姻态度的影响,我们发现年龄对婚姻须有爱产生影响,年龄每上升一组变化值,认同婚姻须有爱的婚姻态度就降低 73.4%,年龄越大,越认同不再婚的说法,并且认同应该居住在一起的婚姻态度的可能性越高;流动人口和其配偶打工到过的地区越多,对于不离婚的认同度更高,其中流动人口自己的打工地区每增加一个,对于不离婚的认同度增加 4 倍多,而配偶的打工地区每增加一个,对于不离婚的婚姻态度认同度上升 1.8 倍多;配偶的户口在城市的流动人口相较配偶户口在农村的流动人口而言,更加认同婚姻须保持对对方的忠诚;初次打工时间越晚,对于婚姻须保持忠诚也越加认可,同时我们也发现,如果流动人口在打工时的居住方式为单独居住的话,其对婚姻态度中的忠诚的认同度的可能性在趋于下降,返乡时间越长,有过打工经历的农村人口也更加不认同婚姻须保持忠诚。而如果与当地人交朋友,则提高了有流动经历的人口对于婚姻须居住在一起的认同度的可能性。

表 3-7　有流动经历的流动人口婚姻态度的 logistic 回归分析

样　本	婚姻须有爱 Exp(B)	不离婚 Exp(B)	不再婚 Exp(B)	保持忠诚 Exp(B)	住在一起 Exp(B)
性别(0 为女,1 为男)					
婚否(0 为未婚)					
受教育程度					
年龄	0.364**		4.481#		2.080*
配偶受教育程度					
配偶户口类型 (0 为农村)				10.175**	
初次打工时间				2.673#	
在外打工时长					
共几个地区打工		5.656#			
职业为服务业					
职业为生产运输业					
职业为商业					
月收入					
配偶月收入					
配偶是否外出 (0 为否)					
配偶在几个 地区打过工		2.835#			
返乡时间				0.651*	
居住方式 (1 为单独居住)				0.221#	
是否交朋友 (0 为没有)					10.479#
样本数	312	312	312	312	312
Model Chi-square	20.209	24.629	20.874	39.201***	19.754
正确预测率	68.1	94.4	88.9	77.8	75

　　对于从未流动过的农村人口来讲,我们发现受教育程度的提升有助于婚姻态度中对爱的重视,同时增加了对财产共享的认同,降低对不离婚的婚姻态度的看法,这与我们的理论假设是一致的。如表 3-8 所示,农村未外出打工人口的年龄越大,对于婚姻中须有爱的认同度越高,但是配偶年龄越大,对于婚姻须有爱的认同度却下降了。配偶的月收入对于婚姻态度中不离婚的态度产生影响,配偶收入越高,调查对象对结婚就不要离婚的认同度越低,而对婚姻质量的关注越高;另外配偶收入对于婚姻态度中的保持忠诚产生影响并通过统计检验,表明配偶收入越高,农村未外出人口中对于婚姻须保持忠诚更加认可,这从反面说明随着收入的增加人们对于婚姻质量的关注。

表 3-8　从未流动过的农村人口婚姻态度影响因素的 logistic 回归分析结果

样本	婚姻须有爱 Exp(B)	不离婚 Exp(B)	保持忠诚 Exp(B)	财产共享 Exp(B)
性别(0 为女)				
受教育程度	8.792*	0.046*		7.548*
年龄分组	61.642*			
月收入分组				
配偶受教育 程度分组				
配偶年龄分组	0.042*			
配偶月收入分组		0.283*	2.808*	
配偶在打工地 交朋友(0 为没有)				
配偶共在几个 地区打工				
样本数	237	237	237	237
Model Chi-square	19.382*	19.435*	15.268#	10.146
正确预测率	78.1	90.6	83.9	70

　　通过以上的数据分析我们发现,流动人口在婚姻态度上表现出如下的特点:

　　(1)对比农村从未流动人口、农村有流动经历人口和正在厦门流动的农村人口的婚姻态度,我们发现流动确实弱化了人们对于婚姻形式的要求。从农村从未流动过的人口、有流动经历和正在流动的人口对婚姻态度中"如果结婚就不离婚""如果离婚就不再婚""如果结婚就必须居住在一起"这些婚姻中的形式要求持认同的比例依次降低;但是在"婚姻须有爱""婚姻须保持忠诚"方面,三个数据库依认同程度的高低排序为农村未外出人口、正在流动的人口和有流动经历返乡人口。也就是说,流动在一定程度上也弱化了人们对婚姻中爱与忠诚因素的看重。这与前人研究的结果有较为明显的差异。一般来讲,在工业化和城市化进程中,农村人口流向城市是人口城市化进程的产物,经历流动的人口进入现代化程度较高的城市,其婚姻观念相应地会发生变化,逐渐地与城市居民表现出相同的特征。根据已有的研究成果显示:现代化的进程中由于个体意志的自由表达,人们对婚姻中爱的成分越来越看重,也即是说,现代化的进程中婚姻观念越来越体现浪漫爱,人们越来越认同爱情是婚姻的基础(Branden,1980;Lee and Stone,1980;Hofsteds,1980;Simlson et al.,1986)。但是数据分析的结果却表明,目前中国的人口在流动的过程中,一方面表现出对婚姻形式的弱化并体现出与现代化进程一致的趋势,但同时流动人口中对于婚姻中爱与忠诚的情感因素却更不看重,最引人注意的是经历过流动的返乡人口对婚姻中爱的因素相较正在流动的人口更不看重,说明流动确实在一定程度上弱化了人们对婚姻中浪漫爱的看重。

(2)数据分析中进一步印证了以前的相关学者(李银河,1989;刘炳福,1996;费涓洪 等,1995;李煜、徐安琪,2004)有关个人背景和家庭背景对于婚姻态度产生的影响。例如,已婚人口相较未婚人口对婚姻须有爱的认同度低,更不认同结婚就不离婚的观点,而强化了财产共享的观念。人们的生存条件和社会经济地位(如教育程度和收入水平)越高,对婚姻中爱的因素更加看重,而对没有爱的婚姻形式的维系更不认同(如不离婚、不再婚、居住在一起等),随着年龄的增加人们对婚姻中的浪漫爱更不看重,反而表现出对婚姻形式的认同比例上升。父母和配偶的背景与个人背景表现出相同的影响态势。但通过个人背景和家庭背景中相关变量的综合分析,我们发现,上述的个人背景在强化人们婚姻态度的现代化的同时,也体现出另外一个信息,那就是人们在社会变迁和转型的过程中对婚姻中须保持对于对方的忠诚的认同度在不断强化。如果我们认为个体能力的增强对非传统的婚姻表现出更多宽容的话,那么究竟如何理解在个体能力强化的过程中人们又如此地看重婚姻的忠诚呢？如居住方式为单独居住的人相较合住的人表现出对婚姻形式中不再婚的反对,但同时体现了对婚姻中忠诚的关注,月收入高的人群对不离婚表现出较低的认同,但同时对忠诚表现出较高的认可,尤其是对于从未外出的农村人口来说,配偶的月收入越高其对不离婚的认可度越低,但同时表现出较高的忠诚认可度。这也许是中国社会转型适应中矛盾心态的体现。

(3)流动的经历对婚姻态度确实产生了影响。一方面表现为流动促进了婚姻态度的现代化,具体体现在流动时间越长、在打工地与当地社会融合越好、流入地是城市、配偶打工地是城市的流动人口,对于人们的婚姻态度中的收入和财产共享、婚姻中爱与忠诚的因素的注重有所强化,与此同时降低了人们对于婚姻形式的认同;另一方面考察人们的流动经历我们也发现了一些有价值的信息,那就是对于有流动经历的人口,随着返乡时间的延长,人们对婚姻的形式(如不离婚、不再婚)表现出更高的认同,考察他们曾经打工地区的多寡、在当地有无结交朋友,我们发现打工地区越多、有交当地人朋友的人群更认同婚姻的形式,但是随着返乡时间的增加、打工时社会融合程度较高(单独居住在居民小区)的人群则降低了对婚姻中忠诚的认可度。

第三节　婚姻需求

一、流动人口婚姻需求的总体描述分析

婚姻需求是指人们有无结婚的需要,即想不想结婚。这种需求是基于人们在客观世界中对婚姻的看法而产生的主观愿望。我们分别考察三种不同类型的群体的结婚需求,发现农村未流动人口的婚姻需要最强烈,如表3-9所示,有83%的人表示愿意结婚,而在农村有过打工经历的人口中,愿意结婚的比例下降为76.6%,在厦门的流动人口中表示愿意结婚的比例进一步下降为72.0%。这表明流动对人们的婚姻意愿产生影响,人口越是流动,人们越不愿意进入婚姻,经济水平越发达的地区,人们的结婚愿望越弱。

表 3-9　流动人口婚姻需求

单位:%

婚姻需求	厦门流动人口（N＝369）	农村有打工经历的人口（N－312）	农村从未外出打工人口(N＝237)
想	72.0	76.6	83.0
不想	28.0	23.4	17.0

二、流动人口婚姻需要的单因素分析

(一)不同个人背景下的婚姻需求

我们考察具有不同个人背景下的婚姻需求,如表 3-10 所示,发现婚姻状况(已婚还是未婚)对婚姻需求产生不同的影响,并在 0.005 水平上具有统计意义,未婚女性相较已婚女性更不愿意进入婚姻。年龄不同的人群婚姻需求有所差异,表格列示的数据显示,随着年龄的增大,人们的婚姻需求越强,更愿意缔结婚姻。另外,性别、受教育程度、职业和收入未对婚姻需求产生影响。

表 3-10　不同个人背景下的婚姻需求

单位:%

样　本	想	不想	显著性检验 χ^2
未婚	66.4	33.6	9.696 ***
已婚	80.7	19.3	
20 岁以下	61.0	39.0	
20～25 岁	66.4	33.6	
25～30 岁	77.4	22.6	15.479 ***
30～35 岁	84.8	15.2	
35 岁以上	86.5	13.5	

(二)配偶背景对流动人口婚姻需求的影响

配偶户口类型对于流动人口的婚姻需求产生影响,配偶户口为城市的流动人口婚姻意愿中不想进入婚姻的比例显著上升,配偶户口为农村的流动人口不想结婚的比例为 6.7%,而配偶为城市户口的流动人口不想结婚的比例上升为 28.9%。另外,考察流动人口父母亲的受教育程度,我们发现其父亲的受教育程度对外出人口的婚姻需求产生影响,具体来说,随着父亲的受教育程度提高,流动人口的婚姻需求越来越弱,这在 0.05 水平上具有统计意义(见表 3-11)。

表 3-11 配偶背景对流动人口婚姻需求影响

单位:%

样 本		想	不想	显著性检验 χ^2
配偶户口类型	城市	71.1	28.9	3.538#
	农村	93.3	6.7	
父亲受教育程度	文盲、半文盲	83.8	16.2	11.840*
	小学	79.8	20.2	
	初中	66.3	33.7	
	高中	67.1	32.9	
	大专	73.0	27.0	
	大学	25.0	75.0	

(三)流动经历对流动人口婚姻需求的影响

婚姻需求是个人对婚姻的向望,但是又离不开个人所生活的社会环境的影响,所以我们考察流动人口初次外出的时间,分析时代的变化对于婚姻需要产生了什么样的影响。我们把初次打工的时间分成不同的时间段,可以发现 20 世纪 90 年代以来,正流动人口在婚姻需求的比例明显减少,1990 年前流动人口想进入婚姻的有 82.8%,到 2005 年已下降到 62.6%,反映了流动过程中人们婚姻态度的城市化。但是数据中显示,1995 年至 1999 年间人们对于婚姻需求有所回升,原因可能有两个:一是年龄因素使人们的婚姻需求上升;另一个因素也是一个值得关注的因素,可能是因为 20 世纪 90 年代以来是我国人口流动最为频繁的时期,边缘化和劣质的生存状态使这一时期的民工婚姻态度在传统与现代的强烈冲击下对传统的婚姻有所肯定。

同组我们考察了有过流动经历的农村人口其流动经历对其婚姻需求的影响。我们发现配偶有无外出对其婚姻需求产生影响。配偶有外出的流动人口中有更多的人不愿意进入婚姻,但是如果配偶在打工地有交朋友,有流动经历的人口则表现出更强的婚姻意愿;另外在农村从未外出人口中,配偶有外出也会弱化人们的婚姻意愿(见表 3-12)。

表 3-12　不同流动经历下的婚姻需求

单位：%

样　本			想	不想	显著性检验 χ^2
正在流动人口	初次外出打工时间	1990 年前	76.0	24.0	13.553***
		1990—1994	82.8	17.2	
		1995—1999	79.7	20.3	
		2000—2003	62.6	37.4	
有流动经历的人口	偶外出否	无	93.2	6.8	3.118#
		有	83.1	16.9	
	偶交友否	无	63.6	36.4	6.764**
		有	88.5	11.5	
从未流动过的人口	偶外出否	无	90.3	9.7	6.206*
		有	74.4	25.6	

三、婚姻需求的 Logistic 回归分析

如表 3-13 所示，在流动人口中，个人背景中的性别对想不想结婚产生影响。相较女性而言，男性更不想结婚。该变量在 0.05 水平上具有统计意义。男性不想进入婚姻的愿望的可能性是女性的 43 倍多；初次打工时间对流动人口的婚姻需求产生影响，数据显示越晚出去打工，不想进入婚姻的意愿越低；个人的月收入对于婚姻需求产生影响，月收入越高的流动人口不想进入婚姻的意愿降低，该模型的正确预测率为 91.9%。

表 3-13　流动人口婚姻需求的 Logistic 回归分析

因　素	B	Exp(B)（0 为想，1 为不想）
性别（0 为女，1 为男）	3.777	43.679*
受教育程度	−0.424	0.654
年龄	−1.173	0.310
配偶受教育程度	0.231	10.260
配偶户口类型	1.803	60.066
父亲受教育程度	0.581	10.788
母亲受教育程度	−0.682	0.506
初次打工时间	−1.488	0.226#

续表

因　素	B	Exp(B)(0 为想,1 为不想)
在厦门打工时长	−1.391	0.249
共几个地区打工	0.131	1.140
职业为服务业	15.220	4073887.252
职业为生产运输业	−20.728	0.000
职业为商业	−19.934	0.000
职业为个体户	−4.540	0.011
月收入	−1.114	0.328*
配偶月收入	0.278	1.321
居住方式(1 为单独居住)	0.063	1.065
来厦门前打工地(1 为城市)	−0.704	0.495
样本数	369	
Model Chi-square	26.978#	
正确预测率	91.9	

同组考察有过流动经历的农村人口的婚姻需求,如表 3-14 所示,我们发现,性别对婚姻需要的影响通过统计检验,回归数据显示,越是女性,其婚姻需求越弱,女性相较男性婚姻需求降低 98% 的可能性,受教育程度对于婚姻需求产生的影响通过统计检验,表明受教育程度越高的人,婚姻需求越弱;但是配偶的受教育程度的提升却强化了有过流动经历的人口的婚姻需求,这在农村从未流动过的人群中也有体现(见表 3-15)。另外,配偶打工地区的增加和在打工地交朋友也在强化有流动经历的人口的婚姻需求。

表 3-14　有流动经历的流动人口婚姻需求的 Logistic 回归分析

因　素	B	Exp(B)
性别(0 为女,1 为男)	−3.627	0.027#
婚否(0 为未婚)	18.683	129958004.237
受教育程度	3.179	24.022*
年龄	−0.060	0.941
配偶受教育程度	−3.226	0.040#
配偶户口类型(0 为农村)	1.206	3.340

续表

因　素	B	Exp(B)
初次打工时间	1.445	4.243
在外打工时长	0.469	1.599
共几个地区打工	0.445	1.560
职业为服务业	−22.933	0.000
职业为生产运输业	−23.835	0.000
职业为商业	−40.609	0.000
个体户	−21.690	0.000
专业技术人员	−40.564	0.000
居住方式(1 为单独居住)	2.235	9.344
配偶在几个地区打过工	−1.569	0.208[#]
返乡时间	−0.238	0.788
是否交朋友(0 为没有)	−4.311	0.013[*]
配偶是否外出(0 为否)	19.022	182532072.579
样本数	312	
Model Chi-square	29.564	
正确预测率	90.1	

表 3-15　从未流动过的农村人口婚姻需求影响因素的 Logistic 回归分析结果

因　素	B	Exp(B)
性别(0 为女)	−0.649	0.523
受教育程度	0.574	1.775
年龄分组	−0.669	0.512
月收入分组	−0.252	0.777
配偶受教育程度分组	−0.834	0.434[#]
配偶年龄分组	0.345	1.412
配偶月收入分组	0.094	1.098
样本数	237	
Model Chi-square	8.388	
正确预测率	87.0	

四、流动人口不想结婚的原因

(一)流动人口不想结婚的原因的总体分析

由上述的分析我们可以知道,在流动人口中相当比例的人不愿意结婚。那么是什么原因导致他们做出不婚的选择呢? 我们设计了问题"您不想结婚是因为?"并提供了下面的一些供选答案:婚姻束缚个人自由和个性发展;担心婚姻会影响事业发展;没有合适的对象;对婚姻的长期稳定缺乏信心;结婚会造成比较大的经济负担;其他。表 3-16 列示了我们的调查结果。

表 3-16　流动人口不想结婚的理由

单位:%

样　　本	束缚个人自由和个性发展	影响事业发展	没有合适对象	对保持婚姻缺乏信心	会造成比较大的经济负担	其他
厦门流动人口 ($N=369$)	12.7	7.0	6.2	3.5	10.0	4.6
有外出经历人口 ($N=312$)	11.2	2.2	12.8	7.1	10.9	1.6
未流动人口 ($N=237$)	9.7	2.1	1.7	5.1	7.2	1.3

表 3-16 显示,厦门样本在流动人口中有 12.7% 认为不婚的原因是婚姻束缚个人的自由和个性发展,有 10.0% 的人认为婚姻会造成比较大的经济负担,有 7.0% 的人口认为婚姻影响事业发展,有 6.2% 的人认为是没有合适的对象,有 3.5% 的人认为对保持婚姻的长期稳定性缺乏信心。相较于农村从未流动过的人口来说,流动人口不婚的理由在上述原因上(除对保持婚姻缺乏信心外)都有较大的提升,而有过流动经历的农村人口,在不婚原因中没有合适对象、对保持婚姻缺乏信心的选项远高于厦门地区正在流动的人口对此的认同。应该承认,流动人口比未流动人口不想结婚的理由更多地选择了婚姻束缚了个人自由和个性发展,表现出在婚姻选择中更多地注重个体的价值实现。另外,有更多的人担心婚姻影响事业的发展,说明流动人口的事业发展正处于上升的状态,他们不愿因为结婚而影响事业的发展和上升的空间。此外,由于对个体利益的看重,更多的流动人口认为婚姻会造成比较大的经济负担。这些不婚理由的选择体现了流动人口对个体价值和利益的注重,从一定层面也说明流动人口对于事业发展的看重,他们希望能够有更多的时间和精力实现自身的人生价值。我们也看到,有过流动经历的人口回

到农村后,没有合适对象的选择比例较大,甚至大于正在流动的人口,可见流动的经历或者流动本身在某些方面加大了择偶的难度。随着经济水平的提高,流动人口中不婚的比例呈现上升的趋势,对于不婚的理由也呈现多元化的选择,在厦门地区不婚理由的选择中有 4.6% 的人选择其他选项,大大高于有流动经历的农村人口对此项的选择和农村从未外出人口对此项的选择。

(二)流动人口不想结婚的原因的单因素影响分析

1.个人背景对流动人口不婚原因的影响

我们进一步考察个人的背景对不婚原因的影响,如表 3-17 所示,发现性别对"没有合适对象"产生影响。即流动人口不结婚是因为没有合适的对象在不同性别的人群中有明显差异。男性认同这一理由的比例为 4.1%,女性认同这一理由的比例为 8.6%,可以看出,女性不想结婚的原因是因为找不到合适的对象的比例远远大于男性。另外性别对"婚姻会造成较大经济负担"产生影响。即流动人口不结婚是因为经济负担加重在不同性别的人群中有明显差异。男性认同这一理由的比例为 14.2%,女性认同这一理由的比例为 5.5%,可以看出,男性不想结婚的原因是经济负担的比例远远大于女性。

表 3-17　厦门流动人口不想结婚的原因

样　　本	束缚个人自由和个性发展	担心影响事业发展	没有合适对象	对保持婚姻缺乏信心	会造成较大经济负担
女			8.6		5.5
男			4.1		14.2
显著性检验 χ^2			3.187[#]		7.307[**]
未婚	15.4		8.6		
已婚	8.8		2.7		
显著性检验 χ^2	3.475[#]		5.270[*]		
小学以下				9.4	
初中				5.3	
高中				1.3	
大学及以上				0	
显著性检验 χ^2				7.613[#]	
20 岁以下	16.5	7.1	14.1		
20~25 岁	16.8	12.1	5.6		
25~30 岁	14.9	3.4	3.4		
30~35 岁	2.0	6.0	0		
35 岁以上	2.6	0	5.1		
显著性检验 χ^2	11.843[*]	9.287[#]	13.638[**]		

婚姻状况对不想结婚的原因中的"婚姻束缚个人自由和个性发展""没有合适的对象"产生影响。我们发现未婚的流动人口更多地认同婚姻会束缚个人的自由,未婚人群对此原因的认同比例为15.4%,已婚人口认同的比例为8.8%。另外未婚人口更多地认同不想结婚是因为没有合适的对象。

文化程度对流动人口不婚的原因产生影响。其中"对保持婚姻缺乏信心"通过统计检验。表明受教育水平不一样,人们对于不想结婚是因为"对保持婚姻缺乏信心"这一原因的认同有明显差异。数据显示,小学文化程度的流动人口最认同这一观点,其次是高中及以上人口,对此认同度最低是的初中教育水平的流动人口。

年龄对不婚原因中的"束缚个人的自由和个性发展"产生影响。随着年龄的增加对这一理由的认同度逐步降低。20岁以下流动人口对此的认同度为16.5%,到了35岁以上对此的认同度已经降低到2.6%。年龄的差异也在不婚原因中关于担心影响事业和没有合适的对象产生影响,说明流动人口的事业发展和生命周期之间还是存在着必然的关系。

收入对"婚姻会影响事业的发展"产生影响。收入越高的人群对这个不婚的原因认同度越高。数据显示,月收入在700～800元之间的流动人口对婚姻影响事业发展的认同度为12.5%,随着月收入的增加至1500元以上时,流动人口对此的认同度上升到33.3%。

职业对"婚姻束缚个人的自由和个性的发展"产生影响。职业声望越高,越认同这种说法。从事服务业工作的人员对此的认同度为28.6%,从事生产运输的工作人员对此的认同度上升至41.7%,而在商业中工作的流动人口对之认同度进一步增加到88.9%,在政府工作的人员对此的认同度则达100%。

2.流动经历对流动人口不婚的原因影响

流动经历对不想结婚的原因产生影响。我们考察初次打工的时间,发现这一变量对于不婚原因中的"没有合适的对象"产生影响。越晚出来打工的人群,对此理由的认同度越高。考虑到打工人群的平均年龄,我们认为越晚出来打工的人口普遍较年轻,还处于婚姻对象的选择中。

打工时间的长短对流动人口不婚的原因选择产生影响。我们发现,随着流动时间的增加,不想进入婚姻是因为对婚姻无合适对象的比例依次降低,到了流动时间为10年以上的人群中,流动人口对没有合适的对象的原因的认同度下降到4.9%。另外合住还是单住对不婚原因中的事业发展及婚姻信心产生影响,我们发现这两个群体在不婚原因的认识上存在显著差异。相较单住者而言,在集体宿舍或在合租形式居住的流动人口更加认同不婚是因为会影响事业发展,或认同不婚是因为对婚姻保持缺乏信心(见表3-18)。

表 3-18　流动经历对流动人口不婚原因的影响

单位:%

	样本	影响事业发展	没有合适对象	对保持婚姻缺乏信心
初次外出打工时间	1990 年前		7.1	
	1990—1994		1.7	
	1995—1999		4.1	
	2000—2003		9.9	
	显著性检验 χ^2		6.443#	
在厦门打工时长	1 年内		33.3	
	1～2 年		25.0	
	2～3 年		12.5	
	3～5 年		0	
	5～10 年		6.3	
	10 年以上		4.9	
	显著性检验 χ^2		12.117*	
居住方式	合租	8.8		4.8
	单住	3.4		0.8
	显著性检验 χ^2	3.541#		3.654#

同组考察有流动经历的人口不婚的原因,如表3-19,我们发现其初次外出打工时间对婚姻信心产生影响,在 1985 年前外出打工的,没有人认同不婚是因为对婚姻缺乏信心;而在 1985—1989 年外出打工的调查对象中,持这种原因的人的比例已上升到 50.0%,随着时间的推移进一步下降;在 2000 年后外出打工的人中,持此态度的比例又迅速回升到 61.0%,达到最高。另外随着打工时间的延长对于不婚的原因是对婚姻缺乏信心的比例也在增加,直至 10 年以上持此原因的比例才有所回落。上述两个变项对不婚原因中婚姻信心产生影响充分说明整个社会宏观的背景对人们的婚姻信心产生影响。另外,打工者最近打工的地区是城市还是农村对不婚原因中婚姻束缚个人自由和发展产生影响,农村较城市更加认同这一原因。居住方式为合租或单住对不婚原因中影响事业发展和造成经济负担产生影响。单独居住的人更认同不婚是因为担心影响事业发展,但是合住的人则更多担心婚姻会造成经济负担。返乡时间的长短对不婚原因中无合适对象产生影

响,返乡时间越长,持此原因的比例越高,两个变项的相关度在0.05水平。这说明有流动经历的农村人口返乡后婚姻对象的选择存在一定的障碍,这与许多学者对农村本身的婚姻市场和流回农村的人口的婚姻产生的影响分析是一致的(石人炳,2005)。

表 3-19 有流动经历的人口流动经历对流动人口不婚原因的影响

单位:%

样 本		影响事业发展	没有合适对象	对保持婚姻缺乏信心	会造成较大经济负担	束缚个人的自由和个性发展
初次外出打工时间	1985 年前			0		
	1985—1989			50.0		
	1990—1994			28.6		
	1995—1999			27.6		
	2000—2005			61.0		
	显著性检验 χ²			9.398#		
打工时长	1 年内			0		
	1~2 年			33.3		
	2~3 年			33.3		
	3~5 年			48.0		
	5~10 年			57.9		
	10 年以上			30.0		
	显著性检验 χ²			9.358#		
最近打工地	农村					63.2
	城市					33.9
	显著性检验 χ²					5.167*
居住方式	合租	1.7			48.3	
	单住	22.2			22.2	
	显著性检验 χ²	10.243****			5.211*	
返乡时长	3 个月		21.7			
	3—6 个月		30.0			
	6~9 个月		66.7			
	9~12 个月		37.5			
	12~18 个月		61.1			
	18~24 个月		75.0			
	24~36 个月		75.0			
	36 个月以上		71.4			
	显著性检验 χ²		14.703*			

通过以上的数据分析和模型检验我们发现：

第一，比较三大数据库我们发现流动确实在一定程度上弱化了人们的婚姻需求。未流动的农村人口相较有流动经历的农村人口和正在流动的农村人口的婚姻需求要弱。

第二，个人背景和配偶背景变量对于婚姻需求产生影响。未婚较已婚、年轻较年长者、配偶户口城市较农村、父亲教育程度高较低者婚姻需求较弱；另外，初次打工时间距离现在越近、配偶有外出弱化人们的婚姻需求。

第三，控制相关的变量，考察各个变量对婚姻需求的净影响，我们发现在正在流动的人口中，女性较男性有更强的婚姻需求，表现出较强的婚姻意愿，这与相关的学者的研究结果是吻合的。考虑到女性更看重婚姻的重要性或借婚姻实现政治经济地位的提升的目的，我们认为打工中流动女性为了改变生存状态和环境，可能表现出较强的婚姻需求的功利性。并且我们发现随着时代的变迁，不论是男性女性都表现出较强的婚姻需求，经济收入较高的群体对婚姻也有强烈的需求，这与现代化过程减弱或降低人们的婚姻需求的理论解释是不吻合的。考察返乡人口的婚姻需求的影响因素，我们发现了一些有价值的信息，那就是男性回乡后表现出较强的婚姻意愿，那些打工地区较多的、在打工地交过朋友的婚姻需求更加强烈，再联系不婚的原因分析，我们发现，返乡时间越长的人认为不婚的原因是因为找不到对象的比例越大，这进一步证实了相关学者提出的关于流动对流动人口本身婚姻不利的影响的论断。

第四节　婚姻目的

一、流动人口婚姻目的的总体描述分析

动机与目的始终都是相互联系的一对范畴，在一定程度上婚姻目的也会相应地影响和反映人们对婚姻的需求，进而影响人们的生育等行为。人们缔结婚姻的目的是我们在婚姻态度的价值判断的又一个侧面。为了了解流动人口群体的婚姻目的，我们设计了这样的问题："您结婚的主要目的是（或者您为什么结婚）"，我们提供了 12 个选择答案，可以多选。分别是：相亲相爱；人生有伴，互相照应；改善生活条件；提高社会地位；有健康的性生

活;传宗接代;父母要求;社会需要;人人都这样;人生的必然过程;其他。表3-20的数据列示了我们的调查结果。可以看出,对于外出打工的流动人口来说,婚姻的目的选择"人生有伴,相互照应"的比例最多,占47.4%,其次是相亲相爱,占比达36.3%,可以表明流动人口对于婚姻目的的看法中对于情感因素还是较为认同的,但是我们也发现传统的婚姻目的,比如"传宗接代",被动式的婚姻选择比如"父母要求""社会需要""人人都这样""人生的必然过程"也占到较大的比例。另外对于经济利益的考虑,如婚姻的目的是"改善生活条件"的人数也有不少。另外有11.9%的人认为婚姻是为了"有健康的性生活",这种对于性的需要已经不再是遮遮掩掩的事情,流动人口群体正视性需要的满足也说明婚姻目的在不断地突破传统趋于现代化。

表 3-20　流动人口的婚姻目的

单位:%

样本	相亲相爱	人生有伴,相互照应	改善生活条件	提高社会地位	有健康的性生活	传宗接代	父母要求	社会需要	人人都这样	人生的必然过程	其他
厦门流动人口($N=369$)	36.3	47.4	11.1	5.4	11.9	20.1	17.6	6.5	9.5	32.2	0.5
有流动经历的农村人口($N=312$)	34.3	60.6	15.4	4.8	20.2	33.7	23.4	11.2	17.0	35.6	0.6
未流动过的人口($N=237$)	46	64.6	15.6	5.9	17.7	41.4	27.0	12.2	26.6	48.1	1.7

为了更加清楚地了解流动人口的婚姻目的,我们在表3-20中同时分析了在农村从未流动过的人口的婚姻目的,我们发现,农村从未流动过的人口对于婚姻目的中"相亲相爱""人生有伴,相互照应"等情感因素更加注重,选择"相亲相爱"作为婚姻目的的比例比流动人口高出9.7个百分点,选择"人生有伴,相互照应"的比例比流动人口高出17.2个百分点,在较为传统的婚姻目的如"传宗接代""父母要求"方面,农村从未流动的人口选择比例也远远高于流动人口比例,比如,在农村从未外出的人口中,有近41.4%的人口

认为婚姻的目的是"传宗接代",高出流动人口 21.3 个百分点。被动地选择婚姻的比例也远远高于流动人口,比如:认为结婚是"人生的必然过程"的比例高于流动人口 15.9 个百分点,认为"人人都这样",所以我也结婚,这个比例高于流动人口 17.1 个百分点,为了满足"父母要求"的比例也高于流动人口 9.4 个百分点。出于经济利益或其他功利性的目的考虑,未流动人口中为了改善生活条件、提高社会地位的比例都高于流动人口。相应地考察有过流动经历的农村人口的婚姻目的,发现对于婚姻目的中的情感因素,如"人生有伴",功利性目的比如"改善生活条件"、"提高社会地位"的比例高于正在厦门打工的流动人口而低于从未流动过的农村人口,在传统的婚姻目的如传宗接代方面比例也较高,被动地接受婚姻的比例,如结婚是为了"父母要求""社会需要""人人都这样",也较高于流动人口而低于从未流动过的人口处于中间的状态。但是其中婚姻目的中的"相亲相爱"的因素低于正在流动的人口。这与我们前面有关婚姻态度的分析是一致的。

三个数据库中人们对于婚姻目的的选答比例不同,从中可以发现流动人口婚姻目的的一些规律和特点。一是在传统与现代的婚姻目的并存且相互影响中,流动人口的婚姻目的正在趋于多元化。流动人口对于婚姻的生理需要、情感需要、家庭需要、社会需要和经济和政治利益需要都有所表现。二是相比较未流动的人口,流动人口的婚姻目的都在弱化。流动对人们的婚姻目的产生了一定的影响,流动在一定程度上弱化了人们婚姻中的情感目的、家庭传宗接代的目的、被动地接受婚姻的安排和婚姻的功利性目的。那么流动人口的婚姻目的到底受制于哪些因素呢?哪些因素会影响人们缔结婚姻的何种目的呢?接下来我们将进一步分析影响流动人口的因素。

二、流动人口婚姻目的单因素分析

(一)个人背景对流动人口婚姻目的的影响

我们控制个人背景中的性别、婚姻、受教育程度、年龄、收入和职业等特征,发现不同的个人社会特征对婚姻的目的产生了不同的影响。表 3-21 列示了我们的分析结果。性别变量对提高社会地位的婚姻目的产生影响,男性与女性在提高社会地位的婚姻目的上表现出不同的差异,两变项的相关度大于 0.1。数据表明,女性选择婚姻是为了提高社会地位的比例为 3.1%,男性的比例为 7.6%,男性为了提高社会地位而结婚的情况多于女性。也就是说,更多的男性相较女性而言是基于提高社会地位而进入婚姻的,表现出较强的功利性目的。另外性别对有健康的性生活产生影响,两变项的相关度大于 0.001。女性选择此项的比例为 4.9%,而男性选择此项的比例为 17.3%。性别对"传宗接代"的婚姻目的产生影响,两变项的相关度也大于 0.001,男性持此婚姻目的的比例为 28.9%,而女性仅为 8.6%,男性为了传宗接代而进入婚姻的比例远远高于女性。从性别对婚姻目的产生的影响来看,流动人口群体中,男性为了改变自身的处境、基于传宗接代而进入婚姻的比例大大高于女性,说明在流动人口群体中人们婚姻目的中还是存在着较为明显的性别差异。

表 3-21 不同个人背景下的厦门流动人口的婚姻目的

单位:%

样 本	人生有伴相互照应	提高社会地位	有健康的性生活	传宗接代	父母要求	人生的必然过程
女		3.1	4.9	8.6		
男		7.6	17.3	28.9		
显著性检验 χ^2		3.514#	13.203****	23.319****		
未婚	42.1		7.7	12.7		
已婚	55.4		18.2	31.1		
显著性检验 χ^2	6.311*		9.396***	18.741****		
小学以下			28.1	59.4	37.5	28.1
初中			9.2	20.4	17.1	25.7
高中			12.4	15.0	16.3	41.2
大学及以上			7.7	3.8	3.8	23.1
显著性检验 χ^2			9.395*	37.056****	12.305**	9.856*
20 岁以下	32.9		4.7	7.1		
20～25 岁	45.8		10.3	18.7		
25～30 岁	51.7		12.6	21.8		
30～35 岁	66.0		20.0	24.0		
35 岁以上	51.3		20.5	41.0		
显著性检验 χ^2	15.056***		10.355*	20.591****		

续表

样　　本	人生有伴相互照应	提高社会地位	有健康的性生活	传宗接代	父母要求	人生的必然过程
500 元以下	42.5					10.0
500～600 元	34.8					21.7
600～700 元	75.7					29.7
700～800 元	46.6					46.6
800～1000 元	46.3					31.7
1000～1500 元	46.0					34.0
1500 元以上	40.0					40.0
显著性检验 χ^2	14.109*					17.721**
无业或家庭主妇		0			0	
学生		0			0	
农业		0			100	
服务业		7.0			20.0	
生产运输业		2.3			16.3	
商业		10.3			73.8	
个体户		0			100	
专业技术人员		25.0			0	
政府及办公人员		0			0	
显著性检验 χ^2		35.688****			21.581**	

　　个体的婚姻状况(已婚未婚)对"人生有伴,相互照应"的婚姻目的产生影响,我们发现已婚的流动人口更多地选择婚姻的目的是满足"人生有伴,相互照应",而未婚的人们选择这个婚姻目的的比例大大减少,另外已婚的人群也较多地选择了婚姻是为了"有健康的性生活"和"传宗接代"。可以看出,有无经历婚姻对于婚姻目的的认识还是表现出较大差异。

　　流动人口受教育程度不同,在"有健康的性生活""传宗接代""父母要求"和婚姻是"人生的必然过程"的婚姻目的方面表现出较大的差异。数据显示,受教育程度越高,流动人口越不认同对上述婚姻目的的看法。受教育程度为小学的人群,对于婚姻是为了"有健康的性生活"的认同度为 28.1%,

但是文化程度为大学的流动人口持此观点的比例已下降至 7.7％；在婚姻是为了"传宗接代"的目的认识上，受教育程度为小学的认同比例为 59.4％，而在初中人群中这一比例下降为 20.4％，如果受教育程度为大学及以上的水平，人们对此的认同度比例进一步降低为 3.8％，两变项的相关度大于 0.001。另外随着受教育程度的提高，流动人口中对于"父母要求"和"人生的必然过程"的被动性的婚姻目的表现出更多的不认同。

年龄对婚姻目的中的"人生有伴，相互照应"产生影响。年龄越大，对于婚姻是为了相互照应的认同度越高。我们分组考察不同年龄人群对于"人生有伴，相互照应"这一婚姻目的的态度，发现，20 岁以下的流动人口对此的认同度为 32.9％，30～35 岁的人群中对此的认同度已经上升为 66.0％。另外我们也从数据中看到，年龄对于婚姻目的中的"有健康的性生活"产生影响，具体来看，20 岁以下的流动人口对于"有健康的性生活"的选择比例最低，持认同态度的比例仅有 4.7％；但是年龄增加到 35 岁以后，人们选择的比例上升为 20.5％。另外对于"传宗接代"的婚姻目的也随着年龄的增加而呈现出认同比例上升的状况，并且在不同年龄组间呈现出显著的差异，两变项的相关度达 0.001。20 岁以下的流动人口群体对于婚姻是为了传宗接代的认同比例为 7.1％，而到了 35 岁以上，人们对此的认同度升至 41.0％。

收入对婚姻目的中的"人生有伴，相互照应"和"人生的必然过程"产生影响。以月收入 600～700 元为界限，后随着收入的增加人们越来越不认同婚姻是为了"人生有伴，相互照应"，两变项的相关度达 0.05；另外以 700～800 元为界，人们对于婚姻是"人生的必然过程"的认同度总体呈下降的趋势。

不同的职业对于婚姻是为了"提高社会地位"和"父母要求"产生影响，我们发现从事专业技术工作和服务业工作的人群对婚姻是为了提高社会地位的认同度较高，另外从事农业、个体户和商业工作的人群更多地认同婚姻是为了满足父母要求，两变项的相关度为 0.01。

（二）配偶背景对婚姻目的的影响

考察配偶背景对流动人口婚姻目的的影响。我们发现，如表 3-22 所示，配偶的受教育程度对流动人口的婚姻目的产生影响。婚姻是为了"有健康的性生活"和"父母要求"通过了统计检验。数据表明，随着配偶受教育水平不断提升，流动人口认同婚姻是为了有健康的性生活的比例显著下降。配偶受教育程度为小学水平时，流动人口婚姻目的选择上述目的的比例最高,达 50.0％,两变项的相关度为 0.001。与此同时,随着配偶受教育水平的提高,流动人口认同婚姻是为了满足父母要求的比例也趋于下降。应该认定,流动人口配偶的受教育程度提升,流动人口的婚姻目的表现出较强的自主性。

表 3-22　配偶背景对流动人口婚姻目的的影响分析

单位:%

样　本		人生有伴,相互照应	提高社会地位	有健康的性生活	传宗接代	父母要求	人生的必然过程
配偶教育背景	小学(N=47)			50.0	33.3		
	初中(N=84)			36.4	16.7		
	高中(N=47)			12.5	15.0		
	大学及以上			0	0		
	显著性检验 χ^2			15.557****	6.325#		
配偶收入	500 元以下				42.9		
	500～600 元				50.0		
	600～700 元				20.0		
	800～1000 元				18.2		
	1000～1500 元				32.1		
	1500 元以上				25.0		
	显著性检验 χ^2				14.463*		
配偶职业	无业或家庭主妇	43.0		50.0	70.0		
	学生	30.0		21.1	47.4		
	农业	57.9		14.3	25.0		
	服务业	50.0		16.1	28.6		
	生产运输业	51.8		18.8	25.0		
	商业	75.0		0	0		
	个体户	100		25.0	0		
	专业技术人员	62.5		0	12.5		
	政府及办公人员			0	0		
	显著性检验 χ^2	14.196#		23.265***	35.658****		

续表

样 本		人生有伴,相互照应	提高社会地位	有健康的性生活	传宗接代	父母要求	人生的必然过程
母亲受教育程度	文盲半文盲		8.6				36.2
	小学		2.7				28.8
	初中		6.2				27.7
	高中		2.2				31.1
	大学		22.2				77.8
	研究生						
	显著性检验 χ^2		9.116#				10.462*
父亲受教育程度	文盲半文盲			23.1			20.5
	小学			12.4			32.6
	初中			5.6			23.3
	高中			15.2			40.5
	大学			8.1			45.9
	研究生			25.0			25.0
	显著性检验 χ^2			9.916#			11.518*

以 500～600 元为界,我们发现配偶收入的增加对流动人口的婚姻目的中的"传宗接代"有显著影响,两变项的相关度为 0.05。配偶月收入达到 1500 元以上时,流动人口婚姻的目的是传宗接代的比例由收入为 600 元左右时的 50.0％下降到 25％。配偶的职业对婚姻目的中的"人生有伴,相互照应""有健康的性生活""传宗接代"等产生影响。不同的职业对上述的婚姻目的产生影响。可以看出,随着职业声望的提升,流动人口赞成婚姻是为了有伴的认同度在提升,而对于婚姻是为了有健康的性生活和传宗接代的认同度在不断地趋于下降。

母亲的受教育程度对流动人口的婚姻目的中的"提高社会地位"产生影响,母亲受教育程度为小学的流动人口赞成婚姻是为了提高社会地位的比例为 2.2％,而母亲受教育程度是大学程度的,流动人口为了提升社会地位而缔结婚姻的比例达 22.2％。父亲的受教育程度对于流动人口婚姻目的中的"有健康的性生活"产生影响,文化程度不同对这种婚姻目的的看法也不尽相同。而不论是父亲还是母亲的受教育程度都对婚姻目的中的婚姻是人生的必然过程产生影响,并随着受教育程度的提升流动人口表现出对此婚姻目的的认同。

(三)流动经历对流动人口婚姻目的影响

流动经历中初次流动的时间对于婚姻目的中的"有健康的性生活"和"传宗接代"产生影响,但是这也是与打工者的年龄及其婚姻状况有相关的,另外打工者共打工多长时间对婚姻目的中的改善生活条件、提高社会地位和满足社会需要发生影响。如表 3-23 所示,我们发现流动时间不同,人们的婚姻目的有所不同,在改善生活条件的婚姻目的方面,数据通过统计检验,可以代表总体进行相关的分析。我们可以看到,随着流动时间的增加,人们为了改善生活条件而选择婚姻的比例显著增加,流动时间为 3 年的持此婚姻目的的比例为 33.3%,以流动时间为 3~5 年为峰值,这群人对于婚姻的目的是改善生活条件的认同度最大,达 50.0%。流动时间长于这个时间的人群,人们对于此婚姻目的的认同随着时间的延长而有所减弱。到流动时间长于 10 年时,认同这一婚姻目的的比例已下降到 10.5%。对于提高社会地位的婚姻目的与改善生活条件的婚姻目的表现出相同变化趋势。也是随着流动时间的增加对此婚姻目的的认同度显著增加,在流动时间为 3~5 年达到最高值,随后逐渐减弱。满足社会需要的婚姻目的也是同样的变化趋势。我们进一步考察流动人口在厦门打工时间的长短对婚姻目的的影响,发现在厦门打工的时长与婚姻目的中的"提高社会地位"和满足"社会需要"产生影响,变化的方向与前面相同。

表 3-23　不同流动经历下的婚姻目的

单位:%

样 本		相亲相爱	改善生活条件	提高社会地位	有健康的性生活	传宗接代	父母要求	社会需要	人生的必然过程
初次打工时间	1990 年以前				21.4	32.1			
	1990—1994 年				22.0	22.0			
	1995—1999 年				12.3	23.8			
	2000—2003 年				6.6	14.6			
	显著性检验 χ^2				11.920**	6.515#			

续表

样本		相亲相爱	改善生活条件	提高社会地位	有健康的性生活	传宗接代	父母要求	社会需要	人生的必然过程
打工时长	1 年内		0	12.5				0	
	1～2 年		0	0				0	
	2～3 年		33.3	0				33.3	
	3～5 年		50.0	50.0				0	
	5～10 年		10.0	10.0				20.0	
	10 年上		10.5	3.8				5.3	
	显著性检验 χ^2		10.301#	19.475***				11.971*	
厦门打工时长	1 年内			16.7				16.7	
	1～2 年			0				0	
	2～3 年			12.5				37.5	
	3～5 年			33.3				0	
	5～10 年			12.5				6.3	
	10 年上			4.4				6.8	
	显著性检验 χ^2			15.080**				12.142*	
在几个打工地区打工	1				8.5	14.6	14.6		32.1
	2				16.3	26.1	22.8		25.0
	3				18.2	27.3	4.5		50.0
	4				29.2	45.8	37.5		54.2
	显著性检验 χ^2				11.022*	16.282****	12.202**		10.504*
居住方式	合租	33.5		10.0					44.2
	单住	42.4		16.1					54.2
	显著性检验 χ^2	5.085#		2.883#					3.228#
来厦前最近打工地区	农村				9.7	17.3			
	城市				15.9	25.0			
	显著性检验 χ^2				3.108#	3.136#			

　　我们分析了流动人口流动的地区数对于婚姻目的影响,发现流动地区数对婚姻目的中的"有健康的性生活""传宗接代""父母要求"和"人生的必然过程"产生影响。并且数据显示,随着流动地区数的增加,流动人口对婚姻目的中的为了有健康的性生活、传宗接代和人生的必然过程的认同比例趋于增加的态势。我们认为很有可能是因为城市化进程中流动人口的婚姻目的并未更多地看重自我的感受和婚姻的自主性,反而使他们婚姻目的中的传统因素明显增强,传统观念进一步复归。对此可能要通过更多的数据进行分析。但是有一点却是可以认定的,那就是流动人口在城市生活的状况居于较为底层的位置,他们的婚姻往往会被动地在城市化进程中被歪曲和压抑,从而表现出被动性和与城市化进程的不同步性。

　　在打工地居住的方式是否影响了流动人口的婚姻目的呢? 为此我们进行了相关的分析。我们发现,在打工地的居住方式是单独居住还是合租对婚姻目的中的"相亲相爱""有健康的性生活"和"人生的必然过程"产生影响。数据显示,若居住方式为合租的话,流动人口对于婚姻目的是相亲相爱的认同度为33.5%,而如果是单住的话,对此的认同度上升为42.4%。另外单独居住的流动人口也较多地认同婚姻是为了有健康的性生活和婚姻是人生的必然过程,三种婚姻目的与居住方式变项的相关度均为0.1。对于单独居住在居民小区的流动人口对于相亲相家婚姻目的的认可与我们的假设是一致的,所以提高与城市市民的融合程度有利于流动人口婚姻观念的现代化进程。

　　同组考察有流动经历的人口的婚姻目的,如表3-24所示,我们发现最近打工地区是城市还是农村对婚姻目的中的"相亲相爱""父母要求"和"社会需要"产生影响。具体表现为如果最近打工地为城市,婚姻中较少比例认同婚姻是为了相亲相爱,而最近打工地为农村,婚姻目的中则更多地认同婚姻目的是为满足父母要求和社会需要。配偶打工地为城市还是农村对婚姻目的中"人生有伴,相互照应""有健康的性生活""父母要求""社会需要"及婚姻是"人生必然过程"产生影响。具体表现为配偶打工地若为城市的有流动经历返乡的人口更多地认同婚姻是为了人生有伴,更少地赞成婚姻是为了有健康的性生活、父母要求、社会需要和婚姻是人生的必然过程。配偶有外出相较配偶无外出的返乡人口更多地认为婚姻是为了相亲相爱,更少地认同婚姻是人生的必然过程。居住方式为单独居住相较集体居住在一起的返乡人口更少地认同婚姻是为了满足父母要求和人生必然过程。返乡时间对婚姻目的中的满足社会需要产生影响,数据显示随着返乡时间的延长,人们婚姻是为了满足社会需要的比例逐渐增加。

表 3-24　有流动经历的人口不同流动经历下的婚姻目的

单位:%

	样　本	相亲相爱	人生有伴,相互照应	有健康的性生活	父母要求	社会需要	人生的必然过程
最近打工城乡	农村	83.8			22.1	30.9	
	城市	72.5			11.7	17.5	
	显著性检验 χ^2	3.386#			4.180*	5.157*	
配偶打工城乡	农村		60.0	60.0	60.0	40.0	80.0
	城市		87.7	16.4	17.8	6.8	32.9
	显著性检验 χ^2		2.958#	5.717*	5.127#	6.295*	4.516*
配偶是否外出	否	29.1					64.3
	是	51.4					34.7
	显著性检验 χ^2	6.376*					11.037****
居住方式	合租				17.1		50.6
	单住				8.0		33.3
	显著性检验 χ^2				3.839*		6.799**
返乡时长	3 个月以下					14.8	
	3~6 个月					2.3	
	6~9 个月					25.0	
	9~12 个月					19.0	
	12~18 个月					21.6	
	18~24 个月					44.4	
	24~36 个月					0	
	36 个月以上					8.3	
	显著性检验 χ^2					17.382*	

考察从未外出的农村人口的配偶流动的经历对其婚姻目的的影响,如表 3-25 所示,我们发现配偶有无外出对其婚姻目的中的"人生有伴,相互照应"和"传宗接代"产生影响。配偶有外出的流动人口对上述两种婚姻目的

的认同度更低。另外配偶初次打工时间对农村人口的婚姻目的中的"父母要求""社会需要"和"人人都这样"产生影响,在不同的时间组中,人们的婚姻目的产生显著差异,1990年后总体的趋势表现出距离现时代的时间越近,人们对于这些传统的社会安排的婚姻目的认同度越低。配偶在打工地有无与当地人交朋友对于婚姻目的中的婚姻是为了"有健康的性生活"产生差异,如果配偶在打工地没有与当地人交朋友,农村人口中对健康性生活的婚姻目的的认同比例更高。

表 3-25　未外出的人口不同流动经历下的婚姻目的

单位:%

	样　本	人生有伴,相互照应	有健康的性生活	传宗接代	父母要求	社会需要	人人都这样
配偶有无外出	否	82.5		61.9			
	有	68.4		44.7			
	显著性检验 χ^2	3.197#		3.265#			
配偶初次找工作时间	1985年前				0	0	100
	1985—1989				20	20	20
	1990—1994				100	100	100
	1995—1999				15.4	7.7	15.4
	2000—2005				23.1	7.7	15.4
	显著性检验 χ^2				8.299#	13.875**	15.141***
配偶有无交友	无		50.0				
	有		9.1				
	显著性检验 χ^2		6.527*				

三、婚姻目的的 Logistic 回归分析

我们把流动人口的婚姻目的分成几个不同的侧面来分别考察各解释变量对婚姻目的的影响性质和方向。基于我们的单因素分析我们把婚姻目的分为:一是代表个人爱情追求的"相亲相爱",二是代表经济利益偏好的"改善生活条件",三是代表人们社会地位提升的"提高社会地位",四是代表传统婚姻安排的"人生的必然过程"。下面我们将从整个模型的拟合效果、个体变量的影响性质和程度以及检验结果的总体评价三个方面对这些结果进

行分析(见表 3-26)。

表 3-26　流动人口婚姻目的 Logistic 回归分析

因　素	相亲相爱 Exp(B)	改善生活 条件 Exp(B)	提高社会 地位 Exp(B)	人生的必然 过程 Exp(B)
性别(0 为女,1 为男)	1.729	1.447	2.823	1.106
受教育程度	1.581	0.667	0.132*	1.425
年龄	1.031	1.136	0.556	0.986
配偶受教育程度	1.004	1.696	3.216	0.822
配偶户口类型	0.224	0.573	0.000	0.700
父亲受教育程度	1.230	0.554	0.280	1.531
母亲受教育程度	1.829#	1.904	1.317	0.959
初次打工时间	1.397	0.492#	0.509	1.134
在厦门打工时长	0.782	0.430	0.079*	0.432#
共几个地区打工	1.264	1.170	1.390	1.844
月收入	0.926	1.008	1.190	1.109
配偶月收入	0.964	0.862	1.548	0.937
居住方式 (1 为单独居住)	3.906*	5.756#	7.619	3.174#
来厦门前打工地 (1 为城市)	1.070	0.674	0.178	0.865
样本数	369	369	369	369
Model Chi-square	19.386	11.897	19.096	16.213
正确预测率	75	86.3	90.0	65

(一)模型的拟合效果

在三个 logistic 的回归模型中,拟合效果最好的是代表婚姻目的侧面的社会地位偏好模型,其正确的预测率为 90.0%,代表经济利益追求的模型的预测率为 80.6%,代表个人爱情追求的相亲相爱的模型正确预测率为 75%,而代表传统婚姻安排的人生的必然过程的婚姻目的模型的正确预测率为 65%,因此从模型的拟合效果来看,这些模型的预测能力还是比较强的,或者换句话说,本文的理论建构还是比较符合我们所研究的流动人口的婚姻目的的。

(二)解释变量的影响性质和程度

个人背景中受教育程度对提高社会地位的婚姻目的产生影响(在0.05水平上具有统计意义)。个人的受教育程度对提高社会地位的婚姻目的产生负面影响,表明受教育程度越高,以提高社会地位为婚姻目的的可能性就越低。受教育程度每上升一个年龄段,对于提高社会地位的婚姻目的的认可的可能性下降86.8个百分点。

家庭背景中母亲的受教育程度对流动人口的婚姻目的中的相亲相爱产生影响(在0.1水平上具有统计意义),这可能主要是因为母亲在家庭教育中所扮演的主要角色所决定的。由于我国家庭制度和文化传统的安排,子女与母亲生活在一起的时间最长,彼此间的互动既直接频繁又是全方位的,因此母亲的代际影响也是最大最深的,甚至由于对母爱的感恩也会按照母亲的意愿去生活。母亲由于较高的文化程度所形成的对于爱情的看法,会通过她与子女的交谈、她对别人的评论以及她自己的身体力行,直接或间接地传达给子女,从而左右着子女婚姻观念的最初形成,并相对有效地指导子女的择偶实践,从而从这个意义上说,提高农村女性的文化程度不仅对她们自身的婚姻观念现代化有好处,而且还会惠及她们的孩子,建构一个与时代同步的婚恋模式。

初次打工时间对婚姻目的中的改善生活条件产生影响。初次打工时间距离现在越近,改善生活条件的目的越弱,亦即是说,相比较现时代来说,在20世纪80—90年代时期,人们外出打工的经济利益目的更加强烈。另外我们也发现在厦门打工时间越长,人们在婚姻目的中用于提高社会地位和赞同婚姻是人生的必然过程的观念趋于弱化。也就是说,在厦门打工的时间越长,人们在婚姻选择过程中的功利性目的越弱,也表明城市对于流动人口的接纳程度和流动人口在城市的社会融合程度在一定程度上左右着流动人口婚姻观念中功利性目的的强弱。更加印证了西方有关社会地位和交换理论中所说的,由于流动人口的边缘化和异地创业的艰辛,其婚姻的功利性目的会得到强化的理论。并且我们发现,随着流动时间的增加,人们的婚姻观念中的自主性也得到提升,越来越多的人不认同婚姻是人生的必然过程。

另外,居住方式如果为单独居住的话,对流动人口的婚姻目的中的相亲相爱、改善生活条件、人生的必然过程都产生影响,其中对相亲相爱的婚姻目的影响程度最大(在0.05水平上具有统计显著性),多元Logistic回归的结果显示,居住方式为单独散居在居民小区的流动人口进一步强化了相亲相爱的婚姻目的,但同时也进一步强化了婚姻目的中的经济利益目的和婚姻目的中的传统安排观念。所以对此的分析呈现出较为复杂的状况,一方面可能是由于居住方式不能够反映人们与城市居民的社会融合性,另一方面也可能是因为流动人口与城市居民的半融合状态使其婚姻观念呈现出较为复杂的过渡性形态。一方面表现出对爱情情感因素的看重,同时又对传统的婚姻安排表示默许,另一方面由于同居在一个小区,深切感受到与城市居民的差距,又表现出急于改变现状的功利性婚姻目的。

同组考察有流动经历的农村人口的婚姻目的,如表 3-27 所示,我们发现性别对婚姻目的中的相亲相爱和改善生活条件产生影响,相较女性而言,男性对婚姻目的中的相亲相爱更加认同,而对于婚姻目的中的改善生活条件表现出较低的认同。受教育程度弱化了婚姻目的中的人生的必然过程的传统婚姻目的观念。

表 3-27　有流动经历的农村人口婚姻目的 Logistic 回归分析

因　　素	相亲相爱 Exp(B)	改善生活条件 Exp(B)	人生的必然过程 Exp(B)
性别(0 为女,1 为男)	5.292[#]	0.020[*]	4.788
婚否(0 为未婚)	3E+009	1E+008	0.000
受教育程度	0.720	3.203	0.330[#]
年龄	0.734	1.609	0.580
配偶受教育程度	2.291	0.062[*]	1.444
配偶户口类型(0 为农村)	0.854	2.521	0.789
初次打工时间	0.340[*]	5.453[#]	0.665
在外打工时长	0.904	1.788	0.586[#]
共在几个地区打过工	0.472[#]	4.231[*]	1.014
居住方式(1 为单独居住)	0.668	5.730	0.299[#]
配偶在几个地区打过工	1.303	0.330[#]	1.612
返乡时间	0.982	0.834	0.996
是否交朋友(0 为没有)	0.233[#]	0.212	1.089
配偶是否外出(0 为否)	1E+009	3E+008	2E+008
样本数	312	312	312
Model Chi-square	16.658	17.300	19.307
正确预测率	72.3	89.2	72.3

配偶的受教育程度对婚姻目的中的改善生活条件产生影响,数据表明,配偶的受教育程度越高,有流动经历的人口对婚姻目的是改善生活条件的认同度在下降。初次打工时间对于婚姻目的中的相亲相爱和改善生活条件产生影响。数据显示,初次打工时间距离现在越近,人们对婚姻目的中相亲相爱越不认同,而对婚姻目的中的改善生活条件表现出较高的认同。另外在外打工时间越长,人们更加表现出对传统婚姻安排的"婚姻是人生的必然过程"的不认同。流动过程中共在几个地区打过工对婚姻目的中的相亲相爱和改善生活条件产生影响。打工地区越多,人们对婚姻目的中的相亲相爱的认同度越低,而对婚姻是为了改善生活条件的婚姻目的认同显著提升。配偶打工地区的增多却未对婚姻目的中的改善生活条件产生正面影响,相反,随着配偶打工地区的增加,有过流动经历的农村人口对改善生活条件的婚姻目的认同度却在趋于下降。

在打工时居住方式为单独居住弱化了人们对婚姻观念中传统婚姻安排的认同,人们更加不认同婚姻是人生的必然过程。在打工地是否与当地人交朋友对婚姻目的中的相亲相爱目的产生影响。数据表明,如果在打工地与当地人交朋友在一定程度上弱化人们对婚姻中情感因素的注重,表现出婚姻观念现代化进程中的多元化。

在农村从未外出人口的多元回归分析模型中,我们发现,性别对婚姻目的中的改善生活条件产生影响,男性相较女性在婚姻目的的经济利益取向上认同度更低。另外,农村人口的月收入对婚姻目的中的相亲相爱产生影响,收入越高,对婚姻目的中的情感因素的认同度越高。职业对婚姻目的中的传统婚姻安排产生影响,配偶职业从事服务业或生产运输业的农村人口更加认同婚姻是人生的必然过程(见表 3-28)。

表 3-28　农村从未流出人口的婚姻目的 Logistic 回归分析

因　素	相亲相爱 Exp(B)	改善生活条件 Exp(B)	人生的必然 过程 Exp(B)
性别	0.857	0.230[#]	0.434
受教育程度	0.869	0.563	1.806
年龄	1.536	0.837	0.681
配偶受教育程度	1.267	0.763	0.822
配偶月收入	1.108	1.167	0.887

续表

因　　素	相亲相爱 Exp(B)	改善生活条件 Exp(B)	人生的必然 过程 Exp(B)
家乡时月收入	1.555*	1.391	1.111
配偶年龄	0.654	0.965	1.097
配偶农民	5.584	0.175	4.998
配偶服务业	8.156	1.710	7.747#
配偶生产运输业	5.753	1.227	14.802*
配偶商业	1.754	0.602	3.802
配偶个体	13.499	0.000	8E+009
配偶专业技术	1.318	1.567	11.044
配偶政府人员	6E+019	8E+017	2E+010
配偶户口城乡	0.000	0.000	1.034
农民	3.411	0.641	2.763
服务业	1.389	0.000	11.043
生产运输业	0.508	0.355	3.567
商业	1E+010	0.151	2.634
个体	3.191	1.437	0.695
专业技术	6.755	0.000	2.174
政府人员	0.000	0.000	0.000
样本数	237	237	237
Model Chi-square	35.787	38.393	29.180
正确预测率	71.9	78.9	73.7

通过以上的数据分析,我们可以认识到:

(1)相比较农村未流动过的人口,流动人口较低地认同婚姻是为了满足政治、经济、传统安排的需要,这有力地说明流动确实在一定程度上弱化人们固守的一些传统的婚姻目的,但同时我们也看到流动人口群体婚姻目的中也较低地认同婚姻是为了相亲相爱和婚姻是为了人生有伴相互照应这些情感因素,尤其是经历过流动的人口相较正流动的人口对婚姻是为了相亲相爱有更低的认同。这与我们对婚姻态度中的分析是一致的。应该说流动在弱化人们传统婚姻目的的同时,也在弱化人们婚姻目的中爱情的成分。

(2)有关个人背景和家庭背景的因素对婚姻目的产生影响。已婚者较未婚者、年龄大的较年龄小的更认同婚姻是为了人生有伴,相互照应,男性较女性、已婚较未婚、年长较年轻者更认同婚姻是为了传宗接代,而提高受教育水平和配偶的收入则弱化传宗接代这一传统的婚姻目的;提升自身及配偶的受教育水平和自身的收入水平还可以进一步弱化婚姻是为了满足父母要求、婚姻是人生的必然过程等传统的婚姻安排。另外我们发现,母亲的受教育程度越高,对婚姻是为了提高自身的社会地位的认同度越高。从事专业技术工作、商业和服务业工作的人相较从事农业、个体的人更加认同婚姻是为了社会地位的提高。

(3)初次打工时间距离现在越近,对传宗接代等传统婚姻目的认同度下降,居住方式为单独居住的流动人口更加认同婚姻是为了相亲相爱,对有流动经历的人来说,居住方式为单独居住则表现为弱化传统婚姻目的,配偶打工地在城市更认同婚姻是为了人生有伴,配偶有外出则更认同婚姻是为了相亲相爱,同时弱化传统的婚姻目的,这在农村从未外出的人口中亦表现为配偶外出弱化人们对传统婚姻目的的认同。我们同时注意到,流动经历中的打工时间越长越认可婚姻是为了改善生活条件、提高社会地位,体现出流动人口较强的政治和经济目的,但随着打工地区的增加,流动人口婚姻目的中传统婚姻安排目的的认可度逐步增加。也许连续同样的生存环境和待遇使农村流动人口适应和融进城市的梦想成为泡影从而表现出对传统婚姻目的的认同。

(4)控制相关的变量,考察各影响因素对婚姻目的的净影响,我们除了进一步证实个体能力和流动经历对婚姻目的现代化的影响外,还进一步发现一些有价值的结果:一是提升母亲的受教育程度有助于提升婚姻目的中的相亲相爱因素;二是男性在婚姻目的中更加重视相亲相爱,而女性则更加地注重改善生活条件。前者给我们的启示是母亲的受教育程度影响着个体婚姻目的中情爱因素的注重程度,而后者得出的结论则引起我们更加深刻的思考。一般而言,女人更追求浪漫,但是数据分析的结果却是男性比女性更注重相亲相爱的婚姻目的,与此相对应的是女性比较现实和实际,在婚姻目的中更重视改善生活条件。这样的分析结果进一步证实了"二战"后西方一些学者的研究结果(Kephart,1967;Knox,1968;Lester,1985)。对于这一研究结果我还想做进一步的解释和说明。女性缺乏浪漫性而更现实、更功利是其在社会经济结构中的地位决定的。女性在经济上更依赖男性、对恋人的社会经济资源期望较高无疑是传统社会男主外女主内性别分工的定型化延伸。而男高女低、男强女弱的择偶和婚配模式,也强化了女性对男性经济依赖的心理定势。此外,社会转型期随着劳动用工制度的市场化,以往用行政手段保障女性婚后连续就业的倾斜政策,已难以在不同经济成分所有制的企业推行,女性就业难也在一定程度上加剧了社会对传统两性角色分工的期许。

第五节　流动人口对非传统婚姻的看法

一、流动人口对非传统婚姻看法的总体描述

随着社会的发展,人们的婚姻观念在迅速地发生变化,其中也表现在对于非传统婚姻观念的看法和认识上。考察流动人口对非传统婚姻观念的看法有助于我们对婚姻观念变迁的过程有一定的认识和把握。

我们具体考察对三种非传统婚姻观念的认识,包括对未婚同居、傍大款/"包二奶"和婚外恋的看法,如表 3-29 所示,我们发现,流动人口对于非传统婚姻观念持认同的比例较高。其中对于未婚同居持认同态度(包括可以接受、基本赞成、非常赞成,下同)的比例达 63.8%,大大超过对未婚同居持反对态度的比例。可见,在流动人口中人们对于婚姻的形式,谋求法律的合法性越来越不重视。对于傍大款/"包二奶"的婚姻观念持认同态度的比例达 22.2%,对于婚外恋认同的占 24.4%。

表 3-29　流动人口对非传统婚姻的看法

单位:%

非传统婚姻观	样本	坚决反对	反对	可以接受	基本赞成	非常赞成
未婚同居	厦门流动人口	12.2	24.0	45.9	14.9	3.0
	有流动经历的人口	9.9	26.7	45.0	13.7	5.0
	从未流动人口	16.5	38.5	34.9	9.6	0.5

续表

非传统婚姻观	样本	坚决反对	反对	可以接受	基本赞成	非常赞成
傍大款/"包二奶"观	厦门流动人口	55.3	22.5	19.7	1.7	0.8
	有流动经历的人口	39.1	36.5	21.4	2.3	0.7
	从未流动人口	50.4	31.2	17.5	0.9	0
婚外恋观	厦门流动人口	45.3	30.3	23.1	1.1	0.3
	有流动经历的人口	45.9	30.5	21.3	1.6	0.7
	从未流动人口	55.1	28.6	15.4	0.9	0

那么流动人口与未流动人口、有过流动经历的农村人口相比对非传统婚姻观念的认识和看法有何不同呢？表中的数据显示，农村从未流动人口对未婚同居的认同的比例为45％，低于流动人口18.8个百分点；对于傍大款/"包二奶"的认同比例为18.4％，低于流动人口对此婚姻观念认同程度的3.8个百分点；对婚外恋的认同比例为16.3％，低于流动人口对此婚姻观念认同程度的8.1个百分点。这从一定程度上说明流动确实增加了人们对非传统婚姻的认同程度，表现为对非传统婚姻观念的认同度明显增强。

有过流动经历的农村人口对于未婚同居的认同度略高于从未流动人口，但略低于正在流动的厦门打工流动人口0.1个百分点。对于婚外恋的认同度高于从未流动过的农村人口，低于厦门正在流动人口0.8个百分点。对傍大款/"包二奶"的认同度同样高于未流动人口，但却高于厦门正在流动的人口，且高出2个百分点。

二、流动人口的非传统婚姻观念的影响因素分析

(一)未婚同居观

从表3-30中的统计检验结果来看，性别对未婚同居观产生影响，且在0.01水平上具有统计意义。相比较而言，男性比女性更加认同未婚同居，男性对未婚同居的认同比例占70.7％，而女性对此的认同比例为55.3％，男性比女性高出15.4个百分点。

表 3-30　个人背景对流动人口未婚同居的观念产生影响

单位:%

样　　本		坚决反对	反对	可以接受	基本赞成	非常赞成	显著性检验(χ^2)
性别	女	16.4	28.3	42.8	11.9	0.6	13.855 **
	男	9.3	20.1	48.5	17.0	5.2	
文化程度	小学以下	12.9	22.6	45.2	9.7	9.7	25.960 *
	初中	17.4	28.2	36.9	16.1	1.3	
	高中	6.7	23.3	53.3	13.3	3.3	
	大学及以上	7.7	11.5	53.8	26.9	0	
年龄	20 岁以下	18.8	28.8	37.5	13.8	1.3	25.130 #
	20~25 岁	6.5	20.6	53.3	15.9	3.7	
	25~30 岁	5.8	19.8	51.2	20.9	2.3	
	30~35 岁	18.0	30.0	40.0	10.0	2.0	
	35 岁以上	21.1	26.3	39.5	7.9	5.3	
收入水平	500 元以下	21.1	42.1	23.7	7.9	5.3	53.091 ****
	500~600 元	34.8	34.8	0	26.1	4.3	
	600~700 元	11.1	30.6	47.2	11.1	0	
	700~800 元	8.2	19.2	54.8	15.1	2.7	
	800~1000 元	9.2	20.0	49.2	17.5	4.2	
	1000~1500 元	6.1	20.4	59.2	12.2	2.0	
	1500 元以上	0	20.0	60.0	20.0	0	

受教育程度对未婚同居观产生影响,且在 0.05 水平上具有统计显著性。小学以下文化程度对未婚同居观认同的比例为 64.6%,文化程度为大学及以上的认同度上升到 80.7%左右。

年龄对未婚同居观产生影响,且在 0.1 水平上具有统计显著性。我们发现,随着年龄的增加,人们对未婚同居的认同度在不断地增加,到 25~30 岁时,对该婚姻观念认同度增至 74.4%,随后随着年龄的增加,人们对未婚同居的认同度不断趋于下降。

月收入对未婚同居观产生影响,且在 0.001 水平上具有统计意义。随着收入的增加人们对未婚同居观认同度逐渐增强。月收入在 500 元以下的流动人口对未婚同居观念的认同度达到 52.7%,当月收入提高到 1500 元以上时,人们对未婚同居观念的认同度达到了 80%。

(二)婚外恋观

性别对婚外恋观产生影响,如表 3-31 所示,我们发现女性对婚外恋的认同比例为 19.6%,而男性对此的认同度高达 29%,高于女性近 10 个百分点,两变项的相关度为 0.001。受教育程度对婚外恋观产生影响,数据显示,文化程度越高,对婚外恋的认同度越低。小学以下的对此的认同度为 34.4%,文化水平在大学及以上水平的对婚外恋的认同度降至 26.9%,两变项的相关度为 0.05。

表 3-31　个人背景对流动人口婚外恋观的影响

单位:%

样本		坚决反对	反对	可以接受	基本赞成	非常赞成	显著性检验(χ^2)
性别	女	54.4	25.9	17.1	1.9	0.6	14.894***
	男	37.3	33.7	28.5	0.5	0	
文化程度	小学以下	43.8	21.9	25.0	6.3	3.1	25.120*
	初中	49.7	30.6	18.4	1.4	0	
	高中	40.3	32.2	27.5	0	0	
	大学及以上	38.5	34.6	26.9	0	0	
收入水平	500 元以下	52.6	28.9	15.8	2.6	0	38.573*
	500~600 元	52.2	30.4	17.4	0	0	
	600~700 元	55.9	26.5	14.7	0	2.9	
	700~800 元	34.2	39.7	26.0	0	0	
	800~1000 元	50.8	30.0	16.7	2.5	0	
	1000~1500 元	32.7	24.5	42.9	0	0	
	1500 元以上	33.3	26.7	40.0	0	0	

月收入对婚外恋观产生影响,月收入在 500 元以下的流动人口认同婚外恋的比例为 17.4%,月收入为 700~800 元的流动人口对此的认同升至 26%,随着收入的进一步增加,人们对于婚外恋的认同度不断增加,月收入为 1000~1500 元时,认同的比例上升到 42.9%。虽然收入在不同的档次对婚外恋的认同度有着较为明显的差异,且在各组中随着收入的增加人们对婚外恋的认同度并未表现出整齐地同比上升,但是随着收入的增加人们对婚外恋的认同度还是趋于上升的趋势。两变项的相关度为 0.05。

考察初次打工时间我们发现,1990 年前和 1990—1994 年两个时间段流动人口对婚外恋的认同度趋于显著攀升,而在 1994—1999 年,对婚外恋的认同度显著下降(见表 3-32)。这与整个社会变迁的宏观背景有一定的联系。改革开放后,人们观念日益表现出多元化的特点,婚外恋的认同度增加可以说是那个时代思想开放的一个缩影,但是在1995年后,流动人口大规模迁移后的劣质生存状态使其对传统婚姻观念的坚持有所认同,所以也同时表现出对婚外恋认同度的降低。但是我们考察打工时间的长短对婚外恋观的影响,我们发现,随着流动时间的延长,人们越来越认同婚外恋,出外24～36个月的流动人口对于婚外恋的认同比例为16.7%,当流动时间为60～120个月时,人们对婚外恋的认同比例已升至20%,流动时间长于10年的流动人口,他们对婚外恋的认同比例已达24.9%。

表 3-32 不同流动经历下流动人口的婚外恋观

单位:%

		样 本	坚决反对	反对	可以接受	基本赞成	非常赞成	显著性检验(χ^2)
正在流动人口	初次打工时间	1990 年前	44.4	29.6	22.2	0	3.7	19.301[#]
		1990—1994 年	43.9	24.6	29.8	1.8	0	
		1995—1999 年	47.1	28.1	24.8	0	0	
		2000—2003 年	42.5	35.6	19.9	2.1	0	
	打工时长	12 个月以下	33.3	66.7	0	0	0	23.403[#]
		12～24 个月	100.0	0	0	0	0	
		24～36 个月	33.3	50.0	0	16.7	0	
		36～60 个月	75.0	25.0	0	0	0	
		60～120 月	30.0	50.0	20.0	0	0	
		120 月以上	44.4	30.7	23.9	1.0	0	
有流动经历的人口	配偶在几个地区打过工	1	52.4	26.2	21.4	0	0	34.051[****]
		2	66.7	16.7	12.5	0	4.2	
		3	33.3	33.3	0	33.3	0	
		4 个及以上	66.7	33.3	0	0	0	
	返乡时长	3 个月以下	45.5	40.3	13.0	0	1.3	39.867[#]
		3～6 个月	56.3	12.5	29.2	2.1	0	
		6～9 个月	53.3	33.3	13.3	0	0	
		9～12 个月	45.8	37.5	16.7	0	0	
		12～18 个月	43.5	21.7	26.1	6.5	2.2	
		18～24 个月	21.4	57.1	14.3	7.1	0	
		24～36 个月	50.0	20.0	30.0	0	0	
		36 个月以上	37.5	25.0	37.5	0	0	

同组考察有流动经历的人口的婚外恋观,我们发现配偶到过几个地区

打工对婚外恋观产生显著差异,配偶打工的地区是 1 个时,反对婚外恋的比例为 78.6%,打工地区为 2 个时,持反对态度的为 83.4%,为 3 个地区时下降为 66.6%,为 4 个及以上地区时,反对婚外恋的比例达 100%。另外,返乡时间的长短对婚外恋的态度也存在明显差异。返乡时间为 3~6 个月的对婚外恋持认同态度的比例明显上升,6~9 个月时呈现下降,9 个月后,认同婚外恋的比例进一步上升,在返乡 1 年至 1 年半时,人们对于婚外恋认同比例达到最高比例 34.8%,1 年半到 2 年时有一个回落之后迅速上升,到返乡时间为 3 年以上的人群,他们对于婚外恋的认同比例上升至 37.5%。

(三)傍大款/"包二奶"观

个人背景中的性别对于傍大款/"包二奶"的婚姻观产生影响,且在 0.1 水平上具有统计显著性,见表 3-33。我们发现男性比女性更加认同这一婚姻观念,持认同态度的比例为 26.4%,比女性高出 9.3 个百分点。

表 3-33 流动人口对傍大款/"包二奶"看法的影响因素分析

单位:%

样　本	坚决反对	反对	可以接受	基本赞成	非常赞成	显著性检验 χ^2
女	59.9	22.9	14.6	2.5	0	
男	51.1	22.6	23.7	1.1	1.6	8.389[#]

如表 3-34 所示,配偶最近的打工地对有流动经历人口的傍大款/"包二奶"的婚姻观念产生影响。配偶最近的打工地为城市的人口对傍大款/"包二奶"的反对态度比例明显高于配偶在农村打工的人群。这说明城市打工存在的傍大款/"包二奶"的顾虑和风险要比在农村大得多,从而表现出较强的反对态度。

表 3-34 配偶最近的打工地对傍大款/"包二奶"观的影响

单位:%

样　本		坚决反对	反对	可以接受	基本赞成	非常赞成	显著性检验(χ^2)
配偶的最近打工地	农村	16.7	33.3	33.3	16.7		15.593[****]
	城市	53.8	30.8	15.4			

三、流动人口非传统婚姻观的 Logistic 回归分析

我们把非传统婚姻观区分为有代表性的三种，一种是对未婚同居的看法，一种是对傍大款/"包二奶"的看法，还有一种是对婚外恋的看法。我们分别以支持和反对这三种非传统婚姻观为被解释变量建立三个 Logistic 模型，还是以前面所提及的个人背景、家庭背景、流动经历和社会融合程度的相关变量为解释变量，首先估计各解释模型的拟合效果，然后考察各个解释变量的影响性质和程度（见表 3-35）。

表 3-35　流动人口的非传统婚姻观的 Logistic 回归分析

因　素	未婚同居观 Exp(B)	傍大款/"包二奶"观 Exp(B)	婚外恋观 Exp(B)
性别	0.308	3.395	2.425
受教育程度	1.502	0.948	3.935*
年龄	0.574	1.201	0.657
配偶受教育程度	1.071	0.322#	0.786
配偶户口类型	3.757	1.690	92.825*
配偶年龄	1.147	0.313	0.572
父亲受教育程度	1.126	0.986	1.579
母亲受教育程度	0.961	0.558	0.405#
初次打工时间	1.421	0.506	0.439#
共去过几个地区打工	1.559	1.234	1.904
月收入	1.623*	0.658	1.047
配偶收入	0.768	1.734#	0.896
居住来源（1 为单独居住）	0.748	0.640	0.196*
最近打工城乡	0.617	1.434	1.124
在厦门打工时长	0.928	0.561	2E+008
样本数	369	369	369
Model Chi-square	14.965	20.978	25.048*
正确预测率	75.6	87.2	79.8

(一)模型的拟合效果

3个logistic模型中,拟合效果最好的是对傍大款/"包二奶"的看法,这个模型的正确预测率为87.2%,最低的是对未婚同居的看法,模型的正确预测率为75.6%,对婚外恋的看法所建立起来的模型的正确预测率为79.8%。

(二)解释变量的影响性质和程度

月收入对未婚同居的婚姻观产生强烈影响(0.05水平上具有统计显著性)。月收入越高,人们对未婚同居的观念认同的可能性越大,数据显示,月收入每增加一个档次,人们对于未婚同居的认同度增加62.3%的可能性。

配偶的受教育程度对傍大款/"包二奶"观产生影响。配偶受教育程度越高,流动人口认同傍大款/"包二奶"的可能性下降67.8%。这说明配偶文化程度对于傍大款/"包二奶"的可能性有所抑制。这里面可能包含两种情况,一是根据中国婚姻中特别注重"门当户对",我们认为配偶教育程度高的人群中流动人口本身的教育程度也相对较高,文化程度越高的人群对婚姻中爱的因素更加看重,所以表现出对婚姻带来的经济利益更不看重。另外一种可能性就是配偶文化程度高,流动人口本身的文化程度可能不高,他们也没有更多的资本去傍大款/"包二奶"。配偶收入对傍大款/"包二奶"产生影响。配偶的月收入越高,持认同的可能性会越大。

受教育程度对流动人口的婚外恋观产生影响(在0.05水平上具有统计显著性)。流动人口如果是城市户口,那么对婚外恋的认同度上升。这可能是城市化进程带给人们对非传统婚姻的认可。数据显示,配偶户口类型若是城市的话,对婚外恋的认可度则上升91倍多。这充分说明城市生活对非传统婚姻的看法产生影响,并通过配偶的城市化水平强化对婚外恋的认可度。

初次打工时间对流动人口的婚外恋观产生影响,我们发现,初次打工时间距离现在越近,人们越不认同婚外恋。这与我们进行单项因素分析时的结果是一致的。另外,流动人口在打工地的居住方式对其婚外恋观产生影响,越是单独居住的人群,越不认同婚外恋观。这里面可能既有对婚外恋的担心,又有对婚外恋的悸怕。居住方式若是单独居住的话,对婚外恋的认可度呈下降的趋势。具体来说,如果居住在居民小区内,与当地的人社会融合度较好的话,对于婚外恋的支持的可能性下降56.1%。

同组考察有流动经历的农村人口的非传统婚姻观念的状况,依照前面对流动人口婚姻观念的考察,我们进行了多元的Logistic的模型回归检验,结果见表 3-36。我们具体分析各变量对三种非传统婚姻观念产生的影响，可以发现，男性较女性更加认可未婚同居，另外返乡人员返乡时间越长，对未婚同居观念的认同度趋于下降。这从一定的程度上说明城市生活有助于人们婚姻观念的现代化。男性相较女性更不认同傍大款/"包二奶"，打工时居住方式若为单住在居民小区的话，对傍大款/"包二奶"的认同度上升 89 倍多。配偶收入越高，人们对于傍大款/"包二奶"的婚姻观念更不认同。另外，打工时单独居住在居民小区的人群更加赞同婚外恋，但是配偶收入的提高使他们对婚外恋的认同度下降。

表 3-36　有流动经历的人口的非传统婚姻观念的 logistic 回归分析

因　素	未婚同居观 Exp(B)	傍大款/"包二奶"观 Exp(B)	婚外恋观 Exp(B)
性别	11.251#	0.028*	0.542
婚否	0.000	6E+008	3E+008
受教育程度	1.278	1.182	0.758
年龄	0.596	1.395	2.359
配偶受教育程度	1.246	3.019	4.740
配偶收入	0.746	0.427*	0.475#
初次打工时间	1.466	0.292	0.509
流动时间长短	0.742	1.547	0.847
共在几个地区打过工	0.527	0.739	0.976
月收入	1.118	1.655	1.439
返乡时长	0.713#	0.634	0.845
有无结交朋友	0.376	0.025	0.005
配偶有无外出	8E+008	6350172.007	494466.377
配偶在几个地区打工	1.540	0.552	0.577
居住来源(1 为单独居住)	0.466	90.170*	200.481#
样本数	312	312	312
Model Chi-square	24.564#	27.258*	22.459#
正确预测率	77	88.7	90.5

如表 3-35 所示，对于农村从未外出的人口而言，我们发现，受教育程度越高的人群对未婚同居观的接受的可能性越高。月收入越高的人群越赞同

未婚同居。其配偶去过打工的地区越多,他们在观念上也越认同未婚同居。年龄越大,越不认同傍大款/"包二奶"现象,配偶去过的地方越多,其对于傍大款/"包二奶"的认同度趋于下降。所有的变量对婚外恋观均未有通过统计检验的变量。

表 3-37　农村从未外出人口的非传统婚姻观念的 Logistic 回归分析

因　素	未婚同居观 Exp(B)	傍大款/"包二奶" 观 Exp(B)	婚外恋观 Exp(B)
性别	0.104	5.509	29.036
受教育程度	7.886#	4.619	9.112
年龄	0.553	0.120#	0.359
配偶受教育程度	0.230	0.285	0.144
配偶年龄	2.622	6.784	1.223
在家乡时月收入	3.639*	1.219	2.823
配偶月收入	1.449	1.080	6.643
配偶去过几个地区打工	3.743#	2.315#	1.414
样本数	237	237	237
Model Chi-square	18.256*	13.386#	14.482#
正确预测率	86.7	81.8	87.5

通过上述分析我们发现:

(1)流动确实在一定程度上增加了人们对非传统婚姻观念的认同和宽容。依照人们对未婚同居、婚外恋和傍大款/"包二奶"的认同度比例的高低我们的排序是:正在流动人口、有过流动经历的人口和农村从未外出的人口。尤其值得指出的是,那些有过流动经历现已返乡的人群对于傍大款/"包二奶"表现出比正在流动的人口的更多的认同性。这一现象给我们启示是随着人们生存环境的改变和现代化进程的推进,人们对非传统婚姻观念的宽容度越来越高。返乡后对于傍大款/"包二奶"的认同度相较其他组的认同度更高,从一定程度上说明流动人口对于性关系发生中物质条件和经济基础的高度关注,回乡后进一步放大了性关系发生中经济收入的作用。

(2)个人背景对流动人口的非传统婚姻观念产生影响。收入高者较收入低者对未婚同居、婚外恋表现出更多的认同。受教育程度高者则更加认同未婚同居。如果把受教育程度和收入水平看成是决定一个人社会地位高低的重要影响因素,那么我们的研究结果给我们的启示是,社会地位较高的人群对非传统婚姻行为的发生持有更加宽容的态度。这与西方有关社会地位高的人婚前性行为和对非传统婚姻观表现出更大的谨慎的假设是不一致的(李银河,1995)。但根据我们的研究结果可以认定,社会价值观在选择对非传统婚姻观的宽容态度。因为社会地位较高的人是全社会的人追求的目标,是得到社会价值观赞许的。男性较女性者表现出对未婚同居、婚外恋、傍大款/"包二奶"较高的认同。这使我联想起美国20世纪70年代学术界对美国社会有关"性革命"的争论,一些学者以中西部大学1956年、1968年和1978年的三次调查为依据提出:第一,"性革命"在美国不但正在延续而且还可能加速;第二,女性的性开放速度超过男性,最终可能达到与男性相仿的开放程度,而过去一向是女性较男性保守的(Christensen,1978)。那么需进一步思考的问题是,中国的女性对非传统婚姻观念开放的速度变化是怎样的呢? 这需要进一步地研究。

(3)流动经历中流动时间越长表现出对婚外恋较多的认同,流动人口打工地区越多、配偶打工地区越多则表现对婚外恋和傍大款/"包二奶"的反对。另外返乡时间越长的群体更加认同婚外恋。

(4)控制相关的变量,考察各影响因素对非传统婚姻观念的净影响,我们发现,对于正在流动的人口受教育程度、收入、配偶收入、户口为城市、配偶户口为城市都会提升他们对于非传统婚姻观念的认同度,但配偶受教育程度高,却降低了人们对于傍大款/"包二奶"的认同度;初次打工时间距离现时代较近和单独居住的人群较反对婚外恋;对于有过流动经历的人口来讲,男性更认同未婚同居,较女性更不认同傍大款/"包二奶",如果在打工时是单独居住的话,对于傍大款/"包二奶"和婚外恋更加认同,而配偶收入高的,其对傍大款/"包二奶"和婚外恋的认同度降低。一个值得注意的问题是,随着返乡时间的延长,人们对于未婚同居的认同度趋于下降;对于从未外出的农村人口来说,受教育程度、月收入、配偶打工地的增加使其对于未婚同居的观念更加认同,但是配偶打工地越多的人群更倾向于反对傍大款/"包二奶"。

第六节　小　结

　　婚姻观念的变化是人口城市化进程中必须正视和面对的问题。本章通过调查问卷分婚姻态度、婚姻需求、婚姻目的和对非传统婚姻的看法几个侧面系统描述流动人口的婚姻观念现状和特点，为了考察流动人口婚姻观念变化的影响因素，我们进行了相关的单因素影响分析，并控制相关的变量检验了各解释变量的影响性质和程度。实证研究的结果基本上支持我们提出的相关假设，印证了西方关于流动人口与婚姻观念关系中已有的理论在中国目前流动人口中的适用性。我们发现许多结构特征（如性别、婚姻状况、受教育程度、年龄、收入、职业）的改变对婚姻观念的城市化会产生影响，其家庭的背景（如父母的受教育程度、配偶的受教育程度、年龄、收入、职业、户口类型等）也会直接或间接地对流动人口的婚姻观念产生影响。同时我们通过考察流动经历（初次外出时间、流动时间长短、共去过几个地区打工、配偶是否打工）对流动人口的婚姻观念均产生不同程度的影响。研究还发现，流动人口亚文化的保有程度影响其婚姻观念的变化，居住方式为聚居的群体由于亚文化保持较好，婚姻观念往往更加传统。最重要的发现在于分析目前提高城市的融合度（结交朋友、居住方式）对提升流动人口婚姻观念中的情感因素并未产生影响，也就是说，在广大流动人口中其婚姻观念的功利性和实用性目的和态度是明显的。社会地位分析和交换理论对于目前中国流动人口的婚姻观念的解释力较强。与以往的研究不同，我们发现流动促进了婚姻形式的现代化，人们对婚姻形式的关注越来越弱，但是流动并未如预期假设一样伴随着流动人口生活环境的现代化水平，表现出对婚姻中爱的关注，我们的研究结果发现，流动人口相较农村从未外出人口对婚姻中爱的因素的关注趋于下降，尤其是分析返乡人口的婚姻观念时，我们发现回到农村后这些经历过流动的人口其婚姻中浪漫爱的因素相较未流动人口和正在流动的农村人口更低。这部分人口找对象难，婚姻观念表现出较为复杂的状况，亦即传统的婚姻观念与现代的婚姻观念同时并存，非常值得关注的是，这部分人群表现出对非传统婚姻的极大宽容，同时对于传统婚姻观念中的爱与忠实又在极大程度上予以摒弃。基于此，我们对流动人口优化婚姻观念提出以下的对策建议。

　　首先,重视流动人口的婚姻家庭问题是目前学术界和社会工作者的应有职责。正如文中分析的那样,随着流动人口年龄的增加,其婚姻意愿更加强烈,并随着年龄的增加由于结婚愿望不断强化,从而使婚姻目的和态度的功利性和实用性因素增加,对非传统婚姻观念认同度增加,所以也就加剧了这一群体婚姻家庭的风险性,很可能对社会发展带来负面的后果。所以重视研究这一群体的婚姻家庭问题非常重要。

　　其次,提高流动人口的受教育水平,提升该群体的职业层次,增加他们的收入,有利于他们树立正确的婚姻观念。研究发现,受教育水平、收入和职业对流动人口的婚姻观念产生显著影响,因此社会、所在企业、所在社区重视对该群体的教育培训会增加其对婚姻观念中情感因素的注重,从而减少因资源交换而导致婚姻风险的加大。

　　再次,社会应为流动人口提供较为宽松的环境,降低他们在个人发展过程中婚姻家庭发展的代价,做到事业繁荣和婚姻发展两不误。研究中得到的启示是,城市的边缘化存在和不稳定不安全感导致了流动人口在发展过程中过高的婚姻家庭发展代价,并不断强化其婚姻观念中的功利色彩和实用性,这些都不利于人口城市化进程和流动人口群体的生活质量。全社会为流动人口的发展创造更好的条件,让他们享受同等的居民待遇,是实现农村人口向城市成功转移的重要保证。

　　最后,整个社会必须重视返乡流动人口的婚姻观念变迁。返乡流动人口的婚姻观念体现着现代与传统观念交织的二元状态,基于在城市生活的边缘化,他们的婚姻观念较为功利和实用,对传统婚姻美德不太看重,回到农村后生活环境改变但其婚姻观念处于一种艰难的调适中,积极地引导返乡农村人口转变婚姻观念已成为一项刻不容缓的任务。

第四章 流动人口的择偶方式

择偶本身是一门综合性的艺术,作为一种异性间的相互选择,每个人心中都有一种期望模式去寻求、选择爱人,进而组成家庭。择偶模式包括人们对待恋爱择偶的态度、对对象的期望要求,以及择偶具体行为的发生及其后果。因此,择偶研究也相应有了其丰富的内容。

本章研究流动人口的择偶方式,将在对数据库样本基本情况和数据结果进行分析的基础上,逐项展开对流动人口的恋爱时间、择偶标准、择偶途径以及择偶面临的困难等方面的详细分析。本章研究拟综合运用多种统计手段,包括单变量分析、交叉分析以及建立回归模型等等,以期对流动人口择偶方式中的各种现象、出现的问题及影响因素达到充分和深刻的认识。

第一节 恋爱时间

转型期社会、政治、经济、文化变迁,从浅到深,从弱到强,渗透到人们生活中的方方面面。恋爱作为择偶的基础过程、婚姻的主要前奏,既是未来家庭幸福的重要影响因素,也蕴含着恋爱主体的美好幻想和期望。恋爱时间作为恋爱实践的重要体现,研究其在社会变迁这一大环境下的发展变化状态就成为现代婚姻家庭、恋爱择偶研究中的一个很有意义的工作。

对于大多数人来讲,不论是过去式、进行式还是将来式,恋爱总会成为人生中一段回味无穷的经历。恋爱自然微妙,很多是悄然萌发的,也有的是刻意追求,但是人们或理想或实际中的初恋年龄应该说都是在个人因素、外部环境等多方面综合影响下的结果。流动人口作为本次课题研究的目标人群,由于具有数量多、年轻化、流动性、边缘化等特点,因此对于他们恋爱时间的研究既有重要的现实意义,又需要从其特征出发找到新的研究视角。

本节从流动人口的个人背景、流动经历、婚恋意愿和婚恋实践几方面出发，在对最佳恋爱年龄、实际初恋年龄、最佳婚恋间隔进行总体描述、对比分析以及变量相关检验的基础上，通过回归分析进一步探讨流动人口恋爱时间的影响因素及影响程度。

一、最佳恋爱年龄

目前从恋爱主体角度出发，关于恋爱意愿中的最佳恋爱年龄的调查研究较少，其中以流动人口为目标人群的相关研究也还未见报道。现有的研究成果都是针对特定人群进行的，如李银河通过对北京三所中学的学生进行问卷调查发现，在询问青春期何时开始结交异性朋友比较合适时，女生中有半数以上认为应在 17～20 岁之间，平均值是 18.72 岁；男生对谈恋爱的理想年龄的看法比女生略晚，集中在 18 岁以上，平均值是 19.19 岁。对青春期恋爱理想年龄影响显著的是女生比男生、高中生比初中生、非团员比团员、成绩上等比成绩差的理想年龄晚（李银河，1995）。就我们的研究对象而言，流动人口从年龄、教育、家庭、成长环境及生活状态等许多方面都和上述研究对象存在较大差异，他们意愿中的最佳恋爱年龄及其影响因素包括哪些？ 这是我们下面要展开分析、阐述的内容。

（一）最佳恋爱年龄总体分布状况

从表 4-1 中对流动人口全国样本的最佳恋爱年龄统计结果可以看出，虽然流动人口最佳恋爱年龄的总体平均值为 21.05 岁，但极差较大，最小值仅 13 岁，而这一年龄尚处于初中早期阶段，确实可以算是名副其实的"早恋"意愿；最大值为 30 岁，应该说晚得有些不太合常理，实际初恋年龄倒还有可能受限于主客观条件而偏晚，但理想中的最佳恋爱年龄这么晚就有点不合实际，应该算是个别特殊案例了。分性别来看，男性流动人口比女性流动人口的最佳初恋年龄晚，且差异显著，这也符合"斜坡理论"或"择偶梯度"理论（于志涛 等，2004；徐安琪 等，2002），男大女小依然是当今社会的主流恋爱择偶趋势。分户籍来看，则城乡差异并不显著，总体平均值都是略超过 21 岁。此外，结合分性别来看，流动人口的最佳恋爱年龄都已接近或达到法定最低结婚年龄。

表 4-1　流动人口全国样本最佳恋爱年龄

指标	总体	分性别		分户籍		
		男	女	城市	镇	农村
平均值/岁	21.05	21.35	20.65	21.17	21.06	21.08
最小值/岁	13	16	13	13	16	16
最大值/岁	30	30	30	27	28	30
标准差	2.786	2.927	2.521	2.808	2.810	2.806
样本数/个	457	266	189	72	109	263
F		7.129*			0.033	

从图 4-1 反映的流动人口最佳恋爱年龄分年龄段的变化趋势来看,流动人口各年龄段的平均最佳恋爱年龄总体呈上升趋势,也就是说越年轻的流动人口,意愿最佳恋爱年龄越早。其中,流动人口样本总体和男性流动人口的各年龄段平均最佳恋爱年龄最大值都是在 31～35 岁年龄段,分别为22.16 岁和 22.76 岁,而流动女性平均最佳恋爱年龄最大值处于 27～30 岁年龄段,且该值比流动男性小了近 1 岁。

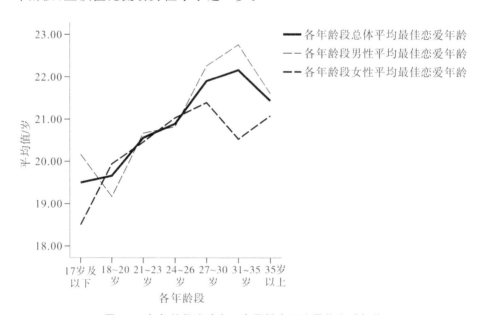

图 4-1　各年龄段流动人口全国样本平均最佳恋爱年龄

通过对流动人口全国样本最佳恋爱年龄的总体分布状况，以及与厦门市流动人口和农村未外出打工人口的比较发现，如表 4-2 所示，不论是否流动以及流动人口全国样本和厦门市流动人口所体现的样本流入地状况差异，各样本的最佳恋爱年龄最集中的都在 18～20 岁之间。整体来看，厦门市流动人口样本的最佳恋爱年龄要晚于外出打工人口样本，农村未外出打工人口的最佳恋爱年龄最低。

表 4-2　最佳恋爱年龄总体分布状况比较

单位：%

年　　龄	流动人口全国样本	厦门市流动人口	农村从未外出打工人口
17 岁及以下	5.7	3.3	7.4
18～20 岁	48.4	41.2	50.2
21～23 岁	28.7	36.1	31.3
24～26 岁	12.3	17.8	10.3
27 岁及以上	5.0	1.6	0.8

(二)不同个人背景下的最佳恋爱年龄

最佳恋爱年龄作为恋爱主体主观意愿的表现，必然与其个人背景有着不可分割的关系。如表 4-3 所示，男女两性之间、分年龄段、不同受教育程度及平均月收入水平下的最佳恋爱年龄差异都很显著，而分户籍和不同职业类别的最佳恋爱年龄差异则不具有统计意义。

从个人背景来看，流动人口全国样本中男性样本的最佳恋爱年龄要晚于女性，与前述流动人口全国样本总体分布的分析结果一致。一方面，低年龄段流动人口的最佳恋爱年龄早于高年龄段人口，这应该是因为低年龄段人口的成长期正是改革开放和社会、文化变迁的关键阶段，他们的独立意识、自我意识都很强，保守、压抑的情感遭到摒弃，人本主义思想逐渐成为主流，体现在理想中的最佳恋爱年龄上就是一个相对更加低龄化的趋势。另一方面，随着受教育程度和平均月收入水平的提高，流动人口的最佳恋爱年龄也不断提前。受教育程度和收入水平的提高，通常意味着经济能力、社会资源条件的同步变化，思想也更趋于现代化，进而就会更加关注情感需求，追求更高的生活质量，那么理想中的最佳恋爱年龄会提前也不难理解。

表 4-3　不同个人背景下流动人口全国样本的最佳恋爱年龄分布状况

单位:%

	样　　本	17 岁及以下	18～20 岁	21～23 岁	24～26 岁	27 岁及以上	卡方检验
分性别	男	4.1	47.7	25.6	15.0	7.5	16.698 **
	女	7.9	48.7	33.3	8.5	1.6	
分年龄	17 岁及以下	20.0	50.0	30.0	—	—	61.714 **
	18～20 岁	18.0	52.0	18.0	12.0	—	
	21～23 岁	4.1	59.2	26.5	9.2	1.0	
	24～26 岁	4.3	53.2	29.8	9.6	3.2	
	27～30 岁	4.5	34.3	38.8	9.0	13.4	
	30～35 岁	1.6	36.5	31.7	19.0	11.1	
	35 岁以上	4.2	45.8	26.4	19.4	4.2	
分户籍	城市	4.2	47.2	31.9	11.1	5.6	9.382
	镇	3.7	53.2	21.1	17.4	4.6	
	农村	6.8	44.9	32.3	10.6	5.3	
受教育程度	文盲半文盲	—	12.0	68.0	12.0	8.0	44.559 **
	小学	1.9	51.9	30.8	15.4	—	
	初中	11.2	47.3	23.9	12.2	5.3	
	高中	2.1	50.7	28.9	12.7	5.6	
	大专及以上	2.2	58.7	23.9	8.7	6.5	
平均月收入	500 元及以下	10.5	50.0	26.3	5.3	7.9	48.184 **
	500～800 元	10.5	42.7	30.6	12.1	4.0	
	800～1100 元	1.6	47.2	35.4	15.7	—	
	1100～1400 元	8.3	44.4	27.8	16.7	2.8	
	1400～1700 元	5.3	52.6	19.3	14.0	8.8	
	1700～2000 元	3.4	41.4	24.1	13.8	17.2	
	2000 元以上	—	70.6	17.6	2.9	8.8	
分职业	职业 1	4.4	51.7	27.2	11.7	5.0	18.398
	职业 2	9.0	45.0	28.8	14.4	2.7	
	职业 3	4.6	47.7	29.4	11.1	7.2	

(三)不同流动经历下的最佳恋爱年龄

多数流动人口都是从相对落后的、以农村为主的流出地来到引领现代经济文化快速发展的发达地区。虽然流动人口在外出打工前长期受到相对封闭、保守的成长环境与文化熏陶，但在外出打工过程中不断受到流入地现代生活方式和思想文化的冲击与影响，并且流动人口的主要构成是青壮年农村人口，比起家乡的父辈和没有外出的同龄人而言更具有挑战精神，敢闯敢干，接受新事物新思想的能力也强。因此，研究流动人口的恋爱观，考查流动经历对他们的影响及程度成为我们的研究重点之一。表4-4即是不同流动经历下的外出打工人口最佳恋爱年龄分布状况，其中首次外出打工时间、打工到过地区数、打工时长对流动人口的最佳恋爱年龄都有显著影响。

表 4-4　不同流动经历下流动人口(全国样本)最佳恋爱年龄分布状况

单位:%

	样　本	17 岁及以下	18～20 岁	21～23 岁	24～26 岁	27 岁及以上	卡方检验
首次外出打工时间	1990 年以前	—	54.8	14.3	14.3	16.7	42.291**
	1990—1995	3.8	44.2	26.9	19.2	5.8	
	1995—2000	2.3	43.4	37.1	13.1	4.0	
	2000 年以后	11.2	51.1	25.3	9.6	2.8	
打工到过地区数	1 个	7.1	44.4	32.3	14.1	2.0	23.916**
	2 或 3 个	4.6	50.6	31.0	8.6	5.2	
	4 个以上	5.4	52.7	13.5	16.2	12.2	
打工时长	1 年以内	5.2	60.3	22.4	10.3	1.7	36.791**
	1～3 年	8.4	57.1	21.0	11.8	1.7	
	3～5 年	7.1	41.1	37.5	10.7	3.6	
	5～10 年	3.6	40.0	30.9	17.3	8.2	
	10 年以上	—	50.0	27.1	8.3	14.6	

外出打工年头越晚，最佳恋爱年龄越早。结合外出打工年头与相应的年龄构成分析，1995—2000年外出的流动人口至2005年调查时正处于20～30岁年龄段的占样本比例超过70%，而2000年以后外出打工的人口中仅小于23岁的就占了67.5%，30岁以上的仅占不到10%。可以说，打工大军不仅

总体年龄构成年轻,不断加入进来的流动人口也是以青年为主,因此首次外出打工时间与分年龄段对最佳恋爱年龄的卡方检验所体现的结果是一致的。

总体来看,随着打工到过地区数增多、打工时长增加,也就是流动经历越来越丰富,流动人口的最佳恋爱年龄也不断提前。流动经历不断丰富的过程,正是流动人口逐步脱离传统婚恋观念束缚,从刚到打工地后开始的感受认知到逐步接受并融入流入地现代开放观念,进而越来越注重精神满足和心理需求的发展变化过程。此外,外出打工后收入水平比务农有所提高,远离家乡亲人带来的孤独寂寞也让正处于恋爱择偶期的流动人口对情感需求更加明显,因此流动经历对流动人口理想中的最佳恋爱年龄产生了上述的显著影响。

(四)不同婚恋意愿下的最佳恋爱年龄

婚恋意愿包括对恋爱、择偶、婚姻的时间、标准、方式等方面的看法和意愿,而最佳恋爱年龄正是婚恋主体对于自身恋爱意愿的主观期望标准之一。从表4-5中所示的不同婚恋意愿下的外出打工人口最佳恋爱年龄可以看出,想不想结婚、结婚目的是不是传宗接代、恋爱观有无受到打工地文化生活方式影响、恋爱观有无受到自身感情经历的影响这些因素都对流动人口的最佳恋爱年龄产生显著影响。

在问卷中关于"你想不想结婚"这一问题的回答结果中,有25%的调查对象选择了不想结婚,75%的调查对象选择了想结婚。虽然想结婚的占多数,可是样本总体中有60%的户口所在地为农村的外出打工人口选择不想结婚的也竟然达到22%,接近总体水平,如此高的比例有点出乎意料。不想结婚也许是从自身条件、生活状态、未来发展等多方面综合考虑的结果,本节暂不作为讨论重点。进一步分析是否想结婚和最佳恋爱年龄之间的影响作用发现,想结婚的流动人口其最佳恋爱年龄要小于不想结婚的流动人口的最佳恋爱年龄,其平均值分别为20.95岁和21.36岁,两者之间差异显著。此外,不论想不想结婚,理想中的最佳恋爱年龄最集中的都是在18～20岁之间,但是不想结婚的流动人口意愿中最佳恋爱年龄达到27岁以上的有13.3%,远远超过想结婚的流动人口中这一相应比例(仅2.4%)。恋爱是婚姻的重要前奏,婚姻也是恋爱的主要产物。显然,对于不想结婚的流动人口而言,其理想中的最佳恋爱年龄晚于想结婚的流动人口也在情理之中。

结婚的目的有很多,如相亲相爱、人生有伴、改善生活条件、提高社会地位、传宗接代、父母要求、有健康的性生活、认为婚姻是人生的必然过程等等，在进行卡方检验时发现，如表 4-5 所示，不同的结婚目的中，只有结婚目的是不是传宗接代对流动人口意愿中的最佳恋爱年龄有显著影响。总体来看，结婚主要目的是传宗接代的流动人口其意愿最佳恋爱年龄要晚于不是这一目的的流动人口。如果结婚的目的是以传宗接代为主，可以说是通过个人生理条件来满足家庭、社会对于繁衍后代的需要，相对忽略了个人的情感需求，未免有些残酷，在这种情况下恋爱的美好几乎被掩盖，理想中的最佳恋爱年龄也会被推迟。

表 4-5　不同婚恋意愿下流动人口（全国样本）最佳恋爱年龄分布状况

单位：%

样本		17 岁及以下	18～20 岁	21～23 岁	24～26 岁	27 岁及以上	卡方检验
想不想结婚	想	5.1	49.7	28.9	13.9	2.4	23.557**
	不想	8.0	43.4	27.4	8.0	13.3	
结婚目的是不是传宗接代	是	0.8	50.4	26.4	20.0	2.4	12.314*
	不是	6.6	50.0	30.7	10.1	2.6	
恋爱观有无受到打工地文化生活方式影响	有	6.0	43.6	30.1	11.3	9.0	7.822*
	没有	5.7	50.8	28.1	12.3	3.2	
恋爱观有无受到自己感情经历影响	有	6.0	56.6	22.5	10.4	4.4	8.773*
	没有	5.6	43.3	32.8	13.1	5.2	

从恋爱观的影响来看，恋爱观受到打工地文化生活方式影响的流动人口，最佳恋爱年龄晚于没有受到同化作用影响的；而恋爱观受到自己感情经历影响的流动人口，最佳恋爱年龄要早于没有受到影响的。打工地现代生活文化方式下的恋爱年龄总体上应该是呈提前趋势，李煜等在对上海、成都城市户籍未婚青年初恋年龄的调查结果中也证明了这一点（李煜等，2004）。而受到流入地文化生活影响的外出打工人口，其认可的最佳恋爱年龄反而推迟，这应该是因为对于流动人口而言，既不甘回复流出地文化生活方式下的旧的恋爱模式，向往流入地更人本主义的恋爱模式，又由于二元制城乡发展状况下缺失的社会、经济保障制度和自身条件限制，难以为新的恋爱方式提供条件和保障，进而希望通过推迟恋爱时间，在拥有更多资源积累的基础

上再做选择。从过往恋爱经历对流动人口理想恋爱年龄的影响来看,如果有过感情经历,可想而知,以前的恋爱纵然过程美好,毕竟最终结果并不是那段感情开始时所希望的。如果过去的感情经历影响到现在的恋爱观,进而使得理想最佳恋爱年龄早于没有受到过去感情经历影响的,可能是因为受到这种经历影响的人在潜意识里会希望能给自己更多时间、更多机会的原因。

(五)不同婚恋实践下的最佳恋爱年龄

理想是实践的引导,也是实践的目标和方向。实践又可以反作用于理想,通过在实践中的不断检验和认知对理想进行纠偏或完善。婚恋意愿中对于理想的最佳恋爱年龄的期望值也同样会受到婚恋实践的影响,没有恋爱经历的人常常会对未来属于自己的初恋抱着浪漫唯美的想法,而有过婚恋经历的人又常常会从自己的经过中有所反思和感悟,对最佳恋爱年龄的认识也会因此而不同。

从表4-6对不同婚恋实践下的流动人口最佳恋爱年龄分布及卡方检验结果中可以看出,打工时有无谈过恋爱、不同的恋爱次数、初恋年龄和初婚年龄在最佳恋爱年龄分布上表现出来的差异都很显著。虽然有没有谈过恋爱对最佳恋爱年龄看法上的差异并不具有统计意义,但是在打工地谈过恋爱的流动人口,其意愿中的最佳恋爱年龄却明显晚于没在打工地谈过恋爱的流动人口。从恋爱次数上来看,随着恋爱次数的增加,最佳恋爱年龄也在推迟。对外出打工人口而言,流入地通常比流出地具有更开放宽松的恋爱环境,但是流动人口不论是个人素质、经济待遇还是社会保障水平在城市而言都处于较低的层次,打工地的恋爱经历在给予流动人口精神慰藉和情感满足的同时,也在经济、闲暇等方面给他们带来较大的压力,未来具有众多不稳定因素,感情的发展也伴随着现实的考验,缺乏一定个人积累的恋爱总会面临更多的困难,因此在打工地有过恋爱经历的流动人口就会希望推迟自己意愿中的最佳恋爱年龄。恋爱的次数也会影响最佳恋爱年龄,次数越多,最佳恋爱年龄越晚。这可能是由于恋爱次数多通常意味着经历过失败的恋爱,吃一堑长一智,认识到过去的莽撞,期望在心智更加成熟的时候能更好地经营自己的感情生活。

表 4-6　不同婚恋实践下流动人口(全国样本)最佳恋爱年龄分布状况

单位:%

	样本	17 岁及以下	18～20 岁	21～23 岁	24～26 岁	27 岁及以上	卡方检验
有无谈过恋爱	有	6.5	48.4	28.0	11.4	5.7	4.110
	没有	2.4	50.0	33.3	14.3	—	
恋爱次数	1 次	9.6	47.3	28.7	11.2	3.2	26.178*
	2 次	3.5	50.0	30.7	11.4	4.4	
	3 次	3.8	48.1	28.8	11.5	7.7	
	4 次及以上	3.1	50.0	12.5	12.5	21.9	
打工时有无谈过恋爱	有	6.4	43.6	30.8	11.0	8.1	10.973*
	没有	4.7	57.5	23.8	11.4	2.6	
打工时恋爱次数	1 次	6.9	39.7	35.9	9.9	7.6	14.221
	2 次	8.0	52.0	20.0	8.0	12.0	
	3 次	—	60.0	—	20.0	20.0	
	4 次及以上	—	63.6	9.1	27.3	—	
婚姻状态	未婚	7.5	49.8	27.0	10.0	5.8	10.498
	已婚有偶	4.1	45.1	30.1	16.1	4.7	
	已婚无偶	—	60.0	35.0	5.0	—	
初恋年龄	17 岁及以下	13.1	58.9	15.0	4.7	8.4	88.693**
	18～20 岁	3.5	54.3	30.7	9.5	2.0	
	21～23 岁	5.4	29.7	43.2	14.9	6.8	
	24～26 岁	—	25.0	20.8	41.7	12.5	
	27 岁及以上	—	—	—	—	—	
初婚年龄	19 岁及以下	25.0	50.0	25.0	—	—	51.359**
	20～22 岁	6.5	45.5	36.4	9.1	2.6	
	23～24 岁	1.6	51.6	34.4	9.4	3.1	
	25～26 岁	—	50.0	22.7	20.5	6.8	
	27～30 岁	4.3	30.4	21.7	39.1	4.3	
	30 岁以上	—	—	—	—	—	

总体上看,随着流动人口实际初恋年龄的增大,其理想中的最佳恋爱年龄也在增大。同时,在对样本的调查结果进行统计分析时还发现一个有趣的现象,就是调查对象的实际初恋年龄所在年龄段也都是调查对象理想中的最佳恋爱年龄所在的年龄段,这其中剔除了 17 岁以前就开始恋爱的部分样本。也许恋爱虽然受多种因素共同影响,但缘分的到来不管是不期而遇还是水到渠成,对恋爱主体而言都会觉得自然合理,因此对自我的经历也会有较高的认同度。

从表 4-6 中还可以发现,越晚结婚的流动人口,理想中的最佳恋爱年龄也越晚。应该说,浪漫爱情并不能脱离物质需要,甚至会对物质有更高的要求。婚恋年龄推迟,常常能使婚恋主体感受到生理心理成熟度和经济能力与日俱增对于提高恋爱婚姻质量所起到的积极作用,他们认为的最佳恋爱年龄也就会偏晚。

二、实际初恋年龄

在针对实际初恋年龄的现有研究成果报告中,李煜、徐安琪在对上海和成都城市户籍未婚青年的调查中发现,研究对象初恋年龄平均值为 18.7 岁,17 岁及以下就体验初恋感受的占 30%,越年轻的调查对象初恋年龄的平均值越低。其中上海的平均初恋年龄为 19.5 岁,比成都高 1.7 岁(李煜等,2004)。而楼超华等对上海市未婚男女的恋爱年龄调查结果显示,男性和女性初恋年龄的平均值分别为 21 岁和 20 岁,最小的初恋年龄为男 14岁、女 13 岁,最大初恋年龄为男 39 岁、女 40 岁;其中城市户籍调查对象中男性初恋年龄平均值为 22 岁,女性为 20 岁,大于李煜等的调查结果(楼超华 等,2000)。我们针对流动人口(全国样本)实际初恋年龄的调查结果如下。

(一)实际初恋年龄总体分布状况

如表 4-7 所示,流动人口的实际初恋年龄平均值为 19.02 岁,其中最小年龄仅 8 岁,比李煜等对上海、成都城市青年初恋年龄调查结果中的最小年龄还小了 4 岁。分性别和分户籍来看,男性初恋年龄大于女性,城镇初恋年龄小于农村,差异显著。

表 4-7　流动人口(全国样本)实际初恋年龄

指　标	总体	分性别		分户籍		
		男	女	城市	镇	农村
平均值/岁	19.02	19.25	18.73	18.50	18.74	19.30
最小值/岁	8	8	12	8	14	12
最大值/岁	30	26	30	25	25	30
标准差	2.683	2.788	2.475	2.846	2.651	2.608
样本数/个	411	243	166	66	97	235
F		3.697*			3.072*	

图 4-2 中的流动人口各年龄段最佳恋爱年龄和实际恋爱年龄曲线清楚显现了理想与实际初恋年龄的差异及其变化趋势。整体上,无论是最佳恋爱年龄还是实际初恋年龄,都随着年龄的增加而增加,即年龄越小,理想与实际的初恋年龄都越早。理想与现实总是会存在偏差,各年龄段都表现为实际初恋年龄比理想中的最佳恋爱年龄提前,且各年龄段提前的幅度都比较一致,多数在 2～3 岁之间。李银河在对中学生恋爱行为的调查中也发现了这种言行相悖的现象,她认为可能的解释有两种:一个是内心矛盾导致理想与行动的矛盾,甚至有些人对自己过早恋爱表示后悔的原因;另一个是口是心非,即口头上希望晚而行为上早。从本次调查结果来看,对于流动人口

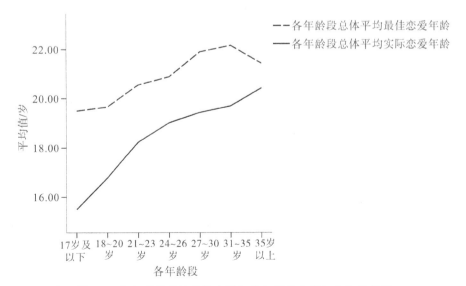

图 4-2　各年龄段平均最佳恋爱年龄与平均实际初恋年龄差距

而言应该还有一个原因,就是恋爱作为一种微妙的感情经历,虽然也会受到主客观众多因素的影响,但是恋爱时感性还是常常会战胜理性。恋爱带来的心理满足和精神享受常常会掩盖对于物质经济等客观条件的考量,设计理想中的最佳恋爱年龄期望值时的冷静、理智很难在感情到来之时还能保持。

对本研究小组完成的三个调查样本中对于初恋年龄总体分布的统计结果显示,如表 4-8 所示,无论是流动人口(全国样本)、厦门市流动人口还是农村从未外出打工人口,实际初恋年龄最集中的都发生在 18~20 岁年龄段,各样本比例相近,都在 50% 左右。其中,初恋年龄在 17 岁以前的比例以流动人口全国样本最大,其次是厦门市流动人口和农村未外出人口;而21 岁以后初恋的比例各样本排序刚好相反。总之,流动人口(全国样本)的实际初恋年龄要早于厦门市流动人口,最晚的是农村未外出人口。迟书君对深圳市未婚流动人口的恋爱状况调查显示,初恋年龄在 17 岁之前的占21%,18~21 岁之间恋爱的占 59.9%,22~25 岁之间恋爱的占 17%,26 岁以上恋爱的占 1.3%(迟书君,2006),与我们对于流动人口的调查结果相近。

表 4-8　实际初恋年龄总体分布状况比较

单位:%

样　　本	流动人口(全国样本)	厦门市流动人口	农村从未外出打工人口
17 岁及以下	26.8	19.8	17.1
18~20 岁	49.1	49.9	51.2
21~23 岁	18.0	24.5	26.7
24~26 岁	5.8	4.7	4.1
27 岁及以上	0.2	1.1	0.9

(二)不同个人背景下的实际初恋年龄

在调查结果统计分析中发现,不同性别、年龄、户籍和受教育程度的流动人口,其实际初恋年龄差异显著。其中,如表 4-9 所示,流动男性的初恋年龄大于流动女性,低年龄段流动人口的初恋年龄小于高年龄段流动人口的初恋年龄,受教育程度越高的初恋也越早,这些差异均与前述最佳恋爱年龄相应分布的变化趋势和差异相近。此外,分户籍来看,城乡的初恋年龄分布差异较为突出,城市户籍流动人口的初恋年龄要小于农村户籍流动人口的初恋年龄。相比较而言,城市户籍人口常常会比农村户籍人口思想更活

跃、开放自由,由于通信交通便捷,社会关系网络发达,并且家庭对于恋爱的
态度也会更为宽松,从机会及条件来看都优于农村人口,因而初恋年龄也就
会小于农村流动人口的初恋年龄。

表 4-9　不同个人背景下流动人口(全国样本)的实际初恋年龄分布状况

单位:%

	样　本	17 岁及以下	18~20 岁	21~23 岁	24~26 岁	27 岁及以上	卡方检验
分性别	男	25.1	46.9	19.3	8.6	—	10.959*
	女	28.3	53.0	16.3	1.8	0.6	
分年龄	17 岁及以下	100.0	—	—	—	—	85.689**
	18~20 岁	56.8	43.2	—	—	—	
	21~23 岁	32.9	56.1	11.0	—	—	
	24~26 岁	23.8	51.2	25.0	—	—	
	27~30 岁	26.5	44.1	17.6	10.3	1.5	
	30~35 岁	15.9	57.1	15.9	11.1	—	
	35 岁以上	11.4	42.9	31.4	14.3	—	
分户籍	城市	30.3	56.1	9.1	4.5	—	18.186*
	镇	33.0	47.4	10.3	9.3	—	
	农村	22.1	48.9	23.8	4.7	0.4	
受教育程度	文盲半文盲	13.0	34.8	34.8	13.0	4.3	49.445**
	小学	9.1	52.3	27.3	11.4	—	
	初中	26.5	50.6	19.9	3.0	—	
	高中	29.8	49.6	14.5	6.1	—	
	大专及以上	44.2	46.5	2.3	7.0	—	
平均月收入	500 元及以下	36.4	45.5	15.2	—	3.0	32.388
	500~800 元	23.8	44.6	21.8	9.9	—	
	800~1100 元	21.4	51.8	19.6	7.1	—	
	1100~1400 元	32.4	50.0	14.7	2.9	—	
	1400~1700 元	21.4	55.4	16.1	7.1	—	
	1700~2000 元	29.0	61.3	9.7	—	—	
	2000 元以上	41.2	41.2	17.6	—	—	

续表

	样 本	17 岁及以下	18～20 岁	21～23 岁	24～26 岁	27 岁及以上	卡方检验
分职业	职业 1	27.7	51.8	15.7	4.8	—	
	职业 2	34.7	39.6	19.8	5.9	—	27.883
	职业 3	19.1	55.7	17.6	6.9	0.8	

(三)不同流动经历下的实际初恋年龄

我们利用首次外出打工时间、打工到过地区数和打工时长这些体现流动人口流动经历的指标与调查对象的实际初恋年龄发生状况进行比较,来探讨流动人口在不同流动经历下的恋爱状况。如表 4-10 所示,流动人口外出打工的年头越晚,实际初恋年龄越小。但是随着打工时长增加,实际初恋年龄表现为不断推迟的趋势。这其中包含几方面的原因:首先,如果打工时长越长,通常意味着年龄也越大,而大龄人群会更多地受到传统婚恋观念的影响,恋爱开始时间较晚。其次,外出打工人口多以青年为主,离开家乡亲人和熟悉的环境,来到社会文化、生活节奏具有较大差异的城市,容易产生孤单寂寞的感觉,对于恋爱的需求更强,体现在意愿最佳恋爱年龄上就趋向于提前。但是流动人口的经济状况通常与城市生活水平还有较大差距,经济负担又较重,许多外出打工人口辛苦工作所得只能勉强满足自身生活及照顾家庭的需要,恋爱对他们而言是想爱而不敢爱。最后,许多外出打工人口从事的都是劳动密集型工作,闲暇时间较少,而且娱乐活动贫乏,与异性交往的机会也少,这些都在一定程度上成为流动人口恋爱的阻碍因素。

表 4-10　不同流动经历下流动人口(全国样本)实际初恋年龄分布状况

单位:%

	样 本	17 岁及以下	18～20 岁	21～23 岁	24～26 岁	27 岁及以上	卡方检验
首次外出打工时间	1990 年以前	9.8	48.8	31.7	9.8	—	
	1990—1995	20.0	40.0	28.0	12.0	—	28.966**
	1995—2000	25.3	49.4	19.3	6.0	—	
	2000 年以后	33.1	53.1	10.3	2.8	0.7	
打工到过地区数	1 个	20.1	53.3	23.1	3.0	0.6	
	2 或 3 个	32.5	45.4	14.1	8.0	—	16.144
	4 个及以上	28.6	48.6	14.3	8.6		

续表

样　本		17 岁及以下	18～20 岁	21～23 岁	24～26 岁	27 岁及以上	卡方检验
打工时长	1 年以内	31.8	54.5	11.4	2.3	—	
	1～3 年	34.0	54.4	9.7	1.0	1.0	
	3～5 年	21.8	50.5	20.8	6.9	—	25.599*
	5～10 年	25.0	43.5	21.3	10.2	—	
	10 年以上	21.3	44.7	25.5	8.5	—	

(四)不同婚恋意愿下的实际初恋年龄

从流动人口在各种不同的婚恋意愿下实际初恋年龄的分布状况中可以看出,如表 4-11 所示,流动人口的最佳恋爱时间和初婚年龄越早,则实际初恋年龄也越早,差异显著。理想和实践相互影响、相互作用,理想恋爱时间的早晚也能或直接或在潜意识里影响着实际恋爱开始的时间。初婚年龄越早,初恋年龄也必然越小,两者显著相关。如果流动人口结婚的主要目的是相亲相爱,那么相对于其他结婚目的而言对于情感的需求就会更加迫切。爱情在生活中占有重要的地位,多情而敏感的人通常更可能早恋。而恋爱观受到身边朋友的观念和感情经历影响的流动人口会比没有受到影响的流动人口初恋年龄要小,应该是与这部分人对于恋爱并没有自己的清晰或坚定的看法有关,而且婚恋期的年轻人也比较容易受到身边朋友的影响,出于从众或是攀比甚至嫉妒心理就会希望自己也能同样找到恋爱对象,受到这种影响,在这种意识下初恋年龄就很可能会提前。

表 4-11 不同婚恋意愿下流动人口(全国样本)实际初恋年龄分布状况

单位:%

样　本		17 岁及以下	18～20 岁	21～23 岁	24～26 岁	27 岁及以上	卡方检验
想不想结婚	想	24.7	49.7	19.3	6.0	0.3	3.603
	不想	32.3	48.5	13.1	6.1	—	
结婚目的是不是相亲相爱	是	25.9	58.3	12.2	3.6	—	12.438*
	不是	23.6	43.8	24.2	7.9	0.6	

续表

样　本		17岁及以下	18～20岁	21～23岁	24～26岁	27岁及以上	卡方检验
最佳恋爱时间	17岁及以下	56.0	28.0	16.0	—	—	88.693**
	18～20岁	31.7	54.3	11.1	3.0	—	
	21～23岁	14.0	53.5	28.1	4.4	—	
	24～26岁	11.1	42.2	24.4	22.2	—	
	27岁及以上	40.9	18.2	22.7	13.6	4.5	
恋爱观有无受到身边朋友的观念经历影响	有	26.7	56.8	11.6	4.8	—	7.568*
	没有	27.3	45.4	21.2	6.2	—	
初婚年龄	19岁及以下	—	—	—	—	—	65.857**
	20～22岁	22.4	59.2	18.4	—	—	
	23～24岁	6.3	57.1	31.7	4.8	—	
	25～26岁	13.3	55.6	17.8	13.3	—	
	27～30岁	26.1	17.4	13.0	43.5	—	
	30岁以上	—	—	—	—	—	

三、最佳婚恋间隔

从恋爱到结婚的间隔时间长短作为度量择偶方式的指标之一,也是随着时代变迁而在不断变化。20世纪80年代,在对天津市已婚妇女所做的婚姻家庭调查中,传统择偶模式下不恋爱就结婚的比例以1920年出生的调查对象中最多,而1941年以后出生的人已经没有不恋爱就结婚的了,"长时间恋爱"(文献中自定义为恋爱25个月以上)的随着出生年的推后呈直线上升的趋势(李银河,1995)。进入21世纪后,在现代婚恋观影响下,对于婚恋间隔的讨论已经脱离"先结婚后恋爱"还是"先恋爱后结婚"模式的考量,同时,在人本主义的基础上呈现出多元化趋势。从我们的调查来看,调查对象对于"恋爱多久结婚最合适?"的问题回答也是仁者见仁、智者见智,有人认为只要感情好,闪电式结婚也未必不幸福;有人认为恋爱的时间越长,彼此磨合越充分,结婚后矛盾越少。

(一)最佳婚恋间隔分布状况

对于最佳婚恋间隔的调查结果统计表明,如表 4-12 所示,对最佳婚恋间隔的看法持无所谓态度的比例以厦门市流动人口样本的最大,接近 20%;流动人口全国样本中的这一比例为 15.7%,高出农村从未外出打工人口样本 1 个百分点。对这部分人持无所谓态度的调查对象来说,恋爱到结婚是个顺其自然的过程,跟着感觉走,或快或慢并不是最需要考虑的。从各样本中选择了 2 年以上这一选项中最长的最佳婚恋间隔的比例大小来看,流动人口(全国样本)比农村从未外打工出人口多,其中,厦门市流动人口样本的这一比例最大,超过 1/3。而选择恋爱 1 年以内就结婚的比例又是以农村未外出打工人口中最多,超过 30%。结合图 4-3 整体来看,流动人口更倾向于选择较长的最佳婚恋间隔或是抱有无所谓的态度,而农村从未外出打工人口则倾向于相对较短的婚恋间隔。

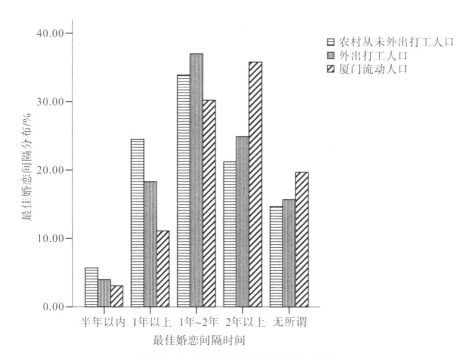

图 4-3　最佳婚恋间隔分布状况及比较

表 4-12　最佳婚恋间隔总体分布状况

单位:%

选　项	流动人口(全国样本)	厦门市流动人口	农村从未外出打工人口
半年内	4.0	3.1	5.7
1 年内	18.3	11.1	24.5
1~2 年	37.0	30.2	33.9
2 年以上	24.9	35.8	21.2
无所谓	15.7	19.7	14.7

(二)不同个人背景下的最佳婚恋间隔

我们的调查结果显示,不同个人背景特征下的流动人口,其最佳婚恋间隔的分布差异也很显著。从表 4-13 可知,男性相对女性而言更倾向于较短的最佳婚恋间隔,从这一点来看,应该是因为在传统意识中,成家立业是男人的重要人生责任,能够谈得来就可以结婚。此外,流动男性中选择"无所谓"的比例也大于流动女性。女性则更容易关注细节,并且由于要成为婚姻生活中生育、抚养以及家务劳动的主要承担者,对她们而言,通过一定的恋爱时间来充分了解对方是降低婚姻风险的有效办法。分年龄段来看,30 岁以前各年龄段的流动人口选择无所谓的比例随着年龄增大也在不断增加并达到最大值,而 30 岁以后年龄段的流动人口中选择"无所谓"的比例急剧下降至9%。除了"无所谓"这一选项以外,在其他各个明确选择了婚恋间隔长短的调查对象中,以 21~26 岁年龄段为拐点,小于这一年龄段的流动人口选择的最佳婚恋间隔偏长,而大于这一年龄段的则越来越倾向于缩短婚恋间隔。

表 4-13　不同个人背景下流动人口(全国样本)的最佳婚恋间隔分布状况

单位:%

	样　本	半年内	1 年内	1~2 年	2 年以上	无所谓	卡方检验
分性别	男	4.1	21.4	35.1	20.7	18.8	12.481*
	女	4.0	14.1	39.7	30.7	11.6	
分年龄	17 岁及以下	—	22.2	33.3	33.3	11.1	64.395**
	18~20 岁	1.8	16.1	37.5	25.0	19.6	
	21~23 岁	2.0	12.9	44.6	21.8	18.8	
	24~26 岁	4.2	10.4	42.7	26.0	16.7	
	27~30 岁	1.4	11.6	33.3	33.3	20.3	
	30~35 岁	1.6	23.4	35.9	29.7	9.4	
	35 岁以上	13.9	38.9	23.6	13.9	9.7	

续表

	样本	半年内	1年内	1～2年	2年以上	无所谓	卡方检验
分户籍	城市	—	13.7	37.0	31.5	17.8	
	镇	3.5	11.4	38.6	28.1	18.4	15.157*
	农村	5.6	22.2	37.0	22.6	12.6	
受教育程度	文盲、半文盲	3.7	29.6	48.1	11.1	7.4	
	小学	1.8	27.3	41.8	21.8	7.3	
	初中	6.3	22.8	34.4	24.9	11.6	39.356**
	高中	2.7	9.5	41.5	27.2	19.0	
	大专及以上	2.0	12.2	24.5	30.6	30.6	
平均月收入	500元及以下	20.5	15.4	30.8	17.9	15.4	
	500～800元	3.1	19.2	46.2	23.8	7.7	
	800～1100元	2.3	20.0	34.6	31.5	11.5	
	1100～1400元	2.7	21.6	32.4	24.3	18.9	72.955**
	1400～1700元	1.7	16.9	45.8	16.9	18.6	
	1700～2000元	3.2	16.1	19.4	29.0	32.3	
	2000元以上	2.9	11.4	22.9	20.0	42.9	
分职业	职业1	2.7	15.2	31.5	31.5	19.0	
	职业2	5.9	16.1	39.0	23.7	15.3	17.505
	职业3	3.8	23.7	42.3	17.3	12.8	

对未满20岁的流动人口而言，由于还没有达到法定结婚年龄，外出打工的时间也不长，无论是从自身条件还是从外部需求来看都没有太大的结婚压力。在21～26岁年龄段的流动人口，最佳婚恋间隔比低年龄段的有所缩短，但整体上这一年龄段的调查对象中最佳婚恋间隔选项最集中的还是1到2年。而27岁以后的流动人口就面临着较大的结婚成家的压力，最佳婚恋间隔逐渐缩短，尤其35岁以上年龄段的选择半年以内最佳婚恋间隔的猛增至13.9％，是30～35岁年龄段这一选项选择比例的近9倍。分户籍来看，从城市、镇到农村，最佳婚恋间隔依次缩短。城市户籍流动人口相对比较开放和追求自我，而农村户籍流动人口受家乡的传统婚恋文化影响更深，长辈的意见也更能左右他们的意志，而且对于农村人口的婚姻而言，不稳定因素相对较少，早婚还具有一定的经济效益。随着受教育程度和平均月收入水平的提高，选择"无所谓"的比例越来越大。扣除选择"无所谓"的部分，针对有明确婚恋间隔长度的选项进行比较分析，各种教育程度中选择最长

婚恋间隔的比例以大专以上文化程度的最大;选择最佳婚恋间隔为1年以内的则以文盲半文盲所占比例最大,为36%。分收入水平来看,流动人口中以月收入500元以下的选择1年以内最佳婚恋间隔的比例最大,超过40%;而选择婚恋间隔2年以上的则是月收入接近2000元的比例最大,达42.9%。由此来看,受教育程度和月收入水平越高的流动人口,恋爱条件和选择余地都越大,相对而言择偶困难和恋爱失败的风险就越小,同时也更注重感情生活,主客观条件都利于他们选择较长的婚恋间隔。

(三)不同流动经历下的最佳婚恋间隔

对于流动人口而言,不同的流动经历对于他们的恋爱婚姻会产生何种影响是此次研究重点关注的问题之一。和前面的分析相同,表4-14也是从首次外出打工时间、打工到过地区数和打工时长这三个方面来对不同流动经历下流动人口的最佳婚恋间隔分布状况进行检验和分析。如表4-14所示,流动人口首次外出打工时间越晚,相应的年龄也越小,对于最佳婚恋间隔的期望值也偏长。相对而言,恋爱包含更多的浪漫色彩,而婚姻则需要面对更多的现实需求,从这一点来分析,对于这部分刚加入外出打工行列的流动人口无论是从年龄还是个人意识上来考虑都不希望较短的婚恋间隔。而越早外出打工的流动人口,通常本人年龄也越大,经过一定时间的打工积累,经济状况会有所改善,精神需求上也倾向于尽快建立家庭,偏长的婚恋间隔也就不符合这部分人的要求。

表 4-14 不同流动经历下流动人口(全国样本)的最佳婚恋间隔分布状况

单位:%

	样　本	半年内	1年内	1～2年	2年以上	无所谓	卡方检验
首次外出打工时间	1990年以前	15.0	27.5	27.5	22.5	7.5	
	1990—1995	5.3	19.3	33.3	26.3	15.8	21.510*
	1995—2000	3.5	19.1	40.5	22.5	14.5	
	2000年以后	2.1	15.6	37.5	27.1	17.7	
打工到过地区数	1个	1.9	14.4	42.8	27.4	13.5	
	2或3个	5.6	22.6	33.9	23.7	14.1	15.603*
	4个及以上	6.8	17.6	31.1	21.6	23.0	

续表

样 本		半年内	1 年内	1～2 年	2 年以上	无所谓	卡方检验
打工时长	1 年以内	1.6	12.5	39.1	26.6	20.3	
	1～3 年	4.1	17.1	39.0	22.8	17.1	
	3～5 年	4.5	24.1	34.8	23.2	13.4	22.014
	5～10 年	1.8	13.2	44.7	27.2	13.2	
	10 年以上	10.6	23.4	23.4	31.9	10.6	

(四)不同婚恋意愿下的最佳婚恋间隔

从表 4-15 所示的统计分析结果来看,对结婚的主要目的是相亲相爱的流动人口而言,他们意愿中的最佳婚恋间隔要比结婚目的不是相亲相爱的调查对象长,出现这一结果应该与两方面原因有关,一方面可能是希望通过一定时间的相处,以加深彼此的了解与感情,有利于获得更高质量的婚姻;另一方面可能是考虑到虽然恋爱过程中的相亲相爱能进一步升华到婚姻生活中的相亲相爱,但毕竟恋爱中的浪漫爱情更轻松唯美,而婚姻中的浪漫爱情则需面临柴米油盐、家务琐事的考验,在可能的情况下适当保持较长的恋爱时间就成了更看重感情生活的这部分调查对象的理想选择。恋爱观受到家乡文化或家庭观念影响的流动人口比没有受到影响的流动人口更倾向于较短的最佳婚恋间隔,这应该是因为对于许多流动人口而言,家乡传统的风俗习惯和道德规范还是具有很大的约束力,父母之命媒妁之言在婚恋中的的作用虽然已经淡化,但尤其是在农村,早婚现象依然比较普遍,当旧的传统家庭观念成为流动人口婚恋行为的主导时就会选择较早地结婚成家。

表 4-15 不同婚恋意愿下流动人口(全国样本)的最佳婚恋间隔分布状况

单位:%

样 本		半年内	1 年内	1～2 年	2 年以上	无所谓	卡方检验
最佳恋爱年龄	17 岁及以下	8.0	16.0	32.0	28.0	16.0	
	18～20 岁	3.8	16.9	38.0	22.5	18.8	
	21～23 岁	4.6	19.1	37.4	29.0	9.9	14.271
	24～26 岁	3.6	19.6	39.3	23.2	14.3	
	27 岁及以上	4.5	9.1	18.2	40.9	27.3	

续表

样　本		半年内	1 年内	1～2 年	2 年以上	无所谓	卡方检验
结婚目的是不是相亲相爱	是	1.2	15.5	46.6	21.7	14.9	12.662*
	不是	6.0	24.9	33.8	20.9	14.4	
恋爱观有无受到家乡文化或家庭观念影响	有	3.9	23.3	36.6	23.3	12.9	8.700*
	没有	4.3	13.5	37.4	26.5	18.3	
恋爱观有无受到自己感情经历影响	有	1.6	16.9	37.7	23.5	20.2	9.309
	没有	5.7	19.4	36.6	25.8	12.5	

（五）不同婚恋实践下的最佳婚恋间隔

从对具有不同婚姻状态的流动人口进行理想婚恋间隔的比较来看，在调查对象中，选择"无所谓"的以未婚状态的流动人口所占比例最大；除去选择"无所谓"的这部分样本，在明确选择了最佳婚恋间隔长度的流动人口中，未婚状态的调查对象其最佳婚恋间隔选项最集中的是 1～2 年和 2 年以上，已婚有偶的调查对象中最佳婚恋间隔集中在 1～2 年和 0.5～1 年这两个时间段，而在已婚无偶的调查对象中，对于最佳婚恋间隔的认识非常集中，有超过半数都是选择 2 年以上。从初恋年龄来看，应该说，初恋开始的越早，对于最佳婚恋间隔的选择余地也越大，而初恋时的年龄越大，结婚的压力也在增大，为保持比较正常的结婚年龄就需要缩短婚恋间隔才能实现，从我们的调查结果来看，如表 4-16 所示，在流动人口中，初恋年龄越大的调查对象，所认可的最佳婚恋间隔也越小，差异显著。

表 4-16　不同婚恋实践下流动人口（全国样本）的最佳婚恋间隔分布状况

单位：%

样　本		半年内	1 年内	1～2 年	2 年以上	无所谓	卡方检验
有无谈过恋爱	有	3.9	19.1	34.3	26.7	16.0	2.763
	没有	6.4	14.9	42.6	19.1	17.0	

续表

样　本		半年内	1 年内	1～2 年	2 年以上	无所谓	卡方检验
婚姻状态	未婚	2.0	12.7	38.9	27.4	19.0	
	已婚有偶	6.5	25.6	36.2	19.1	12.6	29.006**
	已婚无偶	6.3	18.8	18.8	50.0	6.3	
初恋年龄	17 岁及以下	1.9	12.6	29.1	28.2	28.2	
	18～20 岁	3.5	15.5	41.0	27.0	13.0	
	21～23 岁	8.2	28.8	27.4	24.7	11.0	35.718*
	24～26 岁	4.2	25.0	45.8	16.7	8.3	
	27 岁及以上	—	—	—	—	—	
初婚年龄	19 岁及以下	—	40.0	60.0			
	20～22 岁	10.8	27.0	28.4	21.6	12.2	
	23～24 岁	6.3	23.4	35.9	25.0	9.4	
	25～26 岁	4.3	23.9	37.0	21.7	13.0	18.048
	27～30 岁	—	20.0	40.0	20.0	20.0	
	30 岁以上	—	—	—			

四、恋爱时间的影响因素

(一)研究回顾与理论框架

目前对于恋爱时间影响因素的多因素分析成果少见报告,以流动人口为目标人群的更少。在现有研究报告中,楼超华等以进行婚前体检的上海市未婚男女为调查对象,选取人口学特征、家庭背景、社会关系与社会活动、对生活态度等变量,针对初恋年龄进行多因素 Cox 回归分析,结果表明,户籍、年龄、受教育程度、经济收入、恋爱动机、生活目标和社会活动是初恋年龄的显著影响因素(楼超华 等,2000)。叶妍等利用厦门市流动人口的调查结果,以性别、年龄、户籍、受教育程度、流入厦门年数、收入水平、实际初恋年龄为自变量对流动人口的最佳择偶年龄进行了回归分析,回归结果表明,对最佳择偶年龄有显著影响的是户籍和实际初恋年龄,有初恋经历者更倾向于推迟理想初恋年龄,自身体验所带来的对理想择偶时间选择的影响要大于流出地类型对其的影响(叶妍 等,2005)。

流动人口由于游离于流入地与流出地两种差异较大的婚育文化、婚恋模式和社会经济发展状态之间,众多复杂的影响因素使得流动人口的恋爱实践在对象、方式以及观念等方面都呈现多元化趋势。同时大规模的、以青壮年为主的流动人口的恋爱择偶与婚姻家庭状况,无论是对城市还是农村都会产生较大的影响。结合课题组的调查结果,我们希望对流动人口初恋年龄的影响因素进行一个比较深入的分析。

我们认为,流动人口的初恋年龄主要受到个人背景、流动经历和婚恋意愿这三个方面的影响。

从个人背景来看,男大女小的择偶模式在流动人口中仍然是主流,男性的初恋年龄比女性大。随着年龄的增加,传统婚恋意识更强,这部分人口在婚恋阶段从外部环境、道德舆论到社会关系网络都更封闭保守,初恋年龄偏晚。总体上看,农村户籍的流动人口常常不如城镇户籍人口开放活跃,经济条件、受教育程度也偏低,初恋年龄要晚于城镇户籍流动人口。随着受教育程度和月收入水平的提高,往往意味着拥有更好的个人能力和经济条件,物质生活水平也会随之逐步提高,在此基础上就会更加期望追求高层次的精神享受和情感需求,开始恋爱的年龄相对于受教育程度和月收入水平偏低的流动人口而言就会偏小。

流动人口的流动经历很大程度上影响着流动人口的恋爱、择偶、婚姻、家庭。随着打工到过地区数增多、打工时长延长,也就是打工经历越来越丰富,流动人口受到流入地更加开放自由、更加追求自我的恋爱模式的影响也更深,同时生活压力的增大、背井离乡的孤独、娱乐生活的单调都使得流动人口对情感的需求更强烈,理想中的最佳恋爱年龄提前,但是生活节奏快、闲暇时间少、社交圈子小,尤其是经济水平低,又让流动人口面对爱情多了许多无奈,实际初恋年龄反而会推迟。

从婚恋意愿上分析,流动人口的恋爱意愿也会主导他们的恋爱实践。理想中的最佳恋爱年龄越晚,实际恋爱年龄也会发生同向变化。流动人口的恋爱观如果受到身边朋友的观念和感情经历的较强影响,出于从众、攀比、嫉妒等心理就会影响他们的恋爱实践,倾向于较早的开始恋爱。

(二)变量设置

在对流动人口的实际初恋年龄进行多元回归分析所建立的模型中,性别(男为 1,女为 0)、户口所在地(农村为 1,城镇为 0)、恋爱观有无受到身边朋友观念和感情经历影响(有为 1,没有为 0)这三个变量以虚拟变量形式进入模型,其余的年龄、受教育程度、平均月收入、打工到过地区数、打工时长、最佳恋爱年龄则是以连续变量形式进入模型。

(三)初恋年龄影响因素多元回归分析

　　如表 4-17 所示即为对流动人口(全国样本)的初恋年龄影响因素多元回归分析结果,为了进行比较,同时列出了对厦门市流动人口的多元回归分析结果。回归结果表明,年龄是流动人口初恋年龄的首要影响因素,其次是最佳恋爱年龄,而这两个影响因素都和初恋年龄大小成正比,符合我们的理论假设。第三个是流动人口打工到过的地区数,与初恋年龄成反比,即打工到过的地区数越多,初恋年龄越小,不同于我们前述的设想,个中原因还需要进一步深入探讨。然后是流动人口的受教育程度和平均月收入水平与初恋年龄都成反向变化,即受教育程度越高、月收入越多的流动人口,初恋年龄反而越小,这一结果与上节理论框架中的分析是相符的。最后是性别对初恋年龄的影响也很显著,即男性初恋年龄晚于女性。其余三个变量——户籍、打工时长和恋爱观对流动人口初恋年龄的影响虽然并不显著,但是从影响趋势来看,也符合前面的假设,即农村户籍流动人口初恋年龄比城镇户籍初恋年龄大,打工时长越长初恋年龄越大,恋爱观受到身边朋友观念和感情经历影响的初恋年龄比没有受到的年龄要小。

　　在对厦门市流动人口的初恋年龄多元回归分析结果中,对初恋年龄影响显著的依次为年龄、最佳恋爱年龄、打工到过地区数和打工时长。其中年龄、最佳恋爱年龄、打工时长都是和初恋年龄成正比,也都与我们的理论假设相一致。厦门市流动人口打工到过的地区数和初恋年龄大小是成反比的,与针对流动人口(全国样本)初恋年龄回归分析结果所反映的影响趋势一致。

　　在对针对两组样本的同样变量进行的回归分析结果进行比较中发现,两个分析结果的主要差异在于性别对初恋年龄的影响趋势。流动人口(全国样本)的回归结果显示,男性流动人口的初恋年龄比女性晚,而厦门市流动人口的回归结果则正相反,女性流动人口的初恋年龄比男性晚,出现这一现象应该是与样本特征有一定关系的,厦门市流动人口的样本比流动人口(全国样本)的调查样本更具区域特色;此外,在厦门市流动人口的回归分析结果中,性别的影响并没有达到显著水平。

表 4-17　实际初恋年龄的影响因素回归分析

解释变量	流动人口（全国样本）		厦门市流动人口	
	回归系数	标准化回归系数	回归系数	标准化回归系数
个人背景				
性别	0.180^*	0.108	-0.024	-0.013
年龄	0.153^{**}	0.298	0.100^{**}	0.193
户口所在地	0.077	0.071	-0.008	-0.007
受教育程度	-0.094^*	-0.112	-0.013	-0.012
平均月收入	-0.057^*	-0.120	-0.031	-0.050
流动经历				
打工到过地区数	-0.189^{**}	-0.172	-0.216^*	-0.157
打工时长	0.009	0.013	0.079^*	0.115
婚恋意愿				
最佳恋爱年龄	0.139^{**}	0.163	0.431^{**}	0.431
恋爱观	-0.088	-0.052	-0.115	-0.059
N	374		269	
R^2	0.217		0.307	
F	11.232^{**}		12.728^{**}	

第二节　择偶标准

　　择偶标准具有多层次、多角度、个性化等特点，是一个明显具有丰富内涵的概念。随着婚恋价值取向的逐渐多元化，择偶标准也已经从改革开放前注重政治出身，到现在越来越务实功利；从较多的关注家庭社会需求，到关注自我，注重个性自由和主观感受，对情感的需要和精神的满足也越来越突出。本小节主要从择偶时的生理偏好、经济偏好、人品偏好等方面，通过单变量分析、双变量分析以及影响因素回归分析来对流动人口的择偶标准展开研究与讨论。

一、择偶标准前人研究回顾

　　西方关于择偶的研究至少有 80 年的历史，众多文献揭示了择偶在社会制度、性别等方面的差异及其历史变迁。对西方择偶理论的基本了解，是我们进行流动人口择偶研究的必要理论准备。从西方的经典文献看,被更多引用和实证研究所支持的择偶理论聚焦于择偶标准问题之上,主要包括"同类匹配""资源交换"和"择偶梯度"理论(徐安琪,2000)。

"同类匹配"意指人们总是倾向于选择与自己的年龄、居住地、教育、种族、宗教、社会阶级以及价值观、角色认同等相接近或类似的异性为自己的配偶。"资源交换"在择偶领域的解释是,人们为某一特定的异性所吸引,是由其所能提供的资源所决定的,例如一个人的某一资源不足,但他/她却能更多地提供另一种资源作为补偿,与对方的资源进行交换和互补。在包办婚姻中,劳动力、彩礼和新娘的价格是最常见的交换。容颜姣好也可以被用来交换诸如社会经济地位、爱和关心以及自我牺牲等其他资源。"择偶梯度"指的就是男性倾向于选择社会地位相当或较低的女性,而女性往往更多地要求配偶的受教育程度、职业阶层和薪金收入与自己相当或高于自己,也就是婚姻配对的"男高女低"模式。在这其中,也存在择偶双方"交换资源"的现象。因为尽管从社会经济地位上看,男性一般在婚姻中处于优势地位,然而,女性的资源还包括肤色、长相、体型、相对年龄以及持家能力等,这使得一些女性可以她们的美貌换取男性的家世、成就或向上流动的潜力。

西方学者不仅从各个学科的视角提出择偶行为的理论模型,更将其具体化并进行实证分析,以求得对理论假设的验证。从社会变迁的视角考察,不少研究显示,女性的普遍接受教育以及广泛就业,缩小了男女之间在受教育程度上的差距,这使得当事人对于配偶的文化层次、修养以及实际经济能力提出了更高的要求;女性赚钱能力对于男性越显重要,男女择偶标准之间的差别也会更小。当事人择偶时从对物质需求的互相补充、支持、辅助为主,转向以个人吸引力及相互满意程度为主,而家庭背景、种族、贞节等已不再像过去那么重要。有研究证实,人们对物质性标准的重视程度与其社会经济地位呈负相关,例如黑人比白人更重视物质性标准,但对精神性标准的重视程度则无人种差异。也有资料显示,男性有注重女方的相貌而忽视持家能力如烹调能力的趋向以及女性在择偶时更挑剔等。

西方择偶理论在20世纪萌芽并得到长足的发展,由理论设想到实证分析,形成了多学科多流派共同参与并各有研究成果和理论体系的局面,也成为我国学者研究本国居民择偶行为的重要理论参考。

改革开放以来,从农村、山区等较贫困地区进入城市,尤其是大城市的流动人口总量逐年增加,并随着全国范围内经济社会的发展、户籍制度的改革和城乡二元体制的取消而呈现加速增长。不可否认,我国先进地区城市的建设和发展,离不开流动人口的辛勤劳动,他们为城市的经济发展和市场繁荣注入了新鲜活力。然而,在为城市建设做出贡献的同时,流动人口的庞大数量不仅给城市的基础设施带来压力,更对城市居民的生活带来了影响。许多流动人口在流入地停滞时间较长,在流入地择偶、恋爱并组成家庭的现象日益增加,与之相关的社会问题也凸现出来,引起了各学科学者的重视。

对于流动人口择偶、婚恋的研究主要集中在上海、北京和广东三地,这三个地区也是改革开放以来流动人口流迁的主要目的地。由 2000 年人口普查可知,在普查时点,上海有流动人口 387.11 万人,北京有流动人口303.9万人,广东省有流动人口达 2130.3 万人。流动人口规模庞大,受教育程度普遍偏低,年龄结构较轻,女性流动人口所占比例逐年增大,以家庭为单位的流动行为近年来趋于常见,在流入地打工、滞留时间增长,他们的婚恋状况必然引起社会的关注。在诸多研究外来人口恋爱、婚姻及家庭的文献中,对于流动人口择偶过程的研究集中于择偶标准、婚前性行为及择偶所面临的困扰这三部分。

在择偶标准方面,打工族已由寻找终生依靠转为重视感情与个人品德的选择(陈印陶,1997)。在改革开放的大潮中,走出农村进入城市的打工族通过自己的努力取得经济上的独立,受到城市文化生活的熏陶,使得他们在择偶中的依附观念逐渐淡化,财产、门第权势已不再是择偶过程的首要标准,相反,精神因素得到了更多的重视。择偶过程要求对方人品好和有共同语言等都反映了打工族们开始看中婚姻的可靠性和感情基础。

二、流动人口择偶标准研究的分析框架和变量测量

婚姻本身是一种复杂的人类行为,在合法的条件下,它不仅要满足双方生理上的需求,更要满足精神上和物质上的需求,渴望获得美好而稳定的爱情和婚姻是绝大多数人的共同追求。

正因为婚姻目的的多元性,导致了择偶方式的复杂及坎坷。尤其对流动人口而言,在择偶过程中,往往会面临更多意想不到的困难,他们/她们不可能只关注对象某一方面的条件是否符合,而会是在尽量充分了解对方的生理条件、个人品质、物质条件、兴趣爱好等多个侧面的情况下,才开始进一步的交往。鉴于此,本研究设计了流动人口择偶标准的多维组合分析框架,见图 4-4。

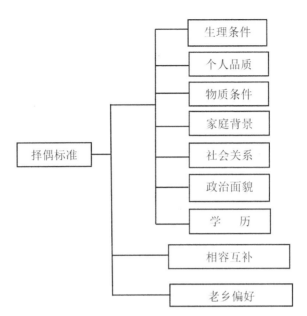

图 4-4　流动人口择偶标准的多维组合分析框架

　　流动人口的择偶标准,一般包括以下七个主要方面:一是生理条件。这其中包括择偶对象的年龄、身高、体型、容貌、健康等,反映流动人口择偶时对对象生理上各方面的具体要求。二是个人品质。该条件主要反映流动人口择偶时对对象个人品质各个方面的要求。三是物质条件,除了考察流动人口择偶时对对象的住房、收入、财产积蓄等方面的看重程度之外,具体考察了流动人口对择偶对象的职业类别和具体收入水平的偏好和要求。四是家庭背景。五是社会关系。六是政治面貌。七是学历。后三个标准主要考察流动人口择偶时对对象家庭情况、社会关系、政治面貌的看重程度和对择偶对象学历高低的要求。

　　此外,我们还将重点考察流动人口择偶时的老乡偏好以及对相互之间年龄上、性格上相容互补的态度。流动人口择偶时对于选择老乡还是外地人的倾向性,也体现着流动人口择偶的地域文化偏好。而对流动人口择偶时所能接受的夫妻年龄组合及性格组合的考察,则从更细微处体现流动人口择偶时的期望。由此,我们将根据图 4-4 的逻辑层次,对流动人口的择偶标准逐个进行分析。

　　在本小节的研究里,所有问题的答案都被设定为分类变量或者虚拟变量。例如择偶的老乡偏好,对“老乡”“非老乡”等选项赋值为 2 或者 4;而诸如择偶对象哪几个方面的条件最为重要的问题,每个选项皆设定为 0,1 的虚拟变量,0 为否,1 为是。其中流动人口全国样本的有效样本数为 312 个;厦门流动人口样本的有效样本数为 369 个;农村从未外出打工人口样本的有效样本数为 237 个。

三、择偶条件主要方面的单变量分析

(一)总体的重要性分析

根据流动人口全国样本以及厦门市流动人口样本和农村未外出打工人口样本中对择偶条件重要性的选答情况的频数分析,我们得到表 4-18。由表 4-18 可知,无论人口有无流动经历,是否在特区,择偶时个人品质都是人们最为看重的择偶条件。三个数据样本中有关择偶条件主要方面的频数分析显示,有 83%~87% 的调查对象在个人品质选项里选择了肯定的回答,在择偶条件的重要性中始终位列第一。位列第二的是生理条件。农村从未外出打工人口样本中对生理条件选肯定答案的占 65.82%,流动人口全国样本中对生理条件选肯定答案的占 56.09%,在厦门流动人口样本中,对生理条件选肯定答案的占 48.78%。纵观三个样本的描述性分析结果,流动经历,以及在特区务工的经历,并非导致了流动人口对择偶对象的生理条件这一侧面的重视程度的下降,而是分散了对生理条件这一项的关注程度。略作分析可知,流动人口一般都到沿海地区务工,在市场化程度高、市场经济活跃、社会化、城市化程度也高的地区,生存的需要使得家庭、社会关系、个人学识等变得十分重要,正因为如此,流动人口在择偶时需要考虑和权衡的内容有所增加,变得丰富和复杂。

然而,总体看来,三个样本所代表的人群对于择偶条件七大重要方面重视程度的排序大体上是相似的。对厦门流动人口而言,学历、社会关系较之其他地区显得更为重要,物质条件反而仅位居第七,比流动人口全国样本和农村从未外出打工人口样本的排序要低。这一方面体现了择偶主体作为理性人的一面,另一方面也在一定程度上反映了特区经济社会文化的综合影响。描述性分析所显示的结果,也印证了陈印陶等人在 1997 年调查基础上得出的部分结论。

表 4-18　择偶条件的重要性分布

人数：人；百分比：%

选择项		厦门流动人口样本			流动人口全国样本			农村从未外出打工人口样本		
		人数/人	占比/%	位次排序	人数/人	占比/%	位次排序	人数/人	占比/%	位次排序
生理条件	否	189	51.22	2	137	43.91	2	81	34.18	2
	是	180	48.78		175	56.09		156	65.82	
个人品质	否	51	13.82	1	43	13.78	1	39	16.46	1
	是	318	86.18		269	86.22		198	83.54	
物质条件	否	295	79.95	7	176	56.41	3	135	56.96	3
	是	74	20.05		136	43.59		102	43.04	
家庭背景	否	250	67.75	3	179	57.37	4	157	66.24	4
	是	119	32.25		133	42.63		80	33.76	
社会关系	否	264	71.54	4	232	74.36	5	185	78.06	5
	是	105	28.46		80	25.64		52	21.94	
政治面貌	否	290	78.59	6	288	92.31	7	206	86.92	7
	是	79	21.41		24	7.69		31	13.08	
学历	否	283	76.69	5	272	87.18	6	202	85.23	6
	是	86	23.31		40	12.82		35	14.77	

通过对三个数据样本调查对象择偶的老乡偏好选答结果的频数分析，得出表 4-19。很明显的，尽管选择"都可以"这个选项的比例在每个样本中都相当高，在厦门流动人口样本中达 60.70%，在流动人口全国样本和农村从未外出打工人口样本中分别为 44.23% 和 48.08%。就"老乡或家乡人"的选答结果而言，厦门流动人口样本的比例要远远低于流动人口全国样本和农村从未外出打工人口样本的比例，分别要低 16 个百分点和 11 个百分点。对于其他两个选项，选答的比例都不高，三个样本小计都在 6%～9%。这个结果从一个侧面给予我们这样的印象，那就是在流动人口多的城市，由于人们来自四面八方，共同的生活和命运将他们联系在一起，地域文化的界限已不再明显，人们相互认识已经不再以老乡为主要纽带，因此择偶时将更注重微观个体本身的特质，诸如个人品质、个人能力、双方性格上的相容互补等方面越来越受到重视，人们也将这些条件作为择偶、相爱、步入婚姻和组织家庭的主要基础。

表 4-19　择偶的老乡偏好

选择项	厦门流动人口样本		流动人口全国样本		农村从未外出打工人口样本	
	人数/人	占比/%	人数/人	占比/%	人数/人	占比/%
老乡或家乡人	119	32.25	150	48.08	103	43.46
拥有打工地户口的人	16	4.34	21	6.73	3	1.27
外地人,非老乡	10	2.71	3	0.96	17	7.17
都可以	224	60.70	138	44.23	114	48.10
合　　计	369	100.00	312	100.00	237	100.00

　　承接以上叙述,我们接下来要分析的就是择偶时择偶主体对双方性格上相容互补的看法。根据三个样本相关题目选答情况的频数分析,得出表4-20。在如此详细的问题面前,各人的答案都是仁者见仁、智者见智的体现,然而我们从中仍然能找出其规律性和趋同性。

　　在观念、兴趣和习惯这三项上,很明显认为应该"一致"的比例要高于认为应该"互补"的比例。就观念而言,有外出经历的人较无外出经历的人更包容一些,因此有流动经历的人认为在"观念"上两者应该"一致"的比例比没有流动经历的低,而在厦门流动人口样本中,这个比例最低,这也是城市发展和文化多元化的社会环境对人们影响的一个体现。就兴趣而言,对大部分人来讲,相同的兴趣可以拉近彼此的距离,共同的语言能凝聚双方的力量,因此三个样本的分析显示,认为在"兴趣"上双方应"一致"的比例均高于"互补"的比例。就习惯而言,选答"一致"的比例也均高于选答"互补"的比例,并且没有外出务工经历的人更倾向于希望择偶对象在习惯上与之一致。

　　"性格"这一项,是三个样本中唯一的选答"互补"多于选答"一致"的项目。可见,择偶主体在择偶过程中,也重视人与人之间存在的差别,承认彼此之间总会存在性格上的差异,并且在一定程度上接受这样的差异。

　　就"理想"而言,基本上三个样本的分析结果都是赞成"一致"的比例要高于"互补",而在农村从未外出打工人口样本中,赞成"一致"的比例较其他两个样本而言要相对高于赞成"互补"的比例,这或许也说明了流动经历对于择偶主体的择偶意识上的影响。"道德"这一项,三个样本的描述性分析并没有显示出一致的规律。考虑到道德较之观念而言是更抽象的概念,被调查者每个人会有自己不同的理解,并在不同的理解基础上,每个人对于如何可以称为"一致"或者"互补"也有自己的理解,因此各样本出现不一致的结果是必然的,这也反映了在择偶过程中人们选择的多元化。

表 4-20 择偶观念之相容互补

选择项			厦门流动人口样本		流动人口全国样本		农村从未外出打工人口样本	
			人数/人	占比/%	人数/人	占比/%	人数/人	占比/%
理想	互补	否	315	85.37	251	80.45	194	81.86
		是	54	14.63	61	19.55	43	18.14
	一致	否	299	81.03	236	75.64	174	73.42
		是	70	18.97	76	24.36	63	26.58
观念	互补	否	289	78.32	225	72.12	186	78.48
		是	80	21.68	87	27.88	51	21.52
	一致	否	282	76.42	208	66.67	141	59.49
		是	87	23.58	104	33.33	96	40.51
道德	互补	否	315	85.37	253	81.09	174	73.42
		是	54	14.63	59	18.91	63	26.58
	一致	否	320	86.72	239	76.60	177	74.68
		是	49	13.28	73	23.40	60	25.32
兴趣	互补	否	285	77.24	228	73.08	172	72.57
		是	84	22.76	84	26.92	65	27.43
	一致	否	253	68.56	179	57.37	139	58.65
		是	116	31.44	133	42.63	98	41.35
性格	互补	否	176	47.70	131	41.99	82	34.60
		是	193	52.30	181	58.01	155	65.40
	一致	否	310	84.01	241	77.24	178	75.11
		是	59	15.99	71	22.76	59	24.89
习惯	互补	否	277	75.07	249	79.81	181	76.37
		是	92	24.93	63	20.19	56	23.63
	一致	否	236	63.96	160	51.28	112	47.26
		是	133	36.04	152	48.72	125	52.74

(二)择偶重点条件的细化分析

根据图 4-4,我们将择偶标准从 9 个维度做了划分,上文已经对老乡偏好、相容互补以及家庭背景、社会关系、政治面貌、学历等几个大项一一做了分析,接着我们将对生理偏好、人品偏好及经济偏好这三个集中了人们择偶过程中最大关切的项目做进一步的细分和解说。

生理偏好、人品偏好及经济偏好这三大类标准的具体内涵如表 4-21 所示。生理偏好一项,包含年龄、身高、体形、容貌及健康 5 个小类别;经济偏好包括住房,职业、收入,以及财产、积蓄等;人品偏好则细分为老实可靠、温柔体贴、有修养、聪明能干、有进取心、孝顺长辈、开朗幽默及成熟有责任心 8 个侧面。每一个侧面对应一个问题,答案都设置为虚拟变量,是为 1,否为 0。

表 4-21　三大项标准的细分

大项	具体项目	大项	具体项目
生理偏好	年龄	人品偏好	老实可靠
	身高		温柔体贴
	体形		有修养
	容貌		聪明能干
	健康		有进取心
			孝顺长辈
经济偏好	住房		开朗幽默
	职业、收入		成熟有责任心
	财产、积蓄		

1.生理偏好

对三个样本有关生理条件的问题的回答情况进行描述性分析,得出表4-22。由表 4-22 可知,健康是择偶时人们首先关注的生理因素,其次是年龄或者容貌,身高与体形再次之。在这点上,无论是流动人口全国样本的调查结果,还是厦门流动人口样本以及农村从未外出打工人口样本的数据分析结果,都呈现了趋同和一致性。可见,在生理条件方面,各个内容所受的重视程度在全国来看具有一定的同一性。

表 4-22　择偶的生理偏好

选择项		厦门流动人口样本			流动人口全国样本			农村从未外出打工人口样本		
		人数/人	占比/%	位序	人数/人	占比/%	位序	人数/人	占比/%	位序
年龄	否	209	56.64	2	152	48.72%	3	76	32.07%	2
	是	160	43.36		160	51.28		161	67.93	
身高	否	239	64.77	4	195	62.50	4	132	55.70	4
	是	130	35.23		117	37.50		105	44.30	
体形	否	292	79.13	5	209	66.99	5	181	76.37	5
	是	77	20.87		103	33.01		56	23.63	
容貌	否	233	63.14	3	136	43.59	2	111	46.84	3
	是	136	36.86		176	56.41		126	53.16	
健康	否	59	15.99	1	52	16.67	1	32	13.50	1
	是	310	84.01		260	83.33		205	86.50	

表 4-23 意在询问被调查人对于夫妻年龄组合的看法,是认为"丈夫年龄大于妻子"好呢,还是"妻子年龄大于丈夫"为好,抑或觉得"都可以"? 通过表 4-23 中数据可知,流动人口全国样本中赞同丈夫年龄和妻子一样大或者大于妻子的占了样本总数的 93.27%,仅 3.53% 的人赞同妻子年龄大于丈夫的组合模式。而农村从未外出打工人口样本中赞同丈夫年龄大于妻子的百分比为 93.67%,更高于有流动经历的人的选择比例,而赞同妻子年龄大于丈夫的比例则相应更低,为 2.95%。

表 4-23　夫妻年龄组合

夫妻年龄组合	流动人口全国样本		农村从未外出打工人口样本	
	人数/人	比例/%	人数/人	比例/%
丈夫大于妻子	241	77.24	185	78.06
妻子大于丈夫	11	3.53	7	2.95
丈夫妻子一样大	50	16.03	37	15.61
缺失值	10	3.21	8	3.38
合计	312	100.00	237	100.00

表 4-24 是通过整理调查对象回答"认为丈夫年龄大妻子多少最合适"

的答案而得,由该表可知,流动人口全国样本中认为丈夫年龄大妻子在 3 岁以内的,包含 3 岁的,占了 71.48%,其次有 20.19% 的人觉得丈夫年龄大妻子 4～6 岁也可以接受。在农村从未外出打工人口样本中,赞同丈夫年龄大妻子 3 岁及以内的比例为 78.16%,远远高于有流动经历的人的选择比例,而认为丈夫年龄可以比妻子大 4～6 岁的比例为 20.68%。

表 4-24　夫妻年龄差

夫妻年龄差	流动人口全国样本		农村从未外出打工人口样本	
	人数/人	比例/%	人数/人	比例/%
一样大	11	3.53	11	4.64
1～3 岁	212	67.95	174	73.42
4～6 岁	63	20.19	49	20.68
6 岁以上	9	2.88	1	0.42
缺失值	17	5.45	2	0.84
合计	312	100.00	237	100.00

综上可知,在择偶的生理条件上,健康是调查对象最为关切的首要内容。年龄是仅次于健康的在择偶生理条件中较受关注的内容,并且绝大部分调查对象都仍然选择丈夫年龄大于妻子的传统模式,其中,大部分调查对象认为丈夫比妻子年龄大 3 岁之内是比较合适的。

2.经济偏好

经济基础决定上层建筑,在择偶过程中,人们对于择偶对象经济状况的关注也是必然的。通过表 4-25 可知:在厦门流动人口样本中,对择偶经济条件当中的"收入"一项持肯定态度,认为会纳入考虑范畴的选答人数为 174 人,占 47.15%,位居第一;其次是"住房",选答肯定的人数为 135 人,占 36.59%,位居第二;认为对择偶对象的经济条件"无所谓",不纳入择偶考虑范畴的有 80 人,占 21.68%,居于第三;最后,"财产或积蓄"是选答肯定的人数最少的一项,仅 72 人认为应该将其纳入择偶条件加以考虑,占 19.51%。流动人口全国样本和农村从未外出打工人口样本的分析排序结果是一样的,各项所占比例也较为相似。但是,这两个样本的数据分析结果却与厦门流动人口样本不甚相同。在农村从未外出打工人口样本中,认为经济条件在择偶过程中"无所谓"的比例为最高,为 47.26%;位居其次的是"收入"项,选肯定回答的人数比例为 40.51%。再次是"住房",为 35.44%;财产和积蓄仍然是最末次项。在流动人口全国样本中，"收入"的赞成比例最高，达41.99%，而"无所谓"的比例与之很接近，为41.03%，接下来是"住房"和"财产"。总的说来，尽管人们认为择偶是基于发自内心的真实情感的理性行为，但经济条件确是择偶过程不可忽略的重要条件，而其中的收入是择偶经济条件中首先被关注的内容，随后是住房问题，再接着才是财产或者积蓄。

表 4-25　择偶的经济偏好

选择项		厦门流动人口样本			流动人口全国样本			农村从未外出打工人口样本		
		人数/人	比例/%	位序	人数/人	比例/%	位序	人数/人	比例/%	位序
住房	否	234	63.41	2	206	66.03	3	153	64.56	3
	是	135	36.59		106	33.97		84	35.44	
收入	否	195	52.85	1	181	58.01	1	141	59.49	2
	是	174	47.15		131	41.99		96	40.51	
财产	否	297	80.49	4	225	72.12	4	182	76.79	4
	是	72	19.51		87	27.88		55	23.21	
无所谓	否	289	78.32	3	184	58.97	2	125	52.74	1
	是	80	21.68		128	41.03		112	47.26	

考虑到"职业"因素直接或者间接地影响到择偶个体的收入、住房、财产等经济条件，因此我们专门对择偶过程中对择偶对象职业的期望进行了考察。表 4-26 体现了三个样本中有关期望择偶对象所从事职业的分布情况，当然很多答案是被调查者基于自己的职业状况而赋予对方期望的，因此表格中也整理出了被调查者在被调查时段的职业分布。

由表 4-26 可知，流动人口全国样本中，被调查者的职业主要集中在"生产、运输及相关人员"和"服务业从业人员"上，这个概况和厦门样本是相似的。但从比例上来看，在厦门样本从事生产运输和服务业的人员相对更多一些，这与地区产业结构和布局的差异是有关系的。被调查者认为择偶对象从事什么职业无所谓的比例为41.03%，希望择偶对象是专业技术人员或者办事人员及有关人员的比例为17.95%，可见人们普遍认为拥有一门技术技能才是工作、收入乃至家庭有保障的基础。

表 4-26 期望择偶对象所从事的职业

单位:%

职业分类	厦门流动人口样本		流动人口全国样本		农村未外出打工样本	
	自己的职业	期望对象的职业	自己的职业	期望对象的职业	自己的职业	期望对象的职业
1.无业	0.27	0.81	1.92	1.28	8.86	0.84
2.学生	0.27	0.54	0.32	0.64	3.38	0.00
3.农林牧副渔	0.00	4.88	0.64	6.41	50.21	12.24
4.服务业	27.10	1.63	26.92	4.81	4.22	0.00
5.生产运输	59.89	9.21	51.60	8.97	13.50	7.17
6.商业	7.86	10.03	7.37	6.09	6.33	2.53
7.个体户	0.54	1.08	2.56	3.21	8.86	3.80
8.专业技术人员	2.17	20.60	8.01	17.95	3.80	18.14
9.政府工作人员	0.27	1.08	0.64	2.88	0.84	8.44
10.比自己好	—	0.27	—	0.64	—	0.00
11.正当、稳定职业	—	10.84	—	6.09	—	12.24
12.无所谓	—	39.02	—	41.03	—	34.60
合　计	100.00	100.00	100.00	100.00	100.00	100.00

注:职业分类参考叶文振、葛学凤、叶妍.流动妇女职业发展研究及其影响因素:以厦门市流动人口为例[J].人口研究,2005,29(11):8.

厦门流动人口样本中,从事生产、运输及有关的人员比例为59.89%,从事服务业的人员比例次之,为27.10%,然后是从商人员,占7.86%,这三类人员加起来就占了总样本的94.85%,也就是说来厦务工人员主要集中在生产、运输、商业以及服务业及相关部门。就对择偶对象的期望职业而言,虽然一部分人认为对方从事什么职业并无所谓,但还是有不少人希望择偶对象能有一门专门技术或职业技能,或者只要是拥有一份正当、稳定的工作就可以。数据显示,认为无所谓的比例是39.02%,期望是专业技术人员的为20.60%,期望有正当稳定工作的为10.84%。

农村从未外出打工人口样本中,被调查者除了50.21%为农林渔业人员之外,其余分布较散,没有明显集中于某些行业,比较多地如从事运输及有关的人员,占13.50%左右。对择偶对象所从事的职业持无所谓态度的占34.60%,期望对象为专业技术人员的为18.14%,期望对象拥有一份稳定、正当的工作就可以的比例在12%左右。

综上所述,流动人口被调查样本的职业主要集中在生产、运输及有关人员、专业技术人员和服务业从业人员这三类上,尤以从事生产、运输及有关行业为最多。没有外出打工的调查对象中,较多是农林渔业人员,此外从事各行各业的人员较为分散,没有明显的集中趋势。在对择偶对象的期望职业的态度上,人们期望择偶对象为专业技术人员,拥有稳定的工作,这也是基于人们对稳定的婚姻家庭和幸福美满生活的向往而做出的理性选择。

3.人品偏好

人品,是择偶条件里最受关注的内容。每一位被调查者都会回答,要找一个人品好的人为自己的终身伴侣。那么,在个人品质所涵盖的众多优秀品格之中,人们又会作何选择呢?或者说,人们在择偶过程中更看重哪种品格呢?我们的调查正试图回答这样的问题。

通过整理三个样本中相关数据,得出表4-27。总体上看,每一种品质的认同度都较高,而"孝顺"这一项在三个样本中均有较高的赞成率。可见中华民族数千年历史所积淀下来的孝文化的影响相当深远,涉及人们行为的方方面面,择偶也不例外。而且,择偶是人们步入爱情、婚姻的殿堂并组建家庭的前奏,在这个环节人们在考查择偶对象的个人品质时,把孝顺放在了最重要的位置,折射出当代人重视家庭、弘扬孝道的社会责任感。稍次于"孝顺"的,是"体贴",该项反映了人们择偶时对两人世界美好情感的追求和对一生相依相伴、相互关怀的承诺。在"孝顺"与"体贴"两项之后,三个样本里有关个人品质的各个选项的选答情况的排序开始出现较大差异,并显示出各自的特色来。

在流动人口全国样本里,位列第三及第四的品质是"能干"和"老实",分别占51.60％和47.44％。在厦门流动人口样本里,"有进取心"和"有修养"的选答比例较高,分别为54.47％和47.70％。相较之,在农村从未外出打工人口样本中,"老实"和"能干"中选比例分别为64.98％和53.16％。可见,在经济社会相对发达、竞争较为激烈的地区,个人能力和进取精神是受到推崇的,有拼搏、有付出才能有收获,也才能支撑起一个家庭未来的希望,因此,有修养和进取心在厦门的样本里成为很突出的人品特质。相对于此,没有外出务工经历的人则更看重择偶对象的老实和能干的品质。流动人口全国样本由于是面向全国的调查,因此它的数据分析结果介于厦门流动人口样本和农村从未外出打工人口样本之间,区域特色较淡。从全国角度看,当代人择偶时不仅提倡孝顺长辈的理念,而且追求温柔体贴的情感,既有对个人能力的看重,又对诚实品质的赞许,是一种健康向上的择偶人品观。

表 4-27　择偶的人品偏好

选择项		厦门流动人口样本		流动人口全国样本		农村从未外出打工人口样本	
		人数/人	占比/%	人数/人	占比/%	人数/人	占比/%
老实	否	199	53.93	164	52.56	83	35.02
	是	170	46.07	148	47.44	154	64.98
体贴	否	153	41.46	99	31.73	81	34.18
	是	216	58.54	213	68.27	156	65.82
有修养	否	193	52.30	176	56.41	147	62.03
	是	176	47.70	136	43.59	90	37.97
能干	否	205	55.56	151	48.40	111	46.84
	是	164	44.44	161	51.60	126	53.16
进取	否	168	45.53	221	70.83	138	58.23
	是	201	54.47	91	29.17	99	41.77
孝顺	否	114	30.89	113	36.22	78	32.91
	是	255	69.11	199	63.78	159	67.09
开朗	否	233	63.14	237	75.96	189	79.75
	是	136	36.86	75	24.04	48	20.25
成熟	否	197	53.39	174	55.77	133	56.12
	是	172	46.61	138	44.23	104	43.88

四、择偶标准的双变量分析

通过交叉分析,我们拟考察当代人们择偶标准各主要方面与其性别、年龄、职业、受教育程度、收入以及流动经历的差异性分布情况,并对三个样本进行比较。由于数据信息量极大,表格中将仅列示卡方检验显著的分析结果,参见表 4-28(1)～(3)。

从流动人口全国样本的交叉分析结果来看,如表 4-28(2)所示,性别与生理条件、物质条件之间的差异性分布具有统计显著性。分别来看,男性较之女性更注重对象的生理条件,而女性比男性更重视对象的物质条件。个人品质与受教育程度之间的交叉分析通过了卡方检验。简单来说,受教育程度越高,对择偶对象的品质要求越高,或者说越重视对方的人品。从职业与学历的差异性分布来看,学历越高,对择偶对象的职业层次的要求越高,这是容易理解的。此外,从其他数据分析结果提供的信息看,由于被调查者的职业主要集中在生产、运输及相关从业人员,服务业从业人员以及专业技术人员这三项上,而这三项行业的从业人员要比其他行业从业人员的工作更为稳定,所以他们在择偶时相对而言不会过于重视物质条件。从数据分布上来,年龄越小,越考虑择偶对象的社会关系,而年龄越大则越考虑择偶对象的政治面貌。在外打工的时间越长,则择偶时越注重考察对象的个人品质。

表4-28(1)是厦门流动人口样本的交叉分析结果。就择偶标准的主要方面来说,在一定的统计水平上显著的分析结果并不多,仅家庭背景与年龄、家庭背景与外出打工时间长度这两对变量之间体现了显著的差异性分布,年龄越大、在外打工时间越长的择偶主体,越注重考虑择偶对象的家庭背景。此外,具体数据还向我们提供了其他变量之间交叉分析的信息,它告诉我们,一方面,男性择偶时对生理条件、物质条件的考虑要多于女性;另一方面,女性择偶时对社会关系、政治面貌的考虑要多于男性。其次,总的说来,在各个年龄段的来厦务工人员,年龄越大,在择偶时对对方的个人品质更为关注,而年龄越小,择偶时对对象的物质条件、社会关系和政治面貌的考虑则更多一些。而打工时间越长,人们择偶时越重视对方的社会关系和社会资源,同时也更关注对方的学历。而无论在厦门时间长或短,流动人口在择偶时均对对方的个人品质有一定要求;而在厦门时间越短的流动人口在找对象是越看重其社会关系。受教育程度也是一个重要的被考虑因素。总的来说,受教育程度越高,在择偶过程中越重视对象的个人品质,而对于物质条件反而越不重视,或者说越不会把物质条件作为最重要的择偶标准来衡量择偶对象。最后,我们仍然要考虑经济条件这个因素。择偶主体的收入越高,择偶时对择偶对象的物质条件越不重视。而收入越高的人越重视对方的学历。

表4-28(3)是农村从未外出打工人口样本的交叉分析结果。与流动人口全国样本相似,性别与生理条件、物质条件之间的交叉分析也通过了显著性检验。男性比女性更注重对象的生理条件,而女性比男性更重视对象的物质条件。年龄与个人品质之间的数据分布也具有显著性差异。年龄越大,择偶时越重视对象的个人品质。目前的职业状况也影响着人们择偶时

对对象的要求。职业层次越高,则越注重对象的个人品质。受教育程度一直是一个重要的变量,在表 4-28(3)中,它与政治面貌和学历之间的交叉分析通过了卡方检验。受教育程度越高,择偶时更注重对方的学历,而更忽略其政治面貌。

表 4-28(1)　择偶标准主要考虑内容的差异分析(厦门流动人口样本)

项目	性别	年龄	打工时长	受教育程度	收入	在厦时间
家庭背景		120.000*	82.000*			

表 4-28(2)　择偶标准主要考虑内容的差异分析(流动人口全国样本)

项目	性别	年龄	在外打工时长	目前职业	受教育程度	收入
生理条件	4.400*					
个人品质					7.877*	
物质条件	8.403**					
学历				28.853***		

表 4-28(3)　择偶标准主要考虑内容的差异分析(农村从未外出打工人口样本)

项目	性别	年龄	在外打工时长	目前职业	受教育程度	收入
生理条件	9.901**					13.890*
个人品质		407.546**		30.817*		
物质条件	12.433***					13.017*
政治面貌					6.619*	
学历				16.913*	6.683*	

综上所述,当代人的择偶标准表现出其丰富的内涵,体现出综合性的特征。总的说来,人们在择偶过程中,考虑的因素涉及个人、家庭及社会三个大的层面,与改革前明显追求单一条件的择偶倾向有很大不同。而与前人研究相比,一方面择偶双方追求精神上的相容互补的特点得到了印证,另一方面,人们择偶时对对方职业、住房与收入的要求仍相当明确。择偶标准已成为一个内容丰富、涵盖面广的体系。

五、择偶偏好的影响因素

由以上论述可知,择偶偏好具有丰富内涵。人们在择偶时总是综合考虑各种因素,或许不会像我们如上列举得那么详细,但是很多重要的方面是大家都会去把握的,太过考虑细项反而会过于主观,因此,我们将有针对性地选取择偶标准的主要方面作为被解释变量进行建模分析。

我们认为,影响流动人口对择偶标准偏好的主要因素来自如下两个层面:一是流动经历;二是个人因素,包括流动人口的年龄、受教育程度、目前职业与收入状况等等。根据这样的思路,我们构建了流动人口择偶偏好影响因素的解释框架,如图 4-5 所示。

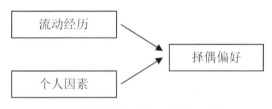

图 4-5 择偶偏好影响因素的解释框架

总体假设如下:

(1)女性较男性要更注重物质条件和个人品质,相应地决定着对象物质条件的学历、社会关系、政治面貌、家庭背景等也较受女性关注和重视。

(2)随着年龄的增长,个人经济实力和社会资本不断增加,人们在择偶时就较少去关注对方的物质和社会资源,但会更关注个人品质。

(3)受教育程度越高,会越关注对方的个人品质、学历和相应拥有的社会资源,但对于对方的政治面貌却相对不关心。

(4)职业层次高的人相对于职业层次低的人要更关注对方的社会背景、学历等。而职业层次高的人,本身意味着一定的物质和社会关系资源,本着“门当户对”的观念,因此对于对方的物质条件和社会关系等还是会有一定的要求。

(5)在外打工时间越长,择偶主体就越面对现实,越希望过踏踏实实的日子,因此对对方的物质条件、社会关系等也不会太过苛求。

根据以上假设,我们采用二元 Logistic 回归方法,对三个样本分别建立 Logistic 回归模型。为简约起见,我们仅列示通过统计检验的模型,结果如表 4-29、表 4-30 所示。

表 4-29　流动人口全国样本和农村从未外出打工人口样本的 Logistic 回归分析结果

被解释变量	个人品质		学历		学历	
解释变量	B	Exp(B)	B	Exp(B)	B	Exp(B)
性别	−0.230	0.795	−0.285	0.752	−0.192	0.825
年龄	−0.271#	0.762	−0.091	0.913	−0.140	0.869
受教育程度	0.444#	1.558	0.074	1.077	0.647*	1.910
目前职业	−0.055	0.946	0.392**	1.479	0.004	1.004
目前收入	−0.029	0.971	0.055	1.057	−0.065	0.937
出外打工时间长度	−0.032	0.969	−0.006	0.994	—	—
模型解释率	86.00%		88.40%		83.80%	

表 4-30　厦门流动人口样本的 Logistic 回归分析结果

被解释变量	物质条件		社会关系		政治面貌		学历	
解释变量	B	Exp(B)	B	Exp(B)	B	Exp(B)	B	Exp(B)
性别	−1.536	0.215	−0.354	0.702	−1.315***	0.268	0.170	1.186
年龄	−0.004	0.996	−0.175	0.839	−0.322*	0.725	−0.199	0.820
受教育程度	0.145	1.156	0.433#	1.541	−0.486*	0.615	0.587*	1.799
目前职业	0.223	1.250	0.412*	1.510	−0.465#	0.628	−0.414#	0.661
目前收入	0.251#	1.285	−0.061	0.941	0.275*	1.316	0.155	1.168
出外打工时间长度	−0.277#	0.758	−0.097	0.908	0.169	1.184	−0.339*	0.713
模型解释率	81.40%		72.30%		78.60%		80.00%	

根据回归分析的结果：

1.流动人口全国样本中,有 2 个模型得出较为满意的结果

(1)个人品质模型。年龄及受教育程度与人们对"是否重视个人品质"的选择均具有显著影响,且均在 0.10 的水平上具有统计意义。

由回归结果可知,低龄组较高龄组更加看重择偶对象的个人品质。首先应该说,从描述性分析我们知道个人品质是绝大部分人在考虑择偶标准时的重要选项,而通过回归分析,我们捕捉到了更敏感的信息,那就是年龄的差别对该选项的考虑程度还是有影响的。显然,年龄较大的人群在择偶

时要考虑的内容比年龄小的人群要多而复杂,这在一定程度上减弱了他们对品质选项的关注程度。随着受教育程度的提高,人们对于对象的个人品质的重视程度在逐步上升。具备较高文化水平的人群有着较为完整的教育背景,也形成了较为稳定的世界观和是非观,这样的人群对恋爱、婚姻以及家庭有着更理想化的设想,因此必然在择偶时会更多考虑对方的人品问题,亦显得更为慎重。

就数据本身来看,年龄的 B 值为 -0.271,在 0.10 的水平上具有统计显著性,其 Exp(B)值为 0.762,说明高龄组人群对对象个人品质的重视程度为低龄组人群的 76.2%;受教育程度的 B 值为 0.444,在 0.10 的水平上具有统计显著性,其 Exp(B)值为 1.558,说明受教育程度高的人群对对象个人品质的重视程度为受教育程度低的人群的 1.558 倍。整个模型的解释率为 86.00%,也就是说模型对于外出人员对于择偶对象个人品质是否重视的判断准确程度能达到 86.00%。

(2)学历模型。在本模型中,职业是唯一通过显著性检验的解释变量。

由回归结果可知,职业层次越高的人群,他们在择偶时较职业层次低的人群更加重视择偶对象的学历,这个结果与厦门流动人口样本的结果是相反的,但是都体现出显著性,因此值得我们仔细考虑。如上文所述,首先,厦门流动人口样本反映的是前来厦门务工的流动人口的择偶观,而流动人口全国样本则从全国角度来考察外出务工人员的择偶观;其次,流动人口全国样本的回归结果是符合理论假设的,厦门流动人口样本的回归结果则与理论假设相反。同一个假设在不同数据样本的数据分析下,一方面证实了,另一方面证伪了,这是完全可能的。以样本对象为切入点,是看待这个问题的关键所在。厦门流动人口样本,反映的是来厦务工人员的择偶观。厦门作为经济特区,来厦务工意味着面对更激烈的竞争环境,这种环境迫使人们努力进取,奋发向上。再次,我们的样本对象是从农村流动到厦门来的人群,他们一般受教育程度都不是很高,因此一方面他们初来乍到不可能从事较高职业层次的工作,另一方面也意识到学习的紧迫性。正因为如此,来厦务工人员的样本分析得出"职业层次低的人比职业层次高的人更注重对象学历"的结论;流动人口全国样本的分析则从全国角度来反映问题,这样就淡化了地区特色,体现出理论假设所设想的结论来。

就数据本身来看,职业的 B 值为 0.392,在 0.01 的水平上具有统计显著性,其 Exp(B)值为 1.479,说明职业层次高的人群对对象学历的重视程度为职业层次低的人群的 1.479 倍。整个模型的解释率为 88.40％，也就是说模型对外出人员对于择偶对象学历是否重视的判断准确程度能达到88.40％，接近 90％。

2.厦门流动人口样本中，有 4 个模型得出较为满意的结果

（1）物质条件模型。目前收入状况与人们对"是否重视对方物质条件"的选择具有正向影响，且在 0.10 的水平上具有统计意义。外出打工时间长度则对物质条件的选择具有负向影响，也在 0.10 的水平上具有统计意义。

由回归结果可知，从个人层面来讲，现有收入水平较高的人们，会相应拥有一定的社会地位和背景，他们很清楚地知道择偶、婚姻不是完全的感情决定的结果，因此仍然会寻求在经济能力和社会关系等各个方面与自己相当的对象，因此择偶时人们仍然会关注对方的物质条件；而从流动经历来说，在流入地打工、奋斗的时间越长，事业、生活上均会有一定的积累，人们对于获得美好爱情、组建幸福家庭的企盼更加强烈，将逐步胜过对于物质生活的追求，因此择偶时对于择偶对象的物质条件反而较不重视。这个回归结果，真实体现了外来务工人员，尤其是有多年流动经历的外来务工人员在择偶时面临的两难矛盾。就数据本身来看，收入的 B 值为 0.251，其 Exp(B)值为 1.285，说明收入每向上提升一个组次，人们择偶时对于对象物质条件的重视程度提高为低组次收入人群的 1.285 倍；外出打工时间长度的 B 值为 −0.277，其 Exp(B)值为 0.758，说明打工时间每增加一个组次，人们择偶时对对象物质条件的重视程度为原来的 3/4。整个模型的解释率为 81.40％，也就是说模型对于来厦务工人员对于择偶对象物质条件是否重视的判断准确程度能达到 81.40％。

（2）社会关系模型。受教育程度、职业与人们对"是否重视对方社会关系"的选择均具有正向影响，且分别在 0.10 和 0.05 的水平上具有统计意义。

由回归结果可知，受教育程度较高的人们，相对于较低受教育程度的人们更加重视择偶对象的社会关系资源。这是因为，受教育程度高的人他们的职业层次相应也会较高，也就是整个事业的起点要比受教育程度低的人要高，而人总是有进取心的，这也使得他们在择偶过程中将对象的社会关系视为值得考虑的一项资源，希望与自己度过一生的人能相互帮助，共同进步。也正因为如此，职业这一项也体现出显著的正向影响。就数据本身来看，受教育程度的 B 值为 0.433，其 Exp(B)值为 1.541，说明受教育程度高的人择偶时对对象社会关系的重视程度是受教育程度低的人的 1.541 倍；

职业的 B 值为 0.412,其 $\mathrm{Exp}(B)$ 值为 1.510,说明职业层次高的人对对象社会关系的重视程度是职业层次低的人的 1.510 倍。整个模型的解释率为 72.30%,也就是说模型对来厦务工人员对于择偶对象社会关系是否重视的判断准确程度能达到 72.30%。

(3)政治面貌模型。性别、年龄、受教育程度、职业和收入与人们对"是否重视对方政治面貌"的选择均具有显著影响。这是仅在厦门流动人口样本中体现出来的回归结果,值得重视。

由回归结果可知,女性较男性要重视对方的政治面貌,低龄择偶人群要比高龄择偶人群更重视对方的政治面貌,受教育程度低的人比受教育程度高的人更重视对方的政治面貌,职业层次高的人要比职业层次低的人更重视对方的政治面貌,而收入高的人更重视对方的政治面貌。前两项容易理解,在外来务工人员当中,女性和低龄人群相对而言都是弱势群体,而在特区,政治面貌对于一个人的发展具有不可忽视的影响,因此生存和发展的需要使得他们意识到关注对方的政治面貌也是很重要的一条标准。分析其就业格局可知,受教育程度高的人、职业层次高的人许多都在高科技产业和外资、合资企业工作,这类单位更注重个人能力和个人品质,较少去强调其政治面貌,因此在这类单位工作的人们择偶时也往往并不重视对方的政治面貌。而倘若仅针对收入较高的人群而言,可以说仍然是生存和发展的需要使得他们会去关心对象的政治面貌。

就数据本身来看,性别的 B 值为 -1.315,在 0.001 的水平上具有统计显著性,其 $\mathrm{Exp}(B)$ 值为 0.268,说明男性对对象政治面貌的重视程度仅为女性的 26.8%;年龄的 B 值为 -0.322,在 0.05 的水平上具有统计显著性,其 $\mathrm{Exp}(B)$ 值为 0.725,说明高龄人群对对象政治面貌的重视程度是低龄人群的 72.5%;受教育程度的 B 值为 -0.486,在 0.05 的水平上具有统计显著性,其 $\mathrm{Exp}(B)$ 值为 0.615,说明受教育程度高的人对对象政治面貌的重视程度是受教育程度低的人群的 61.5%;职业的 B 值为 -0.465,在 0.100 的水平上具有统计显著性,其 $\mathrm{Exp}(B)$ 值为 0.628,说明职业层次高的人对对象政治面貌的重视程度是职业层次低的人的 62.8%;最后,收入的 B 值为 0.275,在 0.050 的水平上具有统计显著性,其 $\mathrm{Exp}(B)$ 值为 1.184,说明收入高的人群对对象政治面貌的重视程度为收入低人群的 1.184 倍。整个模型的解释率为 78.60%,也就是说模型对于来厦务工人员对于择偶对象政治面貌是否重视的判断准确程度能达到 78.60%。

（4）学历模型。受教育程度、职业和外出打工时间长度与人们对"是否重视对方学历"的选择均具有显著影响。

由回归结果可知,受教育程度高的人群较受教育程度低的人群在择偶时更倾向于看中对方的学历,也就是文化程度。这很容易理解,文化程度相当的双方更易于有共同语言,能谈到一块儿去。职业层次低的人群较职业层次高的人群更看中学历。而外出打工时间短的人较外出打工时间长的人更关注择偶对象的学历。总的说来,文化程度高意味着较高的职业起点和期望收入,也意味着一个发展更好的未来,因此是大家择偶时都会关注的重要内容,但是对择偶群体作了细分之后,对于外来务工人员而言,在特区要就业、生活,要发展,知识技能是非常宝贵的财富之一。也正因为认识到这一点,所以学历低的、来的时间短的、文化程度低的人在择偶时会认为对方学历是一个必须考虑的标准,这也是择偶标准多元化和合理化的体现。

就数据本身来看,受教育程度的 B 值为 0.587,在 0.05 的水平上具有统计显著性,其 $\text{Exp}(B)$ 值为 1.799,说明受教育程度高的人群对对象学历的重视程度为受教育程度低的人群的 1.799 倍;职业的 B 值为 -0.414,在 0.10 的水平上具有统计显著性,其 $\text{Exp}(B)$ 值为 0.661,说明职业层次高的人群对对象学历的重视程度为职业层次低的人群的 66.10%;外出打工时间长度的 B 值为 -0.339,在 0.05 的水平上具有统计显著性,其 $\text{Exp}(B)$ 值为 0.713,说明外出打工时间长的人群对对象学历的重视程度为外出打工时间短的人群的 71.30%。整个模型的解释率为 80.00%,也就是说模型对于来厦务工人员对于择偶对象学历是否重视的判断准确程度能达到 80.00%。

3.对农村从未外出打工人口样本的分析,仅得出 1 个较为满意的模型

这也是一个学历模型。受教育程度是唯一通过显著性检验的解释变量。

由回归结果可知,受教育程度越高的人群,较之受教育程度低的人群而言,在择偶时更注重对方的学历。这一点是符合理论假设的。从具体数据来看,受教育程度的 B 值为 0.647,在 0.05 的水平上具有统计显著性,其 $\text{Exp}(B)$ 值为 1.910,说明受教育程度高的人群对对象学历的重视程度为受教育程度低的人群的 1.910 倍,接近 2 倍。整个模型的解释率为 83.80%,也就是说模型对于外出人员对于择偶对象学历是否重视的判断准确程度能达到 83.80%。

综上所述,受教育程度和职业是以上诸多模型中引人注目的两个解释变量,在许多模型中,它们都体现了非常重要的影响。而学历模型,则是 3

个数据样本分析过程中都得出的一个重要模型。根据数据分析结果,我们认为:要促使人们建立健康、积极、向上的择偶观,就要从提高全民素质做起,做好义务教育,促进职业教育,让更多的人通过学习、认知来提高自身综合素质,以谋求更好的职业发展、满意的收入水平以及和谐的择偶观、婚姻观和家庭观念,实现自我的不断完善。同样的,只有每个个体、每对夫妻、每个家庭都实现自我的完善,整个社会才能和谐发展。

第三节 择偶途径

一、择偶途径的单变量分析和交叉分析

有关择偶途径的前人研究在第一节已进行了回顾,这里不再赘述。通过询问"您希望(当初)通过怎样的方式认识对方",我们了解了流动人口对于择偶方式、途径的真实想法,如表 4-31 所示。流动人口全国样本和农村从未外出打工人口样本中,希望通过"自己认识"来择偶的也占了大多数,分别为 65.06％和 59.07％,但是没有流动经历的人在择偶过程中的自主选择和决定的欲望要弱一些。流动人口全国样本中,愿意通过"父母亲戚介绍"和"朋友同事介绍"两个途径去择偶的比例达 28.85％,这比厦门流动人口样本相应的比例(20.05％)要高 8.8 个百分点,而农村从未外出打工人口样本中仅通过"父母亲戚介绍"来择偶的比例就高达 27.43％,加上通过"朋友亲戚介绍"的比例 9.28％,该样本通过熟人介绍的途径而择偶的比例达到了36.71％。可见,外出务工经历、外出务工的地域都会对人们择偶途径的选择产生影响。图 4-6 给了我们直观而感性的认识。在厦门流动人口样本中,希望/当初通过"自己认识对方"的方式而进入恋爱甚至婚姻的流动人口占了大多数。"希望通过熟人——至少是认识的人——介绍来结识对方"的流动人口占了约 20％,这其中包括由父母亲戚介绍(8.94％)和由朋友同事介绍(11.11％)两种。据了解,如果想利用婚姻介绍所来获得交友信息,拓宽社交圈,就必须缴纳较多费用,这对于大部分流动人口来说是一种负担,也是不切实际的选择,因此该选项选答比例很低,只有 0.27％。同样的,选择通过"征婚广告"来认识对方的比例也很低。征婚广告一是需要广告费用,二是真正能成为朋友或者爱人的概率极小,三是存在一定风险,比如对对方

不了解,重新去熟悉一个人也具有一定机会成本,等等。因此,大多数流动人口并不认可这种方式。有趣的是,希望通过网恋的比例却比希望通过婚介或者征婚广告的要高一些。考虑到厦门流动人口样本的调查对象年龄结构较轻,且年轻人多好奇心和探求刺激、新鲜的心理,这个回答结果可能不具有代表意义,毕竟还有很多人太年轻,没有进入到认真对待"终生大事"的年纪。

表 4-31　择偶途径

选择项	厦门流动人口样本		流动人口全国样本		农村从未外出打工人口样本	
	人数/人	占比/%	人数/人	占比/%	人数/人	占比/%
自己认识	279	75.61	203	65.06	140	59.07
父母亲戚介绍	33	8.94	53	16.99	65	27.43
朋友同事介绍	41	11.11	37	11.86	22	9.28
婚介所	1	0.27	0	0.00	0	0.00
征婚广告	1	0.27	2	0.64	0	0.00
网恋	3	0.81	4	1.28	2	0.84
其他	10	2.71	13	4.17	8	3.38
合计	369	100.00	312	100.00	237	100.00

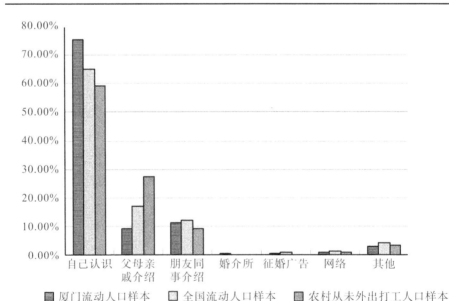

图 4-6　认识对方的主要方式

通过交叉分析,并进行差异显著性检验,我们能够更详细了解人们的择偶方式选择在各选项的各层次上的分布,详见表 4-32。

表 4-32 不同背景信息对择偶方式选择的差异分析

数据样本	性别	年龄	目前职业	受教育程度	目前收入	在厦时间
厦门流动人口样本	—	75.162***	—	66.870***	—	670.655***
流动人口全国样本		77.757***				
农村未外出样本		68.568***		34.654***		

注:(1) *** 表示 $p < 0.001$;(2)本表将择偶方式分为三大类,即自己认识(包括网恋)、熟人介绍(包括家人介绍与朋友介绍)、婚介所或征婚广告。

由厦门流动人口样本的分析可知,在年龄方面,小于 25 岁的流动人口,倾向于以自己认识的方式去和对方建立交友基础,发展感情。然而,在大于 25 岁的流动人口中,自己认识的比例仅为希望通过熟人介绍比例的 1.86 倍。有趣的是,愿意通过婚姻介绍所或者广告征婚进行择偶的,在本调查中仅存在于 26～35 岁的流动人口群体中。我们认为这并不是偶然的。25 岁以下的人群对择偶方式的选择集中在自己认识这一选项上,26～35 岁的人群对择偶方式的选择较为分散,三种都有,而 35 岁以上人群则更愿意通过熟人介绍来认识对象。这反映了择偶方式随年龄变化的趋势:年轻时出于对爱情的向往和自由恋爱的追求,盼望能自己认识心中的另一半;到了一定岁数,正是生理、心理成熟、事业小有所成的时候,如果尚未解决个人问题,就可能面对家庭乃至社会文化的压力,因此会通过各种手段来寻求人生伴侣;36 岁之后,对于没有结婚的人来说,如果想找对象,基本上就要靠亲戚、朋友介绍,能自己认识的不多。

从受教育程度与择偶方式的交叉分析结果来看,从初中程度开始到研究生,选择"自己认识对方"的比例明显高于其他两个选项,几乎没有人愿意通过婚姻介绍所或者征婚广告来择偶。而文盲和半文盲以及小学程度的人,其择偶方式的选择,较之"自己认识对方"而言他们更多希望"通过父母或熟人介绍",仍然有极少数人愿意通过婚介所或征婚广告来择偶。显而易见,绝大部分流动人口所希望的择偶方式是自己认识,而非朋友亲戚介绍,更不是通过婚姻介绍所或征婚广告。这一方面,说明流动人口群体在择偶时的自主意识的加强;另一方面展现的是所有人内心中对浪漫爱情的向往;此外,也从一个侧面反映了婚姻介绍所等机构所拥有的资源和所提供的服务目前还不能为广大人民所利用。较高的服务费用和信息费用,在一定程度上造成了资源的浪费和信息不对称,这无论是对流动人口还是常住居民来说,都是一种低效率的服务供给。

在对流动人口全国样本的交叉分析结果中,仅年龄一项与择偶途径之间分布上的差异具有统计上的显著性。年龄越大,择偶时借助的渠道也就越多。在这一点上,数据的分布与厦门流动人口样本的分布是相似的。

对于农村从未外出打工人口样本的交叉分析可知,年龄和受教育程度与择偶途径之间存在显著的差异性分布。随着年龄的增大,择偶主体越来越倾向于自己认识的择偶途径,倘若不成,退而求其次的是选择亲戚介绍的途径,选择这个途径的人数是选择由朋友同事介绍这一途径的人数 2 倍之多。受教育程度越高,则借助的择偶途径就越多,这也是与择偶主体的经济能力和社会资本相对应的,除了自己认识的途径之外,他们也会选择熟人介绍、婚介所服务等方式来寻找自己人生的另一半。

综上,三个数据样本的数据分析显示,无论有否流动经历,人们择偶时首选的途径是通过自己认识的方式。而有流动经历的人在择偶时若非自己认识,则选择通过朋友同事介绍的可能性要高于通过父母亲戚介绍的概率,没有外出务工的人们择偶时则较多以父母亲戚介绍认识。年轻的一代在自己认识的过程中,还会选择网络的途径,而年纪较大的人由于拥有的经济资源和社会资源较多,也可能选择通过婚介所等形式来寻找自己的另一半。

二、择偶途径的影响因素

根据以上分析,我们认为影响流动人口对择偶标准的偏好的主要因素来自以下两个层面:一是流动因素,即外出打工时间长度;二是个人因素,包括流动人口的年龄、受教育程度、目前职业与收入状况。根据这样的思路,我们构建了择偶途径选择的影响因素的解释框架,如图 4-7 所示。

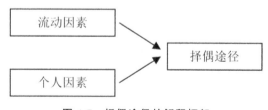

图 4-7　择偶途径的解释框架

具体假设为：

(1)随着年龄的增长,更倾向于借助多种途径来择偶。

(2)受教育程度越高,越倾向于自主认识择偶。

(3)职业层次越高,越倾向于自主择偶。

(4)收入越高,越可能寻求多种途径来择偶。

(5)在流动经历方面,农村从未外出打工人口样本是面向没有外出务工人群的,因此没有这个变量,而有外出打工经历的,是否务工时间长人们就更倾向于自主择偶则还有待于模型的结果,在此暂不作具体假设。

本模型的被解释变量是择偶途径,根据选项内容,我们将其整理为一个二分类变量:"1"为自己认识,这包括了自主认识和通过网络认识两种情况,"2"为借助多种手段认识,这包括通过父母亲戚介绍或者婚介所等渠道进行择偶的情况。根据以上理论假设及变量设置,我们采用 Logistic 回归的方法对三个样本进行建模,得出表 4-33。

表 4-33　择偶途径的 Logistic 回归分析结果

解释变量	厦门流动人口样本		流动人口全国样本		农村从未外出打工人口样本	
	B	Exp(B)	B	Exp(B)	B	Exp(B)
性别	0.443	1.558	0.012	1.012	−0.302	0.739
年龄	0.603***	1.827	0.075***	1.078	0.068***	1.070
受教育程度	−0.668*	0.513	−0.112*	0.894	−0.417#	0.659
目前职业	0.496#	1.642	−0.141	0.869	−0.008	0.992
目前的收入	−0.269*	0.764	0.000	1.000	0.139#	1.149
打工时间长度	0.007	1.007	0.066	1.068	—	
正确解释率/%	80.90		78.30		64.20	

根据回归分析结果有如下发现:

年龄和受教育程度对择偶途径的选择具有显著影响,均通过统计显著性检验,并且其影响方向符合理论假设。就年龄而言,无论是在厦门务工的人员,还是面向全国的流动人口,还是没有流动经历的人,他们随着年龄的增大,参加社交活动的意愿减少,能通过自己认识的渠道结识异性的机会也在减少,但是他们所拥有的各项社会资源却在不断积累和增加,因此,他们会愿意而且也有条件通过多种渠道来择偶,比如朋友同事介绍,或者通过婚介所的信息来寻找自己的另一半。回归结果显示，年龄的 B 值为 0.603，在 0.001 的水平上具有统计显著性，其 Exp(B) 值为 1.827，说明年龄每向上增加一个组次，人们选择通过多种途径进行择偶的可能性要增加近 1 倍。

从受教育程度看，它对择偶途径的选择的确存在显著的影响，而且影响方向为负，与理论假设相符合。从具体数值上看，在厦门地区受教育程度越高，人们越倾向于通过自主认识的方式来择偶，这个可能性要远远大于流动人口全国样本的回归结果，明显大于农村从未外出打工人口样本的回归结果。总的说来，随着受教育程度的提高，人们的自主意识增强，择偶时的自主度也会相应提高，最直接的表现就在于希望通过自己去认识和了解的方式来选择自己未来的配偶。从具体回归结果来看，受教育程度的 B 值为 −0.668，在 0.05 的水平上具有统计显著性，其 Exp(B) 值为 0.513，说明受教育程度每提高一个档次，人们选择自主择偶的可能性仅为原来的一半左右。

根据职业这个变量的回归结果，在厦门流动人口样本中，它体现为正的影响，并通过了显著性检验，这与理论假设不符合，但在流动人口全国样本和农村从未外出打工人口样本中，也就是从全国角度来看，它体现为负的影响，这与理论假设是相符合的，但是没有通过显著性检验。收入这个变量的回归结果也与理论假设有一定的差异。在厦门流动人口样本里，它是负的影响，并在 0.05 的水平上具有统计显著性，而在流动人口全国样本，它不体现出任何影响，在农村从未外出打工人口样本里，它在 0.10 的水平上体现出显著的正的影响。这反映出，人们在不同的经济社会和文化背景下，其职业和收入对自身择偶途径选取的影响是不尽相同的。在特区这种较为激烈的竞争和生存环境中，可能导致人们在职业提升的过程中，社交面变狭窄，认识异性的机会也相应减少，而到一定年龄的时候，在社会舆论的压力下，他们只好求助于更多的渠道去寻觅生活中的另一半。但是，职业提升和收入增加又是一把双刃剑，自主择偶仍然是人们美好的愿望，因此从回归结果体现出的就是随着收入增加，人们自主择偶愿望也随之增强，因此也导致选取其他择偶途径的可能性的减少。但是，从全国的角度看却又相反，一方面，职业提升带来的是自主择偶可能性的增加，另一方面，收入增加也导致寻求多种择偶途径的可能性的增加。总的说来，单单这两个变量是不能完全说明问题的，我们不仅要结合个人因素，也要结合人所处在的环境来看待择偶途径的选取问题。

　　其他变量对择偶途径的影响程度极小,有的影响方向与理论假设却不相同,这也与样本选取、数据结构等有一定关系,有待进一步考证。

　　厦门流动人口样本回归模型的正确预测率为80.90%,说明该模型可以通过选取以上被解释变量来预测人们择偶途径的选取能达到80.90%的准确率。流动人口全国样本回归模型的正确预测率为78.30%,说明该模型通过选取以上被解释变量的准确率来预测人们择偶途径的选取能达到78.3%。农村从未外出打工人口样本的回归模型的正确预测率较低些,仅为64.20%,模型的正确预测能力比较不能令人满意,但是它还是在重要变量上得出了比较准确的答案,因此具有一定的参考性。

　　综合以上分析,从厦门样本以及全国角度的分析上看,年龄及受教育程度对其择偶途径的选取具有显著影响。从各样本回归结果看,这些变量的影响程度依区域的不同而不同,显著性也相应有所差异。在特区以及经济社会较为发达的地区,年龄和受教育程度的影响最为突出,而对于农村没有外出务工经历的人而言,受教育程度相对于其他而言则是主要影响因素。总的来说,随着人们进入成熟的择偶、恋爱和谈婚论嫁的年龄,随着人口素质的提高,人们总是倾向于自主择偶的,但是随着年龄的进一步增长,个人在社会上立足,在社会上既有的婚配模式和家庭环境的促使下,保持独身不是一个合适的选择,人们又因"必须"择偶而借助各种方式去认识和选择婚配对象,各个因素之间体现着相互的联系和影响。

第四节　择偶实践

　　择偶会受到文化、心理、社会、经济等多因素综合影响,是每个人在一生中的一个非常重要的选择,既能影响个人的婚姻家庭幸福,也会影响整个社会的发展稳定。目前对于择偶实践的研究许多都集中在择偶方式、择偶标准等方面,而从择偶主体的角度,对择偶主体在择偶过程中遇到的困难及其制约因素的调查与分析还比较少。

　　本节将主要从择偶主体在择偶中失败的主要原因、面临的主要困难以及择偶的制约因素这三个方面来对流动人口择偶中遇到的主要问题进行探讨。

一、择偶失败的原因

从表 4-34 中对于择偶失败原因的统计、排序结果可以看出,不论是流入地流出地涵盖全国各地的外出打工人口样本,还是流入地和流出地都相对比较集中的厦门市流动人口样本,以及对于农村户籍从未外出打工人口样本,对于择偶失败原因的调查结果显示出三点共性:

(1)性情不合是择偶失败的最主要原因,不同的人口特征、流动特征下都是如此。随着改革开放和人们物质生活的不断改善,人们开始追求婚姻质量的提高,在择偶过程中越来越多地体现"人本"精神(杨新科,1997)。在择偶时更注重兴趣爱好的投合、性格脾气的互补等,心理需求和情感需求得到复归(陈胜利 等,2003)。在恋爱择偶的天平上,情感的砝码越来越重,甚至超过了对于物质条件的要求。

(2)父母反对成为仅次于性情不合的、排在第二位的择偶失败原因。斯蒂芬斯认为人类拥有四种择偶形式:①包办婚姻;②自由择偶,无须父母同意;③自由择偶,须经父母同意;④包办婚姻与自由择偶并存(马克·赫特儿,1988)。传统上"父母之命媒妁之言"的包办婚姻实际上已经面临逐步被摒弃甚至已经被摒弃的局面,无论是宏观上的主流文化还是微观上的婚恋主体及其长辈都认识到恋爱婚姻自由这一大势所趋。但是新旧观念的变迁必然是一个渐变的过程,限制意义上的自由择偶,即可以自由择偶,但需经父母同意的择偶方式在农村以及现代化发展较落后的地区还很普遍。

(3)对于农村从未外出打工人口来说,分居两地在择偶失败原因中排在倒数第一并不难理解,但是对于流动人口来说,总体上看,分居两地也是排在一方病亡前面的倒数第二位失败原因。这也许是因为虽然流动对感情交流带来阻碍,但是流入地交通发达、通信便捷,这也在一定程度上削弱了分居带来的感情风险。

从性别角度来看,则男性流动人口中更多的恋爱失败原因在于住房、收入等物质经济条件的不足,而女性流动人口更多的是因为偏重与情感方面相关的原因,如一方另有选择、分居两地等,住房收入等属于经济类的择偶失败原因排序都要比流动男性靠后。"资源交换论"在择偶领域的解释是,人们为某一特定的异性所吸引,是由其所能提供的资源决定的(徐安琪 等,2002)。传统婚恋模式中男性作为一家之主负责全家生计,女性"从夫居"并负责家务劳动、生育抚养,由此也就不难解释男女两性在择偶失败原因上的不同。

表 4-34　择偶失败的原因排序

样本		没住房	收入低	父母反对	分居两地	性情不合	一方另有选择	一方病亡
流动人口全国样本	总体	④	⑤	②	⑥	①	③	⑦
	分性别 男	③	⑤	②	⑥	①	④	⑦
	分性别 女	⑥	④	②	④	①	③	⑦
	分户籍 城	②	④	⑤	⑥	①	②	⑦
	分户籍 镇	⑥	③	②	④	①	⑤	⑦
	分户籍 村	③	⑤	②	⑥	①	④	⑦
厦门流动人口	总体	⑥	③	②	③	①	③	⑦
	分性别 男	⑥	③	②	④	①	③	⑦
	分性别 女	⑥	⑤	②	④	①	③	⑦
	分户籍 城	⑥	④	②	③	①	④	⑦
	分户籍 镇	⑤	③	②	⑥	①	④	⑦
	分户籍 村	⑥	④	②	③	①	④	⑦
农村未外出人口	总体	—	③	②	⑤	①	③	—
	分性别 男	—	④	①	⑤	②	③	—
	分性别 女	—	③	②	④	①	④	—

二、择偶面临的困难

　　问卷中关于外出打工人口择偶面临的困难这一问题采取了开放式设计，没有提供具体选项，但从调查对象对这一问题的回答中明显发现，答案表现出较高程度的集中和一致性。为便于统计分析，对这一问题的回答结果进行了一定的概括、归类：如将回答"没钱""收入低""经济困难""没房子"等归类为"经济条件"；将"相貌""身材""不成熟""自卑"等归类为"生理心理条件"；将"户口""学历""社交圈子小"等归类为"社会条件"；将"性格不合""脾气不合""看法各异"等归类为"性情不合"；将"父母不同意""家人反对""同事指责"等归类为"他人干涉"；不能归入这五类的归入"其他"。按照上述六种分类，将进行了困难陈述的 320 个有效样本进行统计，其中认为主要困难是因为经济条件的有 174 个，因为生理心理问题的有 46 个，属于社会条件的有 56 个,因为性情不合的有 25 个,因为他人干涉的有 69 个,其他原因的有 14 个。

如图 4-8 所示,对于流动人口来说,由于经济条件问题造成的择偶困难最为突出,远超过其他原因所占的比例。我国关于婚恋价值观中有一种"前提基础论",即物质关系是婚姻的本质和根本前提,爱情作为一种精神关系,只能是第二位的(黄希庭,2005)。但是这并不是一种辩证发展的解释,人的需求是分层次的,相对于情感上的满足,物质生活的追求是低层次的,也是最基本的,如果不得不在物质满足和精神满足之间选择时,人们就必须先保证温饱,然后才能谈感情(孙文生 等,2003)。流动人口并不是视经济条件重于浪漫爱情,而是由于整体上在受教育程度、从事职业、月收入水平上的偏低层次决定了目前流动人口在择偶中面临的主要困难是经济条件,如果在流动人口的生活状况发生较大改观以后,相信物质经济问题将不再是最凸显的问题。他人干涉是在流动人口在择偶中所面临的仅次于经济条件的第二位困难。随着社会发展,注重个性追求自我的观念也影响着恋爱择偶,外部力量对婚恋主体的左右程度较之以往已经在不断弱化。但是择偶行为并不仅仅影响自己的未来幸福,还会影响到有关的外围人群,父母亲人甚至

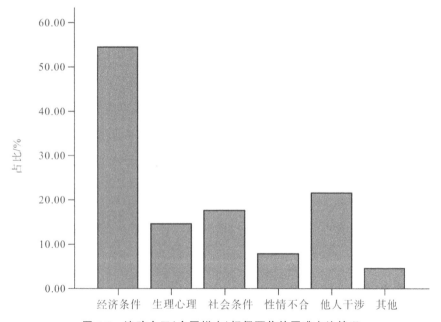

图 4-8　流动人口(全国样本)择偶面临的困难占比情况

同事的干涉或反对也成了流动人口择偶时不得不考虑的因素。社会条件表面上看包括户口、学历、社会网络等因素，但实际上社会条件与物质经济条件具有很高的相关性，多数社会条件都具有很强的转化为经济、物质的潜能（李煜 等，2004），对于流动人口而言，从根本上克服择偶困难的一个关键途径就是提高自身的文化素质、职业技能等条件。

三、择偶的制约因素

从表4-35中对流动人口的择偶制约因素进行统计排序的结果中发现，从总体上看，外出打工人口的择偶制约因素排序大体一致，从强到弱依次为经济条件，社交能力（包括生活圈子小、社交圈子异性少、闲暇时间短），户口所在地，他人干涉，心理因素（包括心理障碍和观念保守）。分性别来看，男性流动人口受到户口所在地的制约程度要比女性强，而女性受到他人干涉的影响更重。"择偶梯度"理论认为男性倾向于选择社会地位相当或较低的女性，而女性则往往要求配偶的条件尤其是社会经济条件高于自己，也就是择偶中的"男高女低"模式。因此对以农村户籍人口为主的外出打工人口尤其是男性而言，户口问题对他们的制约强度就超出女性。分户籍来看，农村户籍流动人口在择偶时受到户口所在地的制约更重，而城市户籍流动人口受到心理因素的影响更重。通常意义上，户口所在地为农村显然不如户口所在地为城市更利于外出打工人口择偶，由于二元制城乡制度造成的农村籍流动人口在流动中面临的医疗、教育等权益保障问题已经引起了广泛的关注。城市籍流动人口相对具有较好的物质经济条件，对情感的要求也就会更高。然而有心理障碍或是观念保守，在城市开放、自由、自我的择偶大环境下就会处于明显的劣势。从不同的受教育程度来看，文化程度为文盲半文盲的受心理因素制约更强。在经济快速发展、竞争日趋激烈的当代，受教育程度直接体现着个人素质和经济能力状况，文化水平低就很容易自惭形秽，进而产生心理负担就更不利于择偶。大专以上受教育程度的流动人口受到经济条件的制约程度减弱，而心理因素的制约成为主要制约因素。

表 4-35 流动人口(全国样本)的择偶制约因素排序

样　　本		户口在外地	经济条件差	打工地居民排斥	语言不通	心理障碍	生活圈子小	社交圈异性少	闲暇时间短	他人干涉	个人观念保守
总　体		5	1	9	10	8	2	4	3	5	7
分性别	男	4	1	9	10	8	2	5	3	6	7
	女	7	1	9	9	8	2	3	4	4	6
分户籍	城市	6	1	9	10	8	2	9	3	6	4
	镇	4	1	10	9	7	2	5	3	6	8
	农村	4	1	9	10	8	2	6	3	6	4
分年龄段	17 岁及以下	5	1	—	7	7	1	7	1	4	5
	18～20 岁	6	4	10	8	2	1	5	2	6	9
	21～23 岁	3	1	9	10	6	2	5	3	8	6
	24～26 岁	2	1	9	10	7	4	3	4	6	8
	27～30 岁	5	1	9	10	7	3	5	2	4	8
	30～35 岁	7	1	8	9	8	6	2	5	3	4
	35 岁以上	7	1	9	10	6	2	4	8	5	3
分教育程度	文盲、半文盲	5	1	6	10	3	2	8	7	9	3
	小学	5	1	9	10	8	3	6	4	2	7
	初中	7	1	10	9	6	2	5	3	7	3
	高中	6	1	10	9	8	2	5	3	4	7
	大专及以上	6	2	9	9	7	1	2	4	7	5

对于农村从未外出打工人口而言,如表 4-36 所示,在择偶中遇到的首要制约因素依然是经济条件。由于婚恋观念相对保守跟不上时代发展,从而给择偶带来的负面影响也有了清醒的认识,在选项排序中居第二位。城乡二元制发展导向下农村在经济发展以及教育、医疗等社会保障方面的缺失使得户籍为农村在一定程度上成了贫穷落后的象征,是农村未外出人口择偶的第三位制约因素。他人干涉在 6 种制约因素中排序第四。排序第五位的是社交圈异性少,这一点对农村未外出人口择偶的制约程度要低于对流动人口的制约,在农村未外出打工人口样本中排序仅强于闲暇时间,为倒数第二。这应该是因为农村未外出人口的择偶多符合"邻近性"原则和"同类婚"原则,择偶圈辐射半径相对较小,这既是农村人口择偶的客观环境所

限,也符合农村人口的择偶偏好,而且从经济效益、家族利益出发都比较有利。闲暇时间短对农村人口择偶的制约强度最低,原因很显然,以从事农业生产为主的农村人口有更自由充裕的闲暇时间可供支配,应该很少会对择偶构成影响。总体上看,应该说农村未外出打工人口对于他们择偶的制约因素已经有了一定的认识,流动对农村人口的择偶环境也产生了明显的影响。

表 4-36 农村未外出打工人口的择偶制约因素排序

样 本	户口农村	经济条件差	社交圈异性少	闲暇时间短	他人干涉	个人观念保守
总 体	3	1	5	6	4	2
男	3	1	5	6	4	2
女	4	1	3	6	5	2

第五节 小 结

应该说,本章无论是对流动人口的恋爱时间、择偶标准还是择偶途径以及择偶实践的分析只是对于一些大致趋势的剖析,实际上流动人口恋爱择偶无论是理想中的还是实际中的,无论是择偶偏好还是制约因素,都呈现着多元化特点。毕竟对于择偶主体而言,择偶行为除了受到自身条件、家庭环境的影响,还要受到来自社会、政治、经济、宗教以及伦理道德和社会风俗的影响。从总体趋势上看,流动人口的恋爱年龄相对农村未外出打工人口而言更小,个人品质是最被看重的择偶标准,希望自己认识恋爱对象的流动人口占了样本的多数。从流动人口的择偶制约因素来看,也是个性和共性并存。清晰地陈述、罗列各种制约因素并不是最重要的目的,关键在于如何对流动人口的择偶制约因素有所认识的基础上,帮助流动人口解决恋爱择偶中的困难,提高流动人口的生活质量,这才是我们真正的期望。

第五章 流动人口的结婚行为

家庭社会学认为,结婚是愿意结合为夫妻的双方经由合法程序正式确立夫妻关系的过程和行为(赵孟营,2000)。结婚过程包括恋爱、择偶、婚前准备、举行婚礼等阶段,而结婚行为则是指本人婚姻登记、举行婚礼活动、同居等由结婚当事人发生的与夫妻关系确立相一致的活动。本章主要关注流动人口的初婚年龄、结婚登记以及婚礼活动等与婚姻缔结相关的结婚行为,通过比较农村未外出人口、有流动经历的农村人口和正在流动的流动人口的结婚行为,揭示流动经历和流动状态如何深刻地影响农村人口婚姻缔结的时间和形式。

第一节 研究综述和研究框架

一、研究综述

20 世纪 70 年代以来,我国一直大力提倡晚婚晚育以控制人口迅速增长,而具有"早婚"传统的农村,一直是落实该政策的工作重点。20 世纪 80 年代以来,数以亿计的农村人口向城市流动,农村人口特别是农村妇女的初婚年龄变化自然成了学者们最先关注的流动人口的结婚行为。郑真真(2002)通过对农村劳动力流出地的调查,比较深入地研究了外出经历对农村妇女初婚年龄的影响,发现有外出经历的妇女的初婚年龄明显大于没有外出经历的妇女,跨省的流动以及向城市的流动也对推迟农村妇女的初婚年龄有显著作用。但是,她的研究并没有对外出经历如何引起初婚年龄变化的内在机制进行分析,另外其调查对象只是流出地的农村妇女。靳小怡(2005)等人通过对滞留在城市中的农村流动妇女的调查,详细考察了社会网络和社会融合对滞留在城市中的农村流动妇女的结婚观念与行为的影响,这篇文章构建了流动妇女和流动经历或流动状态对结婚观念和行为的影响机制,包括社会网络因素、社会融合因素、流动因素和个人因素等四个方面,并对理想初婚年龄和实际初婚年龄做了区分,分别作为结婚观念和行为的代表。这篇文章的主要发现有:当前社会交往对流动妇女的理想初婚年龄有显著影响;居住环境对流动妇女的理想婚龄、实际婚龄和初婚风险都有显著影响,与混居和聚居的妇女相比,散居妇女的理想婚龄和实际婚龄最大、初次流动后5年内结婚的风险最小;向大城市的流动和在城市滞留的时间对农村女性的婚龄有重要影响;已婚妇女的理想平均婚龄明显高于实际平均婚龄,说明流动妇女的婚姻观念有融合于城市市民的趋势。靳小怡等人的研究发现为我们提供了有益的启示,但是他们的研究只局限于滞留妇女,无法比较有无流动经历对农村妇女结婚观念和行为的影响,另外,没有对理想初婚年龄和实际初婚年龄差距做进一步的分析。

目前,国内学者对流动人口的结婚登记以及婚礼活动等结婚行为的专门调查研究几乎处于空白。由于结婚消费是人们消费生活的重要组成部分,我们可以从有关流动人口的消费行为转变的研究中得到一些启示。这些学者通过对流动人口的消费水平、消费结构、消费的影响因素等的调查分析表明(李强,2001;钱雪飞,2003;刘程 等,2004;欧阳力胜,2006),进城农民工在城市现代文明生活的经历,使得该群体的消费行为和消费方式正在发生深刻的变革,但进城农民工的消费方式的转变还受到一些因素的制约。首先,农民工在城市从事的大多是低层次的工作,收入比较低,而城市的物价水平偏高,限制了其在城市的消费能力;其次,由于受到中国农民特殊的家庭关系(即“家本位”)认识的影响,进城农民工都“理所当然”地以高比例汇款等形式与家庭保持极为紧密的联系,在城市里尽可能节衣缩食,舍不得在文化娱乐方面花钱,千方百计多积攒些钱,并将相当可观的收入寄回家乡,或者大都会候鸟式地返回其家乡生活一段时间进行集中消费。这些研究提醒我们从消费水平、消费结构等角度去研究流动人口的结婚消费,另外,他们的研究虽然只对流动人口在流入地的消费情况进行研究,没有进一步研究接受了一定现代化消费观念影响的流动人口的回乡消费情况,但却提醒我们对流动人口的结婚消费情况做深入研究是了解流动经历对流动人口的消费观念转变所产生影响的重要方面。在我们的调查中,几乎所有的有流动经历和流动状态的已婚流动人口都是在流出地举办婚礼,与结婚相关的开支均属于回乡消费。由此,我们对流动人口的结婚消费的研究也是对以上研究的一个补充和深入。

二、研究框架

本章的研究目的不外乎两点：一是描述流动人口的结婚行为及其特征，证实流动经历和流动状态对农村人口的结婚行为存在显著的影响；二是考察流动经历和流动状态对农村人口的结婚行为的影响机制。为了完成这两大研究目的，在借鉴前人研究的经验和不足的基础上，提出本章的研究框架和思路。

首先，比较分析农村未外出人口、有流动经历的农村人口和正在流动的流动人口的结婚行为。流动经历对结婚行为的影响必须是在结婚行为发生之前，所以在有流动经历的农村人口和正在流动的流动人口中还要对外出前结婚和外出后结婚做区分，以便更准确地描述流动经历对农村人口结婚行为的影响。比较的内容是结婚行为，包括初婚年龄、结婚登记、婚礼形式、结婚开支等，主要从以下几点展开分析：(1)初婚年龄的分析包括实际初婚年龄和理想初婚年龄，以及理想和实际初婚年龄的差距；(2)结婚登记的分析通过了解实际结婚登记地和对婚姻法中结婚登记的看法来实现；(3)婚礼形式包括实际婚礼举办的地点和形式，以及理想婚礼举办地点和形式；(4)从结婚消费及其构成、结婚消费的资金来源和结婚的总收入等方面来考察流动人口结婚开支的状况。

其次，构建流动经历和流动状态对农村人口结婚行为的影响机制(见图5-1)，影响因素包括流动因素、社会融合因素、婚恋观念以及个人因素等方面。

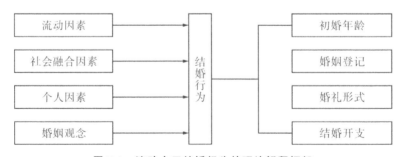

图 5-1　流动人口结婚行为的理论解释框架

(1)流动因素指在外打工时间的长短和回乡时间，认为在外打工时间越长和正在打工的流动人口更有可能较多地接触城市市民的现代化的婚姻观念,其结婚行为越趋同于城市市民。回乡时间越长,外出的影响渐渐消失,一些传统的力量又迫使农村人口适应家乡的生活方法,改变在城市中已经形成的观念(郑真真,2001),所以回乡时间越长,其结婚行为更可能消失一些城市特征,而回归农村传统。

(2)社会融合因素用在流入地的居住方式和交往朋友的多少来表示。我们认为与外出打工者群体一起聚居(如住在单位提供的宿舍或与其他打工者一起合租)的群体,与市民和主流文化相对隔绝,与市民和主流文化也较少接触,单独散居在城市居民区内(可分单独住房)的打工者不与老乡发生紧密的协作关系,生活方式与当地常住人口已无大的差别(蔡昉,2001)。为了在城市生存、适应和发展,流动人口需要在城市建立新的社会联系和社会网络,他们在城市所建立的新的社会联系越多,他们整合于和融入所在城市社会的程度也就越高(李汉林,2003),而交新朋友是建立新的社会联系的重要手段。流动人口在流入地以散居的形式居住和多交朋友能够更好地融入当地社会,更多地接触城市市民的现代化婚姻观念,结婚行为也越趋同于城市市民。

(3)个人因素的不同也将引起流动人口结婚行为的不同,个人因素包括性别、婚姻状态、教育水平、收入等。个人因素也会通过影响婚姻观念间接地影响流动人口的结婚行为。将个人因素纳入解释框架并不是为了研究流动人口结婚行为的个体差异,而是为了在解释模型中控制这些变量的影响,凸显出流动因素和社会融合因素对农村人口结婚行为的影响。

(4)婚姻观念指人们对婚姻的总体看法和评价,主要体现在婚姻态度、婚姻需求、婚姻目的等几个方面,在流动的过程中农村人口的婚姻观念的不同侧面发生了变迁,婚姻观念的变迁必将指导人们的结婚行为发生变化。另外,流动因素、社会融合因素和个人因素通过影响婚姻观念而间接作用于流动人口的结婚行为。

三、研究方法

由于实际的结婚行为(包括结婚时间、结婚登记地点、婚礼形式、结婚开支)都是已经发生的事情,我们调查所获得的一些影响因素的信息可能是发生在结婚行为之后,比如,有些人是在结婚后外出打工的,那么打工经历对其实际的结婚行为就没有影响;我们所得到的是人们现在的收入水平,研究婚后的收入水平对其结婚行为的影响也就没有意义。所以,在研究实际结婚行为的影响因素时,问题将变得很复杂。由于调查资料所限,本章不对实际结婚行为的影响因素建立模型分析,我们将在现有资料的基础上,对实际结婚行为做一些比较分析。理想的结婚行为一般都是调查时点人们对结婚行为的一种观念,不管是未婚者和已婚者都将拥有理想的结婚行为。未婚者的理想结婚行为将对其实际的结婚行为有一定的指导作用。已婚者实践了其结婚行为之后,其对结婚行为的一些看法仍然会随着自身的发展和环境的变迁发生变化,虽然其结婚观念的转变对其实际结婚行为不再发生作用,但是却会对其身边的未婚者或其子女产生影响。由此,本章将建立一些回归模型对理想结婚行为的影响机制进行深入分析。

第二节　初婚年龄

初婚年龄指男女第一次结婚时的年龄。在 1980 年我国颁布的新婚姻法中明确规定:"结婚年龄男性不得早于 22 周岁,女性不得小于 20 周岁,晚婚晚育应予鼓励。"新婚姻法中的法定婚龄比我国 1950 年颁布的婚姻法的婚龄提高了 2 岁。人口初婚年龄的高低直接影响人口的婚姻构成:初婚年龄低,未婚人口所占的比重就小;初婚年龄高,未婚人口所占的比重就大。人口的初婚年龄特别是女性人口初婚年龄的高低,对人口出生率的变动产生直接影响。新婚姻法提高法定婚龄也是计划生育的需要。20 世纪 70 年代初,随着计划生育政策的提出和全面推行,晚婚(比法定年龄大 3 岁以上)由倡导演变成具有高度外在控制的政策。因此,研究流动人口的初婚年龄是研究流动人口婚姻状况的需要,也是加强农村人口计划生育工作的需要。

一、实际初婚年龄

如表 5-1 所示,农村未外出打工人口的平均实际初婚年龄为 22.52 岁,农村有流动经历人口中外出前初婚者和外出后初婚者的平均实际初婚年龄分别是 22.89 岁和 23.67 岁,正在流动的流动人口中外出前初婚者和外出后初婚者的平均实际初婚年龄分别是 22.64 岁和 24.30 岁,外出后初婚者的平均初婚年龄均比外出前初婚者高出 1~2 岁,正在流动的流动人口的实际初婚年龄大于有流动经历的农村人口,也大于农村未外出人口,这些数据表明流动经历对推迟农村人口的实际初婚年龄具有影响。

表 5-1　流动人口的实际初婚年龄

实际初婚年龄/岁	农村从未外出打工人口样本	农村有流动经历人口样本		农村流入厦门打工人口样本	
		外出前初婚	外出后初婚	外出前初婚	外出后初婚
平均数	22.52	22.89	23.67	22.64	24.30
最小值	16	17	20	18	19
最大值	39	38	30	30	31
样本数/个	157	53	100	42	96

从表 5-2 和表 5-3 可以看出,流动经历对女性实际初婚年龄的影响大于男性。农村从未外出女性的平均实际初婚年龄为 21.19 岁,农村有流动经历女性中外出前初婚者和外出后初婚者的平均实际初婚年龄分别是 21.18 岁和 22.44 岁,正在流动的流动女性中外出前初婚者和外出后初婚者的平均实际初婚年龄分别是 21.92 岁和 24.50 岁,外出后初婚者的平均初婚年龄均比外出前初婚者高出 1~3 岁;而农村男性外出打工后初婚者的平均初婚年龄比外出前初婚者高出近 2 岁。从早婚率(早于法定年龄初婚的人口比例)和晚婚率(迟于法定晚婚年龄初婚的人口比例)看,外出后初婚的女性无论是已经回乡还是正在流动,其早婚率都降为 0,其晚婚率分别是 40.6% 和 82.4%,晚婚率均比外出前初婚的比率高出很多。外出后初婚的男性其早婚率均比外出前初婚者有所下降,但仍保有了一定比例,其晚婚率比外出前初婚者有所上升,但幅度远没有流动女性的大。

表 5-2　女性流动人口的实际初婚年龄

实际初婚年龄	农村从未外出打工人口样本	农村有流动经历人口样本		农村流入厦门打工人口样本	
		外出前初婚	外出后初婚	外出前初婚	外出后初婚
平均年龄/岁	21.19	21.18	22.44	21.92	24.50
20 岁以下/%	10.0	18.2	0	7.7	0
23 岁以上/%	32.9	23.6	40.6	46.2	82.4
样本数/个	70	22	32	13	34

表 5-3　男性流动人口的实际初婚年龄

实际初婚年龄	农村从未外出打工人口样本	农村有流动经历人口样本		农村流入厦门打工人口样本	
		外出前初婚	外出后初婚	外出前初婚	外出后初婚
平均年龄/岁	23.20	24.10	24.25	23.00	24.33
22 岁以下/%	24.4	22.6	4.4	28.6	13.0
25 岁以上/%	29.1	38.7	36.8	25.0	48.1
样本数/个	86	31	68	28	54

二、理想初婚年龄及其影响因素

(一)理想初婚年龄的比较分析

理想初婚年龄是人们结婚观念的一个组成部分,不管是未婚者还是已婚者都会对结婚的时间、形式等方面存在自己的理想或期望。从理想初婚年龄的平均值来看(见表 5-4),正在流动的流动人口的理想初婚年龄最高为25.69 岁,其次是有流动经历的农村人口为 24.61 岁,最低的是农村从未外出打工人口为 23.76 岁,各相差接近 1 周岁。分未婚和已婚来计算平均理想初婚年龄,发现未婚者的理想初婚年龄均高于已婚者(见表 5-5),原因大概有以下两个:一是年代不同,未婚者的年龄平均较已婚者轻,年轻一代的结婚观念比年老一代更趋现代性,更趋于晚婚;二是正因为一部分人理想的初婚年龄高,迟迟不愿进入婚姻,才使其调查时还保持未婚状态。比较不同流动状态的农村人口,平均理想初婚年龄的排序依然是正在流动的流动人口的理想初婚年龄最高为 25.83 岁,其次是有流动经历的农村人口为 25.32岁,最低的是农村未外出人口为 24.90 岁,各相差接近 0.5 岁。表 5-6 展示了已婚者的理想初婚年龄,正在流动的流动人口的理想初婚年龄最高,其次是有流动经历的农村人口,最低的是农村未外出人口,外出后初婚者的理想初婚年龄均高于外出前初婚者。综上所述,流动经历和流动状态对农村人口的结婚观念具有影响,推迟了农村人口的理想初婚年龄,其中流动状态对农村人口的结婚观念的影响程度更大。

表 5-4　流动人口的理想初婚年龄

理想初婚年龄/岁	农村从未外出打工人口样本	农村有流动经历人口样本	农村流入厦门打工人口样本
平均数	23.76	24.61	25.69
最小值	18	18	18
最大值	35	35	50
样本数/个	188	272	337

表 5-5　分未婚和已婚的流动人口理想初婚年龄

理想初婚年龄/岁	农村从未外出打工人口样本		农村有流动经历人口样本		农村流入厦门打工人口样本	
	未婚	已婚	未婚	已婚	未婚	已婚
平均数	24.90	23.55	25.32	24.03	25.83	25.49
最小值	19	18	19	18	18	19
最大值	27	35	35	32	50	40
样本数/个	31	157	122	149	197	140

表 5-6　已婚者的理想初婚年龄

理想初婚年龄/岁	农村从未外出打工人口样本	农村有流动经历人口样本		农村流入厦门打工人口样本	
		外出前初婚	外出后初婚	外出前初婚	外出后初婚
平均数	23.55	23.37	24.40	25.03	25.82
最小值	18	18	20	19	20
最大值	35	32	30	35	40
样本数/个	157	53	94	40	91

(二)理想初婚年龄的回归模型

为了进一步探讨流动经历和流动状态对农村人口理想初婚年龄的影响机制,我们将分别建立两个多元回归模型。根据第一节的理论框架,我们将以下变量纳入回归模型中(如表 5-7 所示):(1)流动因素选取四个变量,在"有流动经历人口"模型中,除了第一次外出时间,总的外出地方和总外出时间外,还加入了回乡时间,在"流动状态人口"模型中,除了第一次外出时间、总的外出地方和总外出时间外,加入在厦门打工时间。我们假设打工时间越早,总的外出打工地点越多,打工时间越长,理想初婚年龄越大,回乡时间越长,理想的初婚年龄越小。(2)社会融合因素,包括居住环境和打工地交的朋友个数(2003 年的调查问卷没有该问题),聚居地理想初婚年龄较大,在当地交往的朋友越多,理想的初婚年龄越大。(3)婚姻观念方面选取了三个变量,分别是"想不想结婚""认为合适的初恋年龄""恋爱多长时间结婚合适",我们的假设是不想结婚或者已婚重新选择不想结婚的流动人口,也就是独身意愿比较强的流动人口的理想初婚年龄比较大;认为合适的初恋年龄越大,其理想的初婚年龄也越大;认为合适的恋爱时间越长,其理想的初婚年龄也越大。(4)个人因素包括性别、年龄、教育、收入和婚姻状态,我们认为男性的理想初婚年龄高于女性;年龄越小,理想的初婚年龄越大;教育水平越高,理想的初婚年龄越大;收入越高理想的初婚年龄也越大;未婚者较已婚者有更高的理想初婚年龄。

表 5-7 中的变量除特地标出的为 0/1 虚拟变量外,其他均为数值型的变量。采取逐步回归(stepwise regression)的方法,留下对流动人口的理想初婚年龄有显著影响的变量。逐步回归的结果如表 5-8 所示,β 值为标准化系数,sig 为 P 值实际的显著性水平。从表 5-8 中可以看出我们的假设部分得到了实证的支持。

"农村有流动经历人口样本"的回归模型中有六个变量对理想初婚年龄具有显著影响:(1)流动因素中的"在几个地方打过工"呈现一种负影响,即打工地方越多,理想的初婚年龄越低,与我们的假设相反。可能的解释是,打工的地方越多,在每个打工地待的时间都不长,不足以很好地接触流入地的结婚观念,由此,打工地点越多,反而阻碍了流动人口现代化的结婚观念的形成。(2)社会融合因素中的"居住环境"呈现一种正影响,即聚居(单位集体住宿和合租)比散居(单独住房)的流动人口的理想初婚年龄大,这一影响也和假设中不一致。可能的解释是,虽然流动人口散居在城市居民之中,但是却很少与他们交往,过着相对封闭的生活,而聚居的流动人口彼此接触较多,互相传递或渗透着一些现代化的观念,由此,聚居的流动人口较散居的流动人口有更大的理想初婚年龄。(3)婚姻观念中的"合适的初恋年龄"和"恋爱多长时间结婚合适"都呈现一种正影响,认为的初恋年龄越大和恋爱时间越长,理想的初婚年龄越大,与我们的假设一致。(4)个人因素中的性别和教育起到正影响,男性的理想初婚年龄显著地高于女性,教育年限对推迟理想初婚年龄有着显著的作用。这些变量中对理想初婚年龄的影响程度依次是性别、恋爱多长时间结婚合适、念过几年书、合适的初恋年龄,最后才是和流动相关的打工地点个数和居住环境。

"农村流入厦门打工人口样本"的回归模型中有四个变量对理想初婚年

龄具有显著影响:(1)流动因素中的"在厦门打工时间"呈现一种正影响,即在厦门打工时间越长,理想的初婚年龄越大。(2)婚姻观念中的"想不想结婚"和"合适的初恋年龄"都呈现一种正影响,目前不想结婚的流动人口的理想初婚年龄较大;认为的初恋年龄越大,理想的初婚年龄越大,与我们的假设一致。(3)个人因素中教育起到正影响,教育年限对推迟理想初婚年龄有着显著的作用。这些变量中对理想初婚年龄的影响程度依次是合适的初恋年龄、想不想结婚、在厦门打工时间、念过几年书。

从以上两个模型中都透露出几个信息:首先,流动经历和流动状态对理想初婚年龄的影响主要是通过婚姻观念间接发生的;其次,教育年限除了通过影响婚姻观念对理想初婚年龄发生作用外,还单独对理想初婚年龄起着显著的影响,可见教育年限在推迟流动人口理想初婚年龄方面的强大作用;最后,性别对正在流动和流动后回乡的人们有着不同的影响,正在流动的流动人口在理想初婚年龄上不存在明显的性别差异,而回乡后的流动人口的在理想初婚年龄上又有着显著的性别差异,笔者认为这是回乡后,农村传统的结婚观念特别是强调女子早婚的观念潜移默化地使有流动经历的妇女回归农村传统。

表 5-7　流动人口理想初婚年龄的影响变量

农村有流动经历人口样本	农村流入厦门打工人口样本
流动因素	流动因素
第一次外出时间	第一次外出时间
外出总时间	外出总时间
一共在几个地方打过工	在厦门打工时间
回乡时间	一共在几个地方打过工
融合因素	融合因素
居住环境(1 为聚居)	居住环境(1 为聚居)
在打工地交了几个朋友	婚姻观念
婚姻观念	想不想结婚(1 为不想结婚)
想不想结婚(1 为不想结婚)	合适初恋年龄
合适初恋年龄	恋爱多长时间结婚合适
恋爱多长时间结婚合适	个人因素
个人因素	性别(1 为男)
性别(1 为男)	婚否(1 为已婚)
婚否(1 为已婚)	年龄
年龄	念过几年书
念过几年书	收入
收入	

表 5-8　流动人口理想初婚年龄的逐步回归结果

农村有流动经历人口样本			农村流入厦门打工人口样本		
变量	β值	sig	变量	β值	sig
流动因素			流动因素		
一共在几个地方打过工	-0.117	0.070	在厦门打工时间	0.190	0.002
融合因素			婚姻观念		
居住环境(1为聚居)	0.134	0.035	想不想结婚(1为不想结婚)	0.243	0.000
婚姻观念			合适初恋年龄	0.307	0.000
合适初恋年龄	0.143	0.025	个人因素		
恋爱多长时间结婚合适	0.227	0.000	念过几年书	0.170	0.004
个人因素					
性别(1为男)	0.236	0.000			
念过几年书	0.197	0.003			
R^2	0.466		R^2	0.503	
样本数/个	208		样本数/个	222	

三、理想与实际初婚年龄的差距及其原因

实际初婚年龄是人们现实的结婚时间,理想初婚年龄更多代表人们的结婚观念,未婚者的理想初婚年龄将直接影响其实际的结婚年龄;外出打工前初婚者理想初婚年龄和实际初婚年龄的差距将反映流动经历和流动状态给其结婚观念带来的深刻影响,尽管这种观念的改变不能再对其初婚行为产生影响,但可以影响到周围和家乡的未婚妇女,推动农民婚姻观念和行为的转变;外出后初婚者理想初婚年龄和实际初婚年龄的差距反映了流动人口在实践新的结婚观念的同时,随着时间推移和流动状态的持续,结婚观念在进一步变迁和发展。

首先,看外出前初婚的流动人口,如表 5-9 所示,有流动经历的农村人口的理想初婚年龄比实际初婚年龄平均大了 0.5 岁,正在流动的流动人口的理想初婚年龄比实际初婚年龄大了 2.39 岁,正在流动的流动人口的理想与实际初婚年龄的差距更大一些,说明流动状态对流动人口的结婚观念的影响更为显著,而返乡又使得人们的理想初婚年龄接近农村未外出打工人

口。其次,外出后初婚的流动人口中,有流动经历的农村人口的理想初婚年龄比实际初婚年龄平均值大了 0.7 岁,而正在流动的流动人口的理想初婚年龄比实际初婚年龄大了 1.52 岁,由此看来,流动经历对流动人口的结婚观念具有显著的影响,正在外出打工的调查对象理想初婚年龄明显提高,而返乡又使得人们的理想初婚年龄有所下降。另外,外出后初婚的流动人口的理想与实际初婚年龄的差距较外出前初婚的流动人口小,原因在于外出后初婚的流动人口的实际初婚年龄均有所推迟。

表 5-9 理想与实际初婚年龄的差距

初婚年龄的平均数/岁	农村从未外出打工人口样本	农村有流动经历人口样本		农村流入厦门打工人口样本	
		外出前初婚	外出后初婚	外出前初婚	外出后初婚
实际初婚年龄	22.52	22.89	23.67	22.64	24.30
理想初婚年龄	23.55	23.37	24.40	25.03	25.82

第三节 结婚登记

家庭社会学认为,现代社会的结婚规范包括法律规范和社会习俗两大部分,两部分相互配合,共同制约社会成员的结婚行为和过程,法律规范带有强制性,社会习俗也具有较强约束力(赵孟营,2000)。法律对结婚行为的规范从结婚登记程序开始,我国现行的《婚姻法》第二章第八条规定"要求结婚的男女双方必须亲自到婚姻登记机关进行结婚登记"。根据 2003 年颁布的《婚姻登记管理条例》第二章第四条规定,"内地居民结婚,男女双方应当共同到一方当事人常住户口所在地的婚姻登记机关办理结婚登记"。这一节将考察与结婚地点相关的两方面的内容:一方面,在男方户口所在地登记结婚代表了更传统的一种结婚登记观念,不同流动状态的人们在实际结婚登记的地点上是否存在差异;另一方面,《婚姻登记管理条例》中规定必须在一方当事人常住户口所在地登记,这也就意味着,如果男女双方都是流动人口,那么他们在流入地就无法登记结婚,这种规定是否给流动人口的结婚登记造成不便,他们的态度又如何。

一、实际结婚登记地

表 5-10 显示了我们调查的已婚者的实际结婚登记地,无论是未外出的、有流动经历的,还是正在流动的流动人口,在男方户口所在地登记占了绝大多数。在女方户口所在地登记的比例外出后初婚的比外出前初婚的高,正在流动的流动人口比有流动经历的农村人口高。这些数据表明在男方户口所在地登记是主流,随着外出打工,这种传统的观念有所改变,但是改变的程度仍然不大。

表 5-10 已婚者的实际结婚登记地

单位:%

实际结婚登记地	农村从未外出打工人口样本	农村有流动经历人口样本		农村流入厦门打工人口样本	
		外出前初婚	外出后初婚	外出前初婚	外出后初婚
男方户口所在地	94.9	96.2	95.9	90.0	88.4
女方户口所在地	5.1	3.8	4.1	10.0	11.6
样本数/个	157	53	97	40	95

二、对婚姻法结婚登记的认同

表 5-11 显示了我们调查的流动人口(包括已婚和未婚)对《婚姻登记管理条例》中"男女双方应当共同到一方当事人常住户口所在地的婚姻登记机关办理结婚登记"规定的看法,持正面态度(包括非常满意和比较满意)和中间态度(无所谓)的人比较多,持负面态度(包括比较不满意和非常不满意)的比例较低。但也可以发现,持负面态度的比例,未外出流动人口、有流动经历的农村人口和正在流动的流动人口分别是 4.5%、7.9% 和 10.2%,呈逐渐升高的趋势。也就是说,流动状态或流动经历与现行《婚姻登记管理条例》的规定的矛盾,让部分流动人口在结婚登记的过程中遭受不便。

表 5-11　您对"在常住户口所在地的结婚登记"的看法

单位:%

看　　法	农村从未外出打工人口样本	农村有流动经历人口样本	农村流入厦门打工人口样本
非常满意	10.4	10.4	16.3
比较满意	44.6	35.5	40.8
无所谓	40.6	46.2	32.7
比较不满意	4.0	6.5	6.1
非常不满意	0.5	1.4	4.1
样本数/个	202	279	49

第四节　婚礼举办形式

在《婚姻和家庭的起源》一书中,谢苗诺夫(1984)认为"婚姻是两性关系的一定社会组织。它必须以结婚双方负有一定的为社会所承认的权利和义务为前提。凡未经社会核准的两性关系都不是婚姻,即使这种关系具有长久的性质亦一样"。婚姻的本质在于它的社会性,必须得到社会的认可,社会习俗对结婚双方的权利和义务起到约束作用。不同地区、不同民族的结婚习俗都有所不同,中国自周代开始便对结婚前的礼仪和程序有了较为明确的规定,这一传统规定随着时代的发展,在不同地区演变为不同的社会习俗。21世纪初的现代,结婚的礼仪和程序越来越趋于简化,但是举行婚礼还是人们向社会和亲友们公开其结婚事宜,得到社会认可和承认的必要步骤。随着社会的变迁和现代化进程的发展,出现了许多新的结婚形式,旅游结婚、饭店结婚、教堂结婚、集体结婚等等。这一节我们将考察流动人口的婚礼形式的变迁。

一、实际的婚礼形式

表 5-12 显示的是我们调查的已婚者的实际婚礼形式,从未外出打工农村人口和有流动经历的农村人口的实际婚礼形式几乎都是传统婚礼,就一个调查对象选择了其他结婚形式。正在流动的流动人口中,外出前初婚的

婚礼模式也基本上以传统婚礼为主,外出后初婚的则存在一定的比例的其他形式的婚礼,分别有 5.32%、8.51% 和 4.26% 选择旅游结婚、饭店结婚和教堂结婚的形式。这些数据说明,外出流动状态对流动人口的实际婚礼形式存在一定影响,但是传统婚礼习俗对农村人口的影响更为深刻。

表 5-12　已婚者的实际婚礼形式

单位:%

实际结婚形式	农村从未外出打工人口样本	农村有流动经历人口样本		农村流入厦门打工人口样本	
		外出前初婚	外出后初婚	外出前初婚	外出后初婚
传统婚礼	100	100	98.98	97.44	80.85
旅游结婚	0	0	0	0	5.32
饭店结婚	0	0	0	2.56	8.51
教堂婚礼	0	0	0	0	4.26
集体结婚	0	0	0	0	0
其他	0	0	1.02	0	1.06
样本数/个	159	53	98	39	94

二、理想婚礼形式及其影响因素

(一)理想婚礼形式的比较分析

理想婚礼模式是人们婚礼观念的体现,不管是未婚者还是已婚者都存在婚礼观念的形成和发展过程。未婚者的理想婚礼形式将直接影响其实际的婚礼形式;外出前初婚者理想婚礼形式和实际婚礼形式的差异将反映流动经历和流动状态给其结婚观念带来的深刻影响,尽管这种观念的改变不能再对其婚礼产生影响,但可以影响到周围和家乡的未婚人口,推动农民婚姻观念和行为的转变;外出后初婚者理想婚礼形式和实际婚礼形式的差异反映了流动人口在实践新的结婚观念的同时,随着时间推移和流动状态的持续,结婚观念在进一步地变迁和发展。

表 5-13 分别显示了不同流动状态下的未婚者和已婚者理想婚礼形式。首先来看已婚者,选择"传统婚礼"为理想婚礼形式的比例较实际婚礼模式均有所下降,从未外出打工农村人口、有流动经历人口和正在流动的流动人

口,他们选择传统婚礼的比例分别是 54.1%、47.4% 和 46.2%;有流动经历和正在流动的人口对"旅游结婚"较为偏好,选择的比例分别为 33.1% 和 41.3%,均高于从未外出打工农村人口对"旅游结婚"的选择比例,流动经历开阔了人们的视野,适应了流动的方式,也愿意选择另外一种"流动"方式旅游进行婚礼。对于近几年在城市兴起的"集体结婚"形式,也有部分人选答,选答比例的排序依然是从未外出打工农村人口、有流动经历人口和正在流动的流动人口。这些都进一步证实了我们的假设,流动经历和流动状态促使人们的婚礼观念更趋现代化,更趋同于市民。其次来看未婚者,选答"传统婚礼"的比例与已婚者相比有所下降,未婚者对理想婚礼形式的选择更趋多样化,但从数据中我们很难区分流动经历和流动状态对未婚者理想婚礼形式的明显影响。

表 5-13　理想的婚礼形式

单位:%

理想的 婚礼形式	农村从未外出 打工人口样本		农村有流动经历 人口样本		农村流入厦门 打工人口样本	
	未婚	已婚	未婚	已婚	未婚	已婚
传统婚礼	18.5	54.1	43.1	47.4	34.0	46.2
旅游结婚	53.8	21.0	32.3	33.1	41.7	41.3
饭店结婚	9.2	10.0	11.5	11.0	6.3	6.3
教堂婚礼	10.8	11.5	10.0	5.8	9.0	4.2
集体结婚	6.2	0.6	0.8	1.9	9.0	2.1
其他	1.5	2.5	2.3	0.6	0	0
样本数/个	65	157	130	154	144	143

(二)理想婚礼形式的 Logistic 回归分析

为了进一步探讨流动经历和流动状态对农村人口理想婚礼形式的影响机制,我们将分别建立两个 Logistic 回归模型。模型的因变量为理想婚礼形式,我们将其处理成 0/1 分布的两分类变量,选择"传统婚礼"的设置为"0",选择其他婚礼模式的设置为"1",主要分析哪些因素促使流动人口选择更趋现代化特征的婚礼形式。根据第一节的理论框架,我们将以下变量纳入模型中(如表 5-14 所示):(1)流动因素选取四个变量,在"农村有流动经历人口样本"模型中,除了第一次外出时间、总的外出地方和总外出时间外,还加入了回乡时间,在"农村流入厦门打工人口样本"模型中,除了第一次外出时间、总的外出地方和总外出时间外,加入在厦门打工时间。我们假设打工时间越早,总的外出打工地点越多,打工时间越长,选择其他婚礼形式的比例将越高,回乡时间越长,选择其他婚礼形式为理想婚礼形式的比例越小。(2)社会融合因素,包括居住环境和打工地交的朋友个数(2003年的调查问卷没有该问题),聚居的流动人口更有可能选择现代化的婚礼形式,在当地交往的朋友越多,选择现代化的婚礼形式的比例也越大。(3)个人因素包括性别、年龄、教育、收入和婚姻状态,我们认为女性对婚礼的形式更为注重,较男性更有可能选择其他婚礼模式;年龄越小,理想的婚礼形式越现代化;教育水平越高,理想的婚礼形式越现代化;收入越高理想的婚礼形式越现代化;未婚者较已婚者有更现代化的理想婚礼形式。表5-14中的变量除特地标出的为0/1虚拟变量外,其他均为数值型的变量。

Logistic回归的结果如表5-14所示,B值为回归系数,$\text{Exp}(B)$为发生比例。两个模型的分析结果比较相似,即个人因素起到显著作用,与我们的假设基本相同。(1)年龄,越年轻的流动人口对多样化的婚礼形式越偏好,而年龄越大的则更偏向于选择传统的婚礼模式,可见婚礼形式是一种带有浓重时代特色的社会习俗。(2)教育,念书越多的流动人口选择其他婚礼形式的比例越高,每多念一年书,在厦门打工人口选择其他婚礼形式的比例高出18.4%。(3)收入,收入越高的流动人口,选择其他婚礼形式的比例也越高。这一点容易理解,有了更高的收入作为保证,流动人口将对自己的婚礼形式做更多样化的安排和选择,而不仅仅拘泥于传统形式。在我们的两个模型中,所有流动因素和融合因素的变量无一对理想婚礼形式的选择有显著影响,在这里我们给出的可能解释是:收入的高低本身是外出打工经历或状态的结果,另外,农村人口的流动本身具有一定的选择性,那些年轻的和受过较高文化程度的农村人口更容易加入流动人口中来。我们在调查时没有获得与理想婚礼形式相对应的婚姻观念方面的问题,应该也是导致这些流动因素不显著的原因,希望在以后的调查研究中有所深入。

表 5-14　流动人口理想婚礼形式的 logistic 回归分析结果

农村有流动经历人口样本			农村流入厦门打工人口样本		
自变量	B	Exp(B)	自变量	B	Exp(B)
流动因素			流动因素		
第一次外出时间	−0.002	0.998	第一次外出时间	−0.086	0.918
外出总时间	−0.007	0.993	外出总时间	0.013	1.013
一共在几个地方打过工	0.168	1.183	在厦门打工时间	−0.083	0.920
回乡时间	0.014	1.014	一共在几个地方打工	−0.196	0.822
融合因素			融合因素		
居住环境(1 为聚居)	−0.021	0.980	居住环境(1 为聚居)	0.346	1.413
在打工地交过几个朋友	0.013	1.013	个人因素		
个人因素			性别(1 为男)	−0.491	0.612
性别(1 为男)	−1.199***	0.301	婚否(1 为已婚)	0.669	1.952
婚否(1 为已婚)	0.674	1.963	年龄	−0.112***	0.894
年龄	−0.070**	0.932	念过几年书	0.169**	1.184
念过几年书	0.112*	1.118	收入	0.001*	1.001
收入	0.001*	1.001			
Model Chi-Square	34.79***		Model Chi-Square	35.67***	
正确预测率/%	61.7		正确预测率/%	67.3	

第五节　结婚消费

由于往返于城市和农村之间,进城农民工的消费观念经历着传统消费观念和现代消费观念的冲撞,在消费行为上会模仿城市居民的消费方式,特别可能在回乡的集中消费中通过模仿城市居民使自己的身份得到提升。结婚是人生的大事,结婚意味着组建一个新家庭,购买一个新家庭正常运行的家庭设备,由此结婚消费在人们的消费生活中占了很大比重,另外在中国的传统中一般是要举行婚宴请亲朋好友见证婚礼,这同时又是一个向人们表征自己的消费行为以达到身份构建的一个很好的机会。由此,我们了解流动人口的结婚消费的差异可以看出流动经历和流动状态对其消费观念产生的影响。本节将从结婚时的消费和构成、结婚消费的资金来源等方面来展开分析。

一、结婚消费与构成

(一)结婚消费与构成的比较分析

表 5-15 显示了不同流动状态的农村人口的平均结婚总消费额。从未外出打工人口的结婚总消费额平均为 44971 元；有流动经历的人口中外出前初婚的平均结婚消费额为 19140 元，外出后初婚的平均结婚消费额为 41623 元；正在流动的流动人口中，外出前初婚的平均结婚消费额为 24964 元，外出后初婚的平均结婚消费额为 63939 元，这些数据表明外出后初婚的流动人口的结婚消费水平比外出前初婚高，也比从未外出打工农村人口的结婚消费水平高。经济学的"消费者选择理论"告诉我们，收入是人们消费选择的预算约束，对正常品的消费来说，一般收入水平的提高将带来消费量的增加。有外出经历或正在流动的流动人口的收入较从未打工外出人口要高，收入水平的提高也正是农村人口最主要的流动目的，可见流动过程带来的收入增加为流动人口的结婚消费提供了有力的物质基础。结婚总消费额的增加都体现在哪些方面呢？从结婚消费的结构来看（如表 5-15 所示），主要体现在"修建、装饰房屋""购买家具和消费品""送彩礼（置办嫁妆）""举办婚宴"上，也就是说，外出后初婚的流动人口无论是有流动经历的还是正在流动的，在"修建、装饰房屋""购买家具和消费品""送（彩礼置办嫁妆）"以及"举办婚宴"等方面的消费额提高幅度较大，"修建、装饰房屋""购买家具和

表 5-15　结婚各部分开销的平均数

单位：元

结婚开支的平均数/元	农村从未外出打工人口样本	农村有流动经历人口样本		农村流入厦门打工人口样本	
		外出前初婚	外出后初婚	外出前初婚	外出后初婚
结婚的总开支	44971	19140	41623	24964	63939
修建、装饰房屋	7712	4245	10179	5851	16645
购买家具和消费品	3345	2333	5705	4049	7047
送彩礼（置办嫁妆）	5027	3387	8655	3320	6895
拍婚纱照	1317	342	912	1575	1062
举办婚宴	5010	1955	6014	4144	6475
交通、住宿	694	294	822	450	724
回馈亲友	3357	1019	2738	2704	1932
其他开销	18509	5565	6598	2871	23159

消费品""送彩礼（置办嫁妆）"属于一些耐用消费品的置办，主要用于改善婚后新家庭的生活水准，"举办婚宴"的花费是一种更侧重"面子"的身份提升的消费。

（二）结婚消费的影响因素分析

我们调查的三个样本中已婚者的结婚年代从 20 世纪 70 年代跨越到 21 世纪初，所以以上我们所观察到的结婚消费额还不可避免地包含物价上涨的因素以及整个社会结婚消费观念的变迁，为了将这些因素和流动因素进行分离，我们要进一步分析其他的影响因素。鉴于实际结婚消费是发生过的事情，我们这里选取一些结婚消费事件发生之时或发生之前的变量，初婚前是否有流动经历、初婚年代、出生年代、受教育程度等变量。而对于收入这个很重要的因素，由于调查时我们只获取调查时间的收入水平，无法对其进行相关分析。我们只能知道调查对象在初婚之前有否流动经历，却没有调查其在初婚时的流动状态以及在初婚时的外出流动时间，所以我们将从未外出打工已婚农村人口和外出前初婚的已婚流动人口都归为"初婚前没有流动经历"的人群，赋值为"0"，对外出后初婚的已婚流动人口归为"初婚前有流动经历"的人群，赋值为"1"。由于改革开放后，社会变迁的速度越来越快，对于初婚年代的处理，我们以 5 年为间隔划分为"1980 年以前""1980—1984 年""1985—1989 年""1990—1994 年""1995—1999 年""2000 年以后"。出生年代以 10 年为界，划分为"20 世纪 50 年代以前""20 世纪 50 年代""20 世纪 60 年代""20 世纪 70 年代""20 世纪 80 年代以后"。受教育程度为"文盲、半文盲""小学""初中""高中、中专等中等技术学校""大学""研究生"等。

将以上几个因素与结婚消费总额做相关分析（见表 5-16），所有的变量都和结婚消费总额成正相关关系，而且都在 0.01 的显著性水平上具有统计意义。初婚前有流动经历的较初婚前没流动经历的结婚消费总额更高；初婚年代越迟流动人口的平均结婚消费总额越高；出生年代越迟其平均结婚消费总额也越高；受教育程度越高结婚总消费也越高。这些变量之间还存在一些交互的影响，所以我们通过建立一个多元线性回归模型来得出其各自的单独影响。表 5-17 显示了流动人口结婚消费总额的回归分析结果，只有两个变量对结婚总额有显著影响，初婚年代和受教育程度，而出生年代和初婚前是否有结婚经历都没有显示出显著影响。之所以出现这些回归结果与前述理论假设的差异，我们认为原因在于：出生年代与初婚年代具有很显著的相关关系,一般来说年龄越小的人结婚的年代也越迟,但是对于结婚消费模式的影响更多的是取决于结婚时所处的年代,每一个年代都有其比较通行的结婚消费水平和结构,置身其中的人们将受到很大的影响;受教育程度与初婚前是否有结婚经历也存在很大的相关,由于农村外出人口存在很大的选择性,那些教育水平高的人往往容易或较早地加入外出打工的行列,受教育程度越高的人在初婚前越容易有打工经历,另外与教育水平相关的还有一些我们没有纳入模型的较为重要的变量,例如,教育程度越高带来越高的收入水平,教育程度越高其家庭的收入水平也可能较高(在农村供养孩子接受较高教育并不是容易的事情),本人的收入水平和家庭经济状况越好都将使其结婚消费总额越高。由此可知,结婚时代的时代特征以及与受教育水平相关的选择性流动原因和本人家庭的收入状况是影响流动人口的结婚消费的显著因素。

表 5-16   结婚消费总额的 Kendall's tau_b 相关系数

变　　量	初婚前是否有流动经历	初婚年代	出生年代	受教育程度
相关系数	0.292	0.490	0.431	0.218
统计显著性	0.000	0.000	0.000	0.000
样本数/个	395	336	400	402

二、结婚开支的资金来源

上文在分析流动人口结婚消费总额的影响因素时,笔者提到家庭经济状况对结婚消费的正面影响,下面我们就对流动人口结婚消费的来源进行分析。表 5-17 显示了流动人口结婚消费来源的平均数,从中我们可以看出,男方父母支出数额最多,其次是男方本人,再次是女方父母,最后是女方本人,在未流动的农村人口和流动的农村人口中都呈现出这一特点。另外,各种资金来源的高低都和结婚消费保持了相同的特点,即外出后初婚的各方支出都比流动前初婚的要多。在此我们认为,结婚时代的时代特征以及与受教育水平相关的选择性流动原因和本人家庭的收入状况是影响流动人口的结婚消费来源的因素。

表 5-17　结婚消费来源的平均数

单位：元

结婚消费来源	农村从未外出打工人口样本	农村有流动经历人口样本		农村流入厦门打工人口样本	
		外出前初婚	外出后初婚	外出前初婚	外出后初婚
男方父母	9414	7874	14300	7221	19281
女方父母	3674	3550	7601	3681	6496
男方本人	6889	4983	12894	4252	15117
女方本人	1897	2008	4806	1283	5163
其他人	3196	1925	7131	17	2356

第六节　小　结

　　本章主要关注流动人口的初婚年龄、结婚登记以及婚礼活动等与婚姻缔结相关的结婚行为，主要描述了流动人口的结婚行为及其特征，部分证实了流动经历和流动状态对农村人口的实际结婚行为和理想结婚行为存在显著影响，并进一步建立回归模型考察了流动因素、社会融合因素、婚姻观念和个人因素等对流动人口结婚行为的影响机制。本章的主要发现有：

　　（1）流动人口的实际初婚年龄和理想初婚年龄都有一定程度的推迟，晚婚率大幅度提高。已婚者的实际初婚年龄，外出后初婚者的平均初婚年龄均比外出前初婚者高出 1～2 岁，正在流动的流动人口的实际初婚年龄大于有流动经历的农村人口，也高于农村未外出人口。流动经历或流动状态对女性流动人口的实际初婚年龄的推迟作用胜于男性流动人口。无论是未婚者还是已婚者，流动经历和流动状态都推迟了他们的理想初婚年龄，其中流动状态对农村人口的结婚观念的影响程度更大。分析流动人口的理想初婚年龄的影响因素，我们发现，婚姻观念和受教育程度起到了特别显著的作用，即婚姻观念越现代化以及受教育程度越高，人们的理想初婚年龄就越大，回归模型中流动因素对理想初婚年龄的直接影响并不显著，我们认为其更多是一种间接影响，另外我们还发现，性别对正在流动和流动后回乡的人们有着不同的影响，正在流动的流动人口在理想初婚年龄上不存在明显的性别差异,而回乡后的流动人口在理想初婚年龄上又有了显著的性别差异,笔者认为这是回乡后,农村传统的结婚观念特别是强调女子早婚的观念潜移默化地使有流动经历的妇女回归农村传统。比较理想初婚年龄和实际初婚年龄的差距,发现已婚者,特别是外出前结婚的流动人口,他们的理想和实际初婚年龄的差距最大,这也进一步证明了流动经历对人们的结婚观念的影响。

(2)结婚登记地点均以男方户口所在地为主,在不同流动状态中没有表现出太大的差异。对现行《婚姻登记管理条例》中"男女双方应当共同到一方当事人常住户口所在地的婚姻登记机关办理结婚登记"规定的看法,虽然大部分流动人口持正面态度,但是也存在一定比例的持负面态度的比例,从未外出打工的农村人口、有流动经历的农村人口和正在流动的流动人口中呈逐渐升高的趋势。

(3)流动人口的实际婚礼形式均以传统婚礼为主,在不同流动状态中几乎不存在差异,但是流动经历和流动状态使他们的理想婚礼形式更趋于多元化,其中选择"旅游结婚"的比例明显增多。对流动人口的理想婚礼形式进行回归分析时,发现年龄、教育程度、收入、性别等个人因素发挥了显著的作用,所有流动因素和融合因素的变量无一对理想婚礼形式的选择有显著影响,在这里我们给出的可能解释是:收入的高低本身是外出打工经历或状态的结果,另外,农村人口的流动本身具有一定的选择性,那些年轻的和有较高文化程度的农村人口更容易加入流动人口中来。我们在调查时没有获得与理想婚礼形式相对应的婚姻观念方面的问题,应该也是导致这些流动因素不显著的原因,希望在以后的调查研究中有所深入。

(4)结婚消费的总支出在调查的已婚者中呈现出明显的排序,从未外出打工的农村人口、有流动经历的农村人口到正在流动的农村人口,依次升高。结婚消费的提高主要体现在"修建、装饰房屋""购买家具和消费品""送彩礼(置办嫁妆)"以及"举办婚宴",即用于改善新婚后家庭生活水准的耐用消费品的置办和"举办婚宴"侧重"面子"的身份提升的消费上。建立回归模型分析流动人口结婚消费的影响因素时,发现结婚时代和教育水平起显著作用,也就是说,结婚年代的时代特征以及与受教育水平相关的选择性原因和本人家庭的收入状况是影响流动人口的结婚消费的显著因素。

综上所述,流动经历和流行状态确实使得农村人口在实际结婚行为和结婚观念方面都发生了较大的变化,使其结婚行为和结婚观念更趋现代化特征。但同时我们也注意到,回乡后,农村乡土社会又将迫使流动人口的结婚行为或结婚观念有一定程度的复归。我们也没有必要对这种复归感到害怕,毕竟流动经历带来的影响已经使得我们的农村人口在结婚行为和结婚观念上区别于未外出的农村人口。而且正在流动的人口在"候鸟式"迁徙活动中,以及他们在家乡举办婚礼的行为,决定了他们的结婚行为和观念将在农村起到一定的示范和传播作用。

第六章　流动人口的家庭生活

随着流动人口规模的不断扩大,流动人口的结构也发生了重大变化,其中最为显著的结构变化之一就是流动人口的家庭化过程,即人口流动正逐渐由分散的、跑单帮式的流动向以"举家迁移"式的流动转变。与此同时,流动人口的家庭生活状态、家庭生活质量等也在发生变化,本章就是从家庭社会学角度对流动人口家庭生活进行的实证研究。在篇章结构安排上,共分五个小节。前面四节分别是对流动人口家庭居住方式、家务分工和时间配置、夫妻性生活和家庭地位的实证研究,最后一节是对前面四个小节研究结果的简单归纳,并提出相关的政策建议。

本章采用以定量分析为主的研究方法。考虑到样本的完整性,这里的农村(户口)包括了户口为农村和镇的人口,进而便于进行村镇分类的比较分析。其中"有外出经历数据库"还特别剔除了正在打工的流动人口,从而使得这三个数据可以分别鲜明地代表"正在流动人口""有外出经历人口"和"从未外出打工人口",以方便我们采用比较分析的方法探讨三个不同群体间在家庭生活中所可能呈现的不同特征。

由于本章的基本分析单位为家庭,我们还需要从三个数据中分别梳理出各自的家庭样本,那些"未婚""离婚""丧偶"的样本将被剔除掉。"厦门流动人口样本"中我们共梳理出 144 个有效的家庭样本(包括初婚有配偶的 142 人和再婚有配偶的 2 人),"有外出经历人口样本"中共梳理出 148 个有效的家庭样本(包括初婚有配偶的 141 人和再婚有配偶的 7 人),"农村未外出人口样本"中共梳理出 156 个有效的家庭样本(包括初婚有配偶的 152 人和再婚有配偶的 4 人)。通过比较,我们发现这三个家庭样本之间存在着以下差别:

(1)户口类型:三个家庭样本中,夫妻在户口类型上比例基本均衡。但是农村未外出人口样本中,夫妻属于农村户口的比例比其他两个样本要高出 10 个左右的百分点。

（2）年龄：三个家庭样本中，夫妻大都集中于"21～30岁"和"31～40岁"这两个年龄段，尤其是"正在流动中"的厦门样本和有外出打工经历的样本，超过半数的妻子年龄都处于"21～30岁"年龄段；而农村未外出人口样本的夫妻处于"41～50岁"年龄段的比例要比上述两个样本高出15～20个百分点。

（3）教育程度：三个家庭样本中，夫妻的教育程度都明显地集中于"初中"阶段。同时，无一不表现出丈夫的教育程度高过妻子：丈夫具有"高中"以上学历的比例都高过妻子10～20个百分点，而具有"初中"以下教育程度的比例又都低于妻子。

（4）目前就业状况：三个家庭样本中，妻子处于"无（失）业"状态和从事"农林牧副渔业"的比例都大大高于丈夫，而丈夫从事"生产运输业""商业""个体户"和"专业技术"类职业的比例都大大高过妻子。此外，"正在流动中"的厦门样本和有外出打工经历的样本中，夫妻的职业都明显集中于"生产运输业"，而未外出样本中，夫妻的职业明显集中于"农林牧副渔业"。

（5）目前收入状况：参照《厦门市最低生活保障办法》①规定：城市2人户的低保标准为290元/（人·月）。我们以月收入"300元以下"定一个组，往上每增加300元为一组。由于就业状况决定收入水平，三个家庭样本也都同样表现出丈夫收入水平强过妻子：收入越往上，丈夫所占比例高过妻子就越明显，尤其是"300元以下"和"1501元以上"夫妻之间所表现出来的性别差距竟然高达15～30个百分点。

综上所述，农村未外出人口样本比起"正在流动中"的厦门流动人口样本和有外出经历的家庭样本来说，有着更多的不同之处。人口流动正在影响着流动人口的家庭结构与生活状况。

第一节　家庭居住方式

社会学界有关居住方式的研究多数集中于婚后居处的研究，即对夫妻成婚后所选择住处的研究。根据已婚夫妇与双方定向家庭（即双方所出生

---

① 我市调高农村低保标准［EB/OL］.［2008-05-20］http://www.xm.gov.cn/jrys/t20050105_30651.htm.

的家庭)之间的关系可以将婚后居住方式分为三种主要形式:独立门户、从夫居、从妻居。理论界认为婚后居处的研究有着重要意义,婚后居处直接影响着家庭结构、家庭功能以及家庭生活方式等许多方面。首先是影响家庭的结构状况,独立门户形成的是核心家庭,而从夫居、从妻居则是父母和已婚子女组成的主干家庭。这些家庭结构状况的不同直接影响到家庭关系的复杂程度。独立门户的家庭中只有夫妻和亲子关系,比较简单,而从夫居、从妻居家庭除了夫妻关系、亲子关系外,还有婆媳关系、翁婿关系等等。因此,婚后居处形式的不同使得家庭在经济、家务劳动、抚幼、赡养老人等多方面功能上都有所区别。此外,不同的居住方式也会反映出婚姻、家庭中的权力关系的不同。

有关婚后居处的实证研究,国内最早可以追溯到1982年进行的对北京、天津、上海、南京和成都五个城市的家庭调查。该项调查数据分析结果显示:在接受调查的5005名已婚妇女中,独立门户的2414人,占48.23%;从夫居的2003人,占40.02%;从妻居的485人,占9.69%;其余的2.06%为其他居住类型(刘英,1987)。而10年后(1992年)对当年成都市调查点进行的追踪调查表明,独立门户无大的变化,只增加了0.96%;但是从夫居的减少了6.44个百分点,而从妻居的则增加了2.04个百分点。结合结婚年代对婚后居处加以考察发现,随着年代趋近,从妻居的比例呈线性上升(吴本雪,1995)。一项利用1995年1%人口抽样调查资料对北京从妻居婚姻的研究也表明,按结婚年代进行划分,结婚年代越近,从妻居婚姻所占比例越大(郭志刚、陈功,1999)。此外,有关农村婚后居住方式的研究表明,20世纪80年代以来农村家庭居住方式与20世纪50年代初有所不同的是,女嫁男家后和父母同住的比例在下降,而独立门户的人数显著增多,这主要与家庭的小型化有关。而计划生育政策的实施、政府提倡男到女家落户,也使得从妻居人数有所增加。但是,独立门户的小家庭仍然是在男方村庄,所以从夫居的本质没有变化(高小贤,2004)。

上述文献是对城市和农村居民婚后居住方式的研究结果。而流动家庭由于其特殊的流动性,其婚后居处这种相对稳定的生活状态则往往产生变化。原先独立门户的家庭可能由于流动而不得不将孩子托付给祖父母(外祖父母);而原先从夫居、从妻居的家庭也可能因流动而独立门户。面对复杂的情况,对流动人口居住方式的研究就不能停留在婚后居处,而要适应其流动特性,更多地关注他们进入流入地后夫妻的居住方式以及与孩子的居住情况。也只有这样，才使得研究能够更加贴近研究对象的实际生活，帮助他们揭示存在的问题，并提出有益的建议和意见。

一、配偶居住情况

首先，我们了解一下三个家庭样本在配偶居住上的情况分布。为了便于相互之间的比较，笔者将厦门流动人口样本中关于"配偶也外出务工，但在另一个地区"与"配偶在本市，但不住在一起"合并为"配偶外出务工，不住一起"。同时，为了甄别夫妻双方中究竟是男方还是女方更多地留在家乡，我们加入了性别分组。具体情况见表6-1。

表 6-1　三个家庭样本配偶居住情况分布

单位：%

选项	厦门流动人口样本（N＝139）			有外出经历家庭样本（N＝145）			农村未外出人口样本（N＝154）		
	男	女	合计	男	女	合计	男	女	合计
住在一起	43.9 (61)	29.5 (41)	73.4 (102)	30.3 (44)	24.1 (35)	54.4 (79)	55.2 (85)	39.6 (61)	94.8 (146)
配偶留在家乡	16.5 (23)	1.4 (2)	17.9 (25)	29.7 (43)	6.9 (10)	36.6 (53)	—	—	—
配偶外出务工，不住一起	5.8 (8)	2.9 (4)	8.7 (12)	4.1 (6)	4.8 (7)	8.9 (13)	0.6 (1)	4.5 (7)	5.1 (8)

注：括号内为样本数（本章以下各表相同，不一一罗列）。

从表6-1中我们可以看出：农村未外出打工家庭的夫妻住在一起的比例最高，达94.8％；而有外出流动经历家庭样本的相关比例最低，当夫妻一方在流入地打工时，夫妻能住在一起的比例仅仅勉强超过半数（54.4％）。这使得有外出经历的家庭成为在居住方式上最不稳定的群体，因为夫妻双方必然会在另一方的流动问题上产生博弈：是留在家乡的配偶一同跟随流动，从而形成类似"正在流动中"的厦门样本的情形（配偶能住在一起的比例为73.4％）；还是由外出务工的一方毅然放弃在外打工的"优厚待遇"回归家园，从而成全目前的"有外出经历"家庭。另一方面，未外出家庭也并非就是铁板一块，仍旧有5.1％的"配偶外出务工"。这也多少说明，城市化的汹涌浪潮已然波及众多家庭，也还将继续扩展到更多的家庭。因此，我们有关流动家庭的研究也显得尤为迫切。

从性别分组的情况看，"正在流动中"的厦门流动人口样本和有外出经历人口样本在"配偶留在家乡"一栏中,都表现为男性填答者的比例大大高于女性(分别高出 15 个和 20 多个百分点),这说明在夫妻双方决定"谁来流动"的过程中,多数的结果是妻子选择留在家乡。对于这一结论,许多关于流动人口的研究也都表明,流动人口中大多是青壮年男性,因为他们有着更强的"赚取面包"的能力。而他们的妻子则留在家乡务农并照看孩子和父母。

此外,本研究对于有外出经历家庭不仅询问了被访问者第一次外出打工的时间,还询问了其配偶第一次外出打工的时间。通过考察夫妻外出打工的时间差,我们可以对夫妻双方大约多久后才改变分居状态有一个初步了解。数据显示,在配偶也外出打工的 82 个有外出经历人口样本中,丈夫比妻子先外出打工的占 61.0%,其次是夫妻共同外出的为 23.2%,而妻子比丈夫先外出打工的仅为 15.8%。夫妻双方平均需要经过 3.38 年才能改变分居状态。其中,妻子先外出打工的家庭,改变分居状态的时间只需 2.8 年;而丈夫先外出打工的家庭,妻子却需要平均等上 4.8 年才能随同外出。这种时间差异也从另一侧面反映出男女外出的难易程度。

二、婚生孩子居住情况

既然是探讨与孩子居住的情况,我们必须先从三个样本中分别剔除没有生育子女的家庭,然后将获得的有效样本按照可能的情况列表进行比较。对于有外出经历的家庭,我们在问卷调查时询问的是他(她)们外出打工时孩子的居住情况,因此与"正在流动中"的厦门流动人口样本具有很强的可比性。而未外出家庭由于其流动经历的不同,在这个问题的选项上略有不同。具体情况见表 6-2。

表 6-2　三个家庭样本婚生孩子居住情况分布

单位:%

选　项	厦门流动人口样本(N=115)	有外出经历人口样本(N=123)	农村未外出人口样本(N=141)
与(外)祖父母住在家乡	28.7 (33)	26.0 (32)	6.4 (9)
与父母一方住在家乡	27.0 (31)	48.8 (60)	85.1 (120)
与父母一起住在打工地	24.3 (28)	18.7 (23)	—

续表

选　　项	厦门流动人口样本（$N=115$）	有外出经历人口样本（$N=123$）	农村未外出人口样本（$N=141$）
与父母一方住在打工地	13.0 (15)	4.1 (5)	2.1 (3)
和其他亲友住在一起	1.7 (2)	2.4 (3)	0.0 (0)
其他	5.2 (6)	0.0 (0)	6.4 (9)

从表 6-2 我们可以看到,有近半数(48.8％)有外出经历家庭,当父母的其中一方外出打工时,孩子是与父母另一方住在家乡。而孩子作为稳定的"家庭三角"中的一角,如此多数的孩子不能与父母"团圆",多少也成为外出打工的父或母决定返回家乡的原因。当然,我们可以将有外出经历家庭的情况看作一个动态的过程,返乡自然是其可能的结果之一,但另一可能的结果将是趋近于厦门流动人口样本的情形,即外出打工的一方通过努力,争取把孩子带出或者实现举家迁移,从而使得孩子"与父母一方住在打工地"和"与父母一起住在打工地"的比例相应攀升。尽管这绝非易事,但是如果考虑到一个相对完整的社会化家庭环境对孩子成长的极端重要性,我想不仅仅是流动家庭的父母,政府和社会也都应该参与进来,多想办法,多做努力。因为我们面临的现实已相当严峻:不论是"正在流动中"的厦门流动人口样本,还是有外出经历的家庭样本,都有近三成的孩子不是与父母的任何一方住在一起,而是留给了年迈的祖父母(外祖父母)来照顾。然而,这些祖父母(外祖父母)能否以渐衰的体力和精力在担负繁重的农活和家务的同时,兼顾对孙辈生活上的照料?这些父母不在身边的孩子能否与其他孩子一样健康、快乐地生活和学习?而由此引发的一系列问题,诸如留守子女的教育问题、留守老人的生活照料问题以及留守子女与老人所形成的隔代家庭问题等等,都将引起我们的思考。

第二节　家务分工和时间配置

家庭式的流动对传统的性别分工模式造成一定的冲击。这一过程中,许多女性通过流动实现了户外就业和职业变动,转换了经济身份,如由原来的家庭主妇转变为户外从业人员,由过去的辅助劳动力或纯农业生产者转变为兼业生产者或亦工亦农者,这一历史性的社会身份的变迁将带来家庭、个人的巨大的变化。本节就从家务分工和时间配置的角度对相应的变化展开细致的研究。在分析方法上同样是将三个家庭样本进行相互比较,并在此基础上加入性别分组,以突出考察家务分工上所存在的性别差异。

一、家务分工

(一)相关文献综述

关于性别分工的理论,西方社会学学者的研究成果最为突出。帕森斯(Talcott Parsons)的功能主义论认为,家庭作为一个系统,为了维持最佳功能状态,就必须在丈夫和妻子之间进行劳动分工:丈夫承担工具性的功能,即注重职业的、教育的和政治的外部活动;妻子承担表意性功能,专注家庭内部的事务,相夫教子,以维持家庭内部关系。当然也有许多理论提出了对家庭功能论的质疑。如伯吉斯(Ernest Burgess)认为,随着工业化进程和城市化进程的推进,家的传统功能(如经济、教育、娱乐等)已经向其他机构转移,而家庭功能的外移推动了家庭从机构型向友伴型的变迁。在友伴型家庭中,配偶双方享有平等的地位和权威以及平等的决策权、具有共同的兴趣和爱好,并根据各自的兴趣分工合作地处理家务。这样的结合中形成了相互间的爱护、夫妻以及亲子之间的亲密关系。因此,家庭成员之间的情感依赖是家庭得以维持的基础。查菲茨(Jener Saltzman Chafetz)的性别平等理论也给出了精彩的论述。其理论认为,有两类力量维持着性别不平等体系:一种是个体的强制性行为,这是根本性的,并与社会中宏观层面上的劳动分工有关。男人借助于所拥有的明显的物质资源优势将其转化为男女之间在微观的、人际关系层面的权力差异。当这种权力运用于夫妻关系中,他们从事家庭与家务劳动的可能性减少,即使妻子们在外有工作也要更多地承担家务劳动。另一种力量是个体的自愿行为。在性别文化定义下社会化的人们按照家庭与其他社会化机构中的性别生成程度的不同,个人不同程度地自愿行动,去维持宏观的劳动分工与关于男女差异的社会定义,同时在男女遭遇的微观层面,再造性别差异。

国内几项大型调查的研究结果也分别揭示,在性别差异上,女性承担家务劳动的时间明显多于男性;在城乡差异上,城镇丈夫的家务参与率高于农村;在分工差异上,日常性家务以妻子为主,重体力劳动以丈夫为主,子女教育更多是由夫妻共同承担(沈崇麟 等,1995;沙吉才,1995;陶春芳 等,1995;徐安琪,2000)。那么,流动家庭的家务分工又将呈现怎样的特征?

(二)实证分析与原因探讨

表 6-3 给出了三个家庭样本在各项家务上的不同分工情况。考虑到家中老人可能对流动家庭有着突出贡献,我们特别将"家中老人"承担家务的情况也一并列入进行比较。

表 6-3　三个家庭样本家务分工情况表

单位:%

分工	厦门流动人口样本				有外出经历人口样本				农村未外出人口样本			
	丈夫	妻子	夫妻共同	家中老人	丈夫	妻子	夫妻共同	家中老人	丈夫	妻子	夫妻共同	家中老人
做饭	18.5 (24)	62.3 (81)	13.8 (18)	4.6 (6)	4.1 (6)	74.2 (109)	12.2 (18)	9.5 (14)	2.6 (4)	80.5 (124)	14.3 (22)	3.9 (6)
洗碗	13.8 (18)	73.1 (95)	10.8 (14)	1.5 (2)	2.7 (4)	81.0 (119)	7.5 (11)	8.8 (13)	2.0 (3)	84.3 (129)	10.6 (16)	4.6 (7)
洗衣服	8.3 (11)	78.0 (103)	12.1 (16)	1.5 (2)	1.4 (2)	84.9 (124)	8.2 (12)	5.5 (8)	1.9 (3)	88.3 (136)	9.7 (15)	0.6 (1)
收拾屋子做卫生	9.0 (12)	70.7 (94)	18.0 (24)	0.8 (1)	4.1 (6)	68.5 (100)	21.2 (31)	6.2 (9)	4.5 (7)	74.8 (116)	18.1 (28)	3.2 (5)
日常家庭采购	39.8 (51)	43.0 (55)	14.8 (19)	2.3 (3)	15.2 (22)	36.6 (53)	42.1 (61)	6.2 (9)	16.9 (26)	53.9 (83)	27.3 (42)	2.6 (4)
照料孩子	6.7 (7)	42.9 (45)	27.6 (29)	22.9 (24)	3.1 (4)	41.2 (54)	28.2 (37)	27.5 (36)	3.5 (5)	61.1 (88)	26.4 (38)	9.0 (13)
辅导孩子功课	42.6 (40)	27.7 (26)	18.1 (17)	10.6 (10)	24.6 (28)	25.4 (29)	40.4 (46)	9.6 (11)	21.7 (31)	16.1 (23)	42.0 (60)	0.0 (0)
买煤(换煤气)等力气活	93.8 (105)	4.5 (5)	0.9 (1)	0.0 (0)	78.9 (112)	5.6 (8)	13.4 (19)	2.8 (4)	82.1 (124)	6.0 (9)	11.9 (18)	0.0 (0)

从表 6-3 我们可以总结出三个家庭样本在家务分工上所具有的不同特点:一是三个家庭样本都具备传统的性别家务分工特点。妻子承揽了绝大多数日常琐碎的家务活,尤其是在做饭、洗碗、洗衣服以及收拾屋子、做卫生上承担的比例都在七成以上。与此同时,丈夫则几乎包揽了"买煤(换煤气)等力气活",比例高达八九成。二是在每项家务分工的比例分布上,有外出经历人口样本与农村未外出人口样本都更为相似。而"正在流动中"的厦门

流动人口样本却表现出,丈夫们参与各项家务劳动的积极性都远远超过前二者。三是在涉及孩子的家务分工("照料孩子"和"辅导孩子功课")上,家中老人对"正在流动中"的厦门家庭和有外出经历家庭都给予了巨大支持,相关比例高出农村未外出人口样本10多个百分点。同时,在有外出经历家庭和未外出家庭中,有四成多的比例是由夫妻共同承担对孩子功课的辅导,而这个比例在厦门流动人口样本中却是由丈夫来承担。

综合上述的比较结果,我们可以做出如下解释。首先,针对三个家庭样本在家务分工上无一例外地呈现出传统性别分工模式,我们已然明了其背后深层次的原因正如性别理论所揭示的那样,是两性资源差异在家务分工上的集中体现。其次,"正在流动中"的厦门家庭的丈夫们对家务劳动的积极参与,多少让我们欣喜地感受到家庭的"流动"状态对传统的家庭分工模式的有力冲击,尽管他们很可能在返乡后又迅速回复到未外出前的分工模式。然而"正在流动中"家庭的丈夫们更多地参与家务或由夫妻共同承担家务,让我们看到了工业化和城市化在推动家庭向友伴型家庭转变的同时,亦带来了促进夫妻双方平等的有利因素。再次,在厦门家庭和有外出经历家庭中,我们看到了更多老人的身影,尤其是对孩子的照顾上比例高达两三成,因此与前面关于孩子的居住情况相互印证。最后,厦门家庭的丈夫更多地承担起对孩子功课的辅导任务,我们可以从前面三个家庭样本基本特征比较中看到,厦门家庭的丈夫具有高中以上教育程度的比例大大高于有外出经历家庭和未外出家庭的丈夫,那么在聘请家庭教师还是一项奢侈的家庭消费的情况下,由父母受教育程度高的一方来负责辅导孩子功课也就显得顺理成章了。

二、时间配置

在时间配置研究上,我们最熟知的莫过于美国著名经济学家贝克尔曾经论证的:"男人主要投资于提高市场效率的资本,因为他们把大部分劳动时间花在市场上","女人主要在提高家庭效率……因为妇女把她们的大部分时间花在这些活动上"(加里·S.贝克尔,1987)。本研究也特意加入了性别分组,以便观察流动家庭(正在流动、曾经流动和从未流动)在日常生活时间配置上可能存在的性别差异。

通过表6-4分析,我们可以从以下几个方面总结出三个家庭样本在日常生活时间配置上存在着性别的统计显著差异:一是在三项有关家务活动

（"做饭""家庭清扫、洗衣""其他家务劳动"）的时间花费上，除了农村未外出
人口样本在"其他家务劳动"上没有统计显著意义外，三个家庭样本都表现
出妻子所用时间多于丈夫的显著性别差异。二是在"工作/劳动/经营活动"
和"往返路途"时间花费上，只有农村未外出人口样本表现出丈夫所用时间
显著多于妻子。三是在休闲（"看电视""其他休闲活动"）时间花费上，未外
出家庭在"看电视"一项上，厦门家庭在"其他休闲活动（如看报纸、小说、聊
天、娱乐等）"上都表现为丈夫的休闲时间显著多于妻子。四是在"学习"和
"睡觉"的时间花费上，分别是有外出经历家庭在"学习"一项上，厦门家庭在
"睡觉"一项上，丈夫所用时间显著多于妻子。

表 6-4 日常生活主要活动占用时间比较分析表

单位：分钟

分工	厦门流动人口样本			有外出经历人口样本			农村未外出人口样本		
	男	女	T 值	男	女	T 值	男	女	T 值
工作/劳动/经营活动	533 (87)	580 (41)	1.864	550 (87)	520 (50)	−1.299	455 (82)	395 (61)	−2.213*
往返路途	69 (76)	40 (39)	−0.895	48 (80)	34 (46)	−1.729	60 (67)	44 (54)	−2.032*
做饭	42 (70)	61 (36)	1.988*	38 (53)	70 (43)	3.921***	53 (50)	111 (64)	4.186***
家庭清扫、洗衣	33 (67)	68 (39)	3.619**	36 (59)	59 (48)	3.901***	44 (50)	79 (62)	4.050***
其他家务劳动	26 (59)	50 (34)	2.807**	38 (63)	65 (44)	2.627*	56 (51)	74 (59)	1.772
看电视	103 (71)	100 (36)	−0.180	106 (76)	79 (44)	−1.822	140 (82)	116 (64)	−1.981*
其他休闲活动	118 (73)	60 (34)	−3.332**	88 (78)	78 (46)	−0.928	105 (69)	96 (54)	−0.558
学习	20 (54)	24 (26)	0.421	56 (46)	23 (28)	−2.549*	33 (39)	24 (34)	−1.064
睡觉	472 (87)	437 (41)	−2.235*	455 (88)	452 (51)	−0.273	467 (81)	460 (65)	−0.595

综合上述统计结果，我们可以得到如下结论：家务劳动时间花费上存

在的性别差异证实了贝克尔关于"妇女把她们的大部分时间花在这些活动上"的论述,也进一步证实了本研究有关流动家庭依旧秉承传统家务分工模式的论述。然而,贝克尔关于男人把大部分劳动时间花在市场上的论述却只在农村未外出人口样本中有所证实,而"正在流动中"的厦门流动人口样本却表现出妻子用于劳动市场上的时间多于丈夫。可见,对于流动中的女性来说,流动经历使得她们更多地走出家门实现户外就业的同时也使得她们承担起双重家庭重担。因此,对于流动妇女我们应给予更多的理解和关怀。

三、对家务分工的评价及其决定因素

在探讨对家务分工的评价之前,我们有必要先认识一下伯杰(Joseph Berger)在预期状态理论中对"公平分配的地位价值"这一观点的阐述。该理论认为公平与否的感觉更多的不在于投入和回报之间的比较,而是回报的评价是否正是行动者所期望的。[①] 可以说,这完全是一种主观上的认识,而这种主观认识很大程度上取决于性别角色期望。传统的"男主外,女主内"的性别角色期望容易认为女性承担再多的家务都是理所应当,而忽略了她们已不是"内人",而是和男性一样出外打拼的事实。那么,这种情况是否在流动家庭中也不例外?是否流动妇女对家务分工公平感的认识会因为她们自身实现就业,获得双重的社会经济身份而有所变化?又究竟是哪些因素影响着对家务分工的不同评价?这些疑问将带领我们一步步加深对流动家庭家务分工公平感的认识。

(一)对家务分工的评价

本研究提供了家务分工公平感四个不同层次的选项:很公平、较公平、不大公平和很不公平。表 6-5 是三个家庭样本在家务分工公平感上的分布情况,并进行了性别分组对比。

---

① Jonathan H Turner. 社会学理论的结构[M].邱泽奇,等译,北京:华夏出版社,2001:133.

表 6-5 家务分工公平感分布情况

单位:%

选项	厦门流动人口样本(N＝134)			有外出经历家庭样本(N＝131)			农村未外出人口样本(N＝143)		
	男	女	合计	男	女	合计	男	女	合计
很公平	18.7 (25)	6.7 (9)	25.4 (34)	16.0 (21)	5.3 (7)	21.4 (28)	11.2 (16)	7.7 (11)	18.9 (27)
较公平	36.6 (49)	18.7 (25)	55.3 (74)	35.9 (47)	19.8 (26)	55.7 (73)	38.5 (55)	21.0 (30)	59.5 (85)
不大公平	9.0 (12)	7.5 (10)	16.4 (22)	9.9 (13)	9.9 (13)	19.8 (26)	5.6 (8)	10.5 (15)	16.1 (23)
很不公平	2.2 (3)	0.7 (1)	2.9 (4)	1.5 (2)	1.5 (2)	3.0 (4)	1.4 (2)	4.2 (6)	5.6 (8)

从表 6-5 我们可以看出,三个家庭样本在家务分工公平感的分布上,比例基本一致。具体从性别比较看,男性的公平感要好过女性。表现为:在"很公平"和"较公平"的感受程度上,男性认同的比例大大高过女性;在"不大公平"和"很不公平"的感受程度上,尽管厦门流动人口样本中的男性比例略高于女性,而农村未外出人口样本的女性比例却大大高过男性。然而仅靠上述频数分布情况我们还不能推论在家务分工评价上存在着性别差异,为此,我们必须借助交互分析的卡方检验结果。

由于样本量有限,按照表 6-5 将样本分布到四个不同层次公平感选项中的数目就更少,使得数据不能满足卡方检验的要求。为此,我们将"很公平"和"较公平"合并为"公平"一项,"不大公平"和"很不公平"合并为"不公平"一项,从而使得数据分布不仅能够满足卡方检验的要求,而且便于我们通过公平感与性别的两两交互分析计算 OR 值(比数比)。表 6-6 列出了这一分析的结果。

表 6-6　家务分工公平感的性别差异分析

单位：%

指标	厦门流动人口样本 (N＝134)		有外出经历家庭样本(N＝131)		农村未外出人口样本 (N＝143)	
	男	女	男	女	男	女
公平	55.2 (74)	25.4 (34)	51.9 (68)	25.2 (33)	49.7 (71)	28.7 (41)
不公平	11.2 (15)	8.2 (11)	11.5 (15)	11.5 (15)	7.0 (10)	14.7 (21)
χ^2 值	0.669 (df＝1,p＝0.413)		2.291 (df＝1,p＝0.130)		9.584** (df＝1,p＝0.002)	
OR 值（女/男）	—		—		3.637	

从表 6-6 我们可以清楚地看到，仅在农村未外出人口样本中存在着男女对家务分工公平感认识上的性别差异。而且 OR 值表明，这种性别差异表现为女性认为"不公平"的为男性的 3.637 倍。那么，厦门流动人口样本和有外出经历人口样本在家务分工公平感上是否存在性别的显著差异？又会是哪些因素影响着家务分工公平感呢？带着这些疑问我们需要对家庭分工公平感影响因素做进一步的深入探讨。

（二）家务分工评价的影响因素分析

有学者的研究表明，夫妻公平感的差异主要是因为夫妻家务分担的相对量不同，它与妻子的公平感认同呈最大负相关，但与丈夫的公平感无显著相关（徐安琪，刘汶蓉，2003）。据此，我们可以尝试着探讨一下三个不同流动经历的家庭，它们各自不同的家务承担情况与家务公平感之间的关系。具体分析过程，我们分别按照三个家庭样本中八项家务分工承担者的频数分布情况建立新的数据库，并分别用 Weight Cases 过程指定各项家务的频数变量，进而建立模型。考虑到家务分工公平感这一因变量是个二分类变量，我们可以借助 Binary Logistic 回归方法进行分析。最后对统计结果进行解释说明。

表 6-7 和表 6-8 分别为有外出经历人口样本和农村未外出人口样本的模型拟合结果（表 6-7、表 6-8 中括号内注明的是自变量的参照类，因变量的参照类为"公平"）。此外，由于厦门流动人口样本的模型拟合结果没有统计学意义，因此不在这里进行列表。

表 6-7　有外出经历人口样本家务分工公平感 Logistic 分析

分工	解释变量	B	S.E.	P	Exp(B)	Model Chi-square
做饭	性别(男性)	0.711	0.447	0.112	2.036	
	承担(夫妻共同)			0.050		9.290*
	丈夫承担	1.826	0.987	0.064	6.209	
	妻子承担	−0.384	0.510	0.452	0.681	
洗碗	性别(男性)	0.706	0.432	0.102	2.027	
	承担(夫妻共同)			0.627		3.820
	丈夫承担	0.040	1.268	0.975	1.040	
	妻子承担	−0.472	0.526	0.370	0.624	
洗衣服	性别(男性)	0.708	0.434	0.103	2.031	
	承担(夫妻共同)			0.382		4.614
	丈夫承担	1.108	1.526	0.468	3.028	
	妻子承担	−0.500	0.565	0.376	0.606	
收拾屋子、做卫生	性别(男性)	0.817	0.440	0.063	2.264	
	承担(夫妻共同)			0.359		5.137
	丈夫承担	0.487	1.216	0.689	1.627	
	妻子承担	0.744	0.521	0.154	2.104	
日常家庭采购	性别(男性)	0.725	0.429	0.092	2.064	
	承担(夫妻共同)			0.950		3.132
	丈夫承担	−0.098	0.643	0.878	0.906	
	妻子承担	0.102	0.462	0.825	1.108	
照料孩子	性别(男性)	0.982	0.481	0.041	2.669	
	承担(夫妻共同)			0.210		6.087
	丈夫承担	1.704	1.088	0.117	5.493	
	妻子承担	0.578	0.491	0.239	1.783	
辅导孩子功课	性别(男性)	1.024	0.480	0.033	2.784	
	承担(夫妻共同)			0.607		5.362
	丈夫承担	0.055	0.594	0.927	1.056	
	妻子承担	0.536	0.563	0.341	1.710	
买煤(换煤气)等力气活	性别(男性)	0.851	0.444	0.055	2.342	
	承担(夫妻共同)			0.068		8.039*
	丈夫承担	0.460	0.681	0.500	1.583	
	妻子承担	2.222	1.015	0.029	9.228	

　　通过表 6-7 的统计结果,我们可以看到:有外出经历人口样本仅有"做饭"和"买煤(换煤气)等力气活"这两个模型在 0.05 水平上有统计意义,说明在性别和具体家务承担者两个变量中至少有一个的作用是有统计意义的。具体而言,在"做饭"模型中,对性别的 Wald 检验结果 $P=0.112$ 表明,性别对家务分工公平感的评价没有影响,而是承担做饭这项家务的情况对公平感评价的影响有统计意义;在"买煤(换煤气)等力气活"模型中,对性别

的 Wald 检验结果 $P=0.055$ 同样表明性别不具有影响力,而是妻子承担这项家务的 Wald 检验结果 $P=0.029$,具有统计学意义,且比数比 OR 值为 9.228,说明排除性别的混杂作用后,由妻子承担"买煤(换煤气)等力气活"会促使其认为家务分工不公平的情况是夫妻共同承担此项家务的 9.228 倍。

表 6-8　农村未外出人口样本家务分工公平感 Logistic 分析

分工	解释变量	B	S.E.	P	Exp(B)	Model Chi-square
做饭	性别(男性)	1.407	0.453	0.002	4.084	
	承担(夫妻共同)			0.157		13.882 **
	丈夫承担	2.180	1.422	0.125	8.845	
	妻子承担	1.416	0.789	0.073	4.119	
洗碗	性别(男性)	1.316	0.445	0.003	3.730	
	承担(夫妻共同)			0.170		14.926 **
	丈夫承担	−17.403	23205.400	0.999	0.000	
	妻子承担	2.007	1.066	0.060	7.444	
洗衣服	性别(男性)	1.344	0.437	0.002	3.833	
	承担(夫妻共同)			0.407		11.662 **
	丈夫承担	2.075	1.688	0.219	7.966	
	妻子承担	0.831	0.810	0.305	2.296	
收拾屋子、做卫生	性别(男性)	1.270	0.440	0.004	3.560	
	承担(夫妻共同)			0.248		12.737 **
	丈夫承担	0.965	1.292	0.455	2.625	
	妻子承担	1.104	0.661	0.095	3.016	
日常家庭采购	性别(男性)	1.212	0.438	0.006	3.361	
	承担(夫妻共同)			0.312		11.699 **
	丈夫承担	0.962	0.696	0.167	2.617	
	妻子承担	0.757	0.557	0.175	2.131	
照料孩子	性别(男性)	1.388	0.468	0.003	4.006	
	承担(夫妻共同)			0.031		21.941 ***
	丈夫承担	0.837	1.305	0.521	2.309	
	妻子承担	1.699	0.658	0.010	5.466	
辅导孩子功课	性别(男性)	1.352	0.503	0.007	3.864	
	承担(夫妻共同)			0.049		15.768 **
	丈夫承担	−0.036	0.622	0.954	0.965	
	妻子承担	1.302	0.571	0.023	3.678	
买煤(换煤气)等力气活	性别(男性)	1.119	0.451	0.013	3.062	
	承担(夫妻共同)			0.225		10.758 *
	丈夫承担	−0.723	0.607	0.233	0.485	
	妻子承担	0.337	0.927	0.716	1.401	

从表 6-8 统计结果我们可以看到：农村未外出人口样本在所有八项家务模型中都表现有统计学意义。具体我们从性别 Wald 检验结果的 P 值来看，八项家务模型中都表现出性别对家务分工公平感的显著影响，且比数比 OR 值表明：女性认为"不公平"的概率为男性的 3～4 倍。此外，在"照料孩子"和"辅导孩子功课"这两个模型中，承担者 Wald 检验结果的 P 值表明：妻子承担这两项家务促使其认为家务分工不公平的是夫妻共同承担此两项家务的 5.466 倍和 3.678 倍。

综合上述统计结果，我们不难看出，三个家庭样本在家务分工公平感影响因素上确实存在着明显的不同。从农村未外出人口样本在性别和个别家务承担情况上存在统计性显著差异，到有外出经历人口样本仅在个别家务承担情况上存在统计性显著差异，再到厦门流动人口样本在性别和家务承担情况上都不具有统计性显著差异，我们可以看出：尽管流动经历并没有改变"男主外，女主内"的传统分工模式，但它却在悄然地改变着人们对家务分工的主观感受。女性的不公平感随着流动性的增强而减弱，尽管她们同时因流动性的增加而更多地参与就业；同样，男性随着流动性的增加而更多地参与家务劳动，但是他们对家务分工不公平的感觉却相应减少，反倒认为家务分工公平的感觉相应攀升。为此我们不得不引入 Edward J Lawler 和 Jeongkoo Yoon(1998)的研究来对这一现象加以解释。该研究指出，结构性凝聚力有助于产生义务性行为，这些行为又会引起反馈作用从而增进积极情感。而行动者之间的相互依赖程度越高，他们关系中的结构性凝聚力就越多(Jonathan H. Turner,2001:347)。毫无疑问，越是处于流动中的家庭，其结构性凝聚力越大，因此无论是参与市场劳动还是家务劳动，行动者的这些"义务性行为"都将增进积极的情感。

第三节 夫妻性生活

随着性科学的不断普及和性意识的日益开化，性在婚姻生活中的价值和地位也日益重要。有学者对我国婚姻质量的研究表明，夫妻性生活情况是衡量婚姻质量的一个重要侧面(徐安琪，叶文振,1999)，还有学者在考察婚姻生活中的权力关系时将夫妻性生活情况作为"潜在的权力"①中的一种给予了认真分析(孙淑清,1995)。我们认为,性生活情况作为家庭生活的一个重要组成部分,引入研究中有助于我们扩展家庭生活的相关研究,加深对家庭生活的有关认识。尤其对流动家庭这一特殊群体来说,有关夫妻性生活的研究并不多见。因此,本章专门以一节的篇幅对这一问题展开细致的研究,重点突出不同流动状态家庭在夫妻性生活情况的不同特点。具体研究我们将从性要求表示、性生活过程和其他亲密行为这三个方面逐步展开。

一、性要求的表示

"性要求表示"也称为性生活主动权的研究,在已有的研究中基本包括夫妻在性生活中是否"主动向对方表示性要求"和"拒绝对方的性要求"这两项内容。国内相关研究认为性生活主动权是考察妇女家庭地位的一个重要指标(孙淑清,1995)。也有学者将其作为考察夫妻关系的一项指标,认为在性生活主动权上,男性高于女性,农村女性高于城镇女性,并与教育程度的高低呈正相关(张永,1993)。那么,流动家庭的性生活主动权又将呈现何种现象?为此,我们需要对三个家庭的夫妻在性生活主动权方面的频数分布情况有个大致的了解。

问卷中,关于在性生活中是否"主动向对方表示性要求"和"拒绝对方的性要求"这两个问题,提供了"经常""偶尔""从未"和"不作答"四个选项。考虑到被访问对象的性别因素,笔者将作答情况按性别分组列表说明,具体情况详见表6-9。

---

① 婚姻生活中的权力包括显见的权力[初婚决定权、消费(购物)决定权、生育决定权、收入管理和支配决定权]、潜在的权力(夫妻矛盾和解、承担家务、闲暇时间、性生活)和无形的权力(相互尊重、性别规范认同)。详见:孙淑清.当代中国妇女地位[M].北京:北京大学出版社,1995:78-92.

表 6-9　性生活主动权比较分析表

单位:%

选　项		厦门流动人口样本			有外出经历人口样本			农村未外出人口样本		
		男	女	合计	男	女	合计	男	女	合计
主动向对方表示	经常	31.1 (33)	2.8 (3)	33.9 (36)	25.4 (35)	2.9 (4)	28.3 (39)	22.0 (33)	3.3 (5)	25.3 (38)
	偶尔	21.7 (23)	19.8 (21)	41.5 (44)	21.7 (30)	20.3 (28)	42.0 (58)	18.7 (28)	23.3 (35)	42.0 (63)
	从未	0.9 (1)	3.8 (4)	4.7 (5)	0.7 (1)	5.1 (7)	5.8 (8)	0.7 (1)	4.0 (6)	4.7 (7)
	不作答	14.2 (15)	5.7 (6)	19.8 (21)	15.2 (21)	8.7 (12)	23.9 (33)	14.7 (22)	13.3 (20)	28.0 (42)
拒绝对方	经常	1.0 (1)	2.0 (2)	3.0 (3)	1.5 (2)	1.5 (2)	3.0 (4)	2.0 (3)	2.7 (4)	4.7 (7)
	偶尔	24.5 (25)	16.7 (17)	41.2 (42)	19.1 (26)	21.3 (29)	40.4 (55)	19.6 (29)	18.9 (28)	38.5 (57)
	从未	29.4 (30)	3.9 (4)	33.3 (34)	23.5 (32)	7.4 (10)	30.9 (42)	15.5 (23)	4.7 (7)	20.2 (30)
	不作答	14.7 (15)	7.8 (8)	22.5 (23)	18.4 (25)	7.4 (10)	25.8 (35)	18.9 (28)	17.6 (26)	36.5 (54)

通过表 6-9 比较,我们发现三个家庭样本在性生活主动权方面的频数分布情况基本类似,都表现为男性的主动权高于女性。具体表现为:在"主动向对方表示性要求"方面,选择"偶尔"和"从未"的男女比例相差不大,而选择"经常"的男性比例则高过女性 20 个左右的百分点;在"拒绝对方的性要求"方面,选择"经常"和"偶尔"的男女比例相差不大,而选择"从未"的男性比例高过女性 10~25 个百分点。此外,需要特别指出的是"不作答"选项是充分考虑到对被访问对象隐私权的尊重而提供的备选项,因此它的回答情况并不等同于缺失值,而是反映被访问对象出于种种原因的考虑而回避了对这两个问题回答的情况。表 6-9 中数据显示,未外出家庭无论男女对这两个问题回避的比例都高过其他两个家庭,而厦门家庭和有外出经历家庭的女性选择"不作答"的比例要比男性低很多。

二、性生活的过程

本研究对性生活过程的考察包括性感受交流、性爱抚时间和性快感体验三个内容。前两项内容反映的是配偶之间在性生活过程中的互动情况,而性快感体验则是对被访问对象自身感受的考察。针对这些不同情况，我们采取了不同的分析方法。前两项内容主要通过比较分析方法，突出对三个家庭样本之间不同之处的分析说明，而性快感体验不仅按照性别分组进行比较分析，还通过建立模型进行性快感体验的影响因素分析。

首先，是对"性感受交流"的分析。关于"性感受交流"，我们询问的是配偶之间是否经常交流性感受，并提供了"经常""有时""偶尔"和"从不"四个选项。表6-10是三个家庭样本在这四个选项上的频数分布情况。

表6-10　性感受交流比较分析表

单位：%

选项	厦门流动人口样本 （N＝127）	有外出经历人口样本 （N＝138）	农村未外出人口样本 （N＝146）
经常	15.7(20)	13.8(19)	6.8(10)
有时	39.4(50)	37.7(52)	38.4(56)
偶尔	29.1(37)	32.6(45)	35.6(52)
从不	15.7(20)	15.9(22)	19.2(28)

通过表6-10我们可以看出：三个家庭样本在性感受交流的频数上，都是"有时"占最多数（约占四成），其余依次为"偶尔""从不"和"经常"。厦门流动人口样本和有外出经历人口样本之间的比例分布情况更为接近，而农村未外出人口样本选择"经常"的比例明显低于其他两个样本，选择"从不"的比例高于其他两个样本，从而表现出比其他两个家庭在性交流感受上更为保守的一面。

其次，是对"性爱抚时间"的分析。关于"性爱抚时间"，我们提供了下述六种不同程度的选项，具体分布情况见表6-11。

表6-11　性爱抚时间比较分析表

单位：%

选项	厦门流动人口样本 （N＝119）	有外出经历人口样本 （N＝130）	农村未外出人口样本 （N＝137）
无亲昵行为	10.1(12)	10.0(13)	18.2(25)
1～2分钟	14.3(17)	14.6(19)	27.7(38)
3～5分钟	27.7(33)	32.3(42)	24.1(33)
6～10分钟	26.1(31)	23.1(30)	19.0(26)
11～20分钟	16.8(20)	13.1(17)	8.0(11)
20分钟以上	5.0(6)	6.9(9)	2.9(4)

通过表 6-11 我们可以看出：在性爱抚时间上，同样表现为厦门流动人口样本和有外出经历人口样本之间的比例分布情况更为接近：选择"3～5分钟"的占最多数（约三成左右），其次为"6～10分钟"，二者总和超过这两个家庭样本的半数以上。而农村未外出人口样本则表现为："1～2分钟"及以下，其比例都高于其他两个家庭；"3～5分钟"及以上，比例都低于其他两个家庭。可见，在性爱抚时间上，农村未外出人口样本同样表现出比其他两个家庭更为保守的一面。

最后，是对"性快感体验"的分析。关于"性快感体验"，我们询问的是被访问者近来在性生活中是否经常体验到性快感（性高潮），并提供了"没有""偶尔""有时""经常"和"每次"五种不同程度的选项。考虑到"偶尔"与"有时"的区别不太明显，笔者将这两项合并为"有时"一项。具体分布情况详见表 6-12。

表 6-12　性快感体验比较分析表

单位：%

选项	厦门流动人口样本（N＝124）			有外出经历家庭样本（N＝136）			农村未外出人口样本（N＝139）		
	男	女	合计	男	女	合计	男	女	合计
没有	5.6 (7)	4.0 (5)	9.6 (12)	5.9 (8)	2.2 (3)	8.1 (11)	3.6 (5)	5.8 (8)	9.4 (13)
有时	22.6 (28)	18.6 (23)	41.2 (51)	33.1 (45)	25.7 (35)	58.8 (80)	31.6 (44)	33.8 (47)	65.4 (91)
经常	28.2 (35)	8.9 (11)	37.1 (46)	22.1 (30)	8.1 (11)	30.2 (41)	19.4 (27)	5.0 (7)	24.4 (34)
每次	10.5 (13)	1.6 (2)	12.1 (15)	2.9 (4)	0.0 (0)	2.9 (4)	0.7 (1)	0.0 (0)	0.7 (1)

从表 6-12 我们可以看出：三个家庭样本在性快感体验的频数分布上，都是"有时"占最多数（其中有外出经历家庭和未外出家庭在六成左右），其次为"经常"，二者比例之和约占三个家庭样本总数的八九成。从性别比较上看，男性的自我感觉明显好过女性。表现在男性认为"每次"都体验到性快感（性高潮）的比例高过女性，且选择"经常"的比例更是高过女性 10 多个百分点。

然而，仅靠上述描述分析我们还不能推论在性快感体验上存在着性别差异，对此我们需要建立相关模型，并对影响性快感体验的其他有关因素作进一步探讨。考虑到性快感体验是一个多分类变量，我们可以借助 Multinomial Logistic 回归模型加以分析。通过将性快感体验分别与三个家庭样本的基本特征（包括性别、户口类型、年龄、教育程度、职业类别和收入情况）进行模型拟合。相关统计结果显示，有外出经历家庭和农村未外出人口样本的模型拟合结果具有统计学意义，其似然比卡方检验结果分别为 $P<0.05$和 $P<0.001$。具体统计结果详见表 6-13，其中因变量的参照类为“每次”，自变量的参照类分别在表中的括号内注明。

表 6-13　性快感体验的 Logistic 分析

	解释变量	有外出经历人口样本			农村未外出人口样本		
		B	Wald	*P*	*B*	Wald	*P*
	性别（男性）	32.908	415.281	0.000	33.555	1041.700	0.000
	户口（农村）	18.041	190.516	0.000	28.163	269.030	0.000
	年龄（41～50 岁/51 岁以上）						
	21～30 岁	−82.433	0.000	0.994	−4.508	0.000	0.999
	31～40 岁	−15.070	140.037	0.000	27.535	0.000	0.993
	41～50 岁				−4.823	11.971	0.001
	教育程度（大学）						
	文盲、半文盲	−37.681	0.000	0.997	−4.304	7.159	0.007
	小学	−25.248	.	.	1.071	0.489	0.484
	初中	−21.871	0.000	0.998	28.682	611.420	0.000
	高中/中专等中等技术学校	−22.618	0.000	0.998	−4.279	.	.
没	大专	30.541	0.000	1.000	29.558	.	.
有	职业类别（专业技术人员）						
	无业/失业	49.901	0.000	0.999			
	农林牧副渔业	4.972	.	.			
	服务业	82.290	0.000	0.994	—	—	—
	生产运输业	64.776	0.000	0.995			
	商业	36.557	0.000	0.997			
	个体户	28.512	.	.			
	收入状况（1501 元以上）						
	300 元以下	−19.632	.	.	19.028	217.290	0.000
	301～600 元	−0.915	0.148	0.700	18.163	168.550	0.000
	601～900 元	−18.510	54.811	0.000	16.067	.	.
	901～1200 元	−4.207	0.000	0.999	−35.840	.	.
	1201～1500 元	−20.266	139.590	0.000	1.488	.	.

续表

解释变量	有外出经历人口样本			农村未外出人口样本		
	B	Wald	P	B	Wald	P
性别(男性)	32.443	3479.960	0.000	34.150	2764.400	0.000
户口(农村)	17.741	923.082	0.000	27.778	806.440	0.000
年龄(41~50岁/51岁以上)						
21~30岁	−32.262	0.000	0.993	−2.218	0.000	0.999
31~40岁	−13.616	334.064	0.000	29.760	0.000	0.993
41~50岁				−3.563	.	.
教育程度(大学)						
文盲、半文盲	10.429	0.000	0.997	11.762	0.000	0.999
小学	43.716	3739.760	0.000	21.119	0.000	0.999
初中	26.629	216.578	0.000	47.582	0.000	0.997
高中/中专等中等技术学校	26.261	.	.	13.683	0.000	0.999
大专	28.510	0.000	1.000	47.551	.	.
职业类别(专业技术人员)						
无业/失业	−18.271	0.000	1.000			
农林牧副渔业	−19.473	.	.			
服务业	31.817	473.081	0.000	—	—	—
生产运输业	15.147	117.452	0.000			
商业	2.813	3.290	0.070			
个体户	−1.345	.	.			
收入状况(1501元以上)						
300元以下	1.020	.	.	−1.869	2.197	0.138
301~600元	0.600	0.350	0.554	−1.215	1.034	0.309
601~900元	−18.624	85.979	0.000	−4.599	13.171	0.000
901~1200元	−3.524	0.000	0.999	−36.358	832.640	0.000
1201~1500元	−19.351	451.278	0.000	0.758	0.340	0.560

有时

续表

解释变量	有外出经历人口样本			农村未外出人口样本		
	B	Wald	P	B	Wald	P
性别(男性)	31.966	.	.	32.272	.	.
户口(农村)	17.876	.	.	28.688	.	.
年龄(41~50岁/51岁以上)						
21~30岁	−31.796	0.000	0.993	16.748	.	.
31~40岁	−13.027	.	.	47.230	.	.
41~50岁				12.490	0.000	0.997
教育程度(大学)						
文盲、半文盲	−7.182	0.000	0.998	−8.596	.	.
小学	26.884	.	.	−1.172	.	.
初中	9.254	25.462	0.000	25.883	.	.
高中/中专等中等技术学校	9.882	.	.	−5.929	.	.
大专	30.481	0.000	1.000	26.597	0.000	0.998
职业类别(专业技术人员)						
无业/失业	10.879	.	.			
农林牧副渔业	−2.821	.	.			
服务业	69.155	.	.	—	—	—
生产运输业	52.883	.	.			
商业	40.373	.	.			
个体户	36.107	.	.			
收入状况(1501元以上)						
300元以下	−17.597	.	.	0.253	.	.
301~600元	1.090	.	.	1.162	.	.
601~900元	−17.993	88.120	0.000	−1.537	.	.
901~1200元	−2.525	0.000	0.999	−34.742	.	.
1201~1500元	−19.798	.	.	3.042	.	.
ModelChi-Square	81.158*			88.873***		

(表中左侧纵标目:经常)

表6-13统计结果显示:"没有"和"每次"这两种性快感体验相比,有外出经历家庭和未外出家庭都表现为女性比男性更倾向选择"没有"(χ^2分别为415.281和1041.7,$P<0.001$);拥有镇户口的比农村更倾向选择"没有"(χ^2分别为190.516和269.03,$P<0.001$);在年龄比较上,有外出经历家庭年龄在"41~50岁"比"31~40岁"更倾向选择"没有"($\chi^2=-15.070$,$P<0.001$),未外出家庭年龄在"51岁以上"比"41~50岁"更倾向选择"没有"($\chi^2=-4.823$,$P<0.01$);在收入比较上,有外出经历家庭收入在"601~900元"和"1201~1500元"比"1501元以上"更倾向选择"每次"(χ^2分别为−18.510和

$-20.266,P<0.001$),未外出家庭收入在"300 元以下"和"301~600 元"比"1501 元以上"更倾向选择"没有"(χ^2 分别为 19.028 和 18.163,$P<0.001$)。此外,未外出家庭教育程度为"文盲、半文盲"比"大学"更倾向选择"每次"($\chi^2=-4.304,P<0.01$),而"初中"文化程度的比"大学"更倾向选择"没有"($\chi^2=28.682,P<0.001$)。

"有时"和"每次"这两种性快感体验相比,有外出经历家庭和未外出家庭也都表现为女性比男性更倾向选择"有时";拥有镇户口的比农村更倾向选择"有时";在收入比较上,有外出经历家庭收入在"601~900 元"和"1201~1500 元"比"1501 元以上"更倾向选择"每次",未外出家庭收入在"901~1200元"和"1201~1500 元"比"1501 元以上"更倾向选择"每次"。此外,有外出经历家庭年龄在"31~40 岁"比"41~50 岁"更倾向选择"每次",教育程度为"小学"和"初中"的比"大学"更倾向选择"有时",职业为"服务业"和"生产运输业"比"专业技术人员"更倾向选择"有时"。

"经常"和"每次"这两种性快感体验相比,有外出经历家庭教育程度为"初中"的比教育程度为"大学"的更倾向选择"经常",收入在"601~900 元"比"1501 元以上"更倾向选择"每次"。而未外出家庭与相关自变量无关。

综合上述统计结果,我们可以初步得出下述结论:在性快感体验上,男性好过女性,农村好过城镇,年龄轻些好过年龄大的,而教育程度和收入水平却并非越高的人性快感体验越好。

三、其他亲密行为

本研究对其他亲密行为的研究是通过询问夫妻之间除了性生活以外,是否还有着诸如牵手、亲吻等亲昵行为,并提供了"从不""偶尔""有时"和"经常"四种不同程度的选项。具体分布情况详见表 6-14。

表 6-14 其他亲密行为比较分析表

单位:%

选项	厦门流动人口样本 (N=129)	有外出经历人口样本 (N=137)	农村未外出人口样本 (N=138)
经常	21.7(28)	15.3(21)	6.5(9)
有时	33.3(43)	35.0(48)	36.2(50)
偶尔	28.7(37)	34.3(47)	30.4(42)
从不	16.3(21)	15.3(21)	26.8(37)

通过表 6-14 我们可以看出:三个家庭样本在其他亲密行为上,都是"有时"占最多数,其次为"偶尔",二者比例之和约占三个家庭样本总数的六七成。厦门流动人口样本和有外出经历人口样本之间的比例分布情况更为接近,而农村未外出人口样本选择"经常"的比例低于其他两个家庭样本 10～15 个百分点,选择"从不"的比例高于其他两个家庭样本 10 多个百分点。因此在其他亲密行为上,未外出家庭依旧表现出比其他两个家庭更为保守的一面。

通过上述分析,我们对流动家庭夫妻性生活情况有了一个初步的了解。大致说来,未外出家庭夫妻的性生活情况比起流动或曾经流动过的厦门家庭和有外出经历家庭要保守一些。由此可见,流动经历在给流动人口带来开放心态的同时,也在悄悄地改变着他们的行为观念。

第四节　家庭地位

社会学认为,地位是人们所具有的反映等级的一切属性,而不仅仅是与声望或权力相关的等级。具体可以分为下列三种:一是绝对地位,指人们所拥有的实际的社会资源量;二是比例地位,指人们在某一地位变量的百分比分布中所处的位置;三是相对地位,指人们的等级位置或相对于他人而言的社会资源拥有率,而相对地位是测量人们地位的一个综合性指标(林聚任、谭琳,1999)。本节对家庭地位的研究是对第三种相对地位的探讨,即侧重于女性相对于其丈夫而言的家庭地位,具体指女性在家庭中拥有与控制家庭资源的能力和享有的各种权力与威望。它是一个多元的概念,包含家庭中的多种权力和威望(沙吉才,1995;刘启明,1995)。具体研究将分别从下述四个方面分步展开:家庭地位的总体评价、家庭经济支配自主权、家庭事务决策权和家庭地位的影响因素。

一、对家庭地位的总体评价

本节对家庭地位总体评价的研究是通过考察被访问者对自己在家庭中地位自我感知来进行的。具体问卷中,我们提供了"非常高""比较高""一般""比较差"和"非常差"五个不同程度的选项。很显然,越是选择"非常高"的,表示对家庭地位的自我评价越高。由于厦门流动人口样本的问卷中没有涉及这一问题,我们只能在有外出经历家庭和农村未外出人口样本之间进行比较。表 6-15 列出了具体分布情况。

表 6-15　家庭地位总体评价比较分析表

单位:%

选项	有外出经历人口样本 (N=147)			农村未外出人口样本 (N=154)		
	男	女	合计	男	女	合计
非常高	5.4 (8)	0.7 (1)	6.1 (9)	5.8 (9)	1.9 (3)	7.7 (12)
比较高	27.2 (40)	6.8 (10)	34.0 (50)	20.1 (31)	11.7 (18)	31.8 (49)
一般	29.3 (43)	25.2 (37)	54.4 (80)	28.6 (44)	25.3 (39)	53.9 (83)
比较差	2.0 (3)	1.4 (2)	3.4 (5)	1.3 (2)	3.2 (5)	4.5 (7)
非常差	0.7 (1)	1.4 (2)	2.1 (3)	0.0 (0)	1.9 (3)	1.9 (3)

通过对有外出经历人口样本和农村未外出人口样本的比较,我们可以发现:首先,两个家庭样本无论男女都表现为认可自己家庭地位“一般”的占多数,其比例之和超过半数,其余按比例高低依次为:“比较高”“非常高”“比较差”和“非常差”。其次,从性别比较上看,男性对家庭地位的自我评价要好过女性对自身家庭地位的评价。男性认为“比较高”和“非常高”的比例高过女性,而女性认为“非常差”的比例高过男性。最后,从两个家庭样本之间的比较来看,有外出经历家庭的男性对家庭地位的自我感觉要好过未外出家庭的男性,而有外出经历家庭的女性对家庭地位的自我感觉却比未外出家庭的女性差些。

上述描述只是让我们对家庭地位的总体评价有一个初步了解。我们知道,家庭地位的总体评价是一个主观指标,但这种主观认识的产生离不开客观现实相关因素的作用,因此探讨究竟是哪些因素有可能影响对家庭地位的自我评价必将有助于我们加深家庭地位总体评价的相关认识。为此,本研究将在随后的研究中专门用一节的篇幅详细分析家庭地位的相关影响因素。而在此之前我们必须对家庭地位相关内涵有一个充分的认识。正如本节一开篇所提到的,家庭地位指的是在家庭中拥有与控制家庭资源的能力和享有的各种权力与威望。因此对家庭中存在的权力作一番探讨构成了对家庭地位研究的一个重要内容。本研究问卷中涉及的有关权力包括家庭经济支配权和家庭事务与个人事务决策权。下面我们将分别展开相关研究。

二、家庭经济支配的自主权

本研究对家庭经济支配权的探讨是询问被采访者是否觉得自己在家庭经济支配方面自主权太少。具体在问卷中我们提供了四个程度的选项,它们分别是:经常感到不自由、有时感到不自由、偶尔感到不自由和从未感到不自由。考虑到"有时感到"和"偶尔感到"的区别不太明显,笔者将这两项合并为"有时感到"一项。表 6-16 给出了三个家庭样本在家庭经济支配权方面的分布情况,显然,越是选择"经常感到",说明其在家庭经济支配方面的自主权越小。

表 6-16　家庭经济支配自主权分布情况

单位:%

选项	厦门流动人口样本 (N＝134)			有外出经历家庭 样本(N＝142)			农村未外出人口样本 (N＝151)		
	男	女	合计	男	女	合计	男	女	合计
经常感到	0.0 (0)	0.7 (1)	0.7 (1)	0.7 (1)	0.7 (1)	1.4 (2)	2.0 (3)	4.0 (6)	6.0 (9)
有时感到	13.7 (17)	12.7 (17)	25.4 (34)	22.4 (46)	21.1 (30)	53.5 (76)	31.1 (47)	26.5 (40)	57.6 (87)
从未感到	53.7 (72)	20.1 (27)	73.8 (99)	30.3 (43)	14.8 (21)	45.1 (64)	23.2 (35)	13.2 (20)	36.4 (55)

从表 6-16 我们可以看出:一是总的来说,厦门家庭的经济支配权最高,其次是有外出经历家庭,最后是未外出家庭。具体表现在:厦门家庭无论男女在家庭经济支配上"从未感到不自由"的比例最高,尤其是厦门家庭的男性认为"从未感到不自由"的比例甚至超过了半数。二是三个家庭样本都表现出男性的家庭经济支配权高过女性。具体反映在:三个家庭中,认为"从未感到不自由"的男性比例高过女性 10～30 个百分点,而女性认为"经常感到不自由"的比例均略高于男性。

然而,仅靠上述的描述分析我们还无法推论在家庭经济支配权上存在着性别差异,也并不清楚究竟是哪些因素对家庭经济支配权产生影响。为此我们需要建立相关模型进行更为准确的分析。考虑到家庭经济支配权是一个多分类变量,我们可以通过 Multinomial Logistic 回归分析,将家庭经济支配权这个因变量分别与三个家庭样本的基本特征进行模型拟合。这些基本特征包括户口类型、年龄、教育程度、目前职业、目前收入。通过相关模型拟合,结果显示唯有厦门流动人口样本在户口、目前职业和性别这三个因素共同作用下,似然比卡方检验结果 $P<0.05$,说明模型具有统计学意义。为此,我们将相关统计结果详细列为表 6-17,其中因变量的参照类为"从未感到不自由",自变量的参照类分别在表中的括号内注明。

表 6-17　厦门流动人口样本家庭经济支配权的 Logistic 分析

选项	解释变量	B	Wald	P
经常感到	性别(男性)	36.644	0.000	0.998
	户口(农村)	−37.769	0.000	0.998
	目前职业(个体户)			
	无业/失业	−26.661	.	.
	农林牧副渔业	0.000	.	.
	服务业	−26.801	.	.
	生产运输业	−62.835	.	.
	商业	−23.707	0.000	0.999
有时感到	性别(男性)	1.080	6.262	0.012
	户口(农村)	0.399	0.533	0.465
	目前职业(个体户)			
	无业/失业	−1.080	.	.
	农林牧副渔业	0.000	.	.
	服务业	19.032	264.534	0.000
	生产运输业	18.281	262.269	0.000
	商业	17.190	.	.
Model Chi-Square		24.022*		

表 6-17 统计结果显示:在厦门家庭中,"有时感到不自由"和"从未感到不自由"这两种经济自主权相比,女性比男性更容易产生"有时感到不自由"的困扰($\chi^2=6.262,P<0.05$);职业为"服务业"和"生产运输业"的比"个体户"更容易产生"有时感到不自由"的困扰(χ^2 分别为 264.534 和 262.269,$P<0.001$),而"无业/失业"以及从事"农林牧副渔业"和"商业"的与从事"个体户"之间没有差别;户口为镇和农村的相互之间也没有差别。

"经常感到不自由"和"从未感到不自由"这两种经济自主权相比,在性别、户口和目前职业上都没有统计显著差异。

综合上述统计结果,我们可以得出结论:厦门家庭经济支配权受性别和部分职业等因素的影响。那么,被访问者对家庭经济支配权的感受是否会影响到他们对自身家庭地位总体评价? 对这个问题的回答我们同样需要按照前面的分析方法,根据有外出经历人口样本和农村未外出人口样本男女两性在家庭经济支配权和家庭地位总体评价上的频数分布情况建立新的数据库,然后分别用 Weight Cases 过程指定不同家庭的频数变量,并在此基础上利用 Multinomial Logistic 回归分析对家庭地位总体评价这一个多分类变量进行模型拟合。

通过分别对有外出经历人口样本和农村未外出人口样本进行模型拟合,结果显示只有农村未外出人口样本在家庭经济支配权和性别因素共同作用下,似然比卡方检验结果 $P < 0.001$,说明模型具有统计学意义。表 6-18 提供了详细的统计结果,其中因变量的参照类为"比较高",自变量的参照类分别在表中的括号内注明。

表 6-18　农村未外出人口样本家庭地位总体评价的 Logistic 分析

选　　项	解释变量	B	Wald	P
非常高	性别(男性)	−0.432	0.749	0.564
	家庭经济支配权(从未感到不自由)			
	经常感到不自由	−18.277	.	.
	有时感到不自由	−2.005	5.826	0.016
一般	性别(男性)	0.372	0.990	0.320
	家庭经济支配权(从未感到不自由)			
	经常感到不自由	0.479	0.144	0.705
	有时感到不自由	0.361	0.877	0.349
比较差	性别(男性)	1.663	2.764	0.096
	家庭经济支配权(从未感到不自由)			
	经常感到不自由	3.444	5.735	0.017
	有时感到不自由	−0.539	0.261	0.609

续表

选项	解释变量	B	Wald	P
	性别(男性)	19.385	0.000	0.997
非常差	家庭经济支配权(从未感到不自由)			
	经常感到不自由	22.522	0.000	0.998
	有时感到不自由	−0.218	0.000	1.000
Model Chi-Square		50.346***		

表 6-18 统计结果显示:在未外出家庭中,家庭地位"非常高"和"比较高"相比,在家庭经济支配权上"从未感到不自由"的比"有时感到不自由"的更容易认为自己家庭地位"非常高"($\chi^2 = 5.826, P < 0.05$);家庭地位"比较差"和"比较高"相比,在家庭经济支配权上"经常感到不自由"的比"从未感到不自由"的更容易认为自己家庭地位"比较差"($\chi^2 = 5.735, P < 0.05$);上述比较在性别上都没有差别。

通过模型分析,我们知道:家庭经济自主权对家庭地位的总体评价有一定的影响作用.这将为后面家庭地位的影响因素分析提供有益的线索。

三、家庭事务与个人事务的决策权

1990 年"第一期中国妇女地位调查"和 2000 年"第二期中国妇女社会地位调查"对家庭权力的考察多集中于家庭事务的研究,将其具体分为"家庭重大决策"和"家庭日常决策"两类,以此作为衡量家庭权力的指标。例如:有的研究认为家庭重大决策是衡量家庭权力的核心指标(陶春芳,蒋永萍,1993);有的研究却证明:家庭日常开支决策以及与之相联系的一系列日常生活事件对于家庭权力自我评价的影响高于所谓的家庭重大决策,并由此呼吁研究者应当重视家庭琐事,加强对日常生活领域的研究(郑丹丹,2003)。此外,一些研究则跳出"家庭事务"的范畴,而是把家庭事务和个人事务结合起来共同探讨,由此得出结论:家庭决策更多地体现为一种责任和义务(刘启明,1995),个人事务比其家庭事务更能反映个体在家庭中的权力和地位(左际平,2002)。本研究在问卷设计之初就包含了对家庭事务决策权和个人事务决策权的相关问题,因此倾向于将二者结合起来进行研究。

(一)家庭事务决策权
本研究关于"家庭事务决策权"共询问了在家庭日常开支、购买高档用品/大型农机具、是否要孩子、孩子的升学/就业、买房/盖房、从事什么工作(生产)以及投资或贷款等 7 个方面事务的决定上通常以谁的意见为主。表6-19 是三个家庭样本在各项家庭事务决策权上的分布情况。

表 6-19 家庭事务决策权分布情况

单位:%

选 项	厦门流动人口样本			有外出经历人口样本			农村未外出人口样本		
	丈夫	妻子	夫妻共同	丈夫	妻子	夫妻共同	丈夫	妻子	夫妻共同
家庭日常开支	19.7 (27)	28.5 (39)	51.8 (71)	12.3 (18)	47.9 (70)	39.7 (58)	8.4 (13)	52.9 (82)	38.7 (60)
购买高档用品/大型农机具	32.1 (42)	8.4 (11)	59.5 (78)	43.8 (63)	0.7 (1)	55.6 (80)	43.2 (67)	1.9 (3)	54.2 (84)
是否要孩子	9.9 (13)	6.1 (8)	83.2 (109)	9.2 (13)	6.3 (9)	84.5 (120)	7.1 (11)	3.8 (6)	89.1 (139)
孩子的升学/就业	19.5 (22)	5.3 (6)	75.2 (85)	24.8 (33)	3.8 (5)	71.4 (95)	19.3 (28)	6.2 (9)	73.8 (107)
买房/盖房	20.3 (26)	4.7 (6)	75.0 (96)	31.9 (46)	0.7 (1)	67.4 (97)	24.0 (36)	2.0 (3)	74.0 (111)
从事什么工作(生产)	31.3 (40)	7.8 (10)	60.9 (78)	34.1 (47)	3.6 (5)	62.3 (86)	28.2 (42)	4.0 (6)	67.8 (101)
投资或贷款	25.4 (29)	5.3 (6)	68.4 (78)	34.3 (49)	0.0 (0)	65.7 (94)	32.0 (48)	3.3 (5)	64.7 (97)

从表 6-19 我们可以总结出三个家庭样本在"家庭事务决策权"上有如下不同之处:一是厦门流动人口样本在家庭事务决策权上比起其他两个家庭样本都更为平权。具体表现为:在所有 7 项家庭事务上,厦门流动人口样本由"夫妻共同"决策的比例都超过半数,且由丈夫做主与由妻子做主之间的比例差距也小于其他两个家庭样本。二是从性别比较而言,丈夫的决策权高过妻子。除了"家庭日常开支"一项,其余 6 项家庭事务由丈夫做主的比例都高过妻子。就连"是否要孩子"这个婚姻法保护妇女有最终决定权的事务,尽管它是所有家庭事务中由"夫妻共同"做主比例最高的一项(达 8~9 成),但是由丈夫做主的比例还是略高过妻子。此外,"家庭日常开支"一项在有外出经历家庭和农村未外出人口样本中,由妻子做主的比例超过或接近半数。如此高的比例与其他各项形成了鲜明的对比,难怪有学者高呼,家庭日常开支决策权体现的是对家庭的管理和操心,因此更多地应从家庭责任和义务的意义上去理解。

(二)个人事务决策权

本研究中"个人事务决策权"是对"购买个人高档用品""出外学习或打工"和"资助自己父母"这三个方面事务能否自己做主的考察。为了简便起见,我们将选项"完全可以"和"基本可以"合并成"可以"项;"基本不可以"和"完全不可以"合并成"不可以"项。由此形成在个人事务决策权上的三个不同程度:可以、一般和不可以。表6-20列出了具体的分布情况。

表6-20　个人事务决策权分布情况

单位:%

样本			购买个人高档用品	出外学习或打工	资助自己父母
厦门家庭样本	可以	男	54.4(74)	53.3(72)	53.3(73)
		女	22.8(31)	18.5(25)	24.0(33)
	一般	男	8.1(11)	11.1(15)	12.4(17)
		女	6.6(9)	8.1(11)	7.3(10)
	不可以	男	4.4(6)	3.0(4)	0.7(1)
		女	3.7(5)	5.9(8)	2.2(3)
有外出经历家庭样本	可以	男	45.5(66)	50.4(72)	51.4(75)
		女	22.7(33)	21.0(30)	24.0(35)
	一般	男	13.8(20)	9.8(14)	11.6(17)
		女	11.7(17)	7.7(11)	10.3(15)
	不可以	男	4.8(7)	4.2(6)	1.4(2)
		女	1.4(2)	7.0(10)	1.4(2)
未外出家庭样本	可以	男	37.0(57)	32.9(50)	38.9(60)
		女	27.2(42)	16.4(25)	31.8(49)
	一般	男	12.3(19)	14.5(22)	12.3(19)
		女	10.4(16)	10.5(16)	9.1(14)
	不可以	男	6.5(10)	9.2(14)	4.5(7)
		女	6.5(10)	16.4(25)	3.2(5)

通过表6-20的相互比较,我们可以总结出三个家庭样本在"个人事务决策权"上有如下特点:一是从性别比较上看,男性的自主权高过女性。具体表现在:"可以"和"一般"这两个程度上,男性的比例都高过女性,尤其是在"可以"上,男性比例多在五成左右,而女性可以自己做主的比例仅在两成左右。二是从三个家庭样本的比较上看,未外出家庭的男女自主权差异相对较小。突出表现在"可以"这一程度上,厦门家庭和有外出经历家庭的男性比例高出女性一倍以上,而未外出家庭男女之间的自主权却没有如此大的悬殊。

通过上述分析,我们对家庭经济支配权和个人事务自主权都有了一个大致的了解。然而这些权力状况是否对家庭地位有一定的解释力,则要在随后的研究中加以探讨。

四、家庭地位的影响因素

(一)相关文献综述

正如本节一开篇所指出的,本研究对家庭地位的探讨是侧重于女性相对于其丈夫而言的家庭地位。我国对妇女地位的研究可谓政府关注、群众参与,从 20 世纪 90 年代便开展了一系列全国性的妇女地位大型调查,如全国妇联和国家统计局联合进行的"第一期中国妇女地位调查"(1990 年)、中国社会科学院人口研究所进行的"当代中国妇女地位调查"(1991 年)以及"第二期中国妇女社会地位调查"(2000 年),这些调查活动形成了许多丰富的研究成果,为妇女研究奠定了深厚的基础。

早些时候的研究中存在着大体一致的倾向,即注重对家庭权力的考察(陶春芳,蒋永萍,1993;沙吉才,1995),其所遵循的主要理论思路是资源理论,即个人资源(职业地位、收入、教育程度)越是雄厚对家庭决策的影响力就越大(埃什尔曼,1991)。随后,有些学者尝试着借助多元回归分析的方法探讨家庭地位总体水平与城乡、文化程度、经济收入以及收入支配权等因素之间的关系。例如有的学者认为不论城乡,小学和初中文化程度与妇女家庭地位总水平呈负相关,而高中以上文化在城市呈正相关;城市妇女收入与其收入支配权、子女前途发言权以及总体地位水平呈显著正相关,农村妇女收入与其收入管理权、收入支配权、生育意愿决策权和总体地位水平呈显著正相关(沙吉才,1995)。还有学者认为男性的地位高于女性,两性差距农村高于城市;女性在家庭中拥有的更多是责任而非权力;城市妇女家庭地位总水平取决于不同地区的开放程度和发展水平、女性本人的经济收入;农村女性家庭地位取决于地区变量、女性经济收入、孩子数量和高中以上的文化程度(刘启明,1995)。近年来,随着研究视角的不断拓展,有的学者将家庭地位与夫妻关系结合起来加以探讨,认为对家庭地位满意度有直接影响的三个主要因素分别为:家务分工满意度、婚姻满意度和个人消费自由权,而与当事人是否拥有实权相关性不大(徐安琪,2003)。

上述学术成果对本研究有着巨大的启示意义。而对于流动家庭而言,它们源于"家庭流动性"的独特经历无疑为家庭地位的探讨提供了一些新鲜元素,例如与家庭流动性相关的指标——外出打工年数、是否与孩子住在一起,都可以作为相关的影响因素在本研究中加以探讨。此外,本研究先前各小节对微观层面的家庭生活互动过程的研究,包括家务劳动承担的情况、夫妻情感互动的情况,以及各种家庭权力的拥有和使用情况等同样为家庭地位的探讨提供了有益的思路和依据。这些内容都将作为相关影响因素纳入随后的研究。

(二)家庭地位的影响因素分析

本研究中家庭地位的总体评价是一个多分类变量,因此我们同样可以采用 Multinomial Logistic 回归分析。同时,为了便于对分析结果的解释,我们将家庭地位总体评价的五种程度中"非常高"和"比较高"合并为"良好"一项,"非常差"和"比较差"合并为"不好"一项,由此形成的因变量为"良好""一般"和"不好"的三分类变量,并以"不好"为参照类。

由于厦门家庭调查问卷没有涉及对家庭地位总体评价的考察,因此下面的研究则分别对有外出经历家庭和农村未外出人口样本进行模型拟合,引入的自变量包括性别、户口类型、年龄、教育程度、收入状况、与孩子居住情况、家务分工公平感、家庭经济支配权、个人事务决策权和性生活满意度。其中性生活满意度是一个数值变量,其余全是分类变量,相应的参照类在统计表格中分别用括号加以标注(见表 6-21)。此外,有外出经历家庭因其流动性特征而特别增加了"初次外出打工时间"这一变量,以考察这种流动性特征是否对家庭地位的评价产生影响。

表 6-21　家庭地位总体评价良好的 Logistic 分析

解释变量	有外出经历人口样本			农村未外出人口样本		
	B	Wald	P	B	Wald	P
性别(男性)	5.087	0.000	0.999	−14.151	0.000	0.998
户口(农村)	−53.251	0.000	0.995	2.952	0.000	1.000
年龄(41～50 岁/51 岁以上)						
21～30 岁	11.148	0.000	0.999	16.455	0.000	0.999
31～40 岁	11.135	8.578	0.003	16.981	0.000	0.996
41～50 岁				10.776	45.789	0.000
教育程度(大专)						
文盲、半文盲	−22.717	7.350	0.007	−16.208	0.000	0.998
小学	2.120	0.000	1.000	−22.693	0.000	0.996
初中	12.933	9.446	0.002	2.719	1.353	0.245
高中/中专等中等技术学校	10.740	.	.	11.976	25.514	0.000

续表

解释变量	有外出经历人口样本			农村未外出人口样本		
	B	Wald	P	B	Wald	P
收入状况(1501元以上)						
300元以下	23.864	6.010	0.014	−8.963	0.000	0.999
301~600元	−56.985	0.000	0.996	6.653	22.332	0.000
601~900元	2.463	0.000	1.000	1.493	1.083	0.298
901~1200元	−3.600	0.846	0.358	8.763	0.000	0.999
1201~1500元	25.846	24.250	0.000	−6.490	11.170	0.001
初次外出打工时间(2000—2005年)						
1985年前	15.222	0.000	0.999			
1985—1989年	2.710	0.315	0.575			
1990—1994年	17.942	15.112	0.000	—	—	—
1995—1999年	19.833	45.348	0.000			
与孩子居住情况(和其他亲友住在一起)						
与(外)祖父母住在家乡	20.796	7.676	0.006	−95.266	0.000	0.993
与父母一方住在家乡	5.217	0.655	0.418	−60.751	3374.300	0.000
与父母一方住在打工地	−45.644	.	.	−100.080	.	.
与父母一起住在打工地	22.018	0.000	0.999			
家务分工公平感(很公平)						
很不公平	−13.286	.	.	16.539	0.000	0.998
不大公平	11.256	4.803	0.028	26.815	0.000	0.996
较公平	18.923	4.251	0.039	30.558	1234.7	0.000
家庭经济支配权(从未感到不自由)						
经常感到不自由	−90.492	0.000	0.997	−46.840	0.000	0.993
有时感到不自由	−5.127	3.492	0.062	21.868	0.000	0.997
偶尔感到不自由	−22.534	21.260	0.000	−2.931	15.040	0.000
个人高档用品做主权(基本不可以/完全不可以)						
完全可以	31.066	37.983	0.000	−84.693	0.000	0.993
基本可以	22.601	0.000	.998	−95.004	0.000	0.989
一般	−11.139	2.937	0.087	−98.954	0.000	0.991
基本不可以				−84.949	0.000	0.993
出外学习或打工做主权(完全不可以)						
完全可以	52.664	0.000	0.997	12.908	0.000	0.998
基本可以	77.673	0.000	0.996	38.255	1769.400	0.000
一般	84.997	0.000	0.995	24.588	789.120	0.000
基本不可以	49.550	0.000	0.997	−3.959	.	.
资助自己父母做主权(基本不可以/完全不可以)						
完全可以	4.268	0.000	1.000	44.949	0.000	0.995
基本可以	4.123	0.000	1.000	17.362	0.000	0.998
一般	16.438	.	.	51.341	0.000	0.994
基本不可以				−19.659	.	.
性生活满意度	−2.172	5.267	0.022	1.994	84.056	0.000
ModelChi-Square	125.471***			103.249**		

两个模型拟合的结果,似然比卡方检验分别为 $P<0.001$ 和 $P<0.01$,说明模型都具有统计学意义。各自变量影响作用的大小、方向、显著性也都在表 6-21 中详细列出。然而,由于对家庭地位自我评价"一般"和"不好"相比,相关自变量都不存在统计显著意义,出于对表格篇幅精简的考虑,笔者省去了这部分的表格内容。

表 6-21 统计结果显示:家庭地位自我评价"良好"和"不好"相比,有外出经历家庭和农村未外出人口样本都与年龄、教育程度、收入状况、与孩子居住情况、家务分工公平感、家庭经济支配权、个人事务决策权以及性生活满意度等因素有关,而又都与性别、户口这两个因素无关。即使是有关的因素在不同的家庭中所起的作用也不大相同。具体说来:从年龄比较上看,有外出经历家庭年龄在"31～40 岁"比"41～50 岁"更容易认为自己的家庭地位"良好";未外出家庭年龄在"41～50 岁"比"51 岁以上"更容易认为自己的家庭地位"良好"。从教育程度比较上看,有外出经历家庭"文盲、半文盲"比"大专"更容易认为自己的家庭地位"不好",而教育程度为"初中"却比"大专"更容易认为自己的家庭地位"良好";未外出家庭教育程度为"高中/中专等中等技术学校"比"大专"更容易认为自己的家庭地位"良好";从收入比较上看,有外出经历家庭收入在"300 元以下"和"1201～1500 元"比"1501 元以上"更容易认为自己的家庭地位"良好";未外出家庭收入在"301～600 元"比"1501 元以上"更容易认为自己的家庭地位"良好"。从与孩子的居住情况比较来看,有外出经历家庭外出务工时孩子"与(外)祖父母住在家乡"比"和其他亲友住在一起"更容易感觉自己的家庭地位"良好";未外出家庭孩子"与父母一方住在家乡"比"和其他亲友住在一起"更容易认为自己的家庭地位"不好"。从家务分工公平感的比较来看,有外出经历家庭认为家务分工"不大公平"和"较公平"的比起"很公平"更容易认为自己的家庭地位"良好";未外出家庭认为家务分工"较公平"比"很公平"更容易认为自己的家庭地位"良好"。从家庭经济支配权比较来看,有外出经历家庭和未外出家庭一样,在家庭经济支配权上"偶尔感到不自由"比"从未感到不自由"更容易认为自己的家庭地位"不好"。从个人事务决策权比较来看,有外出经历家庭在个人高档用品上"完全可以"做主比"完全不可以"做主更容易觉得自己的家庭地位"良好";未外出家庭在出外学习或打工上"基本可以"和"一般"由自己做主的比起"完全不可以"更容易觉得自己的家庭地位"良好"。从性生活满意度来看,未外出家庭对自己性生活满意度打分越高,越觉得自

己的家庭地位"良好";有外出经历家庭恰恰相反,对自己性生活满意度打分越高,越觉得自己的家庭地位"不好"。此外,有外出经历家庭在初次外出打工时间的比较上,"1990—1994 年"和"1995—1999 年"外出打工的比"2000—2005 年"更容易感觉自身的家庭地位"良好"。

从以上比较中,我们至少可以得出以下结论:不论家庭有否"流动"过,年龄小些,不与孩子居住在一起,对家庭经济支配权和部分个人事务决策权的自由度大些,对家务分工是否公平不作太多计较,则对家庭地位的自我评价好些;而教育程度和收入水平却并非越高对自身家庭地位的评价就越好,那些教育程度低些,赚钱少些,也同样可以认为自己的家庭地位"良好"。

第五节 小 结

行文至此,本章通过四个小节的内容分别从四个不同侧面对流动人口的家庭生活进行了相关研究,对流动家庭的居住方式、家务分工和时间配置、性生活情况和家庭地位都有了更为深刻的认识。作为本章的结束,希望对本章研究的收获和不足进行一下总结,以明确本研究的得失,为今后进一步的学术研究提供经验和教训。

首先,本章研究的目的是希望学术界在更多地关注流动家庭这一弱势群体的同时,更多地从家庭的角度给予关怀和思考。研究缘起于对流动人口家庭化这一社会现象的关注,随着研究的深入,逐步引发了流动家庭可能面临的诸多问题,如夫妻分居可能产生的婚姻稳定性问题,流动家庭在流入地的适应性问题,留守妻子、子女与老人的问题,等等,而对这些问题的思考和回答,需要我们借助家庭的视角来获得更为合理的分析和解释。本研究只不过在这些问题上起一个抛砖引玉的作用,许多问题都还有待于更多学者更为深入的研究和探索。

其次,本章研究的着力点在于对不同流动状态家庭所呈现的不同特点的展示。厦门家庭、有外出经历家庭和未外出家庭分别代表正在流动、曾经流动和从未流动的家庭状态。对于每一个家庭样本而言,对它们单独研究代表着对它们所处状态这一时点上的静态研究,而将三个家庭样本结合在一起研究时,它们所展现的却是流动家庭这一动态过程的研究。说它们是动态的,还有一个很重要的原因是它们之间可以相互转化。厦门家庭和有外出经历家庭是由未外出家庭"流动"而成的,而厦门家庭的一部分返乡后也可成为有外出经历家庭,即便有外出经历家庭也可能再次走出家乡成为正在流动中的家庭。因此,三种家庭之间有着天然的相似性,又有着"经历"的不同性,而对这些相似点和不同点的把握就是对流动家庭这一概念的真实感知。

再次,本章研究还存在一定的局限性。首先是理论上,相关的文献收集还不够全面,有关研究的视角还有待拓展,对一些问题思考的深度和原因分析也有待进一步挖掘。其次是数据上,三个家庭样本分别都只有 150 个左右的样本量,其中有外出经历家庭和未外出家庭的样本分散在十几个省(自治区、直辖市),这使得数据分析的结果在推论上存在局限性。

最后,鉴于研究过程中对流动家庭积极效应的感知,以及未来流动家庭不断增加的趋势,笔者希望政府能在政策层面上给予流动家庭更多的引导和帮助。尤其是流入地政府更应当肯定流动家庭所带来的积极的社会效应,并采取相应的措施欢迎流动家庭。例如采取更宽容的家庭迁移政策使流动人口能够实现"夫妻团圆"或"子女团圆";下大力气解决好流动孩子的教育问题,让流动家庭更加安心地扎根流入地,更加充满激情地为流入地建设做出更大的贡献。此外,对于女性流动人口,政府要提供更多的就业培训和就业机会,因为她们的到来和扎根流入地所带来的社会效益不仅是稳定流入的劳动人口,而且将带来更深层面上家庭制度的变革和性别关系的现代化。

第七章　流动人口的婚姻质量

本章主要利用"流动人口的婚姻家庭调查研究"课题组 2005 年针对全国流动人口进行的问卷调查以及 2003 年对厦门市流动人口进行的问卷调查所收集的数据资料,并以课题组 2005 年对农村从未外出打工人口进行的问卷调查结果为对比,从流动人口对婚姻生活的满意度和对配偶的满意度两方面出发,采纳了主观指标、客观指标以及总括指标、多维度指标来对流动人口的婚姻满意度状况及其发展变化进行详细的阐述和分析,并在此基础上建立多视角、多因素的综合解释模型来进一步探讨流动人口婚姻满意度的影响因素及影响程度大小。

第一节　婚姻质量研究回顾

一、婚姻和婚姻质量定义

婚姻在中国的古文献上多被写成"昏因"或"昏姻",其含义有三:(1)指嫁娶之礼;(2)指夫妻之称谓;(3)指姻亲关系。美国现代家庭法学者认为"婚姻是一男一女为了共同的利益而自愿终身结合,互为伴侣,彼此提供性的满足和经济上的帮助,以及生男育女的契约"(丁文,1997)。从狭义上说,婚姻既是男女两性的生理结合,又是男女两性的社会结合;从广义上说,包括了婚姻的成立、婚姻的效力和婚姻的解除(潘允康,1986;潘允康,2004;邓伟志 等,2003)。

西方学者对于婚姻质量的定义基本上有两大类:"调适学派"认为一个完整的婚姻质量定义应该是指一对已婚夫妇对他们婚姻关系的主客观的描述和评估,因此婚姻质量涵盖了婚姻互动、婚姻整合、婚姻沟通、婚姻角色关系紧张和冲突、婚姻幸福感以及婚姻满意度等传统意义上当作因变量加以研究的全部术语,也即"婚姻调适";"个人感觉学派"则认为对婚姻关系的描述和对婚姻关系的评估不能混为一谈,婚姻质量定义主要是指已婚夫妇对自己婚姻关系的总体评价。国内现有相关研究中对婚姻质量的概念进行明确界定的较少,其中沙吉才等把婚姻质量表述为"夫妻间的各种关系的和谐程度,包括夫妻关系的矛盾,矛盾表现形式与解决方式等"(沙吉才,1995);卢淑华等把婚姻质量定义为"与社会发展相一致条件下的人们对自身婚姻的主观感受和总体评价,常用的主观感受测量工具有满意度和幸福感"(卢淑华 等,1999)。我们倾向于采纳"中国婚姻质量研究"课题组对婚姻质量的定义,即婚姻质量指的是一对已婚夫妇对他们婚姻关系的全方位的描述和评估,是夫妻的感情生活、物质生活、余暇生活、性生活以及双方的凝聚力在某一时期的综合状况。它以当事人的主观评价为主要尺度,并以夫妻调适方式和结果的客观事实来描述。高质量的婚姻表现为当事人对配偶及其相互关系的高满意度,具有充分的感情和性的交流,夫妻冲突少、凝聚力强(徐安琪 等,1999)。

二、国外婚姻质量研究进展

由于西方对婚姻质量的定义众多且相互交叉重叠、各执一词,这种状况直接影响着对婚姻质量的统计测量和解释分析,因此西方学者对婚姻质量研究的发展表现出方案的多样性、指标的差异性、度量的有效性和多维简约的矛盾性等特点(徐安琪 等,1999)。对于婚姻质量的解释框架大致分为综合模型和控制模型两种,度量的侧重点包括对主观感知质量和客观调适质量的测量,用来衡量婚姻生活质量的指标主要包括幸福感,对婚姻的满意程度,婚姻关系的弹性(即夫妻调节婚姻矛盾和冲突的能力),夫妻互动的难易程度(即夫妻之间的沟通和整合的状况),以及婚内性交流的欢愉程度(叶文振 等,2000;叶文振,1997)。表 7-1 所列是对于西方婚姻质量度量几个主要设计方法的简要对比(徐安琪 等,1999)。

表 7-1　西方婚姻质量度量方法对比

指　标	年份	设计者	指标个数	刻度	总分	度量重点	信度效度检验
MAT	1958	Locke 和 Wallace	15	0～35（不统一）	158	婚姻客观调适质量	有
DAS	1976	Spanier 和 Cole	32	0～5 0～6 0～1	153	婚姻客观调适质量	有
MSS	1981	Roach A J 等	48	1～5（统一）	240	婚姻主观感知质量	有
QMI	1983	Norton	20	1～7（第6项是1～10）	143	婚姻主观感知质量	无
KMSS	1983	Schumm W R 等	3	1～7（统一）	21	婚姻主观感知质量	有

三、国内婚姻质量研究进展

在中国传统的社会文化规范中,对婚姻价值的认可高于对婚姻质量的认可。缔结婚姻须有"父母之命、媒妁之言";传宗接代是婚姻的第一要务,"不孝有三,无后为大";夫妻之间"相敬如宾,举案齐眉",女性"未嫁从父,既嫁从夫"。"我们的家庭既是个绵续性的事业社群,他的主轴是在父子之间,婆媳之间,是纵的,不是横的,夫妇成了配轴。"(费孝通,1998)如今,在现代化进程中,社会变迁作为婚姻家庭变迁的外部环境,以不同的角度、程度渗透进婚姻家庭这一基本社会单元,从"多代同居"到"核心家庭",从"家本位"到"个人本位",从"父权夫权""男尊女卑"到"男女平等"。随着经济的发展和收入的增加,尤其女性受教育与就业水平的提高,改变了家庭成员在资源占有上的格局,也带来家庭权力模式的变化。从微观婚姻家庭主体到外部社会文化环境,对于婚姻质量的认知以及实际婚姻生活状况都在新旧文化的碰撞中发生着前所未有的显著变化,从传统到现代,从新的冲击到新的和谐。在这种情况下,理论视野遍及社会学、人口学、经济学、心理学、女性学等多学科的中国婚姻质量学术研究成果不断涌现,目前国内相关研究的发展现状主要呈现以下几个特点:

一是与西方规范的研究方式及成果报告相比,国内目前虽然实证分析、量化分析成果越来越多,但相应的理论准备略显薄弱。在一些研究成果中,主要内容就是调查报告的陈述和数据分析的结果,缺少必要的理论架构,结论表述中也很少能结合有关理论进行分析或验证。

二是现有研究的研究对象中,大部分都是以城市人口为主,如北京市婚姻家庭研究会 1994 年对北京市 2000 多名男女(李银河,1996)、张贵良等 1995 年针对全国 2900 多对夫妻(张贵良 等,1997)、刘若雨对甘肃省 9000 余名城市妇女(刘若雨,2001)、邢占军等在山东省对 1500 余位城市居民(邢占军 等,2003)等所做的调查及分析。近年来也出现了一些对特殊人群,如教师、军人、护士、某种病患者或是新婚夫妇、幼儿母亲等的婚姻质量研究,由于此类目标人群通常具有特殊的职业特征、生活状态、生理特征或心理特征,这方面的研究针对性较强(赵美玉,2006;李彩娜 等,2005;贾黎斋 等,2007)。而农村人口、流动人口等群体不仅数量庞大,并且相对城市人口而言,受到新旧文化及道德规范的冲击更深,婚姻家庭变迁更为显著,影响因素及表现形式更为复杂,但是相关研究成果报道却较少。这其中固然很大程度上是受到研究条件及客观环境等多种因素的限制,而这些不利因素或复杂困难也正是研究的意义所在。其中针对农村人口的研究如田霞等对 20 世纪上半期农村家庭夫妻关系进行了回顾描述(田霞 等,1999),张一兵等调查分析了农村城市化中的夫妻关系(张一兵 等,2003),徐安琪等在婚姻质量状况及影响因素分析中进行的城乡差异对比分析(徐安琪 等,1999)等。针对流动人口的相关研究更少,其中,周伟文等在访谈的基础上对流动人口的婚姻生活质量进行了一定的描述(周伟文 等,2002)。

三是对于婚姻质量有的采用单一的总括性主观指标来衡量,有的是以反映多个侧面的主客观指标来进行表述,也有的是既有总括性指标又有分项指标,各持己见。此外还有一些是针对经济因素、个人素质、性别角色、权力模式、夫妻互动等方面对婚姻质量的影响来进行专门分析,如徐安琪、董凤芝等分析了经济转轨期收入变化对婚姻关系的影响(徐安琪,1996;董凤芝,2000);徐安琪、叶文振从夫妻权力模式、子女的影响、夫妻冲突等方面对婚姻质量影响的研究(徐安琪 等,2002);叶明志等通过探讨夫妻性格不同与婚姻质量的关系发现,由中间型性格男性与内向型女性组合的家庭婚姻满意率最高(叶明志 等,1999)。

四是在量化分析中,不断有新的方法被应用到婚姻质量研究中。从描述性分析、单因素分析、双变量分析,到回归分析、因子分析、路径分析等更有效的方法都被引入定量描述婚姻质量的研究当中。

　　五是国外开发的婚姻质量量表被引用,并且国内自己编制的量表也有所介绍。如李虹等采用 Kansas 量表测量了北京和香港这两个城市人群的婚姻满意度(李虹 等,2002),程灶火等编制了中国婚姻质量问卷并进行了有效性检验和实际应用(程灶火 等,2004)。

　　本章主要从婚姻满意度及影响因素、夫妻感情状况及维系因素、婚姻收益及决定因素、婚姻矛盾及分手意向等几方面来力图对流动人口的婚姻质量状况进行一个比较全面的描述和分析,不仅涉及了个人特征、配偶状况、婚育状况、家庭生活状况等几方面已被证实对婚姻质量有显著作用的影响因素,还进一步分析了流动经历以及婚恋意愿对流动人口婚姻生活质量带来的影响。分析中涉及的所有数据均源自"流动人口的婚姻家庭调查"课题组收集的数据资料,其中流动人口已婚的有效样本数是 407 个,从未外出打工人口已婚的有效样本数是 167 个。

第二节　婚姻满意度

　　社会学家说:一个美满的婚姻并不一定是一个能持久的婚姻;同样的,一个稳定的家庭并不一定能造就快乐的夫妻。维持婚姻的因素不一定是美满的婚姻或双方的感情,而是双方对婚姻要求的满意程度(蔡文辉,2003)。婚姻满意度作为衡量婚姻生活质量的重要指标,是婚姻主体对婚姻关系或婚姻过程的心理感觉或来自婚姻生活的心理效用和收获。婚姻满意度不仅是某一给定时点上人们对自己婚姻的正面知觉,而且会随着时间的推移而不断发生变化(A. J. Roach,1981)。婚姻满意度包含多种内涵,有学者认为,婚姻满意度主要包括物质生活满意度、躯体愉悦满意度、夫妻调适满意度和人格及行为满意度四个方面(孙丽岩 等,2002)。也有研究者指出,婚姻满意度不只是个人心理层面的反应,还牵涉相当复杂的社会心理状况,一个人对于婚姻的主观感受往往是一种对于婚姻制度期望的投射(吴明烨 等,2003)。对于特征的清晰分析也有助于对概念的正确认识,婚姻满意度具有以下特征:一是主观性,是对婚姻关系的客观状况或实际表现的主观认知和心理感受,也是对婚姻生活满足自己期望程度的一种主观心理评价,是以一定的主观要求和标准作为评判的依据。二是个体性,即因人而异,或带有浓重的个人偏好。相同的生活可能带来差别显著的婚姻满意度,水平一致的婚姻满意度也可能展示完全不同的婚姻关系内容和婚姻生活经历。三是综合性,婚姻满意度是对婚姻关系的一种整体感觉或全面评价(徐安琪等,1999)。

　　测量婚姻满意度的指标可以分为主观指标和客观指标。主观指标符合了婚姻满意度是体现婚姻主体的主观心理感受这一含义特征,但是由于在进行婚姻质量的描述时,尤其是进行对比分析时,基点之一是一致的评判标准或价值度量,而主观指标又较易受到个人偏好、性格特点、价值取向、社会背景、文化规范、期望值水平等因素的影响,因此在针对不同特征的目标人群进行主观满意度的测量和分析时,如何减轻这些影响是需要着重考虑的问题。婚姻质量在一定程度上是夫妻关系的结构性特征和这些特征的统计表现,对其进行测量时仅凭主观感受来决定,既不科学,也很难找到统一的标准,而使用客观指标从客观实际的生活状况来揭示婚姻质量的丰富内涵,更逼近于某些方面的真实体现,还能弱化个人偏好和期望值水平的影响。

　　婚姻满意度指标还可以分为总括性指标和多维度指标。采用总括性指标具有全面、便捷的优点,还具有综合性、统一性和可比性,能够避免以往研究中出现的两个问题:一是用来测量婚姻质量的各指标之间互相包容和重叠;二是一些变量既可以作为婚姻质量的测量指标,同时又以婚姻质量的影响因素出现在解释模型中(徐安琪 等,1999)。但是笼统地用一个指标来测量当事人的婚姻感受或夫妻关系状况,往往难以全面反映两性关系多元复杂的内涵,研究也因此而缺乏挑战性。况且,不同文化背景下的当事人对"婚姻满意度"这个主观指标的理解和认知存在差异,仅用单一指标容易造成测量上的偏差,而使用多维度指标或多或少可对其偏差有所弥补(徐安琪等,2002)。因此本节在研究中综合纳入了主、客观指标,以及总括和多维度指标来进行流动人口的婚姻满意度分析。

一、对婚姻生活的满意度

　　课题组在进行问卷调查时,对流动人口婚姻生活满意度的调查不仅包括感情生活、性生活、物质生活和余暇生活这四个侧面,还包括调查对象及其配偶在婚姻生活中对平等、独立、和谐、幸福这四个方面的主观满意度。刻度设计均为1~7分,1分表示非常不满意,7分表示非常满意。

(一)总体状况

1.流动人口婚姻生活满意度总体状况

从对流动人口婚姻生活满意度的总体分布状况(见表 7-2)可以看出,无论是从平等、独立、和谐、幸福的角度来看,还是从感情生活、性生活、物质生活、余暇生活这四个侧面来看,流动人口的婚姻满意度平均都在 5 分上下,多数能够达到比较满意的水平。婚姻里的不平等会鼓励权势的运用,唯有在平等的夫妻地位中才能培养出真正的亲密关系(M.A.拉曼纳 等,1995)。在四个不同的角度中,流动人口对婚姻生活平等的满意度最高,平均值达5.53分。现在男女平等不仅在政策法规与舆论导向中得到落实,也切实体现在了婚姻生活之中。虽然距离真正意义上的平等还有很大的距离,但已有的成绩是显而易见的。流动人口对于婚姻生活幸福的满意度平均为 5.51分,稍稍低于对平等的满意度打分值。虽然不是什么王子与公主,但从此幸福地生活在一起也是走入婚姻的人们所希望并为之努力的,能有 80% 以上的流动人口都认为自己的婚姻比较幸福确实让人欣慰。和谐是动态的,在发展中平衡,在平衡中发展。考察婚姻生活中是否和谐常会让人与夫妻之间是否出现冲突以及磨合状况相联系,虽然日常生活中夫妻之间或大或小的矛盾、争吵总是难免,但只要不扰乱平等、幸福的主旋律,就多能维护总体和谐的婚姻关系。在我们的调查对象中,有超过 3/4 的流动人口认为自己的婚姻比较和谐。在各婚姻质量评价指标中,独立的平均分最低,但也超过了 5 分。婚姻生活中独立的含义很多,经济独立、生活独立、思想独立等等。但夫妻共同生活毕竟有交集,适度的独立是婚姻生活的缓冲与润滑,太过独立并不利于提高婚姻质量。

表 7-2　流动人口婚姻生活满意度总体分布状况

选　　项	1~3分/%	4分/%	5~7分/%	均值	标准差
平等	9.0	12.6	78.4	5.5330	1.4064
独立	13.5	14.6	71.9	5.1050	1.5258
和谐	8.8	14.4	76.8	5.3977	1.3333
幸福	8.5	11.1	80.3	5.5130	1.3605
感情生活	8.6	11.0	80.4	5.4696	1.3275
性生活	17.4	17.4	65.2	4.9643	1.5584
物质生活	18.6	22.2	59.2	4.6838	1.3861
余暇生活	31.2	22.2	46.6	4.2529	1.6174

从婚姻生活的四个不同侧面来看,余暇生活满意度得分最低,有近 1/3 的流动人口不满意自己的余暇生活。本来总体上中国夫妻即使是城市夫妻的余暇生活质量也偏低,而流动人口又多从事的是劳动密集型工作,时间长、强度大、待遇低,劳动保障缺乏。在经济有限、时间有限,而且流动人口的受教育程度又相对偏低的情况下,虽然流入地有着比流出地更丰富多彩的休闲娱乐方式,反而更会使流动人口对自己贫乏的余暇生活产生不满意的感觉。从物质生活满意度调查结果来看,总平均分 4.68 分,其中近 20% 的流动人口对自己的物质生活不满意,有近 60% 的流动人口达到比较满意水平,稍高于对于余暇生活的满意度。流动人口对物质生活不甚满意,一方面是由于他们外出打工本就是因为对外出前的物质生活不满意,出于改善家庭经济状况的强烈需求而离开发展相对落后、收入偏低的家乡;另一方面由于外出打工人口大多从事的是劳动密集型的低收入工作,同时打工地又多为经济发达城市,相比城市的较高生活质量、较高消费水平,更容易对物质生活产生不满足感。男女之间的生理结合是婚姻的一个重要组成部分,性生活质量也是婚姻质量的重要体现和影响因素。总体上看,流动人口对于性生活的满意度接近 5 分,仅次于对感情生活的满意度。但在具体针对流动人口性生活状况所进行的调查却显示,流动人口在夫妻之间性互动与性愉悦方面的状态都很不乐观,主观满意度和客观表现存在较大差距,这也许是由于在思想意识上排斥以及对真实程度的双向掩饰的原因。在流动人口的婚姻生活四个侧面中得分最高的是对感情生活的满意度,总平均为 5.46 分,其中有 80% 达到比较满意以上水平,只有不到 9% 表示不满意。感情是婚姻维系的重要因素,流动人口在流动中往往面临更多的考验与问题,对感情生活能有较高的满意度无疑有利于流动人口婚姻家庭的幸福与稳定。

2.流动人口婚姻满意度随结婚年数变化情况

对家庭生命周期的研究是以家庭生命周期发展阶段为时间轴来考查婚姻满意度的周期性变动,许多研究都表明,这种变动不是线性的,而是呈 U 形的曲线状态。在此类研究中,虽然 E.杜瓦尔以孩子为主线的八阶段划分法被广泛引用,但是时间阶段如何划分是家庭生命周期研究中一个难以统一的问题(叶文振 等,2000)。年龄、结婚年数和家庭生命周期是具有高度相关性的几个时间概念,是否结婚和是否生育限制着这三种时间轴划分方式的适用性。有一些学者考察了婚姻满意度随结婚年数的变化状况,考虑到越来越多的夫妻选择晚育、少育甚至不育,因此在我们的研究中也选择了以结婚年数为时间轴来考查婚姻满意度的变化状况。

从图 7-1 和图 7-2 所显示的不同结婚年数的流动人口其婚姻满意度发展变化走势来看,总体上,以结婚年数为时间轴,从婚姻生活各个角度和各个侧面所刻画出来的流动人口婚姻满意度变化曲线均呈现出不规则的、微弱的 U 形变化趋势;从曲线走势来看,各 U 形曲线的左半部下降趋势略为明显,谷底部分波动变化,U 形右半部未能明确显现;满意度低值拐点徘徊在婚后 10~20 年间。其中,感情生活、性生活、物质生活、余暇生活这四个方面的婚姻满意度大小的梯度差在图中清晰可见,满意度从高到低依次为感情生活、性生活和物质生活、余暇生活;在图 7-1 中,流动人口对婚姻生活独立的满意度明显最低,对婚姻平等、和谐、幸福的满意度则相差不大。应该注意到的是,与城市化进程快速发展相伴而生的流动人口大量涌现也只是近一二十年间才出现的,我们的研究对象是年龄构成极为年轻的流动人口,婚龄 20 年以内的超过 80%,而结婚年数在 30 年以上的由于有效样本数过少而被略去,因此图 7-1 和图 7-2 所展示的流动人口婚姻满意度随结婚年数变化趋势有着一定的时代特色和年龄特色,尤其曲线右半段更是受到上述因素的影响。

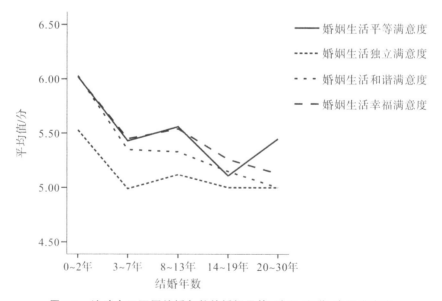

图 7-1　流动人口不同结婚年数的婚姻平等、独立、和谐、幸福满意度

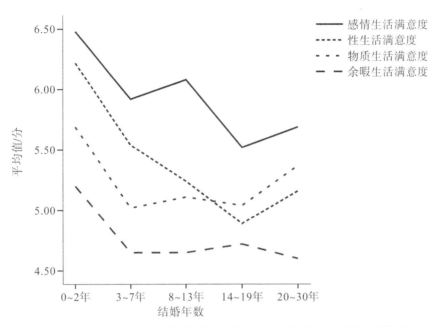

图 7-2　流动人口不同结婚年数的感情生活、性生活、物质生活、余暇生活满意度

3.流动人口与从未外出打工人口的婚姻满意度对比

考察流动经历对于流动人口婚姻生活质量的影响是我们此次研究的重点之一,因此特别考察了农村从未外出打工人口的婚姻满意度状况以做对比。对表 7-2 和表 7-3 所列的流动人口以及从未外出打工人口的婚姻满意度分布状况进行对比可知,总体上看,农村从未外出打工人口的婚姻满意度要低于流动人口的婚姻满意度。从对平等、独立、和谐、幸福这四个方面的婚姻满意度排序来看,流动人口和农村从未外出人口的认知差异较大。对流动人口与从未外出打工人口对于婚姻平等和幸福的满意度调查统计结果进行对比后发现,流动人口对婚姻平等的打分值高于对婚姻幸福的打分值,而农村从未外出打工人口对幸福的满意度大于对平等的满意度,这应该是由于未外出打工人口在农村受到传统文化重男轻女、男主外女主内思想影响更深的一种体现。同样的满意度排序顺序颠倒也出现在对独立和和谐的满意度大小排序上面。和谐作为一种高阶的发展状态,具有深刻的理论内涵。但如果是询问农村夫妻"你的婚姻和谐吗?",那么他们最可能的联想估计就是夫妻是否吵架闹矛盾,而争吵拌嘴这种比较直白的冲突形式在农村并不少见,因此农村未外出打工人口对于婚姻和谐的主观满意度打分最低也就不难理解。

表 7-3　农村从未外出打工人口婚姻生活满意度总体分布状况

选项	1～3 分/%	4 分/%	5～7 分/%	均值	标准差
平等	13.8	17.0	69.2	5.1038	1.4831
独立	16.8	21.3	61.9	4.7355	1.5367
和谐	14.9	17.4	61.7	4.9969	1.4367
幸福	13.1	17.5	69.4	5.1688	1.5620
感情生活	14.3	17.4	68.3	4.9472	1.4828
性生活	12.2	22.4	54.5	4.5353	1.4291
物质生活	11.8	21.1	60.2	4.7093	1.3891
余暇生活	36.0	18.6	45.3	4.1429	1.6839

图 7-3 所示是流动人口与农村从未外出人口的感情生活、性生活、物质生活、余暇生活满意度随结婚年数变化状态比较。图中所示的两个样本的感情生活、性生活、物质生活、余暇生活的满意度曲线走势都极为相似，但具

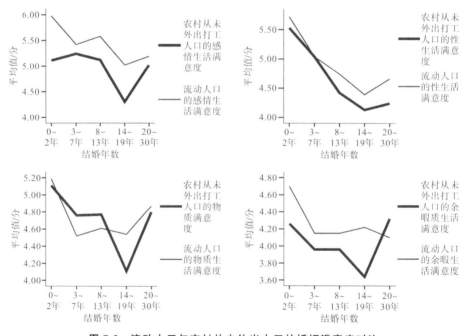

图 7-3　流动人口与农村从未外出人口的婚姻满意度对比

体数值大小及变化幅度存在一些差异。总的来看,流动人口在感情生活、性生活、余暇生活三方面的满意度要高于农村从未外出人口,只有物质生活满意度的变化曲线出现交错,其中婚龄在 15 年以内的流动人口和农村未外出打工人口在物质生活满意度上的差异不大,而婚龄在 15～20 年间的农村从未外出打工人口的物质生活满意度出现大幅下降。个中原因应该是结婚15～20 年的农村人口,子女正是处于九年义务教育尾期或已经升入高中,此时教育收费高涨问题给他们带来的困扰更大,并且许多流动人口的流动目标之一就是挣钱送孩子上学,进而导致这一阶段的流动人口物质生活满意度明显下降。

(二)个人特征

个人特征也是影响婚姻满意度的重要变量,表 7-4 所列是分性别、分城乡户口所在地、不同年龄以及不同收入水平下的各方面婚姻满意度及差异分析。

许多研究都表明,男性的婚姻满意度要高于女性,这一点在我们的研究中也有所体现,如表 7-4 所示,男性流动人口对婚姻生活幸福的满意度高于女性流动人口,差异具有统计意义,但是其他方面的婚姻满意度性别差异都不显著。分户籍来看,城市户口的流动人口在婚姻生活独立、平等以及物质生活上的满意度都明显高于农村户口的流动人口。流动人口的年龄增长,婚姻生活的满意度却在降低,这一点与满意度随结婚年数的变化趋势相似。随着月收入水平增加,流动人口的性生活和物质生活满意度都增大,而受教育程度的变化对流动人口的婚姻满意度影响并不显著,因此并没有列入表 7-4。

表 7-4　不同个人特征下的流动人口婚姻满意度

选项	性别差异(均值)			城乡差异(均值)			年龄差异	收入差异
	男	女	F	城市	农村	F	F	F
平等	5.5718	5.4748	0.396	6.0357	5.3889	4.860**	2.004*	1.647
独立	5.0971	5.1168	0.014	5.7963	4.9909	6.715***	1.212	1.534
和谐	5.4327	5.3453	0.357	5.5000	5.4045	0.190	1.973*	1.440
幸福	5.6262	5.3453	3.564*	5.6091	5.5068	0.133	1.980*	1.453
感情生活	5.5023	5.4207	0.328	5.6719	5.4629	0.908	2.356*	1.397
性生活	5.0628	4.8062	2.162	5.0000	4.8977	0.311	4.601***	2.944**
物质生活	4.7524	4.5791	1.312	4.9737	4.5711	2.430*	2.393*	3.097**
余暇生活	4.3318	4.1314	1.276	4.5614	4.2387	1.271	1.385	0.976

(三)配偶状况

配偶的个人背景状况如年龄、受教育程度、收入水平等因素也都会对流动人口的婚姻满意度状况产生影响。如表7-5所示的卡方检验结果表明，随着配偶年龄增长，流动人口对感情生活和性生活的满意度都在下降，尤其性生活满意度的变化非常显著。配偶是城市户籍的流动人口比配偶是农村户籍的流动人口在感情生活和物质生活上的满意度都高，差异具有统计意义。随着配偶受教育程度的提高，流动人口对性生活的满意度也在提高，而配偶收入水平则与感情生活和物质生活的满意度呈同向变化。流动人口在外出打工进而改善自身及家庭经济状况的同时，独自离乡、居无定所，也给他们的婚姻生活带来一定的影响。尤其是流动大军涌现的早期，多数已婚流动人口的生活模式都是两地分居，丈夫外出打工，妻子留守家中务农并照顾老人孩子。考虑到近年来女性流动人口增多，夫妻共同流动的增多，我们考查了是否与配偶同住对流动人口婚姻满意度的影响。吴明烨等的研究表明，是否与配偶同住是影响婚姻主观评估的重要因素，而是否与上一代同住并没有发现显著影响（吴明烨 等，2003）。我们的研究结果表明，能和配偶一起居住的流动人口对物质生活，尤其是性生活的满意度都有显著提高。

表 7-5　配偶不同特征下的流动人口婚姻满意度卡方检验结果

选项	平等	独立	和谐	幸福	感情生活	性生活	物质生活	余暇生活
配偶年龄	10.060	5.512	13.679	11.719	16.723*	30.648***	13.916	10.929
配偶户籍	6.715	3.013	0.385	1.276	11.262*	2.420	10.710*	7.519
配偶受教育程度	12.550	8.341	10.896	4.508	8.884	16.111*	8.299	12.080
配偶收入	17.457	16.147	15.357	9.797	21.685*	11.924	29.250**	13.141
是否与配偶同住	1.378	0.649	0.458	2.207	4.155	11.805**	4.910*	0.410

(四)婚育状况

在关于家庭生命周期、角色期待、家务分工等的研究中，结婚年数、是否生育和孩子数量等体现婚育状况的一些主要指标都是影响婚姻质量的关键变量。通过表7-6中所示的对不同婚育状况下的流动人口婚姻满意度差异所进行的卡方检验可知，结婚时间越晚，即结婚年数越短，流动人口对婚姻生活平等、独立和对感情生活、性生活、物质生活的满意度就越高。婚育间隔越长,对于婚姻生活平等的满意度分值就越高。传统的文化规范中生儿育女是女性的第一要务,早生多生是符合家庭利益需要的模式。婚育间隔拉长,既是现代理性家庭生育计划作用下的结果,也在一定程度上体现出作为生育主体的女性在家庭生育决策中生育意愿得到了尊重。从表 7-6 中的统计检验结果来看,有无孩子对流动人口婚姻满意度的影响极为显著,有孩子的流动人口在婚姻生活各个方面的满意度都要低于没有孩子的。关于家庭生命周期研究的一个重要结论就是结婚后未育的年轻夫妻的婚姻满意度较高,然而从第一个孩子出生后满意度就开始下降,到空巢期又回升,呈 U 形变化,从这一趋势来看,是否生育对婚姻满意度的影响和我们的调查结论相一致。虽然 20 世纪 70 年代末我国的计划生育工作已经正式开始了,但对农村人口占了大多数的流动人口而言,他们中不是生育独生子女的很多,有 2 个孩子的人数比例接近 1/3,还有一些是有 3 个及以上孩子的。因此我们还考察了孩子数量对婚姻满意度的影响,结果显示,不同孩子数量在婚姻满意度上的差异主要体现在对婚姻和谐、幸福以及感情生活和性生活的满意度上,孩子数量越多的流动人口对感情生活和性生活的满意度也随之降低。但对婚姻和谐、幸福的满意度并不与孩子数量同步变化,2 个孩子的比 1 个孩子的感到更幸福,而有 3 个及以上孩子的婚姻和谐满意度又大于 1~2 个孩子的。总的看来,婚育状况对流动人口婚姻满意度影响最显著的主要体现在感情生活和性生活这两个侧面。

表 7-6　不同婚育状况下的婚姻满意度卡方检验结果

选项	平等	独立	和谐	幸福	感情生活	性生活	物质生活	余暇生活
初婚年代	15.305*	14.659*	11.964	8.307	16.304*	27.783***	17.860*	7.549
婚育间隔	20.420*	14.269	11.504	12.464	7.494	13.629	5.481	4.008
是否有孩子	8.152*	12.079**	6.359*	6.967	8.751**	10.114**	13.617***	8.261*
现有孩子数	3.489	2.151	12.525**	8.608*	27.044***	23.210***	6.046	5.212

(五)婚恋意愿

White(1990)批评学术界在研究离婚时较少关注婚姻建立过程可能产

生的影响,因为有关婚姻如何建立的信息会帮助我们更好地理解婚姻失败的原因(徐安琪 等,2002)。其实婚姻如何建立的信息既可以解释婚姻失败的原因,也能解释为什么有的人婚姻满意度高而有的人婚姻满意度低。关于婚恋意愿对婚姻满意度的影响作用可以从下面的几种理论来加以解释(蔡文辉,2003;M. A. 拉曼纳 等,1995;徐安琪 等,1999;李银河,1995):

"社会交换理论"是解释两人或小组关系中社会互动过程的一个重要理论框架。该理论认为,婚姻中的伴侣将努力谋求收益最大化,收益大于成本的婚姻关系将使他们感受到更高的满意度。

"角色论"是指不同的角色有着不同的行为期望,一个人在挑选伴侣的过程中,对所找的对象多多少少是有某些期望的。两个对丈夫和妻子角色有绝对不同期望的男女不太可能相互挑选,即使勉强凑在一起,也会问题重重,彼此难以协调。而若是婚后发现另一方与自己对对方的角色期望存在差异,也同样会降低婚姻满意度。

"价值论"认为一个人的价值观念对个人有相当程度的重要性,因此在挑选伴侣时一种情况就是人们通常自然而然地会找一个有类似价值观念者,也就是同类婚的缘由。另一种情况是价值观映射到择偶标准和择偶需求上面:一种是建立在实质目的上的婚姻,也被称作功利型婚姻;一种是建立在浓厚感情基础上的婚姻,也被称作内涵型婚姻。通常功利型婚姻以实际需求的交换为主要动机,并不很美满,内涵型婚姻则会有较高的幸福和满足感。

"公平理论"指出,当人们发现自己进入一种不平等的状态时,他们会因此而愤怒。婚姻生活中如果感觉配偶的行为状态与自己的婚恋意愿比较一致,自己在婚姻中的付出有所得,那么就会有较高的婚姻满意度。而如果发现对方与自己的婚恋意愿差距较大,自己的付出没有得到希望的回报,进而心理失衡就会降低婚姻满意度。

目前关于婚恋意愿对婚姻满意度的影响的研究还很少,因此本小节将尝试从择偶标准、双方一致性、结婚的目的、对婚姻的态度这四个方面来考查不同的婚恋意愿对婚姻满意度产生的影响。调查中关于择偶标准设置了生理条件、个人品质、物质条件、家庭背景、社会关系、政治面貌、学历这 7 个选项;关于双方一致性设置了理想志向、思想观念、道德修养、兴趣爱好、性格脾气、生活习惯这 6 个选项;关于结婚的目的设置了相亲相爱、人生有伴、互相照应、改善生活条件、提高社会地位、有健康的性生活、传宗接代、父母要求、社会需要、人人都这样、人生的必然过程这 11 个选项；关于对婚姻的态度设置了婚姻必须有爱、不能凑合着过，即使不满意我的婚姻我也不和配偶离婚，一个人一生只能结婚一次万一离婚我也不会再婚，一旦结婚我就会保持对配偶的忠诚，一旦结婚夫妻就应该居住在一起，一旦结婚夫妻收入和财产就应该共享这 6 个选项。表 7-7 和表 7-8 所列即为不同婚恋意愿下的婚姻满意度差异状况，其中凡是不具有统计意义的都没有记入表中。

从表 7-7 中的卡方检验结果中可以发现，择偶时注重对方的生理条件、个人品质，要求双方在思想观念上一致的流动人口具有更高的对于婚姻平等的满意度；以个人品质作为择偶标准的则具有更高的婚姻生活独立和和谐的满意度；择偶时注重对方的生理条件、要求双方在思想观念上具有一致性的流动人口则对于感情生活的满意度较高。总体来看，不同的择偶标准和双方一致性对于性生活满意度的影响差异最为显著，注重生理条件和个人品质的流动人口性生活满意度也更高。值得注意的是，择偶时注重物质条件的，虽然能具有较高的物质生活满意度，但是性生活满意度却明显低于其他择偶标准下的满意度。有学者指出，婚姻中的性生活有四种：有性有爱、有性无爱、无性有爱、无性无爱。显然性与爱的融合才能带来真正的愉悦和满足，过于物质化的功利型婚配也难以使婚姻双方的心理生理都得到满足。检验结果中唯一一个全部是负面作用的是在择偶时注重对方家庭背景的流动人口中，对婚姻中的平等、独立、幸福、感情生活、性生活的满意度都明显偏低。在双方一致性的条件中，具有相同的兴趣爱好能提升流动人口在余暇生活上的满意度，相似的，双方一致的生活习惯也使得流动人口的婚姻更加和谐。

表 7-7　不同择偶标准和双方一致性下的流动人口婚姻满意度卡方检验结果

选项		平等	独立	和谐	幸福	感情生活	性生活	物质生活	余暇生活
择偶标准	生理条件	9.342**	2.234	1.980	2.091	10.366**	11.136**	4.755	0.225
	个人品质	6.139*	11.215**	5.672*	0.439	0.828	6.642*	2.025	0.371
	物质条件	1.238	1.351	0.538	2.072	0.801	11.550**	6.372*	0.334
	家庭背景	5.690*	15.902***	4.947	7.414*	6.316*	8.656**	5.508	1.419

续表

选项		平等	独立	和谐	幸福	感情生活	性生活	物质生活	余暇生活
双方一致性	理想志向	2.563	1.457	0.215	0.854	1.604	1.405	0.486	6.066
	思想观念	6.042*	0.129	3.740	2.345	5.499*	3.183	1.618	2.291
	兴趣爱好	1.873	0.064	3.482	2.060	1.151	1.559	1.851	6.666*
	生活习惯	2.180	0.674	5.030*	3.777	0.841	1.050	2.450	0.387

从表 7-8 中所示的对于在不同结婚目的和婚姻态度下的流动人口婚姻满意度进行卡方检验结果表明,结婚目的是相亲相爱的流动人口对婚姻的和谐、幸福以及感情生活、性生活、余暇生活的满意度都更高,而结婚目的是人生有伴的流动人口在物质生活和余暇生活上的满意度较高。性生活的出发点不仅是生理需求、生育需要,更重要的是成为一种情感的升华,因此,认为婚姻必须有爱的流动人口在性生活上的满意度显著较高。结婚目的是有健康的性生活的流动人口在婚姻的和谐、幸福以及性生活、物质生活上的满意度较高,表示结婚的目的是社会需要的流动人口调查对象对于感情生活、性生活和余暇生活都具有较高的满意度。调查对象中认为结婚目的是人生必然过程的,或许由于比较注重双方的角色职责,亲密关系可能并不是最重要的,各尽责任,平稳生活,因此在婚姻和谐、幸福上反而获得了较高的满意度。如果认为只能结一次婚,即使离婚了也不再婚的人通常对于自身的婚姻都有更固执坚守的信念,也更倾向于维系婚姻的稳定性,进而表现为更高的余暇生活质量以及更高的对于婚姻幸福的满意度。相反的,如果持有即使不满意也不离婚的想法,不惜相互折磨,自己痛苦对方也同样不得解脱,那么显然在婚姻的和谐、幸福以及感情生活、物质生活、性生活、余暇生活上的满意度都只低不高。夫妻之间的相互忠诚一般来讲包含两方面含义,心理上的相互忠诚,常指不见异思迁;生理上的相互忠诚,即配偶是唯一的性伙伴。婚姻中的忠诚是夫妻互相信任、维持公平的基石,因此持这种婚姻态度的流动人口也在婚姻的和谐和感情生活上具有更高的满意度。收入和财产共享,也就是平等的经济权,是家庭平权模式状态的一个重要体现。而平等的婚姻通常也具有更高的对于婚姻生活幸福的满意度。

表 7-8   不同结婚目的和婚姻态度下的流动人口婚姻满意度卡方检验结果

	选项	平等	独立	和谐	幸福	感情生活	性生活	物质生活	余暇生活
结婚的目的	相亲相爱	3.217	1.205	10.527**	15.038***	7.615*	7.818*	1.572	10.171**
	人生有伴	4.248	4.891	1.070	2.571	5.533	2.738	6.990*	6.339*
	健康性生活	4.669	4.914	6.183*	7.691*	3.007	19.310***	6.847*	3.111
	社会需要	7.221	7.626	6.252	8.378	9.597*	12.021	5.515	11.497
	人生过程	3.851	2.249	6.054*	9.798**	0.815	3.520	3.908	1.354
婚姻的态度	必须有爱,不能凑合过	4.655	0.349	4.631	0.632	3.724	11.703***	3.037	4.567
	即使不满意也不离婚	4.244	1.082	5.913*	16.601***	10.663**	12.815***	6.128*	6.013*
	一生只能结婚一次	0.178	0.796	1.036	6.120*	0.732	0.942	0.674	9.499**
	保持对配偶忠诚	4.836	0.481	6.374*	3.557	9.660**	0.678	2.106	5.223
	夫妻收入和财产共享	1.431	1.957	3.817	5.809*	3.200	0.336	3.212	0.911

(六)婚姻生活状况

用总括性的主观指标来描述婚姻质量,会由于没有统一的标准,且容易受到调查对象不同的文化背景、道德观念、价值标准等的影响而出现相近的婚姻生活状况不同的满意度水平或是相同的水平却有着较大差异的生活状态的问题。因此下面的主要内容是以客观指标为主,考查不同婚姻生活状况下的婚姻满意度水平,选择了从家中地位、经济支配权、家务公平、夫妻关系维系因素、夫妻冲突和性生活状况这几方面来展开分析,统计分析结果见表 7-9。随着家庭地位的提高,流动人口对于婚姻生活中平等、独立和感情生活、物质生活的满意度也都随之提高。家庭经济支配自主权增大的同时,流动人口在婚姻平等、和谐、幸福方面的满意度都同向变化。除了余暇生活以外,家务分工越公平,流动人口的各方面婚姻满意度就越高。很显然,可以利用社会交换理论来对这几点进行解释。

恩格斯曾经说过:"如果说只有以爱情为基础的婚姻才是合乎道德的,那么也只有继续保持爱情的婚姻才合乎道德。"爱情不仅是婚姻关系赖以建立的基础,也是婚姻关系赖以维系的基本要素。如表 7-9 所示,在流动人口中,夫妻关系主要是靠爱情维系的,则除了独立以外其他各方面的婚姻满意度都更高,且差异显著。对于独立的满意度检验结果并不显著的原因应该是因为爱情一方面是利他主义的,是无私的,但也同时要求彼此对对方在精神上生理上的专有,而太高的婚姻生活独立满意度与此是相抵触的。贝克尔认为,子女有稳定婚姻关系的作用。有孩子的夫妇在面临离婚选择时,常会由于不愿因为家庭解体给孩子带来伤害而继续维持婚姻关系,但是我们的分析也表明,这些夫妻的婚姻满意度都偏低,差异显著。夫妻关系主要靠经济维系的流动人口,在婚姻幸福和感情生活、性生活方面的满意度都显著降低。当责任成为婚姻的主要维系因素时,这部分流动人口对独立的满意度反而提高,而当舆论是婚姻维系因素时,流动人口在婚姻和谐和感情生活上的满意度都明显降低。从夫妻冲突状况对流动人口婚姻满意度的影响来看,如果配偶经常指责或是否定对方,则除了物质生活以外流动人口在其余方面的满意度都显著降低。如果争吵后互不理睬或是离家出走,则意味着消极地放弃了相互沟通化解冲突的机会,还有可能积怨更深,因此这些调查对象对于婚姻平等、和谐和感情生活、性生活、物质生活的满意度都明显降低。但是如果夫妻之间发生争吵后有一方能主动认错,这样的流动人口夫妻反而具有较高的平等、幸福和感情生活、性生活满意度,由此看来,夫妻冲突的化解方式对婚姻满意度也具有重要影响。性生活是婚姻生活的重要组成部分,性生活状况也是婚姻满意度的重要影响因素之一,在此选取了性快感频率和亲昵行为频率来考查流动人口的性生活状况对其婚姻满意度的影响,检验结果显示,性快感和亲昵行为频率越高,相应的流动人口的婚姻满意度也越高,且差异显著。

表 7-9　不同婚姻生活状况下的婚姻满意度差异卡方检验结果

	选项	平等	独立	和谐	幸福	感情生活	性生活	物质生活	余暇生活
结婚的目的	相亲相爱	3.217	1.205	10.527**	15.038***	7.615*	7.818*	1.572	10.171**
	人生有伴	4.248	4.891	1.070	2.571	5.533	2.738	6.990*	6.339*
	健康性生活	4.669	4.914	6.183*	7.691*	3.007	19.310***	6.847*	3.111
	社会需要	7.221	7.626	6.252	8.378	9.597*	12.021	5.515	11.497
	人生过程	3.851	2.249	6.054*	9.798**	0.815	3.520	3.908	1.354

续表

选项		平等	独立	和谐	幸福	感情生活	性生活	物质生活	余暇生活
婚姻的态度	必须有爱，不能凑合过	4.655	0.349	4.631	0.632	3.724	11.703***	3.037	4.567
	即使不满意也不离婚	4.244	1.082	5.913*	16.601***	10.663**	12.815***	6.128*	6.013*
	一生只能结婚一次	0.178	0.796	1.036	6.120*	0.732	0.942	0.674	9.499**
	保持对配偶忠诚	4.836	0.481	6.374*	3.557	9.660**	0.678	2.106	5.223
	夫妻收入和财产共享	1.431	1.957	3.817	5.809*	3.200	0.336	3.212	0.911

二、对配偶的满意度

我们采用了总括性指标和多维度指标相结合的办法来考查调查对象对配偶的满意度水平，其中，多维度指标包括对配偶的能力、收入以及对自己的信任、尊重、体贴这几方面的满意度分值，总括性指标即对配偶的总体满意度分值。刻度设计同样是按照 1～7 划分，1 分表示非常不满意，7 分表示非常满意。

(一)总体分布状况

流动人口从事的多是工作强度大、劳动环境差、技术含量低的工作，工资待遇和社会保障都较少达到合理水平。而外出打工所肩负的却常常是一家老小的生计以及子女上学、结婚盖房的费用，在这种情况下，配偶是否有收入以及收入多少就会对家庭生活状况产生较大的影响。从流动人口对配偶满意度的总体评价来看，如表 7-10 中的统计结果显示，流动人口对于配偶的收入满意度平均分值最低，也是唯一一个均值不到 5 分的。对配偶各方面满意度均值从大到小依次为对配偶信任自己的满意度，平均达到 5.79 分，其中不满意的也只有不到 8%；其次是对于配偶尊重自己的满意度，均值为 5.68 分，其中比较满意的比例超过 80%；分值排序第三位的是对配偶体贴自己的满意度，平均值为 5.43。与本章上一小节对婚姻生活满意度的描述相对比可知，流动人口对自己配偶的满意度比对婚姻生活的满意度高。从对配偶满意度的总分来看，总平均分达到了 5.66 分，其中，有 87.7% 的流动人口都对配偶表示比较满意或是很满意,仅有 3% 的流动人口表示对配偶不满意。

表 7-10 对配偶满意度总体分布状况

选项	1～3分/%	4 分/%	5～7分/%	均值	标准差
能力	11.9	17.1	71.0	5.0708	1.4038
收入	18.6	23.5	57.9	4.6275	1.4017
信任	7.9	6.8	85.3	5.7919	1.3449
尊重	9.0	7.4	83.6	5.6753	1.3606
体贴	12.2	8.4	79.4	5.4325	1.4690
总体分	3.0	9.3	87.7	5.6571	1.0203

从图 7-4 中流动人口对配偶满意度随结婚年数的变化趋势可以看出,各条曲线中流动人口对配偶的满意度第一次出现下降都是发生在结婚 3～7 年时,而这一时间段正是流动人口家庭生育或哺育幼儿的高峰阶段,许多研究表明,生育孩子后由于父母尤其是母亲对孩子的时间、注意力和照料影响到夫妻互动以及余暇时间分配,从而使得婚姻满意度降低。此后,在结婚 8～13 年时流动人口对配偶满意度出现唯一一次反弹,这应该是和孩子已

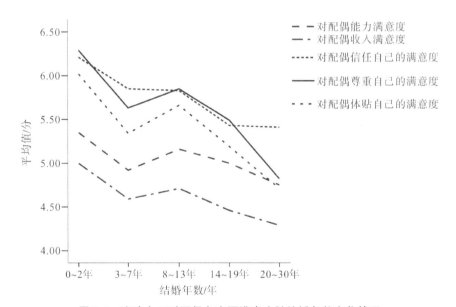

图 7-4 流动人口对配偶各方面满意度随结婚年数变化情况

经进入学校,减轻了父母日常生活照料负担,用于夫妻互动的余暇和精力增多从而有利于满意度的提高的缘故。从婚龄 13 年以后开始流动人口对配偶的满意度则一直呈下降趋势,总体并没有出现类似 U 形曲线的变化趋势。分各条曲线来看,整体而言,流动人口对于配偶在信任、尊重、体贴这三方面的满意度明显高于对配偶能力和收入的满意度,其中信任和尊重的满意度相近,而对于配偶收入的满意度是最低的。

图 7-4 所示是流动人口对配偶各个侧面的满意度状况,而图 7-5 则是流动人口对配偶的总体满意度分值随结婚年数不同的变化状况,并同时绘出分性别的满意度曲线加以对比。从图 7-5 中可以看出,不同结婚年数的男性流动人口对配偶的满意度都要高于该时间段女性流动人口对其配偶的满意度,同时也高于流动人口样本的总体水平。从曲线走势来看,男性流动人口对配偶的满意度曲线比样本总体和女性流动人口的满意度曲线变化趋势稍缓。男性流动人口对配偶的满意度分值在随着结婚年数增加而不断降低后,第一次反弹出现在结婚 14~19 年时;而女性流动人口对配偶的满意度曲线变化则呈明显台阶状,落差较大,其曲线于婚后第 3~7 年第一次下降后维持一段平台期,然后在 14~19 年时第二次出现大幅下降。

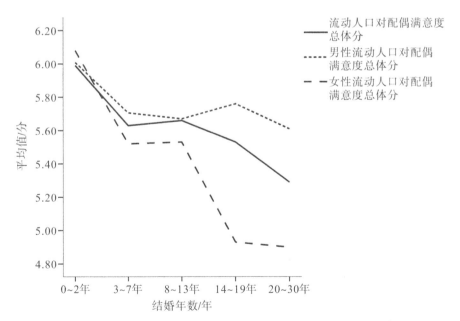

图 7-5 流动人口对配偶满意度总体分及分性别随结婚年数变化情况

由图 7-6 所示对流动人口与农村从未外出打工人口对配偶的满意度曲线对比表明,虽然流动人口对配偶满意度总体上高于农村从未外出打工人口对配偶的满意度,但两个曲线走势差异较大。流动人口对配偶的满意度大体上呈持续下降趋势,而农村从未外出打工人口对配偶的满意度曲线则呈 S 形变化。子女对婚姻满意度的作用呈二元说,正面作用是指孩子有维系婚姻、增加凝聚力的作用,负面作用是孩子转移父母的注意力和占用时间进而影响夫妻互动并降低婚姻满意度。结合前述针对流动人口在婚后 3~7 年生育高峰期对其满意度的影响分析来看,对于农村从未外出打工人口而言,婚后初育时传宗接代后继有人带来的满足感更强,而农业化生产也有更多的余暇时间,由于照顾孩子给夫妻在时间精力上带来的互动障碍并不明显且农村夫妻受传统文化影响更深,对于余暇时间和夫妻互动这种较高层次的婚姻生活质量需求不高,因此与流动人口的满意度变化曲线不同的是,农村从未外出打工人口对配偶的满意度在结婚 3~7 年时并没有出现类似的明显下降趋势。农村从未外出打工人口在结婚 8~20 年间对其配偶的满意度一直在下降,但在结婚 20~30 年时间段又出现了第二次回升,这应该与 U 形曲线理论所指出的孩子长大成人后夫妻关系重新成为生活重心,家庭生活趋于稳定,夫妻相互之间的满意度也开始升高有关。应该说,总体

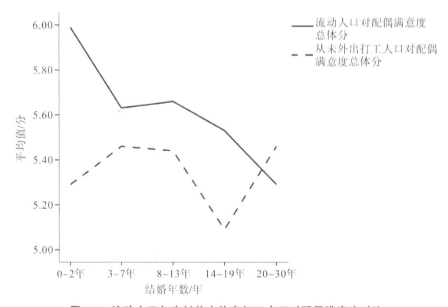

图 7-6　流动人口与农村从未外出打工人口对配偶满意度对比

上流动人口与农村从未外出人口对配偶的满意度随结婚年数的变化趋势还是存在着较大的差异。

(二)个人特征

首先,从性别差异来看,如表 7-11 所示,统计检验结果表明女性流动人口对配偶收入的满意度高于男性流动人口对配偶收入的满意度,差异显著;男性流动人口对配偶的满意度总评价分值要高于女性流动人口对配偶的满意度总评价分值;此外,流动人口中对配偶体贴自己的满意度也表现为男性高于女性的特点。分年龄和收入水平的流动人口对配偶满意度水平都呈波动变化,其中,分年龄段来看,流动人口对于配偶信任自己的满意度在 20～30 岁年龄段时达到最高,此后保持了下降趋势。在流动人口中,月收入水平在 1100～1400 元区间的调查对象对于配偶信任自己、尊重自己、体贴自己的满意度是不同收入水平的流动人口中最高的。总的来看,流动人口对配偶满意度中的收入水平差异和性别差异最为突出,城乡差异最不明显。

表 7-11　不同的个人特征下流动人口对配偶满意度的差异检验

特征	性别差异(均值)			城乡差异(均值)			年龄差异	收入差异
	男	女	F	城市	农村	F	F	F
能力	5.0023	5.1736	1.288	5.1207	5.0717	0.048	1.121	0.714
收入	4.5164	4.7917	3.334*	4.7931	4.6174	0.356	1.429	0.495
信任	5.8079	5.7676	0.077	5.8246	5.8144	0.317	2.888**	2.923**
尊重	5.7659	5.5405	2.437	5.8594	5.6717	0.656	1.934	3.000**
体贴	5.5866	5.2014	6.023**	5.4828	5.4683	0.262	1.526	4.513***
总体分	5.7481	5.5177	4.392*	5.8492	5.6326	1.180	1.422	1.861

(三)婚育状况

结婚时间、婚龄长短、婚育间隔、是否生育以及孩子数量等都会对婚姻满意度产生影响。从表 7-12 所示对流动人口在不同婚育状况下的配偶满意度差异检验结果来看,初婚年代越晚,也就是婚龄越短,对配偶的能力满意度、尊重和体贴自己的满意度以及总体满意度都越高。不同婚育间隔的流动人口在对配偶的满意度水平上差异不具有统计意义,但是随着孩子数量增多,对配偶在信任自己、体贴自己,尤其是尊重自己的满意度分值都下降,对配偶的满意度总体分也同样呈下降趋势。有孩子的流动人口对配偶的能力满意度、收入满意度以及尊重和体贴自己的满意度都要小于没有孩子的流动人口,进一步分性别来看,有孩子的家庭中,流动女性对配偶的能力满意度以及尊重、体贴自己的满意度都明显低于没有孩子的流动女性,而流动男性对配偶各个方面的满意度并不受是否有孩子的影响。

表 7-12　流动人口不同婚育状况下对配偶满意度卡方检验结果

选项		能力	收入	信任	尊重	体贴	总体分
初婚年代		15.190*	6.837	8.887	29.304***	27.084***	17.301*
婚育间隔		8.290	4.520	16.205	9.907	12.063	7.293
现有孩子数		7.820	6.453	14.855**	19.009***	13.279**	11.160*
是否有孩子		11.527**	5.385*	2.912	8.878**	13.024***	4.016
有无孩子	流动女性	8.052*	2.625	3.348	9.556**	10.463**	3.552
	流动男性	3.988	3.849	0.321	1.712	3.613	1.209

(四)婚恋意愿

择偶作为缔结婚姻的前奏,不同的择偶标准直接影响着结婚对象的选择,进而会对婚姻满意度产生影响。从表 7-13 所示对不同的择偶标准和双方一致性要求下的流动人口,对其配偶满意度水平的卡方检验结果来看,择偶时注重对方个人品质的流动人口在对配偶的收入满意度和信任、体贴自己的满意度上都有明显提高,而择偶时注重对方的家庭背景的流动人口对配偶的满意度则明显下降,其中影响显著的有对配偶能力满意度和信任、尊重、体贴自己的满意度,以及对配偶的总体满意度。在双方一致性上,认为双方在思想观念和兴趣爱好上应该一致的流动人口对配偶信任自己、体贴自己、尊重自己的满意度以及总体满意度都显著提高,而认为双方在生活习惯上应该相一致的流动人口则拥有较高的认为配偶尊重自己的满意度。

表 7-13　不同择偶标准和双方一致性下对配偶满意度水平的卡方检验结果

选项		能力	收入	信任	尊重	体贴	总体分
择偶标准	生理条件	1.353	2.653	0.882	1.234	0.784	1.298
	个人品质	2.701	5.374*	5.598*	2.883	5.529*	2.451
	物质条件	3.343	0.896	0.504	2.668	0.433	3.654
	家庭背景	6.477*	2.772	12.339**	14.672***	18.149***	6.736*

续表

	选项	能力	收入	信任	尊重	体贴	总体分
双方一致性	思想观念	2.900	0.081	7.285*	6.148*	7.939*	9.441**
	兴趣爱好	0.765	0.980	11.446**	1.741	6.106*	5.986*
	生活习惯	0.083	1.180	3.166	7.029*	1.503	2.738

从对在不同的结婚目的下,流动人口对配偶满意度水平差异检验结果可知,如表 7-14 所示,结婚主要目的是相亲相爱、人生有伴和有健康性生活的流动人口都具有更高的对其配偶的满意度,而结婚的主要目的是提高社会地位的流动人口则在对配偶信任自己、尊重自己、体贴自己的满意度和总体满意度水平上都偏低。认为结婚的主要目的是人生必然过程的流动人口,在配偶尊重自己、体贴自己方面都有更高的满意度。对于婚姻抱有不同态度的流动人口对婚姻满意度的感受与评价是否存在差异也是我们希望考查了解的内容,从调查统计以及差异检验结果来看,在各种对婚姻的态度下,认为一旦结婚就应该对配偶忠诚的流动人口,在对配偶的能力、信任和体贴自己以及总体上的满意度都显著增高。而当对婚姻的态度是即使不满意也不离婚时,这部分流动人口对于配偶的满意度明显偏低,并突出表现在对配偶在信任自己、体贴自己和总体分上的满意度。

表 7-14　不同的结婚目的和对婚姻的态度下对配偶满意度影响差异卡方检验结果

	选项	能力	收入	信任	尊重	体贴	总体分
结婚的目的	相亲相爱	10.095**	2.284	6.205*	4.236	10.779**	4.660*
	人生有伴	0.938	12.689***	7.486*	4.648	7.364*	6.081*
	提高社会地位	3.562	0.927	10.632**	11.871**	7.135*	9.451**
	健康性生活	9.034**	0.314	11.190**	13.091***	8.583**	2.545
	人生过程	0.248	2.431	0.618	9.177**	9.561**	3.891

续表

选项		能力	收入	信任	尊重	体贴	总体分
婚姻的态度	必须有爱,不能凑合过	0.561	3.786	3.195	1.748	0.683	1.396
	即使不满意也不离婚	1.332	2.923	7.848*	1.731	6.291*	5.873*
	保持对配偶忠诚	4.912*	2.546	5.895*	3.242	1.754	5.109*
	夫妻收入和财产共享	0.743	2.111	2.462	1.494	5.168	1.812

(五)婚姻生活状况

婚姻生活状况往往是和婚姻满意度状况密切相关的。如表 7-15 所示,随着流动人口在家庭中的地位越来越高,对于配偶的能力满意度、尊重自己的满意度和总体满意度都同样升高。经济支配自主权越大、家务分工越公平,流动人口对配偶信任、尊重、体贴自己的满意度和对配偶的总体满意度也都明显升高。对于夫妻关系是靠爱情维系的调查对象,对配偶在各个方面的满意度更高,而对夫妻关系是靠子女、经济或是舆论维系的流动人口,其对配偶的满意度都更低。夫妻共同生活过程中发生口角难以避免,如果是本着坦诚、和解的态度,那么既可以消除矛盾,还能相互沟通。但是如果在争吵后互不理睬,发展到威胁离婚、离家出走,严重的甚至动手打人,这些做法不仅会使夫妻冲突更加难以调和,还会对婚姻满意度产生负面影响。表 7-15 中的卡方检验结果就显示,表示在夫妻争吵后出现互不理睬、离家出走、动手打人的流动人口,其对配偶的能力、信任、尊重、体贴和总体上的满意度分值都明显下降。即使没有争吵,配偶之间经常相互指责或是相互否定的流动人口,其婚姻满意度也都明显偏低,差异具有统计意义。性快感的频率越高,对婚姻生活和对配偶的满意度都越高,同时,分析结果还证实,日常亲昵行为也对提高流动人口婚姻满意度具有显著的积极作用。

表 7-15　不同婚姻生活状况下对配偶满意度水平差异卡方检验结果

选项		能力	收入	信任	尊重	体贴	总体分
家中地位		15.795*	8.366	7.941	15.219*	13.749	25.583***
经济支配权		11.570	6.111	16.072**	31.389***	23.539***	14.442*
家务公平		10.800	8.203	26.092**	16.380**	18.608**	35.387***
夫妻关系维系因素	爱情	50.629***	24.871***	25.729***	35.756***	47.846***	55.262***
	子女	2.155	2.100	5.336*	5.713*	21.194***	8.666*
	经济	4.575	0.527	0.790	15.062***	3.944	1.663
	责任	2.848	0.704	2.276	3.570	0.244	2.936
	舆论	1.064	1.921	10.159**	6.618*	19.934***	1.583
配偶的指责与否定		24.590***	8.562	54.716***	99.502***	54.305***	62.235***
争吵后状况	互不理睬	8.174*	4.721	9.690**	7.975**	7.060*	9.015**
	离家出走	17.456***	0.182	40.557***	17.689***	23.812***	12.631**
	出手打人	1.498	2.873	8.625**	12.758**	19.861***	13.539**
	威胁离婚	1.651	2.955	0.253	2.313	1.115	9.133*
性快感		14.333*	16.239*	20.862**	30.901***	33.385***	46.638***
亲昵行为		14.956*	16.309**	5.393	12.907*	21.748***	20.160**

三、婚姻满意度的影响因素

(一)理论假设

在进行流动人口婚姻满意度的影响因素分析时,我们的理论假设主要包括以下几点:

(1)流动人口相对于城市人口与农村从未外出人口而言,受到流入地与流出地的现代与传统文化双重影响。在文化趋同的作用下,注重个人情感需求的现代个人主义婚姻家庭观对流动人口的影响愈来愈深。

(2)由于婚姻边际效用递减、家庭生命周期理论中孩子对夫妻关系的作用以及角色转换等因素的影响,使得流动人口的婚姻满意度随着年龄、婚龄增长而下降,同时婚育间隔的拉长会有利于提高婚姻满意度。

(3)择偶标准、双方一致性、结婚的目的、对婚姻的态度等具体的婚恋意愿是婚姻主体的价值标准和文化背景的客观体现。这种价值观和文化观具有延续性,即不仅表现在恋爱择偶中,也表现在婚姻家庭生活中,进而影响婚姻质量。虽然实际生活中,很少婚姻是建立在一个完全功利型的或完全内涵型的基础上,但是在婚恋意愿中如果是以倾向于物质条件、社会关系、家庭背景、传宗接代等偏功利型的目的来进行婚姻交换,那么由于"资源假说"的影响,具有资源优势的一方将左右家庭权力的分配模式。因此,功利型的婚恋意愿下产生的具有较强功利型的婚姻并不能十分美满,而以得到伴侣间的亲密关系以及浓厚感情为婚恋目标的内涵型婚姻会具有更高的婚姻满意度。

(4)"社会交换理论"认为,婚姻中的伴侣将努力谋求收益最大化,收益大于成本的婚姻关系将使他们感受到更高的满意度。"公平理论"指出,当人们发现自己进入一种不平等的状态时,他们会因此而愤怒。因此,在婚姻生活中如果感觉自己被信任、被尊重,在夫妻互动和家庭权力模式中拥有公平的地位,那么就会有较高的婚姻满意度。

(5)角色期望是影响婚姻满意度的主要因素之一。任何角色都有来自社会家庭方面的角色期待,而丈夫和妻子之间的相互期待则是各种角色期待中影响最深、最久也最为男女双方所看重的(张一兵,2003)。一般来说,期待的指向永远是不断上升的正值,而实现的结果却很难永远令人满意,如果配偶的行为状态与自己的婚恋意愿比较一致,就能对婚姻产生更高的满意度。如果在传统性别角色期望下要求"男主外女主内""丈夫是一家之主",女性温良恭俭让才是美德,那么就会给夫妻的平等互动带来阻碍,体现在婚姻生活中就是夫妻冲突加剧,双方的婚姻满意度也会随之下降。

(6)根据"异质假说",夫妻年龄、个性、宗教信仰、种族、社会地位等方面较大的差异往往会引起更多的不一致和冲突。在择偶时要求双方具有较高一致性的,应该会有利于提高婚姻满意度。

(二)变量设置

在进行决定因素回归分析时,以流动人口婚姻质量的不同侧面满意度,包括感情生活满意度、性生活满意度、物质生活满意度、余暇生活满意度和对配偶的满意度作为因变量。影响因素包括个人特征、婚育状况、婚恋意愿、性别角色、夫妻关系及互动和夫妻冲突6个方面的指标,其中性别、择偶标准、双方一致性、结婚目的、婚姻态度、付出与得到的衡量、夫妻关系维系因素和争吵后果都是以二分类变量形式进入模型,年龄、夫妻年龄差、受教育程度、初婚年龄、婚育间隔、家庭地位、家务公平、性快感频率、配偶的指责和争吵频率都是以连续变量形式进入模型。回归分析结果见表7-16。

表 7-16　流动人口婚姻满意度决定因素回归分析结果

影响因素	感情生活满意度	性生活满意度	物质生活满意度	余暇生活满意度	对配偶满意度
一、个人特征					
性别					0.125*
年龄			0.262**		
夫妻年龄差				−0.202**	
受教育程度	0.133*				
二、婚育状况					
初婚年龄					−0.246***
婚育间隔			0.240**		
三、婚恋意愿					
择偶主要注重:①物质条件				0.166**	
②家庭背景					−0.228***
③社会关系					−0.112*
双方在性格上具有一致性	−0.124*				
结婚目的:①人生有伴			0.440***		
②改善生活条件	−0.145*				
对婚姻的态度:要忠诚				−0.122*	
四、性别角色					
家庭地位			−0.370***		−0.165**
家务公平		0.124**			
是否得到的多					0.228***
五、夫妻关系及互动					
维系因素:①爱情	0.268***	0.189***	0.272**	0.306***	0.305***
②子女					−0.161**
③舆论					−0.139*
④不让父母操心			0.253*		
性快感频率		0.346***			
六、夫妻冲突					
配偶是否经常指责你				0.212**	0.309***
争吵频率	0.346***				
争吵后:①一方主动认错	0.233***	0.128**			0.199***
②互相妥协			−0.209*		
R^2	0.324	0.333	0.464	0.215	0.565
F	4.817***	8.378***	3.548***	5.227***	10.593***

注:$P \geqslant 0.05$ 的回归结果均未列入表中。

有学者将婚姻的动机归纳排序为:上古时代经济第一,子女第二,爱情第三;中古时代,子女第一,经济第二,爱情第三;现代则爱情第一,子女第二,经济第三(潘允康,1986)。中国传统的婚姻关系是以家族利益为重心,夫妻之间重礼仪规范轻平等相亲,成家立业并子孙满堂就是幸福的婚姻,爱情是被压抑被忽视的(徐安琪 等,2002)。对于流出地以农村或落后地区为主,流入地以发达城市为主的流动人口而言,脱离相对封闭保守的传统文化环境,受到现代文化思想和生活方式的潜移默化,向追求自由、自我、注重爱情的恋爱择偶观和婚姻家庭生活方式趋同。李银河也在研究中指出,现代化发展的进程中,婚姻注重浪漫爱的倾向也在随同发展(李银河,1995)。在表7-16的各项回归结果中,爱情对于流动人口婚姻满意度的影响作用最为突出。当爱情成为流动人口夫妻关系维系的主要因素时,在对婚姻感情生活、性生活、物质生活、余暇生活和对配偶都有显著提高的满意度。

夫妻之间的争吵虽然表现形式较为激烈,但实际上也是婚姻生活中一种相互沟通的方式和宣泄情感的出口。完全避免争吵并不一定是解决婚姻冲突的最佳选择,重要的是发生冲突后如何平息与处理。问卷中关于争吵的后果设置的选项包括一方主动认错、互相妥协、互不理睬、离家出走、动手打人、威胁离婚等,回归结果中只有争吵后一方主动认错和互相妥协对婚姻满意度产生影响,其中一方主动认错的积极影响非常显著。贝克尔指出,利他主义较为普遍地存在于家庭生活中,而且利他主义接受精神收入(贝克尔,2005)。争吵容易引发关系僵持、气氛紧张,利他主义的爱人就会倾向于主动和解以化解矛盾,维持夫妻和谐,有利于提高婚姻满意度。从"相对的爱与需要"理论来解释,就是对婚姻依存度较高的一方为了减轻由于争吵对婚姻关系带来的负面作用,进而影响自己的权力或收益,因此采取主动姿态,争执的顺利解决就能维持较高的满意度。

从婚恋意愿对婚姻满意度的影响来看,择偶时注重家庭背景、社会关系,婚姻的目的是改善生活条件等这些功利型的婚恋意愿都对婚姻满意度产生了显著的负面影响,与我们的理论假设相符。此外,与前述理论框架相一致的还包括年龄、家庭地位、家务分工、付出与得到的衡量和夫妻冲突对婚姻满意度的影响作用也都在回归分析结果中得到证实。

对于"异质假设"的验证出现两种情况,一个是与理论假设相一致的,即随着夫妻年龄差增大,双方在思想、兴趣、爱好等方面的差异也增大,"高度契洽不易凭空得来,只有在相近的教育和人生经验中获得"(费孝通,1998)。

这一点表现在余暇生活上就是难以做到夫妻同乐,进而使得余暇生活满意度下降。另一个与假设相反的是,双方在性格上一致的反而有一个较低的感情生活满意度。这可能是因为性格一致的夫妻,在婚姻调适过程中互补的作用被削弱,面对问题时容易出现相似步调的心理反应,反而不利于双方的磨合。

丈夫比妻子的满意度高以及受教育程度越高感情生活满意度也越高在我们的模型中也同样得到了验证。从生育经历的影响来看,总的来说,学界对子女在婚姻质量上的影响作用呈二元论,从表 7-16 所示回归结果可知,子女虽然对维系婚姻起到了正面的作用,但是靠子女维系的婚姻却是低质量的,满意度明显偏低。

第三节　夫妻关系与婚姻收益

一、夫妻感情及其维系因素

(一)夫妻感情状况

在考查流动人口夫妻感情状况时,我们询问了调查对象对感情状况的主观总体评价,问卷中这一问题的选项答案设置为从“很好”到“破裂”分为 5 个水平。

总体上看,流动人口对夫妻感情状况的主观总体评价较高,如表 7-17 所示,有超过 80％的流动人口认为自己与配偶感情达到较好或以上水平,只有 1.6％认为夫妻之间比较疏远,认为夫妻感情很好的流动人口更是超过四成。分性别来看,丈夫对夫妻感情状况的认知明显比妻子乐观,并且差异具有统计意义,许多研究所证实的男性比女性有更高的婚姻满意度应该也与此有关。分户籍来看,对夫妻感情状况评价的城乡差异并不显著。而分年龄段来看,则表现出随着流动人口年龄增长,对夫妻感情状况评价也在下降的趋势,不过认为夫妻之间感情疏远的始终保持在较小比例,并没有出现明显变动,主要差异体现在随着年龄增长,流动人口中认为夫妻感情很好的比例下降而认为感情一般的比例上升,对此现象我们不妨理解为中国夫妻通常对于感情表达采取的是比较保守内敛的方式,尤其随着年龄增大,恋爱新婚时的热烈情感已经在多年磨合中日趋温和,平淡相守少了几分激情,但并不一定意味着婚姻的低质量和不幸福。

表 7-17　流动人口夫妻感情状况

样　本		很好	较好	一般	疏远	卡方检验
总体		42.0	38.9	17.5	1.6	
分性别	男	43.9	40.3	14.0	1.8	6.765*
	女	37.1	38.4	23.8	0.7	
分户籍	城	47.7	36.9	12.3	3.1	4.888
	镇	39.4	45.1	15.5	—	
	村	42.6	37.0	18.7	1.7	
分年龄段	25 岁及以下	54.3	40.0	5.7	—	28.728**
	26～30 岁	48.6	36.0	13.5	1.8	
	31～35 岁	43.5	41.7	14.8	—	
	36～40 岁	32.8	43.1	20.7	3.4	
	41～45 岁	20.5	40.9	34.1	4.5	
	46 岁及以上	50.0	27.3	22.7	—	
分教育程度	文盲半文盲	36.8	42.1	21.1	—	8.898
	小学	37.0	42.6	20.4	—	
	初中	38.7	39.3	20.2	1.8	
	高中	49.1	35.3	13.8	1.7	
	大专及以上	44.4	48.1	7.4	—	

从表 7-18 所示的农村从未外出打工人口的夫妻感情状况统计结果可知,半数以上的农村从未外出打工人口认为夫妻感情是处在较好水平,认为夫妻感情疏远甚至感情破裂的都是极少数。将流动人口夫妻感情状况与农村未流动人口进行对比发现,流动人口认为夫妻感情很好的比例超出农村未外出打工人口 20 个百分点以上,然而认为夫妻感情较好或是一般的比例又是农村从未外出打工人口比流动人口高。主观评价指标本身就很容易受到文化规范、社会背景、价值观念的影响,即使同样的感情状况不同的评价者可能会给出不同的评价结果,而同样的评价结果也并不一定代表着同样的感情生活水平。流动人口与农村从未外出打工人口对夫妻感情状况的上述评价差异并不必然证明流动人口就比农村从未外出打工人口的夫妻感情

生活状态好,而更可能是流动人口受到双重文化影响而趋同于现代婚姻家庭观,农村从未外出打工人口则主要是受传统文化规范的影响。现代开放、自我的婚姻观更注重个人情感需求,倾向于直白的感情表达方式。而农村夫妻即使是年轻夫妻也较少将亲密形于外,他们更习惯于含蓄的感情表达方式,因此农村从未外出打工人口较多地对自己的婚姻关系做出较好、一般的评价也许是一种中庸的思想体现。

表 7-18　农村从未外出打工人口的夫妻感情状况

样本		很好	较好	一般	疏远	破裂	卡方检验
总体		19.5	51.6	25.8	1.9	1.3	
分性别	男	22.5	50.6	25.8	1.1	—	9.447
	女	13.2	54.4	26.5	2.9	2.9	

西方人通常认为东方人更注重家庭生活,但是很难理解为什么中国出现那么多的夫妻两地分居现象。两地分居显然不利于夫妻互动和家庭和谐,但出现这种现象更多的是受限于中国特有的社会、经济发展状况,而不一定是主观选择的结果。虽然近年来流动人口外出打工时夫妻一起流动的人数呈增多趋势,但仍有许多流动人口家庭是一人外出一人留守,或是夫妻各自在不同地区打工,甚至还有不少是虽然在同一城市打工但受客观条件限制而分开居住的。因此,我们特别考查了流动人口的配偶是否外出打工和夫妻是否一起居住对夫妻感情状况的影响。但从统计结果来看,流动与分居并没有对流动人口的夫妻感情产生显著的负面影响。况且流动人口的夫妻分居通常不是小别,而是较长时间段的分离。从表 7-19 可以看出,甚至流动人口中夫妻分开居住的自认感情状况还要好于夫妻同住的,这也从一定程度上说明了中国夫妻的婚姻具有一个比较高的稳定性。

表 7-19　流动人口配偶的流动状态对夫妻关系的影响

样本		很好	较好	一般	疏远	卡方检验
配偶是否外出打工	不是	30.7	46.7	21.3	1.3	2.043
	是	40.2	42.7	16.2	0.9	
是否一起居住	不是	43.1	39.8	14.6	2.4	1.573
	是	41.5	38.7	18.5	1.2	

通过对流动人口在不同的结婚目的和结婚态度下的感情状况差异进行卡方检验发现,如表 7-20 所示,不论是总体来看还是分性别、分户籍来看,只要结婚的主要目的是相亲相爱的流动人口,夫妻感情状况也更好,差异具有统计意义,其中流动女性比流动男性的这一差异更加显著。而在结婚的主要目的是人生有伴的流动人口中,只有流动男性的感情状况明显更好,流动女性的差异性检验并不显著。当流动人口的结婚主要是为了改善生活条件或是为了传宗接代时,夫妻感情状况都不如具有其他结婚目的的流动人口。有爱情滋润的婚姻通常也会更美满,因此认为婚姻"必须有爱,不能凑合着过"的流动人口对于夫妻感情状况的主观评价也都更高。相比之下,对于那些认为"即使不满意自己的婚姻,也不和配偶离婚"的流动人口来说,夫妻感情状况偏差也在所难免,这一显著差异不仅表现在样本总体,分性别和分户籍来看也都是如此。而认为"只能结一次婚,即使离婚也不再婚"的流动人口虽然会比较固执,但为了坚守自己的信念也会更努力地经营自己的婚姻,尤其对比较看重感情、看重家庭的女性而言,对婚姻持有这种态度的同时也有更高的夫妻感情状况评价结果。

表 7-20　不同的结婚目的和婚姻态度下的感情状况卡方检验结果

样本		结婚的主要目的						对婚姻的态度		
		相亲相爱	人生有伴	改善生活条件	提高社会地位	健康性生活	传宗接代	必须有爱	即使不满意也不离婚	只结一次婚不再婚
总体		16.202***	3.532	6.668*	6.369	3.496	5.966	16.428***	19.028***	5.240
性别差异	女	11.658***	1.225	8.806*	3.162	0.544	0.838	4.983	15.848***	6.572*
	男	10.466**	11.797**	1.364	2.262	5.597	8.356*	17.011***	11.006**	1.164
地区差异	城市	7.266*	7.077	5.714	4.675	5.321	0.748	10.985**	8.914*	0.902
	农村	8.876*	4.064	3.890	1.904	1.831	1.363	9.350*	11.948**	6.805*

从表 7-21 所示的流动人口在不同的择偶标准和双方一致性下对于感情状况主观评价的差异性卡方检验结果中可以看出,总体上夫妻双方在思想观念和道德修养上能够一致的流动人口对于其婚姻感情状况的自我评价

也更好。分性别来看,男性流动人口在择偶时注重物质条件的,婚后对于夫妻感情状况的评价明显更低。分户籍来看,城乡表现出各自不同的特点。对城市户籍流动人口来说,择偶时注重生理条件和个人品质的调查对象会有更优的感情生活;而农村户籍流动人口在夫妻双方具有思想观念和性格脾气上的一致性时,对于婚姻感情状况也有更高的自我评价。

表 7-21　不同择偶标准下的感情状况卡方检验结果

样本		择偶标准				双方一致性		
		生理条件	个人品质	物质条件	理想志向	思想观念	道德修养	性格脾气
总体		6.553	5.081	6.577	4.457	9.376*	9.647*	5.556
性别差异	女	3.743	1.355	0.768	3.590	3.028	6.241	4.424
	男	4.016	4.245	8.259*	0.674	5.446	3.697	4.087
地区差异	城市	12.606**	16.100***	1.726	4.578	3.859	2.612	0.501
	农村	2.815	4.881	4.631	5.476	8.717*	4.192	7.818*

初婚年代越晚,通常年龄和婚龄也都越小,而这一阶段内夫妻之间的感情状况也往往会处于相对较好的状态。表 7-22 所示的卡方检验结果表明,孩子数量的多少对流动人口的感情状况影响差异并不显著。而是否生育孩子对流动人口夫妻感情状况则表现出比较明显的差异性,总体上孩子对流动人口夫妻感情状况的影响表现为负面的,有孩子的流动人口不如没有孩子的流动人口夫妻感情状况好,尤其男性流动人口中的这一现象更显著。

表 7-22　不同婚育状况下流动人口感情状况差异卡方检验结果

样本		初婚年代	是否有孩子	孩子数
总体		28.415**	11.046**	2.255
性别差异	女	30.779***	5.010	1.160
	男	16.162	7.905*	2.425
地区差异	城市	23.729*	6.255	9.049
	农村	22.320*	4.420	1.091

　　显然,爱情对婚姻生活的凝聚和促进作用在表 7-23 所示的统计结果中又一次得到突出体现。夫妻关系是靠爱情维系的流动人口夫妇,不论城乡、性别,其婚姻感情状况都很好。而对于夫妻关系是靠子女、责任、舆论或父母影响来维系的流动人口,也许婚姻的稳定性并不差,但夫妻感情状况并不理想。经济支配自主权越大、自我感觉得到的越多的流动人口,夫妻感情状况也越好,这一现象正是符合了社会交换理论,即婚姻中的伴侣将努力谋求收益最大化,收益大于成本的婚姻关系将使他们感受到更高的满意度。同时,公平理论指出,婚姻中的公平会提高满意度,而不公平的感觉会使人愤怒,因此家务分配公平的流动人口夫妻,婚姻感情生活也处于更好的状态。配偶的指责和争吵的频率对流动人口的夫妻感情状况具有显著的负面影响,不论是样本总体还是分性别、分城乡来看都表现出同样的趋势。许多"围城"中的夫妻都会有爱情越来越淡,而争执越来越多的感觉。婚前男方的体贴疼爱和女方的温柔可人,婚后都变了模样。其实对于已经成为夫妇的人而言,爱情和婚姻更需要呵护和经营,频繁的争吵、互相的指责与否定都会使夫妻之间的感情状况变得更糟。同时,在出现此类问题时,如果能较好地处理争执,也能够有利于相互的亲密和谐,不管怎样,夫妻双方互相尊重、互相支持,保有适合的沟通方式,都是有利于改善感情状况的有效途径。有爱无性并不意味着一定不幸福,但如果有爱有性就能产生乘法效应,我们的调查结果显示,优质的性生活对流动人口夫妻之间的感情状况有着积极影响。从夫妻之间的日常亲昵行为来看,再严肃冷静的人在感受到爱人的亲昵表现时都不会不为所动,适当地表现亲昵也能使爱情保鲜,这一点从表 7-23 中各栏的卡方检验结果中也可以明显看到。此外,在统计分析结果中感到有些意外的是,家中地位的高低对夫妻感情状况的影响差异并不显著。地位低,常意味着不平等,不平等也常导致不亲密。也许家务做多做少或是争执时有发生都并不必然对双方感情造成负面影响,但是如果在家中夫妻之间没有比较平等的地位却还能维系良好的感情状况确实令人费解,可能在这方面需要从心理学角度进一步分析。

表 7-23　不同婚姻生活状况下流动人口感情状况差异卡方检验结果

因　素		总体	性别差异		地区差异	
			女	男	城市	农村
夫妻关系维系因素	爱情	81.584***	42.844***	37.320***	11.952**	45.959***
	子女	18.779***	16.375***	5.293	6.401	16.139***
	责任	14.052**	5.699	9.029*	5.276	7.234
	舆论	21.463***	2.500	23.303***	4.395	16.776***
	父母操心	11.019**	7.217	10.453**	2.828	18.648***
	父母反对	8.975*	3.438	13.000**	2.263	12.295**
家中地位		17.522	10.158	13.027	6.645	15.918
经济支配权		30.649***	21.222*	18.968*	7.384	27.607***
家务公平		71.298***	36.411***	72.648***	8.505	82.312***
付出与得到		32.643***	14.058*	21.391**	12.661*	21.779**
配偶的指责		87.148***	19.298*	85.079***	10.873	71.074***
争吵频率		56.292***	18.082*	80.059***	11.682	53.467***
性快感		23.227*	22.046*	26.202*	16.858	21.351*
亲昵行为		43.948***	23.705**	38.153***	22.235**	28.518***

（二）夫妻关系维系因素

　　狭义上说，夫妻关系是指两个人之间的关系。但实际上每对夫妻都像是一个波心，父母子女、亲戚朋友，一圈圈推出去形成一个社会关系网络，每个人都像是这个网络中的一个节点，通过关系联结起来，互相作用与反作用。从夫妻关系的维系因素来看，狭义上是仅指夫妻二人之间的维系关系，但实际上不仅包括双方的爱情，以及子女、父母，还有经济、责任、社会舆论，多方面因素在影响着夫妻关系的状态与维系。在针对流动人口婚姻质量的调查中，对于夫妻关系的主要维系因素统计结果见表 7-24。总体上看，流动人口夫妻关系维系的主要因素前三位排序依次为：爱情、责任、子女。分不同年龄段来看，30 岁以前的调查对象处于刚步入婚育期不久的阶段，此时，爱情超过子女和责任成为维系夫妻关系的第一位因素；而 30 岁以后，孩子对于维系流动人口夫妻关系的重要性明显上升，并在 35 岁及以上年龄段的流动人口中成为排序第一位的维系因素。

　　与传统婚姻家庭观念中将家族利益视为重心不同的是，现代婚姻中爱情已经被看作最主要的基本元素。流动人口在推动并融入现代化、城市化的进程中,也被追求自我、注重情感需求的现代婚姻家庭观念熏陶,爱情成为流动人口夫妻关系的最主要维系因素。在婚姻生活中,不仅仅要爱情,还必然要考虑责任。一对夫妻组成了家庭,也组成了一个基本的社会单元,负有对配偶的责任、对子女的责任、对家庭的责任、对社会的责任,夫妻关系的维系也必然要受到各种伦理责任的影响。子女也具有维系婚姻关系的作用,传统文化模式中提倡早生多生,子女具有明显的经济效益。而随着经济发展,孩子的收益下降而抚养成本上升,由于父母对孩子数量质量偏好的作用,从经济角度看子女对夫妻关系的主要维系作用已经减弱。但从情感收益与心理成本角度,孩子对于家庭关系的三角平衡作用仍很显著,尤其身边还有未成年子女的夫妇常会为了减轻对孩子的伤害而维持婚姻关系。

随着现代化进程以及文化变迁的影响,对流动人口而言,家本位、社会本位的价值取向逐渐弱化,个人生活与社会生活相对分离,婚姻主体的自由选择也具有了更大的空间(徐安琪 等,2002),父母反对与社会舆论对夫妻关系的影响成为各种因素中排序最末的两位。流动人口外出打工,收入相对增加,经济状况的改善也减轻了婚姻的经济压力。从统计结果看,经济对于夫妻关系维系作用的影响并不突出。

表7-24　流动人口夫妻关系的维系因素排序

样　本		爱情	子女	经济	责任	舆论	不让父母操心	父母反对
总体		1	3	5	2	6	4	7
分性别	男	1	3	4	2	6	5	7
	女	1	3	5	2	6	4	7
分年龄段	25岁及以下	1	5	4	2	6	3	7
	26~30岁	1	3	5	2	6	4	7
	31~35岁	1	2	5	3	6	4	7
	36~40岁	3	1	4	2	6	5	7
	41~45岁	3	1	5	2	6	4	7
	46岁及以上	3	2	4	1	5	5	7
分户籍	城市	1	3	4	2	6	5	7
	镇	2	3	5	1	6	4	7
	农村	1	2	5	3	6	4	7

续表

样　本		爱情	子女	经济	责任	舆论	不让父母操心	父母反对
受教育程度	小学	2	1	4	2	6	5	7
	初中	1	2	5	3	6	4	7
	高中	1	3	5	2	6	4	7
	大专及以上	2	3	4	1	6	5	7
月收入水平	(0,500]	2	1	5	4	6	3	7
	(500,800]	1	2	5	3	6	4	7
	(800,1100]	1	3	5	2	6	4	7
	(1100,1400]	2	3	5	1	6	4	7
	(1400,1700]	3	2	4	1	5	5	7
	(1700,2000]	1	3	4	1	7	5	6
	(2000,+∞)	1	3	4	2	6	5	7

流动人口与农村从未外出打工人口在夫妻关系维系因素上的不同可以从表 7-24 和表 7-25 的排序对比中发现,两个样本的差异主要体现在爱情、子女和责任的排序上。与流动人口不同的是,如表 7-25 所示,对农村从未外出打工人口而言,家本位的传统价值观念仍然是主流的,子女是最主要的夫妻关系维系因素,而爱情排在第三位。分性别来看,主要差异表现在女性农村从未外出打工人口对于夫妻关系维系因素的选择中,责任超过子女成为第一位,这也许和女性相对男性更多地受到男女平等的新型性别角色意识影响的结果。

表 7-25　农村从未外出打工人口夫妻关系的维系因素排序

样　本		爱情	子女	经济	责任	舆论	不让父母操心	父母反对
总体		3	1	4	2	6	5	7
分性别	男	3	1	4	2	6	5	7
	女	3	2	4	1	6	5	7

二、婚姻收益及其决定因素

在贝克尔建立的家庭生产框架中,家庭成员在市场劳务和家务之间分配时间和资源以获得效用。由于男女两性的比较优势具有性别差异,因此如果妇女在家庭部门里比男性有比较优势,那么在有两种性别的、有效率的家庭里,就会把妇女的主要时间配置到家庭部门,而把男子的主要时间配置到市场部门。而他的婚姻模型也假设,潜在的夫妇会将他们选择结婚所能得到的效用和选择单身所能得到的效用进行比较。如果结婚后获得的效用超过了单身时的效用,那么婚姻市场的参加者就会选择结婚,而结婚夫妇的总效用和他们单身时的效用之差就是婚姻收益(贝克尔,2005)。

婚姻收益有着丰富的内涵,物质收益、情感收益都是其重要的组成部分。这其中爱情、幸福和情感都是难以衡量的,当然主要是由于数据资料的难以获得性。而对婚姻收益进行经济分析,也会招致一些亵渎浪漫爱情的指责。但是即便是那些梦想浪漫爱情或者因神圣的婚姻观念而在思想上得到升华的人,也不能超然于养家糊口和打扫房间这样的现实而飘飘然无所顾忌。

对婚姻的经济分析所依托的理论工具与许多微观经济分析中所运用的一样,也是成本收益分析、博弈论和市场分析。只要涉及工作,考虑到机会成本的成本—收益分析就有用武之地;只要必须在浪漫爱情中两个或以上心仪的对象之间做出选择,市场分析也就自然适用;不论目标是神圣的婚姻还是生理需求的满足,婚姻都包含和涉及策略性行为,因而也适宜应用博弈论(苏珊娜·格罗斯巴德·舍特曼,2005)。

从经济角度来看,婚姻可以视为一种旨在协调和促进生产和消费活动的伙伴关系,其中也包括子女的生育和抚养(贝克尔,2005)。家庭内部的劳动分工和专业化使得夫妇的生产力大为提高,这也是婚姻收益的主要源泉所在。其他的来源包括:(1)风险整合(例如,若夫妻一方失业,另一方就会增加对劳务的参与);(2)规模经济(例如,相比各自租赁两个较小的公寓而言,同租一所较大的公寓成本更低);(3)公共产品(例如,所有的家庭成员都可以欣赏挂在墙壁上的图画);(4)正外部性(例如,如果效用源自伴侣的消费或仅仅是他或她的出现,那么与他人一同看电视就比独自观看更有乐趣)(苏珊娜·格罗斯巴德·舍特曼,2005)。

从婚姻建立来看,在婚姻市场中,每一个个体都试图识别那些能使自己从婚姻中受益的配偶集合,然后选择最佳的配偶,进而使得自己的婚姻收益最大化。但是自由竞争和完全信息作为假设前提并不存在,因此婚姻市场的参与者并不一定能和使他获得最大效益的人匹配。从婚姻内部来看,女性往往为家庭投入更多的时间和精力,所付出的劳务贡献和爱也更多。但是家务劳动、周到的服务等的经济价值往往被忽视,使得夫妻双方所进行的成本投入和资源交换并不一定处于均衡状态。如果认为在婚姻交换中投入没有获得相应的收益,就会对这种不公平性产生不满,进而引起婚姻满意度的下降。

目前国内关于婚姻收益的研究较多的还是从宏观、理论方面来进行论述,对具体的成本收益进行分析的较少。有学者指出,在我国,作为婚姻消费者的相当一部分夫妻基本上都是对长年一贯制、结构稳实不变的婚姻内容进行重复消费。而边际效应递减规律说明在一定时间内,随着消费者对某种物品或服务消费量的增加,消费者从该物品或服务连续增加的每一个消费单位中所得到的效用增量是递减的。随着婚姻中重复消费量的增加,配偶双方都感到婚姻消费中的所获越来越少,特别是所感受到的情感满足程度越来越低,许多人关于“婚后生活日觉无味”的抱怨实际上就是对婚姻边际效用递减规律的一种生动的表述。并指出,强化婚姻更新意识、调整婚姻再投资结构是改变我国婚姻生活低质化的有效途径。此外,在该研究中还对脱离婚姻关系性行为的主要成本和收益进行了详细分析,其中,婚前婚外性行为的成本包括直接成本、机会成本、惩治成本、心理成本、生理成本和社会成本,而收益则包括心理收益、生理收益、经济收益和社会收益(叶文振,1997)。

(一)婚姻收益

对于流动人口主观认知的婚姻收益状况调查显示,总体上认为自己在婚姻中“付出的多”的占 21.1%,认为“得到多的”占 16.4%,而认为付出得到相平衡,“差不多”的比例最大,达到 62.4%。按照社会交换理论与相对的爱与需求理论,认为自己在婚姻交换中得到的多的人通常会更希望维系婚姻关系来保持自己的权力和收益;而认为自己在婚姻中得到的和付出的基本平衡,也会从这种公平感中得到较高的婚姻满意度;但是如果认为自己在婚姻中付出的多,那么即使在家庭生活中普遍存在利他主义,这种收支落差和心理失衡的状态也不利于婚姻关系的稳定和婚姻质量的提高。所幸,在我们的调查结果中,已婚流动人口认为自己在婚姻中得失达到平衡以上水平的还是占了近 80% 的大多数。

图 7-7 是不同婚龄的流动人口对于其婚姻收益状况衡量结果的统计汇总。总体上,不管结婚时间长短,认为在婚姻中得失基本平衡的流动人口夫妇所占比例变化不大,并且占多数。认为自己付出的多或是得到的多的流

动人口比例相近,都占少数。从三条曲线的变化走势来看,明显的拐点都是位于结婚后3~7年和结婚后14~19年这两个时间段。结婚3~7年间,正是夫妻双方度过新婚阶段后磨合的关键期,也是正在孕育幼儿的时期,因此感到付出的多的比例明显上升,同样的,认为得到的多的比例明显下降。在结婚14~19年时,孩子对父母的依赖性降低,婚姻生活趋向稳定,但是也容易因为孩子教育问题引发夫妻争执,同时孩子接近成年后对婚姻的维系作用减弱,因此就出现了既有感觉付出得到差不多的流动人口比例在经历长期下降后开始回升,也同时出现了认为付出的多的流动人口比例持续增加,以及认为得到的多的人数比例在前期上升后又开始下降的现象。

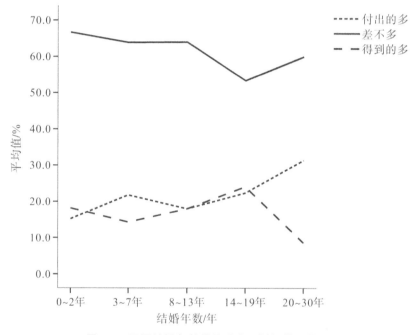

图 7-7　不同结婚年数的流动人口婚姻收益状况

在对流动人口的婚姻收益状况进行性别对比时发现,如图7-8所示,丈夫和妻子的三组收益曲线走势非常相似,且三组曲线的各个拐点也都基本位于同一个婚龄段。总体来看,妻子认为自己付出的多或是得到的多的比例都大于丈夫,这一点在结婚8~13年后尤其明显。女性倾向于细致敏感、重感情,同时在抚育孩子的过程中也能得到更多乐趣,如果夫妻能够相互体贴,妻子就更有可能在婚姻中得到更多的满足感。但如果女性在长期主要承担经济效益不被认可的家务劳动的同时,没有得到应有的尊重与爱,还要因此付出影响个人发展的机会成本,对于自己得到的不抵付出的感觉就会日益增强。从调查结果来看,认为得失平衡的流动人口夫妻所占比例从新婚期后开始持续下降,在结婚 14~19 年以后才开始明显回升,这应该是由于在婚姻生活的前半阶段夫妻会面临更大的家庭经济负担,为人父母抚育子女也耗去许多财智心力,而到结婚 20 年左右时子女已经成人并且家庭生活趋向稳定的原因。

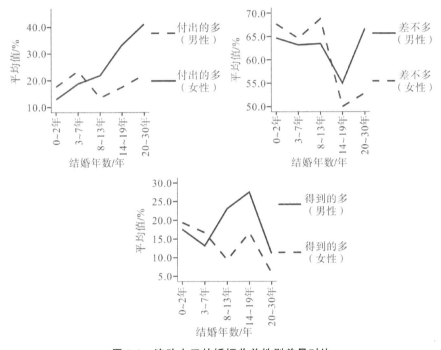

图 7-8 流动人口的婚姻收益性别差异对比

图 7-9 中所示的是流动人口与农村从未外出打工人口的婚姻收益变化曲线对比情况。图中三组曲线显示,流动人口与农村从未外出打工人口对于婚姻收益的评价差异较大。在付出的多和得失平衡这两组曲线中,流动人口的曲线变化趋势相对平稳,而农村从未外出打工人口的曲线具有突出的拐点。这应该是因为流动人口外出打工使得家庭经济状况有所改善,因此生活压力尤其是经济压力会相对弱化的原因。从各个婚龄阶段的对比来看,流动人口认为在婚姻中得失相抵的比例更大,而农村从未外出打工人口认为在婚姻中付出的多的更多。

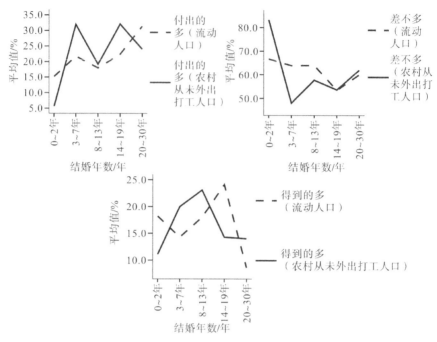

图 7-9　流动人口与农村从未外出打工人口在不同结婚年数的婚姻收益状况对比

(二)决定因素

前述分析表明,多数流动人口认为自己在婚姻中"得到与付出差不多",而认为"得到的多"或是"付出的多"的比例都不大。下面将考查在哪些因素影响作用下,流动人口能对自己的婚姻收益做出得到与付出差不多的结论。

我们的理论假设包括,从性别差异来看,通常对男性而言社会生活对家庭生活的替代作用比女性强,而妻子在家务劳动和养育子女以及对家庭的情感付出方面都更多,因此妻子更易出现婚姻收益失衡的感觉。年龄和婚龄是相关性极强的两个时间变量,随着时间推移,由于婚姻边际效用递减作用,就会在婚姻中感到成本大于收益。子女对婚姻收益的作用是双向的,按照相对的爱与需求理论,对婚姻依存度较高的一方而言,孩子能提高婚姻凝聚力,有助于维系婚姻关系,也就增加了自己的收益。而抚养子女的过程中,由于父母对孩子在经济、时间、注意力、爱等方面的转移而会打破夫妻原有婚姻收益平衡状况。从婚恋意愿来看,它实际上是文化背景、道德观念、价值标准的重要体现,也就是婚姻主体在婚后进行成本收益衡量的重要前提和标准。如果自己的婚恋意愿在婚姻交换中得到实现,那么就意味着收益大于付出。另一方面还要看到,由于家庭中普遍存在利他主义,而利他主义接受精神收入来代替货币收入。而且无论婚恋意愿是内涵型的还是功利型的,即爱情、尊重、信任和经济水平、社会地位都会被婚姻主体纳入婚姻收益衡量范围。夫妻互动与夫妻冲突的状况也影响着婚姻收益水平,良好的夫妻互动对于提高心理和精神收益水平有积极作用,而夫妻冲突会导致婚姻中原有权力分配和收益平衡模式的重建,在影响因素分析中我们把夫妻互动和夫妻冲突两方面的因素都纳入夫妻内聚力分项下面。婚姻满意度是婚姻主体对于婚姻状况的主观感受,婚姻满意度越高,婚姻收益也就越高。

在我们建立的 Logistic 回归分析模型中,解释变量包括六个方面:

(1)个人特征:包括性别、年龄,月收入水平,外出打工时长,其中除性别是二分类变量外,其余三个变量都是连续变量。

(2)两性资源差异:年龄差,收入差(两个差值均为丈夫减去妻子得出,且均为连续变量)。

(3)婚育情况:结婚年数(连续变量),有没有孩子(有为 1,无为 0)。

(4)婚恋意愿:结婚的目的(包括相亲相爱、改善生活条件、提高社会地位、健康性生活、传宗接代),对婚姻的态度(包括婚姻必须有爱、不满意也不离婚、只能结一次婚、结婚后保持对配偶忠诚、收入和财产共享),择偶标准(包括生理条件、个人品质、物质条件、家庭背景、社会关系),这些都是二分类变量。

(5)夫妻内聚力:夫妻关系维系因素(爱情、子女、经济、责任、舆论、父母操心、父母反对),感情状态,配偶的指责与否定,经济自主权,争吵频率,家务公平,家庭地位,其中除夫妻关系维系因素为二分类变量以外,其他的变量都是以连续变量进入模型。

(6)婚姻满意度:婚姻生活满意度(感情生活、性生活、物质生活、余暇生活四个侧面的满意度分值),对配偶的满意度(包括能力、收入、信任、尊重、体贴和总体这六个方面的满意度分值),各个方面的婚姻满意度均为连续变量。

从表 7-26 中所示的回归分析结果中可以看出,流动人口的年龄对婚姻收益平衡感觉的影响是正向的,而夫妻年龄差的影响是负向的。每增加一个年龄段,流动人口感到付出与收益差不多的可能性增加 6 倍,而夫妻年龄差每增加一岁,感到收益平衡的可能性就下降 38%。夫妻年龄差距越大,双方异质性的负面影响就更明显，如果思想观念、价值标准、兴趣爱好出现代沟就很难达到婚姻和谐。结婚年数越长，感到在婚姻中付出与得到差不多的可能性就越低，这应该是婚姻边际效用递减和子女对婚姻收益转移双重作用下的结果。从结婚目的、择偶标准和夫妻关系维系因素对婚姻收益的影响回归结果来看，主要与家庭有关的因素如经济、责任、父母等方面对婚姻收益的影响都是正向的，而社会因素如社会地位、社会关系、舆论对婚姻收益的影响都是负向的。婚姻中的收益很大一部分是情感收益，因此感情状况越好，情感需求得到满足，认为收益平衡的可能性也就越大。而感情生活满意度每提升一个层次，婚姻收益平衡的可能性反而下降了近80%，这也许是感情生活满意度越高，婚姻质量越好，就会倾向于感觉在婚姻中收益大于付出的原因。

表 7-26　流动人口婚姻收益影响因素回归分析结果

因　素	B	$\text{Exp}(B)$
年龄段	1.951*	7.035
夫妻年龄差	-0.473*	0.623
结婚年数	-0.411*	0.663
结婚的目的:提高社会地位	-6.098**	0.002
健康性生活	3.924*	50.620
择偶标准:社会关系	-2.927*	0.054
夫妻关系维系因素:经济	3.541**	34.506
责任	1.696*	5.454
舆论	-4.514*	0.011
父母操心	3.794*	44.444
感情状况	-2.122*	0.120
感情生活满意度	-1.597*	0.203
Model Chi-square	84.135**	
正确预测率	86.7%	

注:$P \geqslant 0.05$ 的回归结果均未列入表中。

第四节　婚姻矛盾与分手意向

一、夫妻争吵与平息

有学者认为爱包括九个元素：(1)性的心理冲动；(2)对美的感觉；(3)温情；(4)崇敬和尊重；(5)受称赞；(6)自尊；(7)占有感；(8)行动自由的扩展，不受阻碍；(9)同情的发扬(哈夫洛克·埃利斯，2000)。婚前的恋爱总是激情的、浪漫的，恋人之间也会发生"晕轮效应"，看到对方的都是优点，自己展示的也都是最好的一面。而步入婚姻后，真实、平淡、琐碎、重复的生活又会让两人之间的爱面临考验，从恋人到夫妻的角色转变以及与各自的角色期望出现偏差，从婚前的温柔、赞许与尊重变成婚后的唠叨、指责与否定，夫妻冲突也变得难以避免。日常生活中从没发生过争执的夫妻应该很少，而适度的争吵与发泄，在一定程度上也是夫妻沟通交流的一种方式。

对于流动人口而言，流动使得夫妻一方或双方脱离了原有的相对静态、封闭的共同生活环境，面临新的生活状态和文化氛围的冲击，这些变化都需要流动夫妻的重新磨合来达到新的默契与平衡。流动人口中最有可能产生夫妻冲突的类型应该就是一方外出打工，一方留守的家庭。但是周伟文等对流动家庭中留守主妇们的调查显示，留守主妇中认为夫妻关系不如以前的只占10%，而认为比以前好的人占50%。并进而指出流动家庭的夫妻关系在城市化进程的刺激下，虽然出现一些冲突和失衡，但这些冲突和失衡更多地体现在新旧观念的转变和生活方式方面，对促进夫妻关系模式的现代化具有积极的建设性意义，经过磨合达到新的平衡才是夫妻关系发展的主流和主要趋势(周伟文 等，2002)。但该研究主要还是建立在访谈基础上，对于婚姻矛盾与冲突的研究主要是根据不同的调查对象对各自不同的个人经历和主观感受所进行的描述。本节将在"流动人口的婚姻家庭研究"课题组所做的问卷调查的基础上，对已婚流动人口从夫妻争吵与平息、分手念头与成因几个方面，进行包括主观与客观指标的进一步量化分析，以期对流动人口的夫妻矛盾冲突状况进行一个更加深入、全面的分析和了解。

(一)夫妻争吵状况

"中国婚姻质量研究"课题组对四地区6000多名已婚男女的调查结果

显示,在回答"近一年来你俩有无发生争吵"时,只有 2.4% 的被访者选择"经常",13.2% 选择"有时",36% 选择"偶尔",而有 48.3% 否认干过仗(徐安琪,等,2002)。李银河的研究证实,北京市的夫妇平时吵过架的占 84.7%(李银河,1996),沈崇麟对 7 城市的调查表明,妻子承认双方经常发生冲突的占 3.6%,有时争吵的占 23.3%,偶尔争吵的占 38.8%,没有冲突的占 34.3%(沈崇麟 等,1995)。从目前相关研究发展来看,针对流动人口的夫妻争吵状况数据还鲜有报道,我们的调查结果如表 7-27 所示,总体上看,有 1/5 的已婚流动人口表示夫妻之间从来没有发生过争吵,而偶尔发生争吵的夫妻最普遍,人数过半。夫妻之间频繁吵架的是少数,只有 2.1%。分不同户籍来看,城市户籍流动人口夫妻之间发生争吵的频率要小于农村户籍流动人口,这应该是与城市户籍的流动人口相对农村户籍流动人口而言,在流入地所面临的生活方式、文化环境转变与调整都相对较弱,进而对婚姻生活调适造成的影响也相对较小有关。

表 7-27 流动人口夫妻争吵频率分布状况

样　　本		经常	有时	偶尔	从来没有	卡方检验
总体		2.1	24.6	53.1	20.2	
分性别	女	3.4	25.9	52.4	18.4	2.272
	男	1.3	23.7	54.0	21.0	
分户籍	城市	1.6	21.9	56.3	20.3	12.284*
	农村	3.0	27.8	48.9	20.3	

表 7-28 所示是农村从未外出打工人口的夫妻争吵频率分布状况,其中从来没有吵过架的农村夫妻不到 10%,有时争吵和偶尔争吵的比例一样都是 43.2%。从表 7-27 和表 7-28 的统计结果对比来看,农村从未外出打工人口的夫妻争吵频率无论是从总体上看,还是分性别对比都要高于流动人口夫妻,这一点倒是与周伟文等的研究结果比较一致,流动人口家庭并没有因为两地分居或是环境变迁而导致夫妻冲突加剧,反而可能因为夫妻在共同的奋斗目标下同心协力来改善家庭经济状况,并受到注重婚姻生活质量和情感需求的城市现代文化影响所致。

表 7-28　农村从未外出打工人口夫妻争吵频率分布状况

样本		经常	有时	偶尔	从来没有	卡方检验
总体		4.3	43.2	43.2	9.3	
分性别	女	7.0	50.7	36.6	5.6	8.261
	男	2.2	37.1	48.3	12.4	

(二)争吵后果

夫妻之间发生冲突对婚姻关系的影响并不完全是负面的,夫妻之间永远和平没有争执未必是夫妻最佳的相处之道,重要的应该是如何应对冲突、解决问题。有的夫妻在争吵中相互攻击、恶言相向,失去理智的甚至拳脚相加;有的夫妻在发生争执后持续冷战,即使忍受精神折磨也不愿主动求和;也有的夫妻在发生冲突后一走了之,但这些都不是解决争端的办法,而且也会影响婚姻的美满和谐。在对甘肃省城市妇女婚姻家庭状况的调查结果中显示,当夫妻之间发生严重矛盾时丈夫对妻子忍让讲理的有 55.88%,不予理睬的有 17.85%,离家回避的有 7.45%,动手打人的有2.40%,激烈争吵的有 9.27%,其他 7.15%(刘若雨,2001)。

我们在调查流动人口在夫妻发生争吵后的后果时,设置了如下选项:一方主动认错;互相妥协;互不理睬;离家出走;动手打人;威胁离婚。从调查结果的汇总排序来看,如表 7-29 所示,总体上,在发生争吵后,多数流动夫妻还是以选择一方主动认错或是互相妥协为主。虽然两个不同成长环境的人走入婚姻后在共同生活中发生冲突在所难免,但毕竟即使发生冲突也还是以爱情、亲情为主导的,而不是开始了一场即将分出胜败的比赛。夫妻之间不需要界定严格意义上的谁输谁赢或是谁对谁错,把争吵变成一种相互理解、相互沟通的方式才是真正的双赢。互不理睬和威胁离婚排在第三和第四位,这两种其实都是对于婚姻冲突的消极应对方式。无论沉默冷战还是在气愤之下说出威胁离婚的气话,对于问题的解决都常常是有弊无益的。离家出走会使得家庭内部冲突公开化、明朗化,虽然亲戚朋友的调停具有缓冲润滑作用,但多数夫妇还是不希望夫妻矛盾中受到外来的影响或介入。家庭暴力是一种过激的,具有明显伤害性的婚姻冲突,由于传媒的报道而受到普遍关注,但实际上,从我们的调查结果来看,在流动人口夫妻冲突中动手打人的还是少数,在我们的统计排序结果中为最后一位。分年龄段、分户籍和受教育程度来看,各种争吵后果的排序结果相差不大，主要不同还是前两位的一方主动和互相妥协的排序。

表 7-29　流动人口在夫妻发生争吵后的后果排序

样　本		一方主动	互相妥协	互不理睬	离家出走	动手打人	威胁离婚
总体		2	1	3	5	6	4
分性别	男	2	1	3	4	6	5
	女	1	2	3	6	5	4
分年龄段	25 岁及以下	1	2	3	5	5	4
	26～30 岁	1	2	3	4	6	4
	31～35 岁	2	1	3	4	5	6
	36～40 岁	2	1	3	4	6	4
	41～45 岁	2	1	3	6	5	4
	46 岁及以上	1	2	3	4	4	4
分户籍	城市	1	2	3	4	6	4
	镇	2	1	3	5	6	4
	农村	2	1	3	5	6	4
受教育程度	小学	2	1	3	4	5	6
	初中	2	1	3	5	6	4
	高中	1	2	3	5	5	4
	大专及以上	2	1	3	5	6	4

表 7-30 是控制性别变量后，考察在不同年龄、户籍、受教育程度下，争吵后果的前两位排序情况会出现什么变化。表中所示的统计结果呈现高度一致性：即女性流动人口选项排序第一位都是一方主动，第二位是互相妥协，而男性流动人口则与此刚好相反。

表 7-30　争吵后果性别差异比较

变　量	女		男	
	第一位	第二位	第一位	第二位
年龄	一方主动	互相妥协	互相妥协	一方主动
户籍	一方主动	互相妥协	互相妥协	一方主动
受教育程度	一方主动	互相妥协	互相妥协	一方主动

二、分手念头及其成因

一些西方学者把婚姻稳定性和婚姻质量处理为一种有先后顺序的因果关系,指出二者之间存在着相当强的相关,即婚姻质量越高,婚姻的稳定性越好。但也有的学者认为,高稳定的婚姻未必是高质量的(徐安琪 等,1999;徐安琪 等,2002)。贝克尔认为,婚后不久就出现的婚姻破裂,主要是由于婚前市场信息的不完全性以及婚后信息的充分积累所造成的(贝克尔,2005)。在某个特定的时间点,从伴侣双方的角度来看,他们之间的结合可能是最佳选择。然而,如果其中一方或双方发现,他们并非知己知彼,或者说,结婚期间发生了始料未及的重大变故,那么,他们对婚姻的评价也会相应地改变。若夫妻中一方或双方预计,解除这段婚姻的成本足够小,那么婚姻就会分崩离析(苏珊娜·格罗斯巴德·舍特曼,2005)。

(一)分手念头

调查结果表明,如表 7-31 所示,在已婚流动人口中,有 41.9% 从来没有对自己的婚姻有过失望的感觉,偶尔有过失望感觉的占 36.9%,只有 21.2% 的流动人口是有时或者经常对自己的婚姻感到失望。许多研究证实,妻子对婚姻的满意度要低于丈夫,与之相似的,从表 7-31 中的统计检验结果来看,女性流动人口对自己的婚姻感到失望的比例要高于男性流动人口。城市户籍和农村户籍,以及不同受教育程度下的流动人口对婚姻失望的频率差异都不显著。

表 7-31　流动人口对婚姻失望的感觉频率分布

样　本		经常	有时	偶尔	从来没有	卡方检验
总体		3.7	17.5	36.9	41.9	
分性别	女	4.0	21.9	40.4	33.8	6.081*
	男	3.2	15.3	34.7	46.8	
分户籍	城市	3.1	20.3	29.7	46.9	5.563
	农村	4.7	16.2	38.3	40.9	
受教育程度	文盲、半文盲	5.3	10.5	26.3	57.9	10.262
	小学	1.8	20.0	29.1	49.1	
	初中	4.3	16.8	34.8	4.1	
	高中	3.4	17.2	44.8	34.5	
	大专及以上	3.8	23.1	42.3	30.8	

在表 7-32 所示的农村从未外出打工人口对婚姻失望的总体和分性别状况统计分析中,有 30% 的已婚农村从未外出打工人口对自己的婚姻从来没有感到过失望,这一比例比流动人口低了 10 个百分点,而有时或是偶尔感觉失望的比例又比流动人口各自高出 6 个百分点。此外,与流动人口明显不同的是,农村从未外出打工人口中,对婚姻失望的感觉在性别差异上不具有统计意义。

表 7-32   农村从未外出打工人口对婚姻失望的感觉频率分布

样 本		经常	有时	偶尔	从来没有	卡方检验
总体		1.9	23.5	43.8	30.8	
分性别	女	2.8	29.6	46.5	21.1	8.657
	男	1.1	19.1	42.7	37.1	

对于流动人口而言,二元制的城乡发展下使得他们在流入地面临户籍、医疗、教育等的差别待遇,低技术含量、劳动密集型的就业类型又让多数流动人口处在工资待遇低、余暇时间少的生存状态中。有孩子后流动人口的经济负担更重,许多父母也无力将孩子带在身边照顾只好让他们成为留守儿童。对女性流动人口而言,往往生育就意味着中断打工,直接影响着个人发展。正如表 7-33 所示,有孩子的流动人口比没有孩子的流动人口对自己的婚姻失望感更强,其中女性的差异更为显著。已婚流动人口中夫妻两地分居的较多,我们考查的结果显示,与配偶住在一起的流动人口反而比没有和配偶住在一起的流动人口对自己的婚姻感到失望的频率更高。通常,长期的两地分居对夫妻关系的负面影响要大于正面影响,但对流动家庭而言,艰苦的工作环境、恶劣的居住条件也让他们在夫妻同甘共苦的同时感到更多的无奈。分性别和户籍来看,女性和农村户籍的流动人口这一差异显著。

从表 7-33 中对结婚目的、择偶标准和夫妻关系维系因素几方面的差异性检验结果来看,注重个人情感、精神需求的因素,如结婚的目的是相亲相爱、人生有伴,择偶标准是生理条件、个人品质,夫妻关系维系因素是爱情、责任的流动人口,对自己的婚姻感到失望的频率都明显较低。而那些结婚的目的是人生过程或是人人都这样,择偶标准是物质条件,夫妻关系维系因素是经济、子女或舆论的流动人口对自己的婚姻感到失望的频率明显更高。

表 7-33　各种控制变量下的流动人口婚姻失望感觉频率分布差异卡方检验结果

变　量		总体	性别差异		地区差异	
			女	男	城市	农村
	有无孩子	13.303**	9.297*	5.957	2.793	8.661*
是否与配偶住在一起		8.110*	6.788*	6.176	2.082	9.167*
结婚目的	相亲相爱	6.560*	4.777	7.182*	1.495	5.258
	人生有伴	12.823**	13.271**	2.978	1.380	7.672*
	健康性生活	6.295	2.477	5.939	2.718	2.650
	人生过程	6.050	4.358	6.624*	0.371	8.820*
	人人都这样	5.523	2.848	2.465	3.854	9.306*
择偶标准	生理条件	9.907**	2.944	5.772	8.873*	6.701
	个人品质	14.523***	1.547	24.090***	0.775	14.375**
	物质条件	12.790**	1.840	10.467**	4.539	9.750*
维系因素	经济	7.800*	5.550	4.901	2.441	5.835
	责任	7.964*	2.162	7.968*	2.638	6.638*
	爱情	32.425***	19.159***	11.853**	0.930	24.456***
	舆论	7.274*	3.318	7.454*	1.208	8.593
	子女	4.637	4.319	5.559	1.884	10.194**
	经济支配权	25.808***	20.263**	13.718	6.042	23.803**
	家务公平	28.687***	18.205*	29.388***	7.971	31.088***
	感情如何	155.385***	41.908***	114.522***	11.959	140.158***
	付出与得到	52.477***	28.736***	26.828***	13.260*	35.241***
	配偶指责	110.029***	76.990***	61.290***	21.989***	68.419***
	争吵频率	73.775***	35.597***	57.434***	64.050***	41.793***

从家庭权力模式来看,总体上经济自主支配权力越大、家务分工越公平、在婚姻收益衡量中认为自己得到的比付出的多的流动人口,对婚姻满意度就越高,对婚姻失望的时候也越少,这些也都是社会交换理论和公平理论的体现。分性别来看,无论男性流动人口还是女性流动人口,各方面的差异性检验都很显著。女性流动人口的出现同城市职业女性一样将"男主外"的模式扭转为"共同主外",妻子经济收入的增加影响着家庭权力分配,女性在家庭权力地位的提高当然会提高自己的满意度,减少对婚姻的失望感。但

对男性流动人口而言,传统"男尊女卑""男主外女主内"的思想虽然受到"男女平等"宣传的影响却仍然根深蒂固,由于意识到自己在家庭的既定权力和地位受到威胁,因此男性流动人口与女性流动人口同样感受到家庭权力模式变化对自己的影响。分地区来看,农村户籍流动人口在各方面的差异要比城市户籍流动人口显著。这应该是因为农村户籍流动人口相对城市户籍流动人口而言,受到传统文化和现代文化的双重影响,新旧文化冲突以及思想落差更大,因此差异性也更显著。虽然说良性的夫妻冲突有利于夫妻之间的沟通和磨合,但大多数冲突还是负面影响大于正面影响。随着夫妻之间相互指责或否定以及争吵的频率升高,对自己的婚姻失望的感觉也越来越多,不论分性别还是分户籍,差异都显著。

对于婚姻的失望感达到一定的频率和强度,就容易出现放弃婚姻、与配偶分手的念头,使婚姻接近实质性的危机。课题组就"近一年来您曾经有过和配偶分手的念头吗"这一问题对已婚流动人口进行了调查,统计结果见表7-34,其中,有超过 3/4 的已婚流动人口从来没有产生过和配偶分手的念头,偶尔有和配偶分手念头的比例为 15.3%,有时想过分手的比例为 6.9%,而经常想与配偶分手的更是极少数,只占 1.1%。分性别、分户籍和受教育程度来比较,差异都不显著。应该说,整体上大多数流动人口即使和配偶有些磕磕碰碰,但想过和配偶分手的还是少数。

表 7-34　已婚流动人口与配偶分手念头分布

样　本		经常	有时	偶尔	从来没有	卡方检验
总体		1.1	6.9	15.3	76.8	
分性别	女	—	6.7	18.8	74.5	4.796
	男	1.4	7.3	12.3	79.0	
分户籍	城市	—	7.8	18.8	73.4	5.012
	农村	1.3	8.2	12.6	77.9	
受教育程度	小学		7.3	12.7	80.0	
	初中	1.3	8.1	15.0	75.6	10.153
	高中	1.8	7.1	18.6	72.6	
	大专及以上	—	3.7	22.2	74.1	

应该说对农村人口尤其是保持原有生活状态、没有外出打工的农村人口的婚姻而言,家本位、社会本位的价值观重过个人本位的价值观,社会聚

合力的影响更强,村落文化规范也倾向于将离婚视为不道德的。但是通过对流动人口和农村从未外出打工人口的对比发现,农村从未外出打工人口出现与配偶分手念头的频率比流动人口高(见表 7-35)。

表 7-35　农村从未外出打工人口与配偶分手念头频率分布

样 本		经常	有时	偶尔	从来没有	卡方检验
总体		2.5	9.3	23.5	64.8	
分性别	女	5.6	11.3	26.8	56.3	8.492
	男	—	7.9	22.3	69.7	

　　爱情是婚姻的营养源,没有了爱情的滋润,婚姻之树很难长青。如表 7-36 所示,如果已婚流动人口的夫妻关系是靠经济、舆论来维系的,则出现分手念头的频率显著升高,其中女性和农村户籍的流动人口这一差异尤其显著。而如果夫妻关系是靠爱情维系的,那么不论总体上还是分性别分地区来看,已婚流动人口出现与配偶分手念头的频率都明显降低。传统文化影响下的家庭权力模式中,女性权力地位很低。当女性流动人口随着自身经济能力提高,明显感到在家庭中的经济支配自主权也提高,与配偶分手的念头也越来越少。从家务分工的公平性影响来看,男性和农村户籍的流动人口认为家务越公平,分手的念头越少;而对女性流动人口而言,应该是由于认为自身具有从事家务劳动的性别优势,同时女主内的思想也依然根深蒂固到自然接受,因此女性流动人口并没有因为家务分工的公平程度而影响到分手念头的出现频率。婚姻需要经营,相处的方式尤其重要,配偶之间的相互指责与否定、频繁的争吵都会使得分手念头出现频率越来越高。婚姻生活中夫妻冲突难以避免,发生争吵后的处理方式对于夫妻关系也会产生很大的影响。流动人口中在夫妻争吵后能够相互妥协的,出现分手的念头就少,而争吵后互不理睬、威胁离婚甚至离家出走、动手打人的调查对象,和配偶分手的念头出现频率都显著提高。夫妻之间的亲昵行为也是夫妻亲密关系的一种体现,但中国夫妻常缺乏一种现代、开放的夫妻互动方式,较少用日常的亲昵行为来表达对配偶的关爱,这一问题对流动人口而言也许更严重。从我们的检验结果可知,流动人口夫妻之间的亲昵行为能显著降低和配偶分手念头的出现频率,尤其对重感情重家庭的女性和相对保守的农村户籍流动人口而言,这一作用更加明显。

表 7-36　不同控制变量下流动人口与配偶分手念头分布差异卡方检验结果

变量		总体	性别差异		地区差异	
			女	男	城市	农村
维系因素	经济	8.074*	6.658*	2.741	2.737	4.169
	爱情	29.444***	19.740***	11.593**	5.577*	20.412***
	舆论	12.251**	11.660**	4.437	2.875	11.619**
	经济支配权	9.553	14.013*	6.159	4.200	11.563
	家务公平	53.741***	5.552	62.431***	4.776	66.010***
	配偶指责	89.006***	35.695***	60.103***	11.276*	60.374***
	争吵频率	89.693***	30.663***	120.495***	17.683**	67.824***
争吵后果	互相妥协	10.085**	3.823	7.454*	5.125	5.601
	互不理睬	10.511**	2.842	7.253	7.908**	5.914
	离家出走	35.753***	11.843**	27.737***	4.790	38.516***
	动手打人	22.661***	26.558***	3.689	7.295*	13.122**
	威胁离婚	29.968***	5.938*	31.372***	4.790	24.911***
	亲昵行为	21.685**	16.637**	12.635	10.484	21.957**

(二)产生离婚念头的原因

通过对流动人口的调查发现,总体上看,导致流动人口产生离婚念头的诱因排序第一位是家务矛盾,而通常判定离婚的主要标准——感情破裂却是第二位诱因。婚姻生活中的家务琐碎看似都是无关原则的小事,却也是平淡、重复的生活中最容易引发争执的导火索。有的家务矛盾虽然未能导致正面冲突,但如果一方隐忍或一方无动于衷,没能及时沟通、解决,反而会成为积怨更难处理。对配偶能力的考量,不论是持家能力还是赚钱能力等,都是婚姻主体在婚姻市场进行成本收益衡量时的重要因素之一。由于对方不求上进而产生离婚念头的在所有原因中排序第三,尤其对女性流动人口而言,对方不求上进甚至超过感情破裂成为产生离婚念头的第二位诱因。流动人口融入现代化进程和市场经济大潮后,经济状况有所改善,社会关系网络拓宽,艰苦的打工生活中情感需求更强,而且多数已婚流动人口处于一种分离式的夫妻生活状态,因此出现婚外恋的风险更大,在针对产生离婚念头的排序结果中处于第四位。婚姻作为一种社会行为,不仅包含夫妻之间的相处问题,还会涉及周围波及的许多社会关系,尤其是双方的父母家人,由于与对方父母不合而产生离婚念头的在所有原因中排序第五。排序在最后三位的是赌博吸毒、家庭暴力和性生活不和谐，在很多离婚的案例中主因就是赌博吸毒或家庭暴力，而性生活不和谐是许多人难以启齿的隐私问题，即使想离婚的真正原因是性生活问题也不愿公开表明。男性流动人口受到夫妻长期分居的负面影响非常明显，城市户籍流动人口承认由于性生活不和谐而产生离婚念头的人数较多，而农村户籍流动人口由于与对方父母不合要离婚的也比城市户籍的多，见表7-37。

表 7-37　流动人口产生离婚念头的主要原因排序

样　本		感情破裂	长期分居	婚外恋	与对方父母不合	性生活不和谐	家务矛盾	家庭暴力	对方不求上进	赌博吸毒
总体		2	6	4	5	8	1	8	3	7
分性别	男	2	3	5	5	8	1	8	4	7
	女	3	7	5	4	7	1	5	2	9
分户籍	城市	2	5	4	7	5	1	7	3	7
	农村	2	6	4	4	9	1	7	3	8
受教育程度	小学	2	4	7	4	9	1	4	2	7
	初中	2	6	5	4	7	1	9	3	7
	高中	2	5	3	6	9	1	8	3	6

从表7-37与表7-38对流动人口与农村从未外出打工人口的对比发现，家务矛盾无论对流动人口还是农村从未外出打工人口而言，都是离婚念头的最主要诱因。调查统计结果有些让人感到意外的是对方不求上进一跃成为农村从未外出打工人口的第二位引发离婚念头的原因，也许农村从未外出打工人口虽然仍维持着一贯的相对静止、封闭的生活状态，但已被周围外出打工人员的变化所影响、刺激，虽然自身还没加入流动人群，但已不满现状，不希望自己的配偶不求上进。在农村虽然核心家庭数量不断增加，但农村择偶圈半径较小，而村落文化的影响大，社会聚合力强，如果与对方父母不合对婚姻也会产生较大的影响，超过感情破裂而成为第三位原因。还应该引起注意的是，虽然对农村从未外出打工人口而言，发生婚外恋的风险明显降低，成为排序后三位的原因，但是由于家庭暴力引发离婚的人数却增多，在所有原因排序中第五，比流动人口提前3个位次。

表 7-38　农村从未外出打工人口产生离婚念头的主要原因排序

原因	感情 破裂	长期 分居	婚外恋	与对方 父母不合	性生活 不和谐	家务 矛盾	家庭 暴力	对方不 求上进	赌博 吸毒
排序	4	8	7	3	6	1	5	2	9

第五节　小　结

　　流动人口对婚姻生活中平等、幸福、和谐、独立的满意度平均分值全部超过 5 分,介于比较满意和很满意之间水平。其中对平等的满意度最高,达到 5.53 分;对幸福的满意度也比较高,为 5.51 分;而对独立的满意度最低,为 5.11 分。从感情生活、性生活、物质生活、余暇生活这四个侧面来看,余暇生活得分最低,有近 1/3 的流动人口不满意自己的余暇生活。流动人口从事的多是劳动密集型工作,时间长、强度大、待遇低,劳动保障缺乏,在经济有限、时间有限,而且流动人口的受教育程度又相对偏低的情况下,虽然流入地有着比流出地更丰富多彩的休闲娱乐方式,反而更会使流动人口对自己贫乏的余暇生活产生不满意的感觉。从物质生活满意度来看,总平均分 4.68 分,其中近 20% 的流动人口对自己的物质生活不满意,有近 60% 达到比较满意,稍高于对余暇生活的满意度。性生活质量也是婚姻质量的重要体现和影响因素,总体上看,流动人口对性生活的满意度接近 5 分,仅次于对感情生活的满意度。在流动人口的婚姻生活四个侧面中得分最高的是对感情生活的满意度,总平均分值为 5.46 分,其中有 80% 达到比较满意以上水平,只有不到 9% 不满意。感情是婚姻维系的重要因素,流动人口在流动中往往面临更多的考验与问题,能对感情生活有较高的满意度无疑有利于流动人口婚姻家庭的幸福与稳定。

　　我们的研究表明,流动人口对配偶的满意度高于对婚姻生活的满意度。其中,对配偶信任自己的满意度分值最高,达到 5.79 分。有 80% 以上的流动人口对配偶尊重自己的程度感到比较满意,总平均分值为 5.68 分。而流动人口对配偶收入的满意度分值最低,平均为 4.63 分,也是对配偶的各方面满意度中唯一一个均值不到 5 分的。从对配偶的总体满意度来看,有 87.7% 都达到比较满意以上水平,仅有 3% 对配偶感到不满意,平均分也达到 5.66

分。此外,流动人口无论是对婚姻生活的各方面满意度还是对配偶的各方面满意度都明显高于农村从未外出打工人口。农村从未外出打工人口对婚姻幸福、平等的满意度最高,均值分别为 5.17 分、5.10 分,其余各项满意度分值全部小于 5 分,介于基本满意和比较满意之间。从上述对主观满意度的对比中可以看出,流动经历对流动人口的婚姻质量总体而言积极影响更为明显。

在进行流动人口的婚姻满意度影响因素分析时,丈夫比妻子的满意度高、教育对提高婚姻质量的积极作用、随着结婚年数增加婚姻满意度呈下降趋势等也都在我们的模型中得到证实。子女对婚姻满意度的影响是二元的,从维系婚姻的角度看,子女的影响是积极的;但回归结果同时也表明,依靠子女维系的婚姻是低质量的,满意度明显偏低。在研究中,婚恋意愿是我们的一个重点考察因素。择偶标准、双方一致性、结婚的目的、对婚姻的态度等婚恋意愿实际上是婚姻主体的价值标准和文化背景的真实体现,功利型的婚恋意愿下产生的功利型婚姻,这种婚姻也较难达到美满;而以得到伴侣间的亲密关系以及浓厚感情为婚恋目标的内涵型婚姻会具有更高的婚姻满意度。丈夫和妻子之间的相互期待是各种角色期待中影响最深、最久也最为男女双方所看重的,如果配偶的行为状态与自己的婚恋意愿比较一致,就能对婚姻产生更高的满意度。影响因素回归分析结果证实,择偶时注重家庭背景、社会关系以及婚姻的目的是改善生活条件等功利型的婚恋意愿都对婚姻满意度产生了显著的负面影响,与我们的理论假设相符。对于流出地以农村或落后地区为主,流入地以发达城市为主的流动人口而言,脱离相对封闭保守的传统文化环境,受到现代文化思想和生活方式的潜移默化,在文化趋同的作用下,注重个人情感需求的现代婚姻家庭观对流动人口的影响愈来愈深。爱情对流动人口婚姻满意度的积极影响作用在各种因素中最为突出,当爱情成为流动人口夫妻关系维系的主要因素时,在对婚姻感情生活、性生活、物质生活、余暇生活和对配偶都有显著提高的满意度。

对流动人口夫妻感情状况的调查表明,总体上看,流动人口对夫妻感情状况的主观总体评价较高,有超过 80% 的流动人口认为自己与配偶感情达到较好或以上水平,只有 1.6% 认为夫妻之间比较疏远,认为夫妻感情很好的更是超过四成。分性别来看,丈夫对夫妻感情状况的认知明显比妻子乐观,差异具有统计意义。随着年龄增长,流动人口对夫妻感情状况的主观评价水平呈下降趋势,不过认为夫妻之间感情疏远的始终维持在较小比例,并没有出现明显变动,主要差异体现在随年龄增长,认为夫妻感情很好的比例下降而认为感情一般的比例上升。

流动人口夫妻关系维系的主要因素排序前三位依次为:爱情,责任,子女。分不同年龄段来看,30岁之前是流动人口刚步入婚育期的阶段,爱情超过子女和责任成为第一位维系因素;而30岁以后,子女的重要性明显上升,到35岁时子女已经成为流动人口夫妻关系的最主要维系因素。随着现代化进程以及文化变迁的影响,对流动人口而言,家本位、社会本位的价值取向逐渐弱化,个人生活与社会生活相对分离,婚姻主体的自由选择也具有了更大的空间,父母反对与社会舆论对夫妻关系的影响成为各种因素中排序最末的两位。流动人口外出打工,收入相对增加,经济状况的改善也减轻了婚姻的经济压力,从统计结果看,经济对于流动人口夫妻关系的影响并不突出。

对于流动人口主观认知的婚姻收益状况调查显示,总体上认为自己在婚姻中"付出的多"的占21.1%,认为"得到的多"占16.4%,而认为付出得到相平衡,"差不多"的比例最大,达62.4%。按照社会交换理论与相对的爱与需求理论,认为自己在婚姻交换中得到的多的人通常会更希望维系婚姻关系来保持自己的权力和收益;而认为自己在婚姻中得到的和付出的基本平衡,也会从这种公平感中得到较好的婚姻满意度;如果认为自己在婚姻中付出的多,那么即使在家庭生活中普遍存在利他主义,这种收支落差和心理失衡的状态也不利于婚姻关系的稳定和婚姻质量的提高。所幸,在我们的调查结果中,已婚流动人口认为得失达到平衡或以上水平的还是占了近80%的大多数。在对流动人口婚姻收益影响因素的回归分析中发现,流动人口的年龄越大,感到付出与得到差不多的可能性也越大。夫妻年龄差距越大,双方异质性的影响就越明显,夫妻年龄差每增加一岁,感到婚姻收益平衡的可能性就下降38%。从结婚目的、择偶标准和夫妻关系维系因素对婚姻收益的影响回归结果来看,主要与家庭有关的因素如责任、经济、父母等方面对婚姻收益的影响都是正向的,而社会因素如社会地位、社会关系、舆论对婚姻收益的影响都是负向的。婚姻中的收益很大一部分是情感收益,研究结果也表明,感情状况越好,情感需求得到满足,认为在婚姻中付出与得到平衡的可能性也就越大。

从夫妻冲突状况来看,总体上,有1/5的已婚流动人口表示夫妻之间从来没有发生过争吵,而偶尔发生争吵的夫妻最普遍,人数过半。夫妻之间频繁吵架的是少数,只有 2.1%。通过与农村从未外出打工人口的相应对比发现,流动家庭并没有因为两地分居或是环境变迁而导致夫妻冲突加剧,农村从未外出打工人口的夫妻争吵频率无论是从总体上看,还是分性别对比都要高于流动人口。此外,在发生争吵后,多数流动人口还是以选择一方主动认错或是互相妥协为主来平息战火。

调查结果显示,有超过 3/4 的已婚流动人口从来没有产生过和配偶分手的念头,偶尔有和配偶分手念头的比例为 15.3%,有时想过分手的比例为 6.9%,而经常想与配偶分手的更是极少数,只占 1.1%。整体上大多数流动人口即使和配偶有些磕磕碰碰,但想过和配偶分手的还是少数,并且流动人口有过离婚念头的频次还要低于农村从未外出打工人口。在导致流动人口产生离婚念头的各种诱因中,最主要的原因和对农村从未外出打工人口的调查结果一样,并不是夫妻感情破裂,而是家务矛盾。

整体上,流动人口对婚姻生活平等、和谐以及感情生活都有较高满意度,同时,个人本位、注重情感需求的价值观转变不仅体现在流动人口的婚恋意愿上,也影响着他们的婚姻生活质量。可以说,流动经历对流动人口婚姻质量的影响更多的还是积极的、正面的。

第八章　流动人口的生育意愿

第五次人口普查资料显示,在迁入城市劳动力总数量中,农村迁移者比例为 72%,其中有 81.1% 的流向城市的农村迁移者年龄分布主要集中在 15～34 岁年龄段(王德文 等,2004),而这个年龄段正是婚嫁生育的集中期。随着经济体制改革的不断深入,农业劳动生产率的提高,农村将会释放出更多的剩余劳动力,加之,城乡隔离的户籍制度的不断放开,城市和农村的联系将会空前加大,到城市务工经商的农村流动人口将急剧膨胀。因此,研究受城市现代文化和农村传统文化双重影响的农村流动人口的生育意愿具有重要的现实意义。本章在明确生育意愿内涵的基础上,利用 2003 年《厦门市外来务工者的婚姻家庭调查问卷》和 2005 年《农村未外出打工者的婚姻家庭调查问卷》以及 2005 年《外出打工者的婚姻家庭调查问卷》的数据,对流动人口的生育意愿进行全面的描述分析,并与有流动经历人口和从未外出打工人口进行比较分析,验证在外打工是否能够减弱传统生育文化的影响,同时考察不同的人口特征是否会造成流动人口内部生育意愿的差异,并根据本章的理论假设,通过多因素分析和 Logistic 回归分析,探讨影响流动人口生育意愿的社会、经济和人口等相关因素,最后简单归纳本章的主要发现,对研究进行简要评价。

第一节　生育意愿的内涵及研究回顾

一、生育意愿的内涵

生育意愿是指人们对自己生育行为的看法和态度,综合各学者的定义,生育意愿可以归纳为四个方面:一是人们的生育态度,即要不要生孩子以及为什么要或不要生育;二是人们对生育数量的看法,即生育几个子女为理想子女数;三是有关子女性别的看法,即偏好于生育什么性别的子女;四是生育时间的选择,即何时生育第一胎以及胎次之间间隔多久。概括来讲,生育意愿就是个人在生或不生、多生或少生、生男或生女以及早生或晚生等方面的愿望和偏好。

二、前人研究成果的回顾

西方学者在流迁人口生育意愿方面研究的历史较长,形成了以经济学、社会学、社会人类学派为分析视野的许多理论解释。经济学派认为,农村劳动力从乡村迁移或流动到城市后,改变了原来生育的社会经济文化的大环境,使具有生育能力的人口既脱离了乡村刺激生育环境的影响,同时又受制于城市抑制生育的条件约束,城市生活方式和消费方式都不同于乡村,经济、文化较为先进,生活费用高,住房拥挤,生养孩子的成本较大,再加上避孕知识及其药具传播极为广泛等,所有这些城市经济文化条件都有利于转变流动人口原来较为落后的生育意愿(叶文振,1998)。社会学派的人口转变理论认为,流动人口的流动性和都市生活的匿名性减轻了家庭和社会对传统行为所施加的压力(顾宝昌,1992),相应的,流动人口发现要在城市立足,掌握一门技能成为必需,因此,教育和理性的观念开始增强,旧观念和旧信念开始被削弱,少要孩子的新观念逐步增强;持观念扩散观点的学者认为,观念的传播促使了人们对小家庭的向往,流动人口流入城市后,通过与城市人口的接触,开始仿效当地社区的新观念和新追求等,使他们可能不太愿意扮演某些传统的家庭角色,并把对孩子的向往转移到其他事物上,从而产生了少要孩子的动机。社会人类学对生育问题的分析,其关注的视点是"文化体系",认为生育是一种复杂的社会现象,受到多种文化因素的制约,流动人口进入城市后,受某种价值、规范、道德和社会认知特点的支配,有些人倾向于晚婚、晚育,这样就会推迟生育的年龄。

我国学者对流动人口的生育意愿研究比较少,20世纪90年代以来,主要有1993年湖南省衡东县三个乡镇528名打工妹生育观念的调查分析(单冬文,1994),1995年昆明市部分女性流动人口生育意愿和避孕状况的调查(方菁 等,1997),2000年中国人口信息研究中心"流动人口计划生育和生殖健康"——安徽、四川两地农村外出妇女生育意愿和生育行为的调查(尤丹珍、郑真真,2002)等。

单冬文1993年在湖南省衡东县三个乡镇对未婚打工妹生育观念的调查结果表明,受过城市熏陶的未婚年轻流动女性的生育观有所改变:生育的关注点由生育数量转移到生育质量上；对孩子的性别已不那么注重；有接近1/4的流动女性是为了"精神需求"才想生养孩子。方菁等人1995年对昆明市部分流动女性的生育意愿的调查结果显示，在无计划生育政策限制的情况下，绝大部分流动女性只希望生育1~2个孩子，低于同期对农村从未外出打工的农村人口的调查数据；在性别偏好方面，重男轻女的观念已不明显；但在何时生育的问题上，大多数人没有计划性，倾向于"怀上就生"。中国人口信息研究中心对安徽、四川两地农村外出妇女生育意愿的调查显示，还未生育的流动妇女有推迟生育的倾向；流动妇女的期望子女数低于从未外出过的妇女，也低于现有子女数；但在性别偏好上，与农村未外出的妇女差别不大。

三、本章研究的理论框架和假设

根据前人的研究成果，我们可以构建本章的研究框架用以解释流动人口从家乡到城市打工后的生育意愿状况，并依据设定的框架提出可供实证检验的具体假设。

我们认为，影响流动人口生育意愿的因素来自四个层面：一是流动的经历，表现为被调查对象在城市打工的时间和流入地的工作性质；二是个人背景，包括被调查对象的性别、年龄、文化程度和收入等变量，因为个人自身的特征对其观念和生活方式发生变化起着非常重要的作用；三是配偶背景，由配偶的文化程度、配偶的流动经历、配偶收入三个变量组成，生育是一个家庭的行为，配偶的特征和素质在一定程度上会导致流动人口生育意愿发生变化；四是由实际生育孩子数和已生育的孩子性别等变量组成的生育经历，流动人口已经实现的生育行为在一定程度上是他们生育意愿的一种反映，同时也会影响他们目前的生育意愿。整个理论解释框架如图8-1所示。

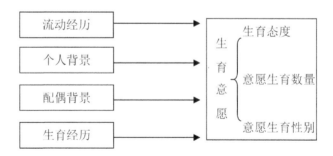

图8-1　农村流动人口生育意愿的理论解释模型

具体假设如下：

(1)从流动经历来看,一方面,流动人口从乡镇流动到城市后,经过一段时间的城市生活潜移默化的影响,会在观念、生活习惯等方面逐渐与城市居民相适应,在城市生活的时间越长,受城市生活方式和思想观念的影响就越大,越容易形成积极的新型生育观。另一方面,在城市有工作、工作层次相对较高的流动人口,之所以从乡镇流动到城市,主要是出于想改变在家乡时较差的生活条件、改善自己较低的社会地位和增加实现自我的机会而流动的,为了实现他们的这一目标,就必须要把大多数精力倾注于工作和自我发展上,他们大都愿意在工作上有较大成就后,再考虑婚姻和生育问题,使得生育需求居于次要的地位(杨子慧,1991)。

(2)从个人背景来看,流动人口的年龄越大,受传统生育观念的影响比较大,较难接受新思想和新观念,生育意愿比较传统。相反,文化程度高的流动人口,观念中现代性因素较多,职业层次和经济收入较高,时间机会成本较大,过多、过早或过密生育都会使他们丧失许多社会流动的机会;另一方面,文化程度的高低还影响到对子女质量期望的不同,教育水平高的人,往往对子女有更高的期望值,更重视子女的教育投资,两方面的因素共同促使文化程度较高的流动人口形成少生、晚生以及无所谓孩子性别的生育意愿。收入的高低对生育意愿的影响同文化程度对生育意愿的影响是相同的。王平权在深入的实证研究中就发现,农村→城镇迁移者的文化素质、经济收入的提高对生育意愿、生育行为影响极大,生育子女的数量会随着文化程度和经济收入的提高而减少(王平权,1996)。此外,由于男女两性在社会和家庭中的地位不同,扮演不同的社会和家庭角色,具有不同的性别意识,使得他们的生育意愿存在一定的差异,一般来说,女性的生育观念会比男性先进;同时女性要生育子女,就要在一定时期中断工作,这对劳动市场保障不完善的流动女性来说,生育往往意味着失业,由于担心失去工作,她们不得不少生育或推迟生育。

(3)从配偶背景来看,生育作为一种家庭的行为,人们生育意愿的状况在很大程度上会受其身边亲人主要是配偶的影响,配偶文化程度越高,或者有外出打工的经历,配偶的生育意愿就会比较先进,在共同的生活中间接影响到另一方,使其生育意愿与配偶接近。配偶的收入越高,说明家庭收入相对增加,根据周连富等人的研究,"当人们的经济状况从低向高上升时,父母向往的生育子女数呈下降的趋势,这种趋势与家庭收入的增加呈反相关的关系"(周连富 等,1997)。

(4)从生育经历和意愿来看,流动人口的生育意愿在一定程度上受实际生育的孩子数和孩子性别偏好的影响,男孩偏好越强、实际生育的孩子数越多的话,说明他们崇尚"多子多福"的观念,生育观念比较传统,表现在意愿上也就倾向于多生。

第二节 流动人口的生育态度

生育态度是指人们在生育孩子问题上的一些看法和态度,如要不要生孩子、为什么要生孩子或不要生孩子,生育子女的目的是什么等。

一、孩子需求

我国是一个非常重视生育的国家。传统社会重视父子关系,轻视夫妻关系,把生育作为婚姻的唯一目的。新中国成立后,虽然婚姻目的和生育目的都发生了较大变化,但仍属于普遍结婚、普遍生育的婚育文化。那么在这种文化的影响下,流动人口的孩子需求情况如何,他们想不想生育子女呢?

在调查问卷中,用"如果让您(重新)选择,您想不想要孩子"的问题考察流动人口对孩子的需求。数据分析结果显示(见表8-1),在340个对此问题进行选答的流动人口中,有13.2%的流动人口不想要孩子,这一比例还是比较高的,说明那种"养儿防老""多子多福"的观念正渐渐被一部分人口所放弃,传统的生育观受到了冲击,开始选择不育。

把流动人口、有流动经历人口和从未外出打工人口进行比较分析,流动人口不想要孩子的比例最高,其次是有流动经历的人口,最后是从未外出打工人口。说明正在城市打工的流动人口,受城市文化和生活方式的影响,思想更加前卫一些,他们为了向城市人口一样追求自身生活质量的提高和自身发展,更多的人自愿不生育孩子,以享受二人世界的快乐。

表 8-1 流动人口、有流动经历人口和从未外出打工人口的孩子需求的比较分析

样 本	不想要孩子		想要孩子	
	选答人数/人	百分比/%	选答人数/人	百分比/%
流动人口 (N=340)	45	13.2	295	86.8
有流动经历人口 (N=264)	32	12.1	232	87.9
从未外出打工人口 (N=223)	22	9.9	201	90.1

　　流动人口不同的个人特征也会导致其具有不同的生育需求(见表 8-2)，分性别的统计结果来看，女性不想生育孩子的比例是男性的 2 倍多，两性在孩子需求方面的差异具有统计显著性。女性作为生育的主体，在生育和照顾孩子的过程中承担着更多的责任，对生育有更多的担心，如生育的危险和疼痛、生育耽误工作、生育后身材的变化、生育孩子后没有了自由等，同时又缺少男性传宗接代的"责任感"和压力等因素，因此更多的女性会选择不生育孩子。

　　分年龄段的统计结果显示，30 岁以下的流动人口不想生育子女的比例比较高，均超过 10%，30 岁以上的流动人口不想生育子女的比例比较低。30 岁以上的流动人口一般已有几年的婚姻生活，考虑问题比较成熟，在这个年龄段不想生育子女的想法已经不是心血来潮的冲动之举，大多数是深思熟虑的结果。而 30 岁以下的流动人口，尽管不想生育的比例比较高，但可能年龄大一些后，想法会发生变化，很多原本不想要孩子的人到了 30 岁之后有可能转化为想生育孩子，可见，30 岁以上人口的不想生育的比例相对比较接近真实的不育人群。

　　从不同文化程度来看，随着文化程度的提高，流动人口不想生育孩子的比例逐渐提高，小学以下文化程度的流动人口不想生育孩子的比例为 6.9%，大学及以上文化程度的流动人口则提高到 22.7%，说明文化程度越高的流动人口，生育观念越超前，更加重视自我和自我发展。

　　在城市打工时间的长短对流动人口的孩子需求没有显著影响，没有呈现我们假设的打工时间越长，不想要孩子的比例越高的结果。

　　流动人口在城市所从事的职业对其孩子需求也不具有统计显著性，但从数据分析结果我们可以发现：管理人员不想要孩子的比例最高，高达

28.6%,其次依次是专业技术人员(15.4%)、办事人员(14.3%)、商业服务业人员(13.1%),比例最低的为生产运输设备操作人员,不想生育孩子的比例为12.6%。管理人员的文化程度比较高,收入也高,生育子女的经济效益比较低,同时他们比较关注个人的发展,更多的人选择不生育;生产运输设备操作人员的文化程度相对比较低,受传统生育观念的影响比较大,认同结婚就必须生育的人口比较多,不想生育孩子的人口比较少。

表 8-2　不同个人背景下的流动人口的孩子需求情况

单位:%

样　本		不想要孩子	想要孩子
性别	男性(N＝176)	9.1	90.9
	女性(N＝156)	18.6	81.4
	显著性检验 χ^2	6.368**	
年龄	19 岁以下(N＝48)	10.4	89.6
	20～24 岁(N＝109)	15.6	84.4
	25～29 岁(N＝89)	19.1	80.9
	30～34 岁(N＝53)	3.8	96.2
	35 岁及以上(N＝39)	7.7	92.3
	显著性检验 χ^2	8.812#	
文化程度	小学及以下(N＝29)	6.9	93.1
	初中(N＝144)	12.5	87.5
	高中、中专(N＝139)	14.4	85.6
	大学及以上(N＝22)	22.7	77.3
	显著性检验 χ^2	2.909	
打工时间	1 年以下(N＝47)	21.3	78.7
	1～4 年(N＝98)	11.2	88.8
	4～7 年(N＝82)	9.8	90.2
	7～10 年(N＝46)	10.9	89.1
	10 年以上(N＝51)	17.6	82.4
	显著性检验 χ^2	4.933	
职业	管理人员(N＝7)	28.6	71.4
	专业技术人员(N＝13)	15.4	86.4
	办事人员(N＝21)	14.3	85.7
	商业、服务业人员(N＝99)	13.1	86.9
	生产运输设备操作人员(N＝190)	12.6	87.4
	显著性检验 χ^2	2.208	

二、不要孩子的理由

我们的调查发现,高达13.2％的流动人口不想生育孩子,那么是什么原因导致他们不要孩子呢?

对于问题"您不想生育是出于怎样的考虑"的分析结果显示(见表8-3),因生育孩子增加经济负担是流动人口不想生育的最主要原因。目前,生育成本昂贵是一个不争的事实,从经济成本来说,厦门市从母亲怀孕分娩到孩子16周岁平均需要12万元(叶文振,1998),这还不包括孩子读大学的花费。生育子女带来家务负担和心理压力是流动人口不想生育的第二主要原因,有了孩子之后,人们不得不每天围着孩子转,更多的精力放在孩子身上,无形中增添了很多家务负担;此外,养育孩子可能带来一系列的精神负担,如担心、生气、着急等。流动人口不想生育的第三主要原因是生育子女后限制自由和兴趣发展,生育孩子后,大多夫妻都没有了浪漫和自由,不能随心所欲地做自己喜欢做的事情,就连睡个囫囵觉、抽空看个电视都成问题。生育孩子会影响工作是流动人口不想生育孩子的第四主要原因,生了孩子后,一部分精力要转移到孩子身上,用在工作上和自我发展上的时间减少,本来事业可能有所成就,结果可能因为照顾孩子而被耽误了。

表 8-3　流动人口不想生育孩子的原因分析

指标	增加经济负担	带来家务负担和心理压力	限制自由和兴趣发展	影响工作	影响夫妻关系	生孩子后身材难以恢复	不喜欢孩子
选答人数/人	22	13	11	10	2	2	7
占比/％	48.9	28.9	24.4	22.2	4.4	4.4	15.6
排序	1	2	3	4	6	6	5

从流动人口的不同个人特征来看(见表8-4),分性别来看,男性流动人口和女性流动人口在因增加经济负担而不想生育的原因上具有统计显著性,男性所占比例为75.0％,女性为34.5％,男性是女性的2倍多,说明受传统文化的影响,男性一般认为是家庭经济来源的支柱,他们觉得自己承担着养家糊口的责任,更多地从经济方面的原因考虑子女生育问题。

分年龄段来看,以30岁为年龄界限,30岁以上的流动人口不想生育孩子的原因主要是经济原因、不喜欢孩子以及担心孩子带来家务负担和心理压力,30 岁以下的流动人口则更多的出于担心限制自由和兴趣发展以及担心影响工作而选择不生育。30 岁以上的流动人口不想要孩子的原因,可能比较接近目前我国"丁克家庭"的不育的真实原因。

分文化程度来看,初中及以下文化程度的流动人口因为增加经济负担而不想生育的所占比例高于高中及以上文化程度的流动人口,因不喜欢孩子而不想生育的在 0.1 水平上具有统计显著影响。初中以下文化程度的流动人口,所从事的职业很多都是体力或机械劳动,工资收入不高,当他们考虑子女的生育问题时更多地从经济方面的原因作选择。

不同打工时间的流动人口因增加经济负担而不想生育的在 0.01 水平上具有统计显著性,在城市打工时间 4 年以上的流动人口,不想生育是因为生育孩子会增加经济负担的,所占比例为 68.2%,打工时间 4 年以下的流动人口所占比例为 28.6%。在城市打工时间越长,越能接触到城市的文化和生活方式,逐渐关注子女的健康和教育,慢慢意识到生育和培养一个孩子需要投入很多的经济成本,而作为流动人口,自身经济条件相对比较差,这时他们中有一部分人就会因为经济方面的原因而选择不想生育孩子。

表 8-4　不同个人背景下的流动人口不想生育的原因分析

样　本		增加经济负担	带来家务负担和心理压力	限制自由和兴趣发展	影响工作	影响夫妻关系	生孩子后身材难以恢复	不喜欢孩子
性别	男性 (N=16) 占比/%	75.0	25.0	25.0	25.0	6.3	—	25.0
	排序	1	2	2	2	6		2
	女性 (N=29) 占比%	34.5	31.0	24.1	20.7	3.4	—	10.3
	排序	1	2	3	4	6		5
	显著性检验 χ^2	6.774**						
年龄	30 岁以下 (N=39) 占比%	46.2	28.2	25.6	23.1	5.1	5.1	10.3
	排序	1	2	3	4	6	6	5
	30 岁及以上(N=5) 占比%	60.0	40.0	20.0	—	—		40.0
	排序	1	2	3				2
	显著性检验 χ^2							3.329#

续表

样　　本		增加经济负担	带来家务负担和心理压力	限制自由和兴趣发展	影响工作	影响夫妻关系	生孩子后身材难以恢复	不喜欢孩子
文化程度	初中及以下 (N=20) 占比%	55.0	40.0	25.0	25.0	10.0	10.0	5.0
	排序	1	2	3	3	5	5	7
	高中及以上 (N=25) 占比%	44.0	20.0	24.0	20.0	0.0	0.0	24.0
	排序	1	4	2	4			2
	显著性检验 χ^2							3.054#
打工时间	4年以下 (N=?) 占比%	28.6	23.8	33.3	14.3	4.8	4.8	9.5
	排序	2	3	1	4	6	6	5
	4年以上 (N=?) 占比/%	68.2	36.4	13.6	31.8	4.5	4.5	22.7
	排序	1	2	5	3	6	6	4
	显著性检验 χ^2	6.747**						

三、生养孩子的目的

生养孩子的目的是指人们生养孩子主要是为了达到什么目标,是出于何种目的的考虑而生育的,也称为意愿生育目的。在调查问卷中,用"您认为生养孩子的主要目的是什么"的问题选项表示,由于此题为多项选择题,为了更清晰地反映人们的主要生育目的,在此采用排序的方式考察人们生育目的的重要性。

调查结果显示(见表8-5),从总体上来看,被调查流动人口的意愿生育目的居于第一位的是增加家庭乐趣,第二位是人生无憾和圆满,第三位为增进夫妻感情,以下依次为传宗接代、养儿防老、孩子事业有成增添家庭荣誉等。超过一半(53.1%)的流动人口的生育目的为增加家庭乐趣,这一生育目的高居各种生育目的之首,说明流动人口在城市生活的影响下,子女的经济效用和养老功能甚至传宗接代的效用开始下降,孩子在情感方面的效用突出出来,以感情慰藉为主的新型生育目的成为流动人口生育目的的主导。传宗接代的生育目的居于第四位,说明在流动人口中,以传宗接代为核心的传统生育观念有逐渐减弱的趋势。传宗接代的生育观念是建立在家文化基础之上的,而在城市,家庭结构以核心家庭为主,生育的决策权更多地掌握在生育主体手中,他们可以根据自己的生活需要、精力以及自己的工作需要来决定生育的问题。流动人口流动到城市后,接触到更多的城市文化,开始注重个人发展和生活质量,他们开始不愿意为了光宗耀祖而牺牲自己的生活方式和追求,转变了传宗接代的生育动机,逐渐树立了新型生育文化(陈胜利 等,2003)。

表 8-5 的数据分析结果还显示,流动人口、有流动经历的人口和从未外出打工人口的生育目的呈现以下几个方面的特征:第一,不论是流动人口,还是有流动经历的人口,以及从未外出打工的人口,生育的首要目的都是增加家庭乐趣,所占比例均超过被调查对象的 50% 以上,可见,目前因情感需求而生育孩子是人们的主要生育目的。第二,认为生养孩子的主要目的是传宗接代的,流动人口居于第四位,有流动经历的人口和从未外出打工人口居于第二位,但是从未外出人口的选答比例高于有流动经历的人口 5.5 个百分点,说明正在流动的人口生育观念比较先进,而有流动经历的人口和从未外出打工的人口生育观念比较传统,且生育目的接近,这是因为流动人口进城打工会在一定程度上受城市生活方式和社会文化的影响,但是这种影响是不稳固的,一旦回到家乡后,随着返乡时间的增长,受乡村环境和文化的影响,很多人又重新适应了家乡的行为和观念,久而久之外出带来的观念的变化会逐渐消失,这也从另外一个角度表明在生育观念上文化的适应性和同化性的存在。第三,尽管流动人口、有流动经历的人口和从未外出的人口的主要生育目的是养儿防老的均居于第四位或第五位,但是有流动经历的人口和从未外出打工人口选答生育目的主要是养儿防老的所占比例分别为 44.0% 和 52.8%,分别高出流动人口 22.9 个和 31.7 个百分点,表明在农村由于社会保障体制的不健全,农村父母的老年经济保障仍然以依赖子女为主,生养子女被看作是老年生活的主要投资。

表 8-5　流动人口、流动经历人口和从未外出打工人口的生育目的

样　本		传宗接代	养儿防老	提高家庭经济收入	增加家庭乐趣	孩子事业有成增添家庭荣誉	增进夫妻感情	体现个人能力与成功	人生无憾和圆满
流动人口 (N=369)	选答人数/人	121	78	10	196	69	143	14	156
	占比/%	32.8	21.1	2.7	53.1	18.7	38.8	3.8	42.3
	排序	4	5	8	1	6	3	7	2

续表

样　本		传宗接代	养儿防老	提高家庭经济收入	增加家庭乐趣	孩子事业有成增添家庭荣誉	增进夫妻感情	体现个人能力与成功	人生无憾和圆满
流动经历人口 (N=272)	选答人数/人	149	120	27	159	61	125	24	148
	占比/%	54.8	44.0	9.9	58.2	22.3	45.8	8.8	54.4
	排序	2	5	7	1	6	4	8	3
从未外出人口 (N=229)	选答人数/人	138	121	16	139	75	108	11	134
	占比/%	60.3	52.8	7.0	60.7	32.8	47.2	4.8	58.5
	排序	2	4	7	1	6	5	8	3

　　流动人口不同个人背景对生育目的的影响的单因素分析结果,如表8-6所示。从被调查对象的性别来看,男女两性生育目的的排序不一致,每个生育目的所占比例也不同。虽然男女流动人口的第一生育目的都是增加家庭乐趣,但是女性选答增加家庭乐趣的比例高于男性15.3个百分点;男性的第二生育目的为传宗接代,所占比例高达42.1%,而传宗接代的生育目的对女性来说仅处于第四重要的位置,所占比例为20.9%,低于男性21.2个百分点。可见,受男女两性生理差别以及社会对两性所赋予的责任不同的影响,男女两性的生育动机存在一定差异,男性由于承担着延续家族的任务,对传宗接代的追求大于女性,而女性则会更多地从个人需要、个人感受的角度来考虑生育动机,从而相对于男性来说,对孩子的期望更注重孩子的情感效用。

　　不同年龄段的流动人口的生育目的排序情况,呈现以下几个特征:第一,不论哪一个年龄段的流动人口,都注重情感效用的生育目的,生育孩子的动机主要是为了增加家庭乐趣和增进夫妻感情。第二,随着年龄的增大,农村流动人口传宗接代的传统生育目的又逐渐占主要位置,其次是养儿防老的经济需求的生育目的,且比例呈逐渐上升的趋势,这是因为年龄较大的被调查对象受传统生育文化熏陶较多,宗族观念比较强。此外,随着年龄的提高,人们逐渐迈向老年,对子女在养老方面的需求随之提高,愈发感觉到子女在养老方面效用的重要性。

　　流动人口的受教育水平不同,其生育动机也有所差别,数据结果显示了这一差异。文化程度越低的被调查对象,主要生育目的是"传宗接代"和"养儿防老",小学及以下文化程度的流动人口选答这两项的比例分别都超过45％。而文化程度较高者,出于情感需要而生育的比例较高,高中及以上文化程度的被调查对象主要生育动机是"增加家庭乐趣"和"增进夫妻感情","传宗接代"和"养儿防老"退居第四位和第六位,说明文化程度较高的流动人口了解和接受城市先进文化的能力比较强,有利于削弱传统生育文化的影响,传宗接代的意识减弱;另一方面受教育水平越高,在城市找到待遇较好的工作的可能性较大,经济条件较好,平时可以有些积蓄,不再追求生育孩子的经济效用,养儿防老的生育动机也就降低。

在外打工不同时间的流动人口的生育目的的分布情况表明:不论是在外打工时间较短的被调查对象,还是打工时间较长的流动人口,他们的生育目的的排序情况差别不大,主要生育动机都是增加家庭乐趣、人生无憾和圆满以及增进夫妻感情,但是在外打工时间越长,为了增加家庭乐趣和增进夫妻感情而生育的比例越高,说明流动人口在外时间越长,越看重孩子的情感效用,较多地出于情感需求而生育。此外,不论在外打工时间多长,选答传宗接代的比例相差不大,这又从另外一个方面表明了文化影响的深刻性和的滞后性,即从小形成的"家本位"的观念对人们的影响较大,以及受"亚文化"的影响,流动人口的传统生育观念很难在短时间内发生较大的改变。

流动人口从事的职业性质的不同,也会导致其具有不同的生育目的。管理人员、专业技术人员和办事人员生育孩子的动机更注重精神上的需求,生育孩子的经济效用减弱,他们生育的主要目的是增加家庭乐趣、增进夫妻感情以及人生无憾和圆满,而传宗接代和养儿防老已不是重要的生育动机。商业、服务业人员和生产运输设备操作人员的生育目的在追求精神效用的同时,更看重生育孩子的经济效益,传宗接代和养儿防老的生育动机占有相当大的比重,同时,为了增加家庭乐趣和增进夫妻感情而生育的比例比管理人员、专业技术人员和办事人员低很多。以上的分析结果充分证实了前述职业与生育目的的关系的假设,即职业层次越高,从事的职业接触的社会面越广,他们注重的是事业和自身的发展,不需要通过生育子女获得经济上的收益,包括养老的需求和提高家庭经济收入的需要,而是比较看重生育子女的感情效用。

表 8-6　不同年龄段的流动人口的意愿生育目的

	样　本		传宗接代	养儿防老	提高家庭经济收入	增加家庭乐趣	孩子事业有成增添家庭荣誉	增进夫妻感情	体现个人能力与成功	人生无憾和圆满
性别	男性 (N=197)	%	42.1	26.4	2.5	46.7	20.8	40.1	2.5	41.6
		排序	2	5	7	1	6	4	7	3
	女性 (N=163)	%	20.9	16.0	1.8	62.0	16.6	38.0	5.5	43.6
		排序	4	6	8	1	5	3	7	2
	χ^2 检验		18.4***	5.734*		8.355**				
年龄	19 岁以下 (N=53)	%	26.4	20.8	5.7	56.6	24.5	34.0	9.4	50.9
		排序	4	6	8	1	5	3	7	2
	20～24 岁 (N=120)	%	30.8	13.3	0.8	58.3	20.0	39.2	4.2	40.0
		排序	4	6	8	1	5	3	7	2
	25～29 岁 (N=93)	%	29.0	19.4	2.2	52.7	7.5	44.1	2.2	44.1
		排序	4	5	7	1	6	2	7	2
	30～34 岁 (N=58)	%	41.4	29.3	1.7	51.7	22.4	39.7	0.0	39.7
		排序	2	5	7	1	6	3	…	3
	35 岁以上 (N=27)	%	44.2	37.2	4.7	39.5	25.6	32.6	4.7	39.5
		排序	1	4	7	3	6	5	7	2
	χ^2 检验		13.496**			10.890*				
文化程度	小学及以下 (N=32)	%	62.5	46.9	12.5	25.0	18.8	21.9	9.4	28.1
		排序	1	2	7	4	6	5	8	3
	初中 (N=152)	%	38.8	27.0	1.3	53.9	19.1	34.9	3.3	45.4
		排序	3	5	8	1	6	4	7	2
	高中及中专 (N=153)	%	22.9	12.4	2.6	56.9	19.6	43.8	3.3	42.5
		排序	4	6	8	1	5	2	7	3
	大学及以上 (N=26)	%	19.2	3.8	0.0	61.5	15.4	53.8	3.8	38.5
		排序	4	6	…	1	5	2	6	3
	χ^2 检验		24.32***	27.65***	13.27**	11.81**		8.93*		

续表

	样　本		传宗接代	养儿防老	提高家庭经济收入	增加家庭乐趣	孩子事业有成增添家庭荣誉	增进夫妻感情	体现个人能力与成功	人生无憾和圆满
打工时间	1年以下(N=51)	%	29.4	21.6	5.9	49.0	21.6	31.4	7.8	45.1
		排序	4	5	8	1	5	3	7	2
	1～4年(N=112)	%	31.3	16.1	0.9	49.1	17.9	35.7	3.6	41.1
		排序	4	6	8	1	5	3	7	2
	4～7年(N=84)	%	33.3	20.2	1.2	52.4	13.1	41.7	2.4	53.6
		排序	4	5	8	2	6	3	7	1
	7～10年(N=49)	%	32.7	28.6	4.1	63.3	26.5	46.9	6.1	44.9
		排序	4	5	8	1	6	2	7	3
	10年以上(N=55)	%	38.2	29.1	3.6	54.5	20.0	41.8	1.8	23.6
		排序	3	4	7	1	6	2	8	5
	χ^2 检验									12.575*
职业	管理人员(N=8)	%	0.0	0.0	0.0	87.5	12.5	62.5	0.0	37.5
		排序	…	…	…	1	4	2	…	3
	专业技术人员(N=14)	%	14.3	7.1	7.1	50.0	7.1	50.0	0.0	42.9
		排序	4	5	5	1	5	1	…	3
	办事人员(N=23)	%	39.1	13.0	0.0	60.9	17.4	60.9	0.0	47.8
		排序	4	6	…	1	5	1	…	3
	商业服务人员(N=102)	%	29.4	29.4	2.0	32.4	21.6	32.4	4.9	48.0
		排序	4	4	8	2	6	2	7	1
	生产运输设备操作人员(N=211)	%	35.1	19.9	2.8	38.4	18.0	38.4	3.8	39.3
		排序	4	5	8	2	6	2	7	1
	χ^2 检验		13.641*					11.1#		

注：①"…"表示缺失值，以下同；②职业类别中因农业人员、个体户、家庭主妇和失业人员因人数过少，不能真实反映实际情况，在此不统计其结果，以下同。

第三节　流动人口的意愿生育数量

意愿生育数量是指人们在一定的社会、经济和文化因素影响下对终生生育子女数的期望,意愿生育数量有时也被称为"理想子女数""期望子女数""生育意愿数""意愿生育子女数"等(陈胜利、张世琨,2003)。

一、无政策约束的生育规模

调查结果显示(见表 8-7),如果没有计划生育政策的限制,被调查的流动人口的意愿生育数量平均为 1.52 个,其中不想生育的为 0.6%,想生育 1 个子女的为 48.6%,想生育 2 个子女的为 49.5%,意愿生育 3 个及以上的为 1.2%,绝大多数的流动人口只想生育 1 个或 2 个孩子。

流动人口与有流动经历人口、从未外出打工人口比较而言,流动人口的平均意愿生育数量最少,其次是有流动经历的人口,从未外出打工人口的意愿生育数量最多。从意愿生育子女的个数来看,流动人口想要 1 个的比例接近一半,有流动经历的人口下降到 26.3%,从未外出打工人口更低为23.2%;流动人口想要 2 个孩子的比例为 49.5%,有流动经历的人口提高到 61.7%,从未外出打工的人口更高为 67.5%,可见,正在城市打工的流动人口少生的愿望比较高,已经返乡的有流动经历的人口和从未外出打工的人口在意愿生育子女数量上相差不大。

表 8-7　流动人口与流动经历人口、从未外出打工人口的意愿生育数量的分布比较

单位:%

样本	不想要	1 个	2 个	3 个及以上	平均值
流动人口 (N=333)	0.6	48.6	49.5	1.2	1.52 个
有流动经历人口 (N=274)	0.4	26.3	61.7	11.7	1.87 个
从未外出打工人口 (N=228)	0.0	23.2	67.5	9.2	1.90 个

分性别的统计结果表明(见表 8-8),男性流动人口的意愿生育数量高于女性,男、女两性的平均意愿生育数量分别为 1.56 个和 1.46 个,男性高出女

性0.1个。从具体的意愿生育个数来看,男性期望生育2个子女的比例高出女性6.6个百分点,而希望生育1个子女的反而比女性低10个百分点。女性的意愿生育数量之所以比男性低主要是由于作为生育载体的女性,从怀孕、分娩到子女成年,女性所投入的时间和精力比男性多,相较于男性而言,生育子女对女性的健康和个人发展影响更大,为了自身的健康和有更大的发展机会,受城市文化影响的外出打工的女性一般不倾向于过多生育。男女两性的意愿生育数量差异在0.5水平上具有统计显著性。

不同年龄段的流动人口的意愿生育数量在0.01水平上具有统计作用,比较按年龄分组的统计结果,可以发现:流动人口的平均意愿生育数量与年龄变量呈正相关关系,随着年龄的增加,他们的生育意愿数也随之增加。19岁及以下年龄段的流动人口平均希望生1.53个子女,20~24岁年龄段的流动人口理想的生育子女数为1.44个,30~34岁的流动人口意愿生育子女数比20~24岁增加0.1个,35岁及以上的流动人口则增加到1.68个。不同年龄意愿生育数量的不同,从本质上反映了处于不同婚姻和生育状态的人口的理想子女数。19岁以下年龄段的人口大多还未进入婚姻,生育对他们来说还是比较模糊的概念;25~29岁年龄段的人口很多已经结婚生育或者准备生育,他们的理想子女数是经过深思熟虑后的结果;而30岁以上年龄段的人口已基本完成生育过程,他们这时的意愿孩子数会受已经生育的子女数的影响。调查结果还显示,未婚者的平均意愿生育数量为1.46个,已婚者则提高到1.60个,增加了0.14个;已婚未生育者的意愿生育子女数为1.38个,实际生育1个孩子的流动人口的生育意愿数为1.55个,已生育2个子女的则提高到1.85个,3个及以上的更高为2个,可见,是否结婚、是否生育以及实际生育子女数的不同,其意愿生育数量也有所不同,这从一定侧面证明了以上解释的合理性。

流动人口的文化程度对其意愿生育数量也具有显著影响。随着文化程度的提高,意愿生育1个子女的比例提高,而意愿生育2个子女的比例逐渐下降,小学及以下文化程度的流动人口的平均意愿生育数量为1.66个,而高中文化程度的流动人口平均意愿生育数量降低到1.44个;但是大学及以上文化程度的流动人口想要生育的子女数比较高,平均为1.71个,76.2%的被调查对象想生育2个孩子。究其原因,文化程度高的人口对子女健康和教育的期望值比较高,更注重子女的质量,愿意用生育和培养少数高质量的子女代替多个低质量的孩子,但是大学及以上文化程度的流动人口一般收入比较高,其经济实力可以使他们有能力培养和照顾多个孩子。

在外打工不同时间的流动人口的意愿生育数量在 0.1 水平上具有统计显著性,数据分析结果显示,在外打工时间在 7 年以内的,随着打工时间的增长,平均意愿子女数逐渐降低,但打工时间超过 7 年的,平均意愿生育子女数又有所回升。之所以出现这种情况,我们认为在外打工时间较长的流动人口,他们的年龄比较大,大多数已经实现了生育,其意愿生育数量的多少在一定程度上受现有子女数的影响,其意愿生育子女数反而增加也就可以解释了。

流动人口流入城市后的不同职业虽然对其意愿生育数量不具有显著性,但理想子女数的差异也可以反映出他们在流入地接触城市生活方式及与城市人口的交往密切度。不同职业层次的被调查对象的意愿子女数的调查结果显示,从平均意愿数来看,生产运输设备操作人员和办事人员的平均意愿数最高,均为 1.52 个,其次是专业技术人员,其平均意愿生育数量为 1.50 个,再次是商业服务业人员,为 1.49 个,管理人员的平均意愿生育数量最少,为 1.43 个。管理人员的文化层次比较高,收入相对也高,相对于子女数量来说,他们更重视子女的质量,从而降低对孩子数量的需求;而生产运输设备操作人员,一般是在工厂打工或者在建筑工地做工,平时工作的时间比较长,接触城市文化的机会比较少,在生育观念上比较接近家乡人的观念。

表 8-8　不同个人背景下的流动人口的意愿生育数量

单位:%

	样　本	不想要	1 个	2 个	3 个及以上	平均值/个
性别	男性($N=174$)	1.1	44.3	52.3	2.3	1.56
	女性($N=151$)	0.0	54.3	45.7	0.0	1.46
	显著性检验 χ^2			7.593#		
年龄	19 岁以下($N=45$)	0.0	46.7	53.3	0.0	1.53
	20～24 岁($N=107$)	0.0	57.9	41.1	0.9	1.44
	25～29 岁($N=87$)	1.1	48.3	50.6	0.0	1.49
	30～34 岁($N=54$)	0.0	46.3	53.7	0.0	1.54
	35 岁及以上($N=38$)	2.6	31.6	60.5	5.3	1.68
	显著性检验 χ^2			28.812**		

续表

样　本		不想要	1个	2个	3个及以上	平均值/个
文化程度	小学及以下（N＝29）	0.0	34.5	65.5	0.0	1.66
	初中（N＝142）	0.0	48.6	49.3	2.1	1.54
	高中、中专（N＝135）	0.7	55.6	43.0	0.7	1.44
	大学及以上（N＝21）	4.8	19.0	76.2	0.0	1.71
	显著性检验 χ²			21.160*		
打工时间	1年以下（N＝45）	0.0	35.6	64.4	0.0	1.64 个
	1～4年（N＝95）	1.1	49.5	48.4	1.1	1.49
	4～7年（N＝81）	0.0	63.0	37.0	0.0	1.37
	7～10年（N＝46）	0.0	45.7	54.3	0.0	1.54
	10年以上（N＝51）	2.0	37.3	56.9	3.9	1.63
	显著性检验 χ²			21.005*		
职业	管理人员（N＝7）	0.0	57.1	42.9	0.0	1.43
	专业技术人员（N＝12）	0.0	50.0	50.0	0.0	1.50
	办事人员（N＝21）	4.8	38.1	57.1	0.0	1.52
	商业、服务业人员（N＝95）	0.0	51.6	47.4	1.1	1.49
	生产运输设备操作人员（N＝189）	0.5	48.7	49.2	1.6	1.52
	显著性检验 χ²			9.984		

二、只生一孩的主要原因

调查中，我们发现，48.6％的流动人口希望只生一个孩子，那么他们只想生育一孩的主要原因是什么呢？通过"您不想生育第二胎的主要原因"的问题可以了解其中的端倪。表 8-9 的调查结果显示，只想生一个孩子的流动人口中有 65.7％是因为"一个孩子有利于其健康和教育"，32.9％是因为"经济条件限制，生多了养不起"，因为"工作太忙，没有时间生育或照顾孩子"的占 12.1％，因"孩子少，负担轻，可以快点致富"而想生一个孩子的比例为 10.7％。

在有流动经历的人口和从未外出的人口中，只要一个孩子的原因是因为"一个孩子有利于其健康和教育"的比例与正在打工的流动人口差别不大,但是因"经济条件限制,生多了养不起"和"孩子少,负担轻,可以快点致富"的比例却比流动人口高。从中可以得出两个结论:第一,不论是流动人口,还是有流动经历的人口,以及从未外出打工人口,都非常重视孩子的健康和教育,生一个健康高质量的孩子成为很多人的自觉选择;第二,已返乡的有流动经历的人口和从未外出的人口只想生一个孩子的原因除了为了孩子的健康和教育着想外,在一定程度上是因为受经济条件限制,怕生多了养不起或者想减轻负担、早点致富。

表8-9　流动人口与流动经历人口、从未外出打工人口的意愿生育数量的分布比较

单位:%

样　本	经济条件限制	工作太忙,没有时间生育或照顾孩子	孩子少,负担轻,可以快点致富	一个孩子有利于其健康和教育
流动人口（N=140）	32.9	12.1	10.7	65.7
有流动经历人口（N=68）	40.3	30.9	44.1	76.5
从未外出打工人口（N=49）	42.9	24.5	46.9	65.3

个体因其不同的生理和社会特征,在只生一孩的原因上不尽相同。表8-10显示了不同个人背景下的流动人口只想生一孩的主要原因。当我们控制性别变量,发现男性和女性流动人口因"经济条件限制,生多了养不起"和"孩子少,负担轻,可以快点致富"而只想生育一个孩子上具有显著性。数据显示,男性因"经济条件限制"而只想生一孩的比例高出女性24.3个百分点,因"孩子少,负担轻,可以快点致富"的比例高出女性17.3个百分点,说明男性作为家庭的经济支柱,更多地从家庭经济条件考虑生育孩子的问题。

分年龄来看,不同年龄段对"经济条件限制,生多了养不起"的原因产生显著影响。25～29岁年龄段的流动人口因"经济条件限制"而不想生第二胎的比例最高,高达54.1%,其次是35岁及以上的流动人口,再次为30～34岁的流动人口,19岁以下的流动人口选择这项的比例最低,仅为5.9%。究其原因,主要是因为25～29岁的流动人口很多已经结婚生育或者准备生育,生育孩子需要花费很大的成本,而他们这时刚成家不久,经济条件相对比较弱;30岁以上的流动人口尽管在经济上有了一定的积累,但子女很多已经进入学校读书,花费也比较大;年纪轻的流动人口还没有结婚生育,对

养育孩子的成本就不会有切身的体会。

文化程度对"经济条件限制,生多了养不起"和"一个孩子有利于健康和教育"的原因产生显著作用。随着文化程度的提高,选择"经济条件限制"的比例呈快速下降的趋势,选答"一个孩子有利于其健康和教育"的比例则呈上升的趋势。这说明了文化程度越高,经济条件越好,也较少从经济原因上考虑生育子女的问题,更多则是关注孩子的健康和教育。

不同打工时间对"经济条件限制"的原因产生影响。打工时间越长的流动人口,因经济方面的原因而不想生育第二胎的比例基本呈上升的趋势,我们猜想这可能是因为打工时间的长短与年龄有一定关系导致的,打工时间越长,年龄越大,目前抚养子女的花费也比较大,因此因为经济原因就只想生一个孩子。

流动人口的婚姻状况对"经济条件限制"和"工作太忙,没有时间生育和照顾孩子"有显著作用。未婚者因经济条件原因而只想生一个孩子的比例为20.9%,已婚者则上升为55.1%;未婚者因"工作太忙,没有时间生育或照顾孩子"的比例为5.5%,已婚者则上升到24.5%。数据显示,我们调查的80%的流动人口都有过生育经历,他们亲身体会到了照顾孩子的辛苦和养育孩子所花费的成本,很多人因此不愿多生孩子。

表8-10　不同个人背景下的流动人口只想生一孩的主要原因

单位:%

	样　本	经济条件限制	工作太忙,没有时间生育或照顾孩子	孩子少,负担轻,可以快点致富	一个孩子有利于其健康和教育
性别	男性(N=65)	46.2	12.3	20.0	60.0
	女性(N=73)	21.9	12.3	2.7	69.9
	显著性检验 χ^2	9.089**		10.573***	
年龄	19 岁以下(N=17)	5.9	0.0	0.0	70.6
	20~24 岁(N=53)	22.6	9.4	7.5	75.5
	25~29 岁(N=37)	54.1	16.2	16.2	54.1
	30~34 岁(N=23)	39.1	17.4	13.0	56.5
	35 岁及以上(N=10)	40.0	20.0	20.0	70.0
	显著性检验 χ^2	16.291**			

续表

样　　本	经济条件限制	工作太忙,没有时间生育或照顾孩子	孩子少,负担轻,可以快点致富	一个孩子有利于其健康和教育
文化程度 小学及以下($N=7$)	71.4	0.0	14.3	14.3
初中($N=59$)	44.1	11.9	11.9	61.0
高中、中专($N=66$)	21.2	13.6	10.6	74.2
大学及以上($N=4$)	0.0	25.0	0.0	50.0
显著性检验 χ^2	14.043**			11.151*
打工时间 1 年以下($N=14$)	21.4	0.0	0.0	64.3
1~4 年($N=38$)	10.5	10.5	7.9	78.9
4~7 年($N=46$)	43.5	10.9	15.2	56.5
7~10 年($N=21$)	38.1	19.0	4.8	57.1
10 年以上($N=15$)	46.7	20.0	26.7	73.3
显著性检验 χ^2	13.521**			
婚姻状况 未婚($N=91$)	20.9	5.5	7.7	70.3
已婚($N=49$)	55.1	24.5	16.3	57.1
显著性检验 χ^2	16.909***	10.772***		

三、生育数量的决定因素

以上单因素分析结果表明,流动人口的意愿生育数量受多个因素的影响和制约,要估计每个相关变量的净影响或比较各个变量对意愿生育数量的解释能力,我们必须借助多因素分析法进行估计,进而对第一节提出的理论假设予以检验。

在经济学的分析视角中,如贝克尔所阐述的,一个家庭意愿生育的子女数量与这些子女的质量之间存在着负相关的关系。贝克尔认为,在父母时间有限、家庭收入一定的条件下,孩子数量的增加会提高孩子质量的影子价格;类似的,由于孩子数量的影子价格取决于孩子的质量,所以,孩子质量的增加会提高孩子数量的影子价格,进而降低对孩子数量的需求。用简化的效用函数可以表示为:

$$U=U(n,q)$$

式中,n 为子女数量,q 为子女质量,并且假定每个子女的质量相同。

图 8-2 反映了 n 和 q 之间的相互影响关系。这里的 U_0 和 U_1 是 n 和 q 之间的凸面无差异曲线(不考虑其他商品的消费情况),AB 和 CD 是其预算方程,e_0 和 e_1 是在家庭收入一定的情况下孩子数量和质量的均衡点。从图 8-2 可以明显地看出,在父母时间有限和家庭收入一定的情况下,如果意愿生育数量较多,那么分配到每个子女身上的医疗保健和教育等费用,也就是花费在每个子女身上的成本将减少,孩子的质量必定降低。反之亦然,如果加大对每个子女质量的投入,那么较高质量的子女就需要更多的花费即成本,这就势必要减少夫妇对意愿孩子数的需求。根据中国社会科学院人口研究所关于 1992 年 10 省市家庭经济与生育抽样调查资料,全国加权汇总的家庭愿意将子女培养到大学毕业的比例最高,达 29.2%,其次为初中和高中,所占比例分别为 18.8% 和 16.8%(蒋正华,1995),叶文振在 1996 年对厦门市的孩子成本与效用的调查分析发现,在孩子的抚养费用中,教育费用仅次于食品费用,居于第二位,占总费用的 14.67%,加上医疗保健和健康保险,三者所需费用超过总费用的 1/5(叶文振,1998)。可见,如果家庭想选择高质量的孩子,受经济条件的限制,就势必要放弃对数量的需求,从理论上解释的话就是因为父母对孩子数量需求的收入弹性小于孩子质量需求的收入弹性,而对孩子数量需求的价格弹性大于孩子质量需求的价格弹性(徐向红,2001)。可见,在生育过程中,夫妇对子女质量的偏好程度如何将在一定程度上影响其意愿生育数量,生育中的质量偏好是决定人们意愿生育数量的重要变量。

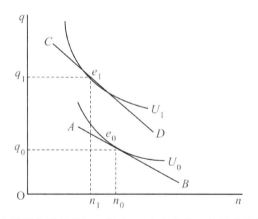

图 8-2　生育数量和质量的相互影响:一个家庭的无差异曲线和预算曲线

生育的质量偏好对意愿生育数量的影响机制与流动人口的流动经历、个人背景、配偶背景和生育经历四个因素的影响机制处于不相同的地位,生育的质量偏好除了直接影响意愿生育数量外,本身还受流动经历、个人背景、配偶背景和生育经历四个层面因素的影响,具有中介传递的功能,也就是这四个层面的初始变量通过生育的质量偏好间接地对意愿生育数量起作用,因此生育的质量偏好既直接又间接地影响着意愿生育孩子数。迪特雷在其研究中就发现,人们教育程度的提高对子女的质量有显著的正面影响,对子女的意愿数量则有显著的反面效果(贝克尔,1998)。贝克尔也指出,收入的提高有助于增强人们对孩子质量的偏好而减弱对孩子数量的需求。为了更准确和全面地估计所有变量的影响方向和程度,在此把生育的质量偏好作为中介变量,利用路径分析法对流动人口的意愿生育数量进行分析。"生育的质量偏好"这一变量是用"在生育过程中,您作为父母考虑最多的是什么"的问题选项表示,把只选择"生养健康的孩子"或"让孩子接受最好的教育"的答案赋值为 1,其他赋值为 0,处理成一个二分类变量。"意愿生育数量"的因变量用"如果没有计划生育政策限制,您觉得生养几个孩子比较合适"的问题表示。表 8-11 是流动人口意愿生育数量的多因素路径分析结果。

表 8-11 流动人口意愿生育数量的多因素路径分析结果

初始变量	质量偏好(是为1)	意愿生育数量		
		直接影响	间接影响	总影响
流动经历				
打工时间(以月为单位)				
职业	−0.224	−0.169#	0.029	−0.140
(虚拟变量:以生产运输设备操作人员为参照类)				
职业一	−0.208	0.002	−0.000	0.002
职业二	−6.684	0.026	−0.004	0.022
个人背景				
性别(女性为0)	0.700#	0.109	−0.018	0.091
年龄	−9.792	−0.087	0.015	−0.072
文化程度	0.217	0.235*	−0.040	0.195
平均月收入	−0.854*	−0.151	0.026	−0.125
配偶背景				
配偶文化程度	−0.229	−0.166	0.028	−0.138
配偶平均月收入	0.001***	0.153	−0.026	0.127

续表

初始变量	质量偏好（是为 1）	意愿生育数量		
		直接影响	间接影响	总影响
生育经历和意愿				
实际生育孩子数	−0.269#	0.256*	−0.043	0.213
男孩偏好（偏好男孩为 1）	−0.379***	0.213*	−0.036	0.177
质量偏好		−0.169***		
R^2		0.203		
F		2.217*		

注：流动人口的职业类别根据工作性质进行归类，把管理人员、专业技术人员和办事人员归为一类，把商业人员和个体户并为一类，再把农林人员、生产人员和运输设备人员合为一类；其次以农林人员、生产运输设备操作人员作为参照类，其他依次处理成职业一、职业二等两个二分类变量并重新命名。

　　分析结果首先支持了有关生育的质量偏好与意愿生育数量呈负相关的理论假设，即对子女的质量偏好越强，其意愿生育数量就越少，标准化回归系数高达−0.169，在 0.001 水平上具有统计意义。路径分析结果还验证了其他的理论假设：首先，实际生育子女数与意愿生育数量呈正相关的关系，实际生育子女数越多，其调查时的意愿生育数量就越多，直接影响和间接影响的回归系数都具有统计显著性，总影响的标准化回归系数为 0.213，在所有的初始解释变量中，总影响显著性居于第一位。其次，流动人口的文化程度对意愿生育数量具有正相关的关系，这与我们的理论假设相悖，究其原因，可能是因为流动人口在城市生活和打工一段时间后，更加关注子女的健康和教育，同时他们也意识到目前独生子女一代出现的问题，在经济条件许可的情况下，在能保证子女健康和教育的情况下，多数人还是倾向于多生几个孩子，而数据分析结果显示，文化程度越高的流动人口其月平均收入也越高，因此会出现文化程度越高的流动人口，希望生育子女数越高的现象。第三，流动人口的男孩偏好与其生育意愿呈正相关的关系，在 0.05 水平上具有统计显著性，男孩偏好越大的流动人口，希望生育的子女数越多，有男孩偏好的流动人口的意愿生育子女数高于无男孩偏好的流动人口 0.177 个。第四，流动人口在外打工时间的长短在 0.1 水平上对其意愿生育数量具有显著影响，两者呈负相关的关系，说明流动人口在外打工时间越长，受城市生活方式的影响就越大，意愿生育子女数也就越少。

第四节　流动人口的意愿生育性别

意愿生育性别,也称性别偏好,是人们对生育子女性别的一种愿望和需求,即人们期望生男孩还是生女孩。意愿生育性别包括以下四类:偏好生男孩,偏好生女孩,男孩、女孩都想要,或者没有特别的偏好。自 20 世纪 70 年代开展计划生育以来,我国的生育文化已经发生了较大变化,多子多福的数量生育文化和重男轻女的性别生育文化并没有彻底消除,而且由于生育数量的严格控制,人们不能再依靠多生实现至少生育一个男孩的生育性别的文化"刚性",意愿生育性别中的男孩偏好反而有更加突出的一面(田雪原、陈胜利,2006)。

下面我们通过考察流动人口在生育控制条件下只生一胎和生育两胎的性别偏好以及无政策约束下的性别偏好,分析城市化影响下的流动人口的意愿生育性别情况。

一、只生一孩的性别偏好

在调查问卷中,我们通过问题"如果只生一个小孩,您希望这个孩子是什么性别"考察流动人口只生一孩的性别偏好。

表 8-12 的数据分析结果显示,在只能生一个孩子的情况下,60.4％的流动人口无所谓孩子的性别,生男生女都一样,30.2％的流动人口希望生男孩,9.5％的流动人口希望生女孩。尽管大多数流动人口没有特别的性别偏好,但是在有性别偏好的流动人口中,偏好生男孩的现象仍然非常突出,希望生男孩的流动人口是希望生女孩的流动人口的 3.19 倍。

把流动人口与有流动经历的人口、从未外出打工人口进行比较,可以得出以下几个特征:第一,在只能生一孩的情况下,流动人口无所谓孩子性别的比例最高,其次是有流动经历的人口,从未外出打工人口的比例最低,说明正在城市打工的流动人口,受城市先进文化的影响和熏陶,更多地接受"男女平等""生男生女都一样"的思想。第二,在有性别偏好的情况下,偏好生男孩的数量与偏好生女孩的数量的比值,从未外出打工人口最高,为 4.11,其次是有流动经历的人口,比值为 3.82,最低的是流动人口。第三,不论是无性别偏好,还是有性别偏好,有流动经历的人口与从未外出打工人口的意愿比较接近,流动人口的意愿相对比较先进。

表 8-12   流动人口与流动经历人口、从未外出打工人口的意愿生育性别的分布比较

单位:%

样　本	男孩	女孩	无所谓
流动人口(N=328)	30.2	9.5	60.4
有流动经历人口(N=262)	46.6	12.2	41.2
从未外出打工人口(N=216)	47.7	11.6	40.7

我们进一步考察个人背景对流动人口在只能要一个孩子的情况下的意愿生育性别。我们发现(如表 8-13 所示),性别对流动人口只生一孩的性别偏好产生影响,在只生一孩的情况下,男性流动人口无所谓孩子性别的比例为 53.6%,低于女性 14.4 个百分点;男性想生男孩的比例是想生女孩比例的 7.59 倍,女性仅为 1.34 倍,可见,男性的男孩偏好非常强烈,传统文化对男性的影响仍然根深蒂固,为家族延续香火的思想在男性中比较普遍。

不同年龄段和文化程度的流动人口对只生一孩的性别偏好没有产生显著影响,但我们也发现,随着年龄的增大和文化程度的降低,无所谓孩子性别的人数降低,而想生男孩的比例却呈逐渐上升的趋势,影响的方向与我们的假设是相符的。

不同职业类型的流动人口在 0.1 水平上对只生一孩的性别偏好具有统计显著性。管理人员想生女孩的比例是想生男孩的比例的 3 倍,管理人员具有比较强烈的女孩偏好;专业技术人员想生男孩的比例与想生女孩的比例相同,不存在性别偏好问题;商业服务业人员、生产运输设备操作人员、办事人员具有比较强烈的男孩偏好,想生男孩的比例分别是想生女孩的比例的 3.2 倍、4.3 倍和 6 倍。流动人口从事的职业不同,一方面说明他们的文化程度不同,另一方面也显示了他们与城市人口的交往程度、与城市生活的融合程度的不同,与城市人口接触比较多的职业类型的流动人口,更容易接受现代生育观念,认为生男生女一个样,甚至受城市中女孩比男孩更会照顾父母的影响出现偏好生女孩的现象。

流动人口是否有过生育行为对只能生一孩的性别偏好也具有显著作用。未生育者没有特别性别偏好的比例更高,想生男孩的比例是想生女孩比例的 2.29 倍,而已生育者则提高到 6.33 倍。这表明生育经历对流动人口的意愿生育偏好有影响,符合我们的理论假设。

表 8-13　不同个人背景下的流动人口只生一孩的意愿生育性别

单位:%

	样　本	男孩	女孩	无所谓
性别	男性($N=166$)	41.0	5.4	53.6
	女性($N=153$)	18.3	13.7	68.0
	显著性检验 χ^2		22.139 ***	
年龄	19 岁以下($N=45$)	20.0	8.9	71.1
	20~24 岁($N=102$)	26.5	11.8	61.8
	25~29 岁($N=86$)	31.4	9.3	59.3
	30~34 岁($N=54$)	31.5	3.7	64.8
	35 岁及以上($N=40$)	47.5	12.5	40.0
	显著性检验 χ^2		12.747	
文化程度	小学及以下($N=29$)	44.8	6.9	48.3
	初中($N=143$)	29.4	9.1	61.5
	高中、中专($N=130$)	26.9	9.2	63.8
	大学及以上($N=20$)	30.0	10.0	60.0
	显著性检验 χ^2		3.688	
打工时间	1 年以下($N=44$)	31.8	9.1	59.1
	1~4 年($N=93$)	26.9	10.8	62.4
	4~7 年($N=79$)	35.4	8.9	55.7
	7~10 年($N=47$)	29.8	10.6	59.6
	10 年以上($N=50$)	28.0	6.0	66.0
	显著性检验 χ^2		2.706	
职业	管理人员($N=7$)	14.3	42.9	42.9
	专业技术人员($N=11$)	27.3	27.3	45.5
	办事人员($N=20$)	30.0	5.0	65.0
	商业、服务业人员($N=95$)	27.4	8.4	64.2
	生产运输设备操作人员($N=186$)	32.3	7.5	60.2
	显著性检验 χ^2		18.769 #	
是否生育	未生育($N=214$)	25.7	11.2	63.1
	已生育($N=114$)	38.6	6.1	55.3
	显著性检验 χ^2		6.878 *	

注:# 表示 $P<0.1$,* 表示 $P<0.05$,** 表示 $P<0.01$,*** 表示 $P<0.001$。

二、无政策约束的性别偏好

在调查问卷中,通过问题"如果没有计划生育,您觉得生养几个小孩最好? 其中男孩数几个? 女孩数几个?"中的男孩数和女孩数的数据考察无政策约束的性别偏好。在本小节中,我们通过意愿生育性别比这一指标反映流动人口的意愿生育性别状况。意愿生育性别比是指人们希望生育子女的性别比,是样本总体意愿生育数量中男孩数与女孩数的比,通常以女孩数为100来计算,用公式表示为:意愿生育性别比=意愿生育男孩数/意愿生育女孩数×100,按出生性别比来看,意愿生育性别比在102~107之间属于正常范围。在意愿生育数量一节的分析中,我们得知,由于经济社会的发展以及子女抚养成本的提高,流动人口多是选择少生,一般倾向于生一个或两个,所以下文将着重对意愿一孩和二孩的流动人口进行意愿生育性别比的分析。

表 8-14 显示的是流动人口的意愿性别比的情况。从总体来看,意愿性别比为113.81,其中希望生育一个孩子的意愿性别比为196.00,希望生育两个孩子的意愿性别比为100.64,可见,意愿性别比偏高的问题较为突出,尤其是一孩的性别比高出正常值范围很多,二孩性别比则处于正常水平,反映了人们在只生育一个孩子的情况下,男孩的性别偏好非常强烈,这是因为在流动人口尤其是农民心目中,"传宗接代"是一代人的义务和责任,没有儿子会"断子绝孙",在讲究孝文化的中国社会没有儿子是最大的不孝,因此在只想生育一胎的情况下,他们在精神上和心理上对男孩的需求非常强烈,更多人希望生育男孩(谢振明,1998;刘鸿雁、顾宝昌,1998)。

国家计生委宣教司 2002 年在全国开展的"城乡居民生育意愿调查"的数据显示,总体上,城市居民的意愿生育性别比为108.52,农村人口的意愿生育性别比为121.50(陈胜利、张世琨,2003),我们调查的流动人口的意愿生育性别比为115.05,有流动经历人口的意愿生育性别比为117.90。在只希望生育一个孩子的情况下,城市居民的意愿生育性别比为125.16,农村居民的意愿性别比为259.02(陈胜利、张世琨,2003),我们调查的流动人口和有流动经历人口的意愿生育性别比分别为196.00和210.53;在希望生育两个孩子的情况下,城市居民和农村居民的意愿生育性别比分别为101.03和106.60(陈胜利、张世琨,2003),我们调查的流动人口和流动经历人口的意愿生育性别比分别为100.64和108.69。可见,不论是总体还是理想孩子数是一孩的情况,流动人口的意愿生育性别比都高于城市居民的意愿生育性别比,而低于有流动经历人口和农村人口,反映了流动人口进城打工后,经过城市生活的体验和城市文化的感受,对生育的看法逐渐摒弃在农村时强烈的"重男轻女""传宗接代"的思想,逐渐接受"生男生女一样好""女儿也是传后人"的新型生育文化,生男偏好较之在农村时有所减弱。但同时我们也发现,在意愿生育一孩情况下,流动人口的意愿生育性别比更加接近于有流动经历人口和农村居民,反映了在人们传统的生育决策下,生育的核心所在——生男孩对流动人口来说是比较难触动的(穆光宗、陈俊杰,1996)。

表 8-14　流动人口与城市人口、有流动经历人口的意愿生育性别比

样　本	一孩	二孩	总体
城市人口	125.16	101.03	108.52
流动人口	196.00	100.64	115.05
有流动经历人口	210.53	108.69	117.90
农村人口	259.02	106.60	121.50

注:城市人口和农村人口的数据来自陈胜利、张世琨.当代择偶与生育意愿研究[M].北京:中国人口出版社,2003:160.

　　流动人口个人背景不同,也会导致其意愿生育性别的偏好不同。表 8-15 显示的就是不同个人背景下流动人口的意愿生育性别比的情况。从流动人口的性别来看,不论是总体,还是不同的意愿孩子数情况,男性的意愿生育性别比明显高于女性,尤其是一孩,男性的意愿性别比高达 457.14,对男孩的偏好程度达到非正常的状态,女性的意愿生育性别比为 94.12,非但没有生男偏好,反而具有生女偏好;在二孩的情况下,男性和女性的意愿生育性别比则相对正常。之所以出现男性更加偏好男孩的现象,从深层次考察,主要是由于在社会中男性大多处于决策、支配和主宰地位,"男强女弱,女不如男"的现象仍然存在,女性不论在社会还是家庭中的地位大都低于男性,处于从属状态,而且就业中歧视女性的情况时有发生,作为父母,在生育子女数过少的情况下,自然希望自己的孩子能处于较为有利的地位,于是更多地希望生个男孩;另一方面,传统文化对人们的影响仍然根深蒂固,传宗接代的思想仍非常强烈,作为传宗接代和世系继嗣本身的男性自然希望生个男孩,以把祖宗的香火和姓嗣继续延续下去。

　　分年龄段来看,各个年龄段的总体意愿性别比和希望生育一个孩子的

意愿性别比的趋势大致相同,表现为30～34岁年龄组最高,其次为20～24岁。希望生育两个孩子的,年龄段之间的差别不大,均围绕正常值范围波动。不同年龄的流动人口的意愿生育性别比的差异可做如下解释:30～34岁年龄段的流动人口大多数刚完成生育经历,对孩子的性别的看法更符合他们的需要;25～29岁年龄组的流动人口正处于生育高峰期,对生育子女已经进行了打算和准备,对即将生育的子女的性别考虑也比较多;年纪较轻的,距生育还有一段距离,对生育,尤其是孩子的性别还没有很好的打算;年龄较大者,很多人已经完成生育行为,其意愿孩子的性别多数受现有孩子性别的影响。

不同文化程度的流动人口的意愿生育性别比也不同,随着文化程度的提高,意愿生育性别比呈逐渐下降的趋势,其中,只希望生育一个孩子的,具有较低文化程度的流动人口生男的偏好比较强烈,小学以下文化程度的被调查对象都只希望生育男孩,初中文化程度的性别比高达230.00,高中文化程度的流动人口的意愿性别比为146.15,大学及以上文化程度的流动人口则希望生育女孩,这主要是因为文化程度直接关系到人们的思想观念,文化程度较高的流动人口,比较容易接受先进的生育文化和生育价值观,受传统生育观念的影响比较小。可见,提高流动人口的教育水平有利于改善生育的男孩偏好问题。

不论是总体,还是只希望生育一个孩子的,在外打工时间不到1年的、打工时间为4～7年的和10年以上的,意愿生育性别比偏高。在城市打工不到一年的流动人口受城市生活和思想的影响比较少,仍保留着传统"重男轻女"思想的烙印,生男的偏好比较高;而打工时间为4～7年的流动人口大部分正要经历生育过程,他们对生育,尤其是子女的性别关注比较多,基于男女两性在社会中地位不同的感受和考虑,他们自然希望自己将来生育的孩子是个男孩,以使其在未来的成长和发展中占有性别优势,从而生男的偏好特别强烈。打工时间在7～10年的流动人口大部分都已经实现了生育行为,而且孩子正处于需要照顾的阶段,由于男孩的调皮捣蛋会累及父母花费太多精力照顾孩子,增大孩子的机会成本,从而觉得还是乖巧可爱的女孩比较好,这样性别比的比值低于100也就不足为奇了。打工时间超过10年的流动人口,一般年龄比较大,受传统生育文化的影响比较深,尽管受城市文化的熏陶,生男偏好的思想仍然难以有较大改变。

我们还考察了已婚有生育者的生育意愿情况,分析结果显示,实际生育中生了至少一个男孩的流动人口的意愿生育性别比高于实际生育中没有生育男孩的流动人口,可见,流动人口的生育意愿受实际生育性别的影响比较大,这从一定程度上证实了上面关于生育意愿受实际生育行为影响的解释。

表 8-15　不同个人背景下的流动人口无政策约束的意愿生育性别比

单位:%

样　本		一孩	二孩	总体
性别	男性	457.14	101.18	129.90
	女性	94.12	100.00	98.79
年龄	19 岁以下	200.00	100.00	111.11
	20～24 岁	188.89	104.76	118.87
	25～29 岁	175.00	97.62	110.00
	30～34 岁	333.33	100.00	123.33
	35 岁及以上	100.00	100.00	108.33
文化程度	小学及以下	…	100.00	122.22
	初中	230.00	103.08	121.52
	高中、中专	146.15	100.00	110.29
	大学及以上	…	94.12	88.89
打工时间	1 年以下	500.00	100.00	113.33
	1～4 年	122.22	100.00	105.45
	4～7 年	271.43	103.33	135.14
	7～10 年	85.71	91.67	90.32
	10 年以上	500.00	108.69	130.77
有无男孩	没有生育男孩	66.67	91.67	92.86
	已生育男孩	400.00	105.26	130.23

第五节　意愿生育时间

意愿生育时间是指人们对结婚后多久生育、什么年龄生育第一胎以及不同胎次间的生育时间间隔的看法和选择,包含三方面的内容:一是从结婚到第一胎生育的间隔时间,二是生育第一个孩子的时间,三是多个孩子之间间隔多长时间。在调查问卷中,用"您认为理想的初育年龄是多少"的问题考察何时生育第一胎,用"您认为婚后多久生孩子最合适"的问题考察婚生间隔,用"如果生两个孩子,您认为间隔多久比较合适"的问题考察不同胎次的生育时间间隔。

一、理想初育年龄

调查结果显示(见表 8-16),流动人口认为理想初育年龄的平均值为 26.45 岁,其中理想的初育年龄在 24~26 岁的最多,占了总体的 46.2%,其次有 28.4% 的流动人口的理想初育年龄在 27~29 岁,甚至还有 15.1% 的流动人口认为 30 岁以上生育第一胎最好。

把流动人口与有流动经历人口、从未外出打工人口的理想初育年龄进行比较发现:第一,流动人口的平均理想初育年龄最高,为 26.45 岁,分别高出有流动经历人口和从未外出打工人口 0.75 岁和 1.22 岁。表明受城市现代生育观念的影响,正在城市打工的流动人口倾向于少生,而已经返乡的有流动经历的人口再次受到家乡生育文化的影响,生育观念开始向当地未外出人口转变,这说明了环境对人们观念影响的重要性,也证明了城市化在推动我国传统生育文化向现代生育文化转变中起了较大作用。第二,流动人口认为理想初育年龄在 30 岁以上的比例最高,为 15.1%,而有流动经历人口和从未外出打工人口认为理想初育年龄在 30 岁以上的比例分别仅为 5.9% 和 4.4%,说明正在城市打工的流动人口因工作需要,不愿意因过早生育子女而分散精力影响工作。

表 8-16 流动人口与流动经历人口、从未外出打工人口的理想初育年龄的分布比较

单位:%

	20 岁以下	21~23 岁	24~26 岁	27~29 岁	30 岁以上	平均年龄/岁
流动人口 (N=331)	1.5	8.8	46.2	28.4	15.1	26.45
有流动经历人口 (N=272)	1.5	9.9	57.0	25.7	5.9	25.70
从未外出打工人口 (N=216)	2.2	15.7	61.1	16.6	4.4	25.23

流动人口的理想初育年龄也受其个人背景的影响(如表 8-17 所示),从分性别的统计来看,流动男性认为平均在 26.52 岁生育第一胎最合适,而流

动女性的理想初育年龄稍微低于流动男性,平均值为 26.45 岁,两性之间差别不大,不具有统计显著性。

流动人口的年龄对其理想初育年龄具有显著作用。分年龄段来看,流动人口认为的最佳平均初育年龄几乎呈正态分布,25～29 岁年龄段的平均理想初育年龄最高,均为 26.27 岁,从这两个年龄段向前以及向后,第一胎的平均意愿生育年龄都呈递减的趋势。25～29 岁年龄段的流动人口正处于生育时期,同时也是工作精力比较旺盛的时期,很多人为了工作多赚一点钱而推迟生育;35 岁以上年龄段的流动人口因年龄较高,现代生育观念的思想转变比较慢,加之子女正处于需要照顾的阶段,反而希望当初早点生育,希望子女更大一些,从而没有后顾之忧地在外打工;19 岁以下年龄段的流动人口年纪比较小,还没有迈入婚姻的殿堂,对生育还没有成熟的考虑。

流动人口的文化程度在 0.01 水平下对其最佳初育年龄也具有统计显著性。数据分析结果呈现以下几个特征:第一,随着流动人口文化程度的提高,其最佳初育年龄呈逐渐升高的趋势。这可能是因为文化程度越高的流动人口从事户外就业的可能性越大,赚取的工资收入也越多,由于就业市场的不规范,对于流动人口来说,如果女性怀孕生育一般将面临失去工作的危险,这样她们生育的成本就比较大,为了自身发展以及能在城市多打几年工,很多人倾向于晚生子女。其次,不论何种文化程度的流动人口,他们的理想初育年龄都接近或超过晚育年龄,反映出流动人口的意愿生育时间具有一定的合理性。

从流动人口在外打工时间的长短来看,尽管对其理想初育年龄不具有统计显著性,但是除打工时间 10 年以上的流动人口,其他不论在外打工时间多长,倾向于 24～29 岁生育第一胎的比例居多,两者所占比例超过 3/4,与总体的分布趋势大致相同。

分职业类别来看,流动人口是专业技术人员的理想初育年龄最高,高于 28 岁,管理人员和办事人员的理想初育年龄居于 27～28 岁,商业、服务业人员和生产运输设备操作人员的理想初育年龄低于 27 岁,这可能一方面是因为专业技术人员、管理人员和办事人员的生育的机会成本比较大,他们把多数的精力和时间放在工作上,为了赚取更多的收入和获得自身更大的发展,愿意推迟生育;另一方面,这三类职业的流动人口与流入地居民的交往比较多,受城市居民生活的影响比较大,感受到城市居民晚生育的好处和收益,易于接受晚些生育孩子的观念;从事商业、服务业和生产运输设备操作的流动人口,其文化程度相对较低,受农村传统生育文化的影响比较大,意愿生育时间比较早。可见,在城市从事较高层次的职业有助于改变流动人口的生育意愿。

流动人口是否已经生育对其理想初育年龄在 0.5 水平上具有统计显著作用。没有生育者的理想初育年龄高于已生育者 0.9 岁,认为理想初育年龄在 24～26 岁的比例低于已生育者 11.1 个百分点,但是认为理想初育年龄在 27～29 岁的比例高于已生育者 16.6 个百分点,可见,流动人口的生育意愿受其实际生育行为的影响,已经生育者的生育意愿低于未生育者的生育意愿。

表 8-17 不同个人背景下的流动人口的理想初育年龄

单位:%

样 本		20 岁以下	21～23 岁	24～26 岁	27～29 岁	30 岁以上	平均年龄/岁
性别	男性($N=171$)	1.8	9.9	45.0	25.1	18.1	26.52
	女性($N=151$)	1.3	6.6	47.0	33.8	11.3	26.45
	显著性检验 χ^2			5.802			
年龄	19 岁以下($N=45$)	4.4	13.3	55.6	22.2	4.4	25.44
	20～24 岁($N=103$)	0.0	3.9	44.7	38.8	12.6	26.89
	25～29 岁($N=89$)	0.0	6.7	41.6	31.5	20.2	27.08
	30～34 岁($N=55$)	1.8	10.9	47.3	20.0	20.0	26.16
	35 岁及以上($N=37$)	5.4	18.9	45.9	13.5	16.2	25.49
	显著性检验 χ^2			34.627**			
文化程度	小学及以下($N=28$)	7.1	17.9	57.1	7.1	10.7	24.84
	初中($N=144$)	1.4	9.7	52.1	23.6	13.2	26.21
	高中、中专($N=134$)	0.7	5.2	41.8	35.8	16.4	26.84
	大学及以上($N=21$)	0.0	9.5	23.8	42.9	23.8	28.00
	显著性检验 χ^2			27.750**			
打工时间	1 年以下($N=45$)	4.4	11.1	40.0	31.1	13.3	26.40
	1～4 年($N=95$)	1.1	7.4	47.4	30.5	13.7	26.51
	4～7 年($N=79$)	0.0	10.1	45.6	30.4	13.9	26.53
	7～10 年($N=47$)	4.3	6.4	48.9	29.8	10.6	26.17
	10 年以上($N=52$)	0.0	11.5	48.1	19.2	21.2	26.35
	显著性检验 χ^2			12.691			

续表

	样　本	20 岁以下	21～23 岁	24～26 岁	27～29 岁	30 岁以上	平均年龄/岁
职业	管理人员（N＝7）	0.0	0.0	28.6	42.9	28.6	27.86
	专业技术人员（N＝13）	0.0	0.0	15.4	38.5	46.2	28.92
	办事人员（N＝21）	0.0	9.5	38.1	28.6	23.8	27.67
	商业、服务业人员（N＝91）	2.2	9.9	54.9	19.8	13.2	26.13
	生产运输设备操作人员（N＝189）	1.6	9.0	47.1	31.7	10.6	26.19
	显著性检验 χ^2			33.494[#]			
是否生育	没有生育（N＝7）	0.9	7.4	42.4	34.1	15.2	26.76
	已生育（N＝7）	2.6	11.4	53.5	17.5	14.9	25.86
	显著性检验 χ^2			12.048[*]			

二、理想婚生间隔时间

表 8-18 显示的是流动人口认为的最佳的婚生间隔时间分布情况，数据显示：43.9％的流动人口希望婚后 1～2 年生育第一胎，其次是认为结婚 1 年以内比较合适，所占比例为 38.9％。可见，流动人口倾向于结婚没多久就生育子女，希望从结婚到生育间隔比较长的流动人口比较少。

把流动人口与有流动经历人口、从未外出打工人口进行比较，可以得出：不论是流动人口，还是有流动经历人口，以及从未外出打工人口，绝大多数被调查对象都希望在婚后 2 年以内生育子女，所占比例均超过 3/4。这说明，是否外出打工对流动人口的理想婚生间隔影响不大。

表 8-18　流动人口与有流动经历人口、从未外出打工人口的理想婚生间隔时间

单位：％

样　本	1 年以内	1～2 年	2～3 年	3～4 年	4 年以上
流动人口（N＝321）	38.9	43.9	12.1	1.6	3.4
有流动经历人口（N＝268）	49.3	32.8	13.4	1.5	3.0
从未外出打工人口（N＝228）	38.2	44.7	10.9	3.1	3.1

下面我们继续探讨不同个人背景影响下的流动人口的理想婚生间隔情况,表 8-20 的数据分析结果显示:分性别来看,男性流动人口希望结婚后 1～2 年生育的比例高于女性 4.6 个百分点,在 1 年以内生育子女的比例低于女性 7 个百分点。可见,男性更倾向于婚后二人生活多一些时间,结婚后能晚点生孩子。

不同年龄段的流动人口的理想婚生间隔差别不大,与总体趋势大致相同,75% 以上的流动人口认为结婚后 2 年内生育孩子比较合适,年纪轻的流动人口希望结婚后 4 年以上生育子女的比例高于年纪大的流动人口。

在控制其他变量的情况下,流动人口的文化程度对其理想婚生间隔具有统计显著性,文化程度越高的流动人口,越希望婚后间隔时间长一些再生育子女,大学及以上文化程度的流动人口希望结婚 3 年以上生育子女的比例为 14.3%,小学及以下文化程度的流动人口希望婚后 3 年以上才生养孩子的比例仅为 3.4%,两者相差 10.9 个百分点。说明文化程度越高的流动人口,越关注婚姻的质量,很多人希望结婚后能先享受二人世界,再考虑生育问题。

不同打工时间段和不同职业类别的流动人口对其理想婚生间隔不具有显著作用。不论在城市打工时间多长,在城市做何种职业,流动人口认为合适的婚生间隔差别不大,大部分都希望结婚后 2 年内生育子女。

表 8-19　不同个人背景下的流动人口的理想婚生间隔时间

单位:%

	样　　本	1 年以内	1～2 年	2～3 年	3～4 年	4 年以上
性别	男性($N=161$)	35.4	46.0	13.0	1.9	3.7
	女性($N=151$)	42.4	41.4	11.9	1.3	3.3
	显著性检验 χ^2			1.667		
年龄	19 岁以下($N=44$)	36.4	47.7	9.1	2.3	4.5
	20～24 岁($N=99$)	37.4	45.5	13.1	0.0	4.0
	25～29 岁($N=86$)	39.5	43.0	12.8	1.2	3.5
	30～34 岁($N=53$)	41.5	41.5	11.3	3.8	1.9
	35 岁及以上($N=37$)	40.5	40.5	13.5	2.7	2.7
	显著性检验 χ^2			5.589		

续表

	样 本	1年以内	1～2年	2～3年	3～4年	4年以上
文化程度	小学及以下($N=29$)	37.9	58.6	0.0	3.4	0.0
	初中($N=137$)	44.5	40.1	11.7	1.5	2.2
	高中、中专($N=129$)	35.7	44.2	14.7	1.6	3.9
	大学及以上($N=21$)	33.3	33.3	19.0	0.0	14.3
	显著性检验 χ^2			18.716[#]		
打工时间	1年以下($N=41$)	39.0	36.6	12.2	2.4	9.8
	1～4年($N=93$)	38.7	47.3	11.8	0.0	2.2
	4～7年($N=79$)	41.8	41.8	11.4	1.3	3.8
	7～10年($N=47$)	44.7	38.3	14.9	0.0	2.1
	10年以上($N=49$)	32.7	49.0	12.2	4.1	2.0
	显著性检验 χ^2			13.508		
职业	管理人员($N=7$)	66.7	33.3	0.0	0.0	0.0
	专业技术人员($N=13$)	50.0	16.7	25.0	0.0	8.3
	办事人员($N=21$)	36.4	40.9	22.7	0.0	0.0
	商业、服务业人员($N=91$)	33.7	51.1	9.8	2.2	3.3
	生产运输设备操作人员($N=189$)	38.7	43.6	12.2	1.7	3.9
	显著性检验 χ^2			17.404		

三、理想的二胎生育间隔时间

调查结果显示（见表8-20），如果生两个孩子，流动人口样本认为生育两个孩子的平均间隔时间应为3.14年，其中认为应间隔2年的为25.7%，间隔3年的为31.7%，也有相当大的比例认为应该间隔4年及以上，高达34.0%。

把流动人口与有流动经历人口、从未外出打工人口进行比较分析，流动人口的理想二胎生育间隔时间最长，其次是从未外出打工人口，为3.04年，有流动经历人口的最低，为 2.98 年。可见，在城市打工的流动人口比较关注孩子的生育质量，不希望孩子的胎次间隔较密，而有流动经历的人口再次受家乡文化的影响，在生育问题上的观念比较接近从未外出打工人口。

表 8-20　流动人口与有流动经历人口、从未外出打工人口的理想二胎生育间隔时间

单位：%

样　　本	1 年	2 年	3 年	4 年	4 年以上	平均时间/年
流动人口（N＝265）	8.7	25.7	31.7	15.5	18.5	3.14
有流动经历人口（N＝162）	13.2	33.0	25.5	12.7	15.6	2.98
从未外出打工人口（N＝192）	6.3	36.9	26.6	13.0	17.2	3.02

　　表 8-21 显示的是不同个人背景下流动人口的理想二胎生育间隔时间分布情况。从分性别的统计来看，男性认为生育两个孩子的平均间隔时间为 3.18 年比较合适，女性认为平均间隔 3.06 年较合适，两性之间差别不大，不具有统计显著性。

　　流动人口的年龄对理想二胎生育间隔时间的影响趋势与最佳生育年龄大致相同，也呈倒 U 形分布，19 岁以下年龄段的流动人口的二胎平均意愿间隔时间最小，为 2.76 年，之后随着年龄的上升，平均意愿间隔时间逐渐提高，到 25～29 岁达到最高值 3.44 年后又开始回落，降到 35 岁以上年龄段的 3.13 年。出现这种分布的形态，我们认为很可能是由于年龄小、还未进入婚姻阶段的被调查对象对生育问题的认识比较模糊，而 25～29 岁年龄段的人口要么正要准备生育，要么已经完成生育，他们对生育的认识比较具体，更能结合自身和家庭各方面的条件考虑生育问题，或者由于他们自身的生育行为和抚育子女的过程使他们对生育和抚养孩子有更深刻的体会，不愿意因过密生育影响工作和自身的发展，希望拉大胎次间的间隔。其次，不论哪个年龄段的流动人口，他们的平均理想二胎间隔都在 2 年以上，说明了流动人口经过城市生活和先进生育文化的影响，认识到拉大胎次间隔对子女及生育者健康的重要性，对生育子女有了一定的科学认识和规划，不会盲目地过密生育，反映了流动人口对生育认识的进步。

　　流动人口的文化程度对其理想二胎生育间隔具有显著作用。文化程度越高的流动人口，希望两个孩子之间的间隔时间越长，这是因为文化程度越

高的流动人口,比较容易接受和认同城市的现代生育文化,比较关注子女和生育者的健康,对拉大胎次间隔的好处有更多的了解,希望适当扩大胎次间的间隔时间。

在外打工时间对流动人口的理想二胎生育间隔也具有统计显著性。数据分析结果表明:第一,在两个孩子的胎次间隔上,大多数流动人口希望间隔 2 年或 3 年,两者所占比例在 50％ 以上。第二,随着在外打工时间的增多,流动人口的理想二胎生育间隔时间逐渐提高,在外打工时间 1 年以内的流动人口认为合适的二胎平均生育间隔时间为 2.87 年,在外打工时间超过 10 年的流动人口则提高到 3.59 年,说明流入城市时间的长短对流动人口的生育意愿的影响非常明显,流入城市的时间越长,他们受城市生活的影响越深刻,意愿胎次间隔时间也就越大。

从统计的在流入地不同职业的被调查对象的意愿二胎生育间隔来看,办事人员的理想二胎生育间隔最长,为 3.53 年,商业、服务业人员的最低,为 2.96 年。职业对二胎生育间隔时间的影响不具有统计显著性。

流动人口是否生育对其理想二胎生育间隔在 0.01 水平上具有显著作用。调查时还没有生育的流动人口认为两个孩子之间的平均间隔为 2.92 年最合适,已经生育了的流动人口则希望二胎之间的间隔时间为 3.51 年。说明已经生育的流动人口经历过实际的生育行为后,在照顾子女的过程中,体会到了照料孩子的辛苦,也知晓了过密的生育可能会给孩子和生育者带来不利的影响,她们更能从实际情况选择合适的二胎生育间隔时间。

表 8-21　不同个人背景下的流动人口的理想二胎生育间隔时间

单位:％

	样　本	1 年	2 年	3 年	4 年	4 年以上	平均时间/年
性别	男性($N=137$)	6.6	26.3	33.6	15.3	18.2	3.18
	女性($N=119$)	11.8	26.9	28.6	14.3	18.5	3.06
	显著性检验 χ^2			2.481			
年龄	19 岁以下($N=37$)	18.9	29.7	24.3	13.5	13.5	2.76
	20～24 岁($N=78$)	9.0	34.6	28.2	10.3	17.9	2.99
	25～29 岁($N=71$)	5.6	14.1	38.0	19.7	22.5	3.44
	30～34 岁($N=47$)	2.1	29.8	27.7	19.1	21.3	3.28
	35 岁及以上($N=31$)	12.9	19.4	38.7	16.1	12.9	3.13
	显著性检验 χ^2			22.434			

续表

样　本	1 年	2 年	3 年	4 年	4 年以上	平均时间/年
小学及以下(N＝26)	11.5	26.9	34.6	15.4	11.5	2.88
初中(N＝117)	11.1	30.8	29.9	16.2	12.0	2.94
高中、中专(N＝100)	6.0	19.0	30.0	16.0	29.0	3.48
大学及以上(N＝18)	5.6	27.8	50.0	0.0	16.7	2.94
显著性检验 χ^2			19.299#			
1 年以下(N＝39)	17.9	25.6	30.8	10.3	15.4	2.87
1～4 年(N＝70)	14.3	30.0	28.6	12.9	14.3	2.83
4～7 年(N＝63)	6.3	33.3	27.0	14.3	19.0	3.10
7～10 年(N＝37)	0.0	13.5	37.8	21.6	27.0	3.70
10 年以上(N＝46)	2.2	13.0	41.3	21.7	21.7	3.59
显著性检验 χ^2			27.445*			
管理人员(N＝5)	0.0	40.0	40.0	0.0	20.0	3.00
专业技术人员(N＝11)	9.1	18.2	36.4	9.1	27.3	3.45
办事人员(N＝17)	5.9	17.6	23.5	23.5	29.4	3.53
商业、服务业人员(N＝79)	11.4	26.6	32.9	19.0	10.1	2.96
生产运输设备操作人员(N＝146)	7.5	26.7	30.1	13.7	21.9	3.20
显著性检验 χ^2			21.114			
没有生育者(N＝165)	10.9	29.1	33.9	12.1	13.9	2.92
已生育者(N＝110)	5.0	20.0	28.0	21.0	26.0	3.51
显著性检验 χ^2			13.274**			

（行标：文化程度、打工时间、职业、是否生育）

四、理想初育年龄的决定因素

"理想初育年龄"为连续性变量,我们对其决定因素采用多元回归进行分析。回归分析结果表明(如 8-22 所示),首先,职业为商业、服务业人员和个体户的流动人口对理想初育年龄的影响最显著,在 0.001 水平上具有统计意义,回归系数值为正值,说明相对于生产运输设备操作人员和农林人员来说,从事商业、服务业的流动人口理想的生育第一胎的年龄较大,这是因为商业、服务业人员从事的职业性质使他们有更多机会与流入地的居民接触,更能深刻地感受城市居民的生活方式,对自身发展和生育健康有更多的认识,更能了解晚生育的益处。其次,对理想初育年龄影响强度居第二位的是流动人口的年龄,回归系数在 0.05 水平上具有统计意义,且为负值,表明年龄越大的流动人口越希望早点生育第一胎,年龄大的流动人口大多在家乡时都已经实现了生育行为,受家乡传统生育文化的影响,实际结婚年龄和初育年龄一般比较小,调查时的理想初育年龄在一定程度上会受实际生育行为的影响。最后,流动人口的文化程度对理想初育年龄的影响程度居于第三位,回归系数值为 0.164,表明文化程度越高的流动人口,理想初育年龄越大。

表 8-22　农村流动人口理想初育年龄的多元回归分析结果

解释变量	回归系数	标准化回归系数
流动经历		
打工时间(以月为单位)	−0.00003	−0.003
职业(虚拟变量:以生产运输设备		
操作人员为参照类)		
职业一	0.748	0.123
职业二	3.786***	0.360
个人背景		
性别(女性为 0)	−0.346	−0.063
年龄	−0.131*	−0.230
文化程度	0.567#	0.164
平均月收入	0.00016	0.025
配偶背景		
配偶文化程度	0.446	0.151
配偶平均月收入	−0.00006	−0.109
流动经历		
实际生育孩子数	−0.579	−0.137

续表

解释变量	回归系数	标准化回归系数
R^2	0.365	
F	5.741***	

注:流动人口的职业类别根据工作性质进行归类,把管理人员、专业技术人员和办事人员归为一类,把商业人员和个体户并为一类,再把农林人员、生产人员和运输设备人员合为一类;其次以农林人员、生产运输设备操作人员作为参照类,其他依次处理成职业一、职业二两个二分类变量并重新命名。

第六节　小　结

本节主要描述了流动人口的生育态度、意愿生育数量、意愿生育性别和意愿生育时间的状况,比较了流动人口与有流动经历人口和农村从未外出打工人口在生育意愿方面的差异,分析了外出对减弱传统生育文化影响的作用,考察了不同人口特征和流动经历的流动人口的生育意愿的差异。本节还建立多学科的理论解释框架分析流动人口生育意愿的主要影响因素,多因素回归分析结果表明,流动人口的生育意愿受个人背景、配偶背景、生育经历以及流动经历等方面因素的综合影响。具体来说,流动人口的生育意愿具有以下几个特点:

(1)流动人口、流动经历人口和从未外出打工人口的生育意愿存在差别,受城市文化和生活方式的影响,流动人口的生育意愿比较先进,生育目的主要基于情感需求,意愿生育子女数比较少,对孩子的性别要求比较低,意愿生育年龄比较高,希望两个孩子之间的生育间隔比较长。但是,通过三个人口群体的比较,我们发现,外出打工对流动人口思想上的影响是不稳固的,一旦回到家乡,随着返乡时间的增长,受乡村环境和文化的影响,很多人又重新适应了家乡的行为和观念,久而久之外出带来的观念的变化会逐渐消失。

(2)分性别来看,受男女两性生理差别以及社会对两性所赋予的责任不同的影响,男性流动人口想生育孩子的比例明显高于女性流动人口,男性的生育目的主要是传宗接代;男性的平均意愿子女数高于女性;男性更多地从家庭经济条件考虑生育孩子的问题;男性的男孩偏好比较强烈,为家族延续香火的思想比较普遍。

（3）由于 25～29 岁年龄段的人口要么正要准备生育，要么已经完成生育，他们对生育的认识比较具体，更能结合自身和家庭各方面的因素考虑生育问题，生育意愿与其他年龄段的流动人口有所区别，平均理想初育年龄比较大，意愿男孩偏好比较强，理想初育年龄比较高。

（4）流动人口的生育意愿受其文化程度的影响，随着文化程度的提高，生育观念接近城市居民，比较容易形成和接受现代新型生育观念，比较关注子女的健康和教育，意愿生育数量比较少，理想的初育年龄比较大，男孩偏好比较弱，出于情感需求而生育子女的比例比较高。

（5）流动人口在外打工的时间对生育意愿各方面的影响不同，除对意愿生育数量和二胎生育间隔具有显著影响外，其他不显著，说明一方面由于文化影响的深刻性和滞后性，城市化对人们生育观念转变的影响是缓慢的；另一方面由于流动人口的生活和交往圈局限在流动人口群体中，对城市居民的生活态度和意识感受不深，他们的生育文化处于一种"亚文化"的状态，观念的转变也就相对缓慢。但分析也显示，影响的方向与生育意愿还是呈正比的，不仅有助于降低意愿生育数量，在推迟意愿生育年龄、减弱男孩的性别偏好方面也有一定影响，说明城市化的进程会逐步改变流动人口传统的生育观念，只是速度缓慢而已。

（6）不同职业性质的流动人口的生育意愿具有不同的特点，管理人员、专业技术人员和办事人员生育孩子的动机更注重精神上的需求，比较关注子女的健康和教育，平均意愿生育数量比较少，而商业、服务业人员和生产运输设备操作人员的生育目的在追求精神效用的同时，更看重生育孩子的经济效益，传宗接代和养儿防老的生育动机占有相当大的比重。

（7）流动人口的意愿生育数量和意愿初育年龄受实际生育子女数的影响比较明显，既往生育行为在一定程度上会影响他们现在的生育意愿。

（8）流动人口生育意愿的转变呈现内部不协调的特点，生育意愿由传统向现代的演进首先表现在生育时间选择的变化上，理想的初育年龄比较迟，其次是意愿生育数量的变化，意愿生育孩子数多为 1 个或 2 个，最后才是生育的性别偏好选择的变化和生育目的的变化，这两者转变的速度比较慢，仍然有强烈的男孩偏好和传统的生育目的。

第九章　流动人口的生育实践

　　我国的计划生育政策推行的是"国家指导与群众意愿相结合"的人口控制模式。几十年来,在政府主导下,我国已经建立起日益完善的计划生育管理与服务网络。经过长期、广泛、深入、持久的宣传教育与技术服务,人们的生育观念已经发生巨大变化,人口增长率持续降低。但是由于受中国特殊的生育文化背景和多年来的二元制社会经济结构影响,许多人尤其是农村人口的生育观念和生育实践仍然没能跳出"早婚早育、多育偏男"的传统文化圈,科学的新型生育文化的创建和传播在农村人口、流动人口等一些人群中遇到一定的阻力。本章主要通过考查流动人口的生育实践,从初育年龄、生育经历、避孕情况这几个影响生育过程的重要环节出发,结合发展现状,分析历史演变,并找出其中的影响和控制因素。

　　本章研究所使用的数据主要来自课题组 2005 年完成的《外出打工(或流动)人口婚姻家庭调查问卷》,此外还使用了课题组同期完成的《农村从未外出过人口的婚姻家庭调查问卷》,以及 2003 年完成的《厦门市流动人口婚姻家庭调查问卷》。由于针对外出打工人口的问卷对象户口所在地包括 25 个省、自治区、直辖市,其中福建省籍不到 25％,农村户口占总数的近 60％,而针对厦门市流动人口的问卷调查对象中福建省籍的超过了总数的 50％,因此,可以说《外出打工(或流动)人口婚姻家庭调查问卷》的调查结果具有较好的代表性,而厦门市流动人口的问卷调查结果则相对带有更突出的地域特色。在针对农村从未外出人口的调查中,拥有农村户口的占总数的84％,这一样本主要反映了农村户籍从未外出打工人口在原有生活环境和发展节奏下的婚姻家庭状况,因此在本章中主要作为对比分析时的本底状态。

第一节 初育年龄

初育年龄的大小与一个国家或地区的人口再生产周期的快慢有着直接的关系,它的高低,一般受到两种因素的制约:一是自然因素,即人的身心发育程度;二是社会因素,即社会政治制度和经济制度的需要(潘贵玉,2001)。我国计划生育政策中关于晚婚晚育的年龄规定是,按照法定的最低年龄推迟3年以上结婚(指初婚)为晚婚,妇女24周岁以上生育(指初育)为晚育。目前,数量庞大的、以育龄人口为主的流动人口的初育年龄分布状况直接影响着我国人口政策的落实以及人口与经济、环境之间的协调发展状况。

一、初育年龄分布

整体来看,外出打工人口的初育年龄普遍偏低,如表9-1所示,其中,21~23岁初次生育的人口比例超过40%,24~26岁初次生育的人数占到32.5%,二者相加可知,外出打工人口在26岁之前生育的比例已经达到总数的75.8%,而且这其中24岁以前初次生育的人数就已经过半。伍海霞等对深圳农村外出打工人口的平均初育年龄的研究结果表明,他们的平均初育年龄在流动前为23.6岁,流动后升至25.6岁。流动前初育年龄集中在20~24岁,所占比例为58.4%,流动后20~24岁和25~29岁两个年龄段的初育人数相差不多(伍海霞,李树茁 等,2006)。可以看出,虽然针对深圳流动人口初育年龄的调查结果稍高于我们的调查结果,但总体而言,流动人口的初育年龄仍然偏低。

分性别来看,女性外出打工人口初育年龄最集中的年龄段与从整体来看一致,也是21~23岁,但是同时也要注意到,女性流动人口在达到晚育年龄(24岁)之前就已经生育的人数比例偏高,为55.1%。分户口所在地来看,则农村户口流动人口比城镇户口流动人口的初育年龄明显提前。城镇户口流动人口的初育高峰年龄段集中在24~26岁,此年龄段初次生育的比例近40%;而农村户口流动人口的初育高峰则集中在21~23岁,所占比例达到51%,比城市户口调查对象和镇户口调查对象在这一年龄段生育的比例分别高了30个百分点和12个百分点。此外,我们的调查结果还显示,城市户口的流动人口中有2/3实现了晚育,而农村户口流动人口中有10.3%

是在 20 岁以前就已经生育,27 岁以后才初次生育的只是很少数,由此也可看出目前计划生育工作在城市开展得更为奏效。对于农村外出打工人口而言,无论是行政还是经济约束效力都不如城镇户籍人口,总体上农村户籍人口中的传统生育文化转变更为滞后、影响更深,初育年龄仍然偏早。

表 9-1　外出打工人口的初育年龄分布状况

样本	总体		分性别		分户口所在地		
	人数/个	百分比/%	男性/%	女性/%	城市/%	镇/%	农村/%
20 岁及以下	13	7.3	5.6	8.7	8.0	2.4	10.3
21～23 岁	77	43.3	40.2	46.4	20.0	39.1	51.0
24～26 岁	58	32.5	23.0	17.4	36.0	39.0	29.5
27～29 岁	21	11.8	6.6	20.3	16.0	14.6	8.4
30～32 岁	8	4.5	2.8	7.2	20.0	4.8	0.9
33～35 岁	—						
36 岁以上	1	0.6	0.9	—	—	—	0.9

从我们的调查结果中发现,不论是否外出打工,随着受教育程度的提高,平均初育年龄普遍也随之逐步提高。在表 9-2 中,分人口流动特征来看,在不同受教育程度下的流动人口其平均初育年龄均有大于农村从未外出打工人口相应年龄的趋势。从外出打工人口(全国样本)与厦门市流动人口样本的差异比较来看,两个样本所表现出的不同教育程度下的平均初育年龄整体变化趋势是基本一致的,具体差异主要表现在文盲半文盲和大专及以上两个教育程度下的初育年龄。究其原因,应该是由于目前的流动人口受教育程度主要集中在小学至高中阶段,流动人口中无论是文盲或是达到大专以上教育水平的相对属于少数,此外,从样本数据本身来看,无论全国样本还是厦门市样本中,调查对象为文盲或大专以上教育程度的有效样本数均在 10～15 个之间,由于个数偏少,代表性就相对较差。有研究指出,初中文化程度是婚育观念和婚育行为转变的阈值(潘贵玉,2003),而我们所做的问卷调查显示,流动人口初育年龄转变的阈值则应该是高中文化程度,农村从未外出打工人口的转变阈值为初中文化程度。

表 9-2　不同教育程度的流动人口平均初育年龄

单位:岁

样本	文盲、半文盲	小学	初中	高中、中专等技术学校	大专及以上
外出打工人口	24.27	23.46	23.52	25.15	24.77
厦门市流动人口	22.57	22.32	24.05	25.10	26.20
农村户口外出打工人口	24.50	23.41	23.20	24.05	—
农村户口未外出打工人口	22.55	22.68	24.38	24.32	—

　　注:农村户口的外出打工人口和从未外出打工人口的大专及以上教育程度初育年龄有效样本数分别为 2 个和 1 个,故表中忽略不计。

　　从图 9-1 中可以看出,外出打工人口、厦门市流动人口和农村从未外出打工人口各年龄段的平均初育年龄表现为两个特征:一是呈波动变化,总体来看呈下滑趋势;二是各年龄段流动人口的初育年龄均要大于从未外出打工人口的初育年龄。

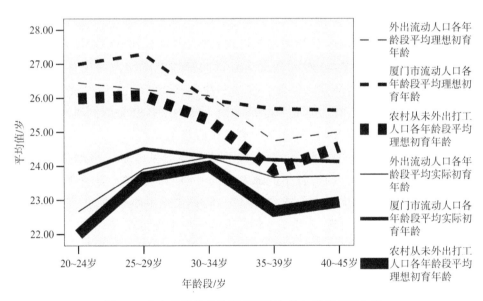

图 9-1　各年龄段的平均理想初育年龄与实际初育年龄

　　生育作为一种个人行为,不论是在现代社会还是在传统社会,都取决于人们所处的社会、政治、经济、文化环境。人们对生育时间的选择,并不单纯是一种个人的选择,还要受到社会环境的制约,特别是国家有关政策的影响

(潘贵玉,2003)。初育年龄分布出现波动变化的主要原因,应该是因为多年来我国的人口控制一直是以政府为主导的人口控制模式。虽然经过30年来广泛深入的计划生育宣传教育,新型生育文化已经孕育发展并开始影响人们的生育行为,但在新旧两种文化的转变过渡过程中,尤其在转变的中前期阶段,传统生育文化依然根深蒂固。即使社会经济已经得到很大程度的发展,但是由于文化滞后的作用,传统生育观念即使是对城镇人口的影响也依然很深,因此,政府的政令约束作用成为我国生育率下降的主要原因。由此也就出现了生育主体和控制主体脱离的局面,一旦政策调整或控制力度出现波动则生育水平马上随之波动变化。国家计生委在2000年所做的一项调查中,当问及农村中实行晚婚妇女(比重为39%)的晚婚原因时,由于响应计划生育号召而对晚婚主观认同的比重仅为16%,尚不及由于没有找到合适对象而晚婚的比重18%,足以见得离实现我国人口生育观念和行为的根本性转变还有一定距离(陈胜利,魏津生 等,2002)。一方面是我国的计划生育政策从20世纪70年代的"晚、稀、少",20世纪80年代初的"一对夫妇只生一个孩子"到20世纪80年代中期开始微调,放宽二孩政策。另一方面是随着经济体制改革和城市化进程加快,农村基础组织功能开始弱化,政府控制力量逐渐减弱,对大量流动人口的管理难度加大而生育主体的生育需求仍然旺盛(李新建,2000)。在这些社会、政治、经济、文化多种影响因素共同作用背景下,在出现初育年龄不断下降的整体趋势的同时,初育年龄随着政策或管理力度调整而出现波动也在所难免。

此外,从图9-1中我们还看到,虽然初育年龄整体呈下滑趋势,但是其中各年龄段流动人口的初育年龄都大于未流动人口。这正是说明了在传统的生育文化向新型生育文化转变过程中,两种文化不断碰撞,正在从旧的有序向新的有序逐步过渡,因此,生育实践中的晚婚晚育正是先进生育文化的现实体现,而早育偏男则是传统生育观念中落后、守旧思想观念的反映。流动人口由于受到流入地新型生育文化和现代生活方式的熏陶影响,思想观念的转变就快于未流动人口,体现在生育实践上就是流动人口的初育年龄比未外出打工人口的初育年龄有所推迟。

从打工时长和打工到过地区个数这两个方面来考查不同流动经历下外出打工人口的初育年龄分布状况,我们发现并没有与我们所原先所设想的完全一致。如表9-3所示的数据统计结果表明,主要受生育文化引导的初育年龄并没有因为流动经历丰富、更多接触现代新型生育文化环境而推迟,反而出现随着流动经历丰富但是初育年龄下降的趋势。究其原因,打工时长越长、到过地区数越多的外出打工人口虽然通常意味着外出时间较长、经历较丰富、更多地接触新事物新思想,但是从经济角度考虑,外出打工人口虽然通常比原来从事农业生产的收入高,但总体生活水平与城镇相比还是较差,流动期间的住房、医疗、教育等都几乎没有保障,因此如果在流动期间生育对于流动人口尤其女性流动人口而言通常都会加重经济负担、影响个人发展。同时,在这种经济社会条件下,大部分处于婚育阶段的外出打工人口还无法考虑带子女一起流动。因此早些生育完成传宗接代任务之后,将孩子留在农村由老人代为照顾,然后外出打工挣钱就成为许多流动人口的无奈选择。此外,流动人口中大部分还是处于一种农忙时返乡从事农业生产、农闲时外出打工从事非农化生产的混合式生产经营状态。他们中大多数的家庭状态都是农村青壮年外出打工,妇女或是老人孩子在家里留守,因此整体生活重心还是在农村,真正举家迁移到城市脱离原有生活环境的只是少数,在这种情况下原有的村落生育文化、家族生育文化在对流动人口的生育实践影响作用中还是常常占据上风。并且流动人口由于深受传统文化影响,普遍持有"先成家后立业"的思想,长辈也通常希望子女先结婚生子有了家庭然后才会放心外出打工。而且打工过程中不稳定因素较多,劳动强度大、生活单调,经济条件、交友圈子都不利于流动人口择偶成家,即便与人来往也常是以老乡为主,因此许多流动人口在外出打工前通常会解决婚姻生育问题。在多方面因素的综合作用下,外出打工人口虽然已经受到现代生育观念的显著影响,但这种影响目前主要还是反映在他们的意愿生育年龄上,而实际在生育实践中还是倾向于较早结婚生子,由此也就使得流动人口的初育年龄普遍偏小。

表 9-3　外出打工人口不同流动经历下的平均初育年龄

单位:岁

打工时长	平均初育年龄	打工到过地区个数	平均初育年龄
1 年以内	24.36	1 个	23.96
1～2 年	23.86	2 个	23.89
2～3 年	23.06	3 个	24.03
3～5 年	23.20	4 个以上	24.14

二、理想与实际初育年龄差距

经济现代化的同时并不意味着文化现代化也能与之同步,这种滞后性存在于各个层面。目前我国处于人口转变在前,社会经济现代化在后;生育率转变在前,婚育观念转变相对滞后的阶段。在社会干预的强制力作用下,婚育观念相对独立的作用得到有力的抑制,生育主体实现了适应性的行为转变,但这必然是一个主观意愿与强制规范同时前进、同时作用的渐变过程。而且现在社会经济发展水平还比较低,城市化水平还不够高,传统婚育观念赖以存在的社会经济基础和文化土壤还没有彻底消除(潘贵玉,2003)。由于生育主体的生育行为服从政策要求多过主观愿望,因此仍会出现波动和反弹。我们的调查结果显示,流动人口的意愿初育年龄与实际初育年龄之间存在一定差距,如图 9-2 所示即是不同年龄段的外出打工人口的实际初育年龄与理想初育年龄的差距值变化情况,为了加以对比分析,图中还同时画出了厦门市流动人口和农村从未外出打工人口的理想与实际初育年龄差距。

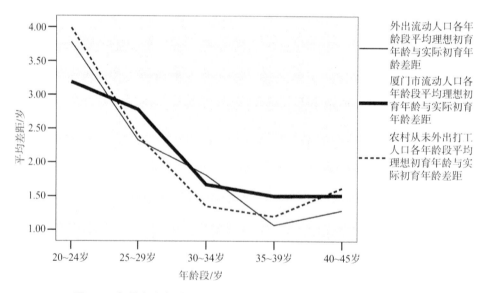

图 9-2　各样本分年龄段平均理想初育年龄与实际初育年龄的差距

由图 9-2 可知,不论是否外出打工,各样本各年龄段的理想与实际初育年龄差距均为正值,但是各曲线的变化坡度陡峭,其中 30 岁以上各年龄段调查对象的理想与实际初育年龄差距基本在1～2岁之间,变化不大,而占样本大多数的不满30岁的调查对象的理想与实际初育年龄差距则变化较大,20～24岁年龄段的差距值比25～29岁年龄段的差距值增大了近1岁,此外,外出打工人口20～24岁年龄段的理想与实际平均初育年龄差距值为3.78岁,而农村从未外出打工人口这一年龄段的差距值最大,达到3.99岁。

如果结合图9-1与图9-2一起分析,那么总体上看,各年龄段调查对象的意愿初育年龄均呈上升趋势,而实际初育年龄却均呈下滑趋势,以致理想与实际初育年龄差距越来越大。从三次调查的结果对比来看,流动人口的各年龄段平均初育年龄水平都要高于从未外出打工人口,其中意愿平均初育年龄以农村从未外出打工人口最小,为23.87岁,但是也已经非常接近晚育年龄24岁,而实际平均初育年龄仍是农村未外出人口最小,为22岁。

受到生育文化所引导的生育观念的转变毕竟不是一朝一夕的事。流动人口的理想初育年龄逐渐推后正是在社会、经济不断发展的外部环境下,受到新型生育文化引导的结果,而他们的实际初育年龄的提前则又是由于传统生育文化残存的影响和流动人口目前所面临的社会经济制度环境共同影响的结果。应该说,造成理想与实际初育年龄出现差距的原因有许多方面:第一,流动人口的受教育程度相对偏低,对于避孕知识的了解程度和避孕节育实施状况都不理想,同时这部分人群又是处于在城镇与农村的计划生育管理服务体系内外游离的状态,也就不能得到有效的服务和管理,尤其对于年龄偏小的农村人口来说,避孕节育措施成功率更低,容易导致避孕失败,意愿外怀孕生育。第二,目前在城市化进程中,农村人口大量流动,通常较为普遍的非农化生产经营模式是男性外出打工,妇女留守农村,女性的主要任务就是生孩子养孩子,这种生产模式就不利于初育年龄的推迟。即使女性在未生育前同样外出打工,但是她们生育的机会成本普遍远小于城市女性,一旦怀孕通常也会选择结束打工、回家生育甚至将脱离计划生育管理约束作为流动的目标,而不像城市人口更多受到经济、工作等客观环境的限制。第三,初期外出打工人口多以男性为主,包括大量已婚男性,夫妻分居降低了生育率,但随着城市化进程加快,大量农村女性也从农活及家务中脱离出来,夫妻共同外出打工比例持续上升,增加生育可能性进而影响到初育年龄。第四,流动人口虽然受到城市现代生活方式的影响和同化,但传统生育文化的影响也是根深蒂固的,而且大多打工流动人口虽然身在城市,但即使已经外出多年,对于这一新的生活环境的归属感并不强,农村那个宅院才是他们心中的真正的家,那里的村落生育文化仍对他们具有强烈的限制作用,早生、多生、生男的偏好依然显性呈现。第五,外出打工人口的父辈母辈多是长期务农人口,也是如今传统生育文化意识最强的一个人群,他们期望早抱孙子、传宗接代的家族生育文化对于子女生育意愿的影响也不容忽视。

三、初育年龄的决定因素

(一)理论框架

如前所述,初育年龄受到生育主体及其所处的外部环境,包括社会、经济、文化等多方面的共同影响。然而,目前针对初育年龄决定因素的研究大多是在对初育年龄分布进行描述性分析或是在单因素分析的基础上找出影响初育年龄的各个因素,如伍海霞等对深圳流动人口的调查结果表明,流动前后初育年龄有显著差异,流动后农村流动人口的初育年龄推迟(伍海霞,2006)。沈毅在对苏南流动人口生育意愿的研究中发现,女性流动人口比男性流动人口更倾向于早生育,收入水平高的和文化程度高的都倾向于晚生(沈毅,2005)。但是,初育年龄作为一个受到生育主体的生理、心理以及外部社会、经济、文化制度综合影响下的生育行为体现,单因素分析或是描述分析并不能比较充分地解释其多种错综复杂的决定因素,如何进一步进行量化多因素分析才更有价值。

我们认为,初育年龄的决定因素应该包括四个方面:一是个人背景,包括性别、年龄、受教育程度等几个变量。它们作为最能反映生育主体主要特征的几个变量,同时也是生育主体决定其生育行为的主要影响因素。二是流动经历,主要包括研究对象外出打工的时间长度以及在流入地所从事的职业。三是配偶背景,纳入了反映配偶个人背景以及流动经历的年龄、受教育程度和打工时长三个变量。四是婚育状况,以往的许多研究都证明,初婚年龄和初育年龄呈正相关关系,初育年龄也直接影响着育龄人口的生育时间及生育数量,因此我们通过初婚年龄和现有孩子数来考查婚育状况对初育年龄的影响。

从个人背景来看,女性外出打工人口的初育年龄应该晚于男性。因为农村女性外出打工时,由于工作性质多集中在劳动密集型或是服务业行业,相关权益保障也远不如城市人口,此时选择生育则会直接影响到她们的工作是否能够继续进行。作为生育行为的唯一载体,女性比男性面临着更大的机会成本和心理成本,往往会期望推迟生育时间。从年龄角度来看,外出打工人口的初育年龄应该与其年龄呈负相关。流动人口的年龄越大,受传统生育文化的影响越深,同时对于新思想新生活方式的接受能力也不如年轻人口,而且这部分人口通常在外出打工之前就已经有过婚育行为,初育年龄偏早。外出打工人口的受教育程度越高,通常拥有越多的发展资本,向上流动的能力也就越强,他们会偏好于孩子的质量而不是孩子的数量,养育孩子花费的成本就比较高,加上他们选择生育的机会成本也高,而孩子的效用对他们而言却不断降低,因此受教育程度越高越倾向于较晚生育。

流动经历对农村人口的生育意愿转变起着积极推动作用。外出打工人口脱离了原有生活环境和生育文化氛围,受到城市先进生活方式的示范带动以及潜移默化的影响,传统生育观念逐渐淡化并被新型生育观念所取代。并且外出打工也使得他们的生育机会成本增加,生育还会使得事业发展中断或是受阻,因此流动经历越丰富对于推迟初育年龄应该具有积极作用。

由于男女两性均是生育行为的主体,因此在研究外出打工人口的初育年龄决定因素时,其配偶背景就必然被纳入研究范围。配偶的受教育程度越高,其生育意愿也就越倾向于新型生育文化影响下的生育方式。同样,配偶的流动经历也会加速配偶的生育意愿脱离传统生育观念的影响。在夫妻共同相处的家庭生活中,这种先进思想会不断传递、扩散,从而影响对方并逐渐改变对方的生育意愿。

外出打工人口的婚育状况也直接影响着他们的初育年龄。初婚年龄越早则初育年龄通常也早,尤其近年来农村妇女的婚孕间隔已呈不断缩短趋势。初育年龄也影响着生育数量和生育密度,现有孩子数越多,初育年龄应该越早。

(二)变量设置

在各个解释变量中,性别(女为 0,男为 1)为虚拟变量。流动人口的职业转化为职业 1、职业 2 和职业 3 这三个二分类变量,其中按照调查结果将流动人口的职业根据工作性质归类:企事业单位负责人、专业技术人员和办事人员归为职业 1;商业服务业人员和个体户归为职业 2;农林牧渔业人员、生产运输设备操作人员归为职业 3;以家庭主妇和失业人员为参照类。年龄、受教育程度、平均月收入、配偶教育程度、打工时长、初婚年龄、现有孩子数都是进行分段后赋值,以连续变量形式进入模型。回归分析结果如表 9-4所示。

表 9-4　外出打工人口初育年龄的多元回归分析结果

解释变量	回归系数	标准化回归系数
个人背景		
性别（女性为 0）	-0.844	-0.162
年龄	-0.075	-0.196
受教育程度	0.773**	0.258
流动经历		
打工时长	0.061	0.109
职业 1	-2.189	-0.396
职业 2	-2.267	-0.413
职业 3	-3.246*	-0.592
配偶背景		
受教育程度	0.191	0.064
打工时长	-0.177**	-0.297
婚育状况		
初婚年龄	0.471**	0.553
现有孩子数	0.223	0.063
R^2	0.524	
F	6.888**	

如表 9-4 所示，对外出打工人口初育年龄的多元回归分析结果表明，受教育程度对外出打工人口的初育年龄影响最为显著，受教育程度越高初育年龄越晚，这也正印证了我们的理论假设。对初育年龄影响居第二位的是外出打工人口的初婚年龄。初婚年龄和初育年龄呈正相关关系，初婚年龄越晚则初育年龄也越晚。配偶的打工时长与外出打工人口的初育年龄呈负相关关系。因为是以女性为参照类，则配偶即妻子打工时间越长则初育年龄越小，这可能是因为女性作为生育载体受到生育约束，而农村传统生育观念较强，生儿育女作为女性第一要务，往往就会先完成生育，然后将孩子留在老家才外出打工。职业 3 即农林牧渔业和生产运输设备操作人员的初育年龄比参照类失业和家庭主妇早。

第二节　生育经历

2005 年全国 1‰人口抽样调查分析结果表明，流动人口基本上保持了一种平稳增加的态势。与 2000 年相比，我国的迁移流动人口从 1.44 亿人增加到 1.47 亿人,增加了 296 万人。调查同时显示,在近 1.5 亿的迁移流动人口中,跨省流动的有 4779 万人,占迁移流动人口的 1/3,比 2000 年增加了 500 多万人。总体上,人口流动仍然主要表现为以近距离的省内流动为主,占迁移流动人口总量的 2/3。流动人口中年轻人口占绝大多数,其中 15 岁到 35 岁人口占全部流动人口的 70% 以上。由于流动人口中育龄妇女人数多,潜伏着巨大的生育力,多孩生育问题较为突出。

随着职业、生活环境和生活方式的改变,流动人口生育观念与行为将发生改变(Goldstein A,White M J and Goldstein S,1997)。流动人口呈现出的新情况、新特点和新趋势,将对社会经济的可持续发展带来不可忽视的影响。从流动人口的管理和计划生育的角度而言,我们有必要对流动人口的生育过程进行合理有效的控制和引导。在农村流动人口规模逐年扩大的情况下,农村流动人口的生育实践的演化必将对流入地区生育水平、出生性别比,以及社会经济运行带来深远的影响。那么,这就很有必要对流动人口生育实践的演化及其社会影响进行对比分析,以便对决策有更好的把握。

生育作为一种社会现象,同时兼有三个特征,即数量、时间和性别(顾宝昌,1992),因此流动人口的生育实践也是一个受多种复杂因素影响的社会过程。前人已有的对生育实践的研究,大部分是围绕生育率决定因素(Determinants of Fertility)命题展开的,这些决定性因素被称为变量。这些变量分别体现不同的客观条件并构成不同的变量类型,如经济变量和社会学变量等。社会经济因素对生育过程的影响不是直接的,而是间接的,即通过"中介变量"(Davis K and Blake J,1956)。这一变量介于社会经济背景与生育率之间,对生育率产生具体的影响作用。而伴随较长时间的社会经济背景的变化,相应的变量系统也在发生变化,因此社会经济因素成为影响生育实践的最主要的因素。作为社会经济因素之一的人口流动现象加速了社会经济的发展,从而加快了生育决定变量影响生育行为的历程。另外,人口流动作为一种社会变动过程,不仅包括人口在地域间的流动,还包含了作为社会经济活动主体的人口在流动的同时必然导致的社会经济结构等诸多方面发生的变化。流动引起的社会经济结构的变化,终将引起其生育实践的变化。并且,人口流动对生育实践的影响存在于人口流动的整个过程中,是一个动态的演变过程,是各种因素综合作用的结果。探讨流动人口生育经历过程的特征与变迁是人口城市化研究中的一个重要环节,对推动城市化进程具有独特意义和价值。

本节将从已生孩子数、孩子性别结构、胎次间隔、孩子出生地、实际生育规模的决定因素这几个方面来考察流动人口的生育经历。

一、已生孩子数

(一)农村外出打工人口与农村从未外出打工人口现有孩子数的比较

通过对 2005 年全国各地市农村外出打工者的样本数据分析,其中,在"已有孩子"问题上形成的有效样本数为 181 个。样本均值与总体均值之间的平均差异程度为 0.061,标准差为 0.824;全国各地市农村外出打工者中,平均每个家庭现有的孩子数为 1.57 个,从四分内距来看,有 50% 的流动人口现有孩子数相差不大,大部分都只有 1 个孩子。调查分析表明,在 181 个被调查家庭中,有两个家庭在婚后还没有孩子,占调查有效样本总数的 1.1%;有 102 个家庭在婚后到目前只有 1 个孩子,占有效样本总数的 56.4%;有 55 个家庭在婚后到目前有 2 个孩子,占有效样本总数的 30.4%;有 16 个家庭在婚后到目前有 3 个孩子,占有效样本总数的 8.8%;有 5 个家庭在婚后到目前有 4 个孩子,占有效样本总数的 2.8%;只有 1 个家庭在婚后到目前有 5 个孩子,占有效样本总数的 0.6%。如图 9-3 所示,农村外出打工者婚后现有一个孩子的居多。

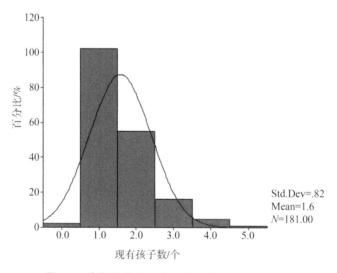

图 9-3　农村外出打工人口现有孩子数分布情况

对于农村外出打工人口现有孩子数的描述有必要从对比的角度进行分析。目前国内已有一些研究描述了外出妇女的生育意愿和生育行为,比如对外出妇女期望子女数的研究(黄润龙,2000;伍先江,2000;尤丹珍、郑真真,2002),对性别偏好的研究(杨瑛 等,2002)。以上研究多针对外出育龄妇女。那么,笔者将在比较农村外出打工人口与农村从未外出打工人口现有孩子数的基础上,从外出打工人口男女两性的角度对流动人口的实际生育经历进行比照分析。

我们根据 2005 年全国各地市农村外出打工人口与农村从未外出打工人口婚姻家庭调查得到的样本数据,对二者现有孩子数进行比较,其中,全国各地市农村外出打工人口的有效样本为 181 个,农村从未外出打工人口的有效样本为 153 个。从表 9-5 中可以看到农村从未外出打工人口拥有孩子数一般以 2 个居多,占该样本总数的 42.5%,而且有出现 6 孩到 7 孩的多孩现象。农村外出打工人口现有孩子以 1 个居多,占该样本总数的 56.4%。这与已有研究得出的农村外出打工人口实际生育水平低于流出地未外出人口的结论(周祖根,1995)基本一致。

表 9-5　农村从未外出打工人口与农村外出打工人口现有孩子数比较

样　本	现在孩子数								总计
	0	1	2	3	4	5	6	7	
从未外出打工人口/个	2	55	65	23	6		1	1	153
占比/%	1.3	35.9	42.5	15.0	3.9		0.7	0.7	100
外出打工人口/个	2	102	55	16	5	1			181
占比/%	1.1	56.4	30	8.8	2.8	6			100

通过对农村外出打工人口的已生孩子数与农村从未外出打工人口的已生孩子数这两个独立样本进行的 Mann-Whitney U 检验分析,从表 9-6 中可以看到,农村外出打工人口已生孩子数的平均秩次(Mean Rank)小于农村未外出打工人口已生孩子数的平均秩次,且相伴概率值 P 小于显著性水平 0.05,因而,我们可以认为农村外出打工人口的已生孩子数与农村未外出打工人口的已生孩子数存在显著差异。

农村外出打工人口相对于农村从未外出打工人口,其已生孩子数明显较少。这大概与已有研究认为的流动后农村流动人口的期望子女数减少,生育数量偏好与城镇户籍人口无显著差异(伍海霞、李树茁、悦中山,2006),以及与农村外出打工人口的时间价值的提升、孩子成本的增加、教育水平的

表 9-6　农村外出打工人口与农村从未外出打工人口已生孩子数的 Mann-Whitney U 检验

全国流动人口		样本量	平均秩
	未外出打工人口	153	186.36
现在孩子数	外出打工人口	181	151.56
	总　计	334	

注:$P<0.05$。

提高等等因素有关。从贝克尔的孩子需求理论模型来说,研究孩子数量是在成本效用分析法基础上引入"孩子质量"这一概念(Becker,1987),贝克尔把孩子比做"耐用消费品",并从商品的多样性、互补性、替代性出发,认为收入水平的提高带来的生育率下降是因为人们对孩子质量的需求替代了对孩子数量的需求。孩子需求取决于孩子的相对价格效应:孩子相对价格上升,对孩子的数量需求减少;孩子相对价格下降,对孩子的数量需求增加。由此可以分析得出:由于外出打工人口所在的城市相对其原来流出地的经济发展水平和人均收入水平都较高,劳动力特别是女性劳动力市场工资率上升,教育等人力资本投资的成本提高,使得孩子相对价格上升。尽管当孩子作为耐用消费品,当家庭收入增加时用在孩子身上的数量成本和质量成本都可以增加,但是由于孩子数量成本弹性小,质量成本弹性相当大,人们的选择偏好便自然投向后者,发生由孩子质量成本替代孩子数量成本现象。而且,在家庭收入一定条件下,孩子数量与孩子质量还是一种负相关的关系。家庭父母为了追求效用最大化,自然而然地选择了以发展和家庭收入增加带来的生育率的下降。

(二)农村外出打工者不同性别现有孩子数的比较

利用 2005 年 1 月全国各地市流动人口的婚姻家庭调查数据,对外出打工者现有孩子数进行分性别分析比较(有效样本容量为 180),女性外出打工者平均现有孩子数为 1.43,男性外出打工者平均现有孩子数为 1.65,且通过均值方差检验得到的 F 值为 3.133,相伴概率值为 0.078(大于显著性水平 0.05),说明二者相差不大。如表 9-7 和图 9-4 所示,在 70 位女性外出打工者中,仅有一孩的比例高达 67.1%;在 110 位男性外出打工者中,仅有一孩的比例也达到 50%。

表 9-7 外出打工者的不同性别现有孩子数

样本		现有孩子数/个						总计
		0	1	2	3	4	5	
性别	女	1	47	14	7			70
	男	55	41	9	3	1		110
总计		2	102	55	16	4		180

注:$P<0.05$。

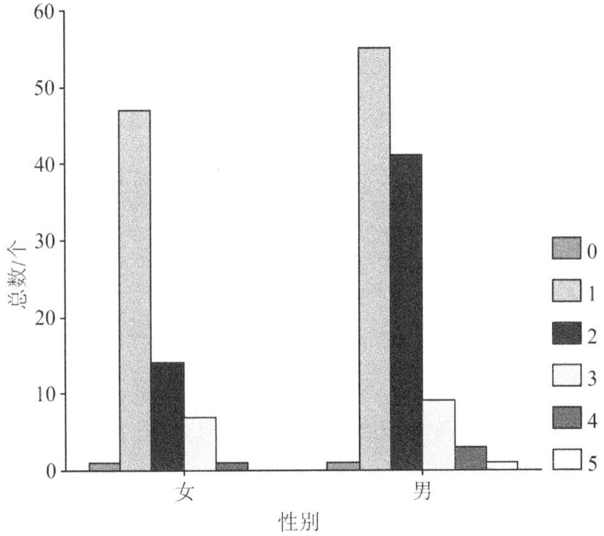

图 9-4 外出打工者不同性别的现有孩子数

通过对外出打工者的不同性别现有孩子数的卡方检验,鉴于表 9-7 中有 50%(大于 20%)单元中的期望频数小于 5,则不适用卡方检验方法,所以借助似然率卡方检验,相伴概率值 P 为 0.146,大于显著性水平 0.05。说明外出打工者中男性和女性调查对象的现有孩子数没有显著差异,女性外出打工者与男性外出打工者的实际生育行为差别不是很大。这一方面可能是由于外出打工的女性受到就业和经济等方面的压力影响而推迟生育行为,以及受打工地较先进的社会文化影响导致的在社会地位等各个方面上的自我提升,从而使其生育实践相对于男性而言没有显著性差异。

(三)厦门市流动人口与全国范围流动人口现有孩子数的比较

通过对 2003 年 12 月厦门市流动人口的婚姻家庭调查数据,以及 2005

年 1 月全国样本流动人口婚姻家庭调查数据的比较分析发现,厦门市流动人口现有孩子数均值为 1.38 个/人,流动人口(全国样本)现有孩子数均值为 1.57 个/人。从表 9-8 可以看出全国各地范围的流动人口现有孩子数以 1~2 个居多,其现有 1 孩的人口占有效样本总数的 56%;厦门市流动人口调查的样本中现有 1~2 孩的人口比例与全国流动人口的相应比例相差 10%,并且 1 孩拥有率为 66%。

表 9-8 厦门市流动人口与全国范围流动人口现有孩子数比较

样本	现有孩子数							总计
	0	1	2	3	4	5	7	
全国流动人口/个	2	102	55	16	5	1		181
占比/%	1.1	56	30	9	3	0.6		100.0
厦门市流动人口/个	1	100	45	4			1	151
占比/%	0.7	66	30	3			0.7	100.0
总计/个	3	202	100	20	5	1	1	332
占比/%	0.9	61	30	6	2	0.3	0.3	100.0

通过对二者的 Mann-Whitney U 检验分析,厦门市流动人口已生孩子数的平均秩次(Mean Rank)为 155.92,小于全国范围流动人口已生孩子数的平均秩次 175.33,且相伴概率值 $P = 0.034$,小于显著性水平 0.05,因而,我们可以认为厦门市流动人口与全国范围流动人口现有孩子数存在显著差异。

这种差异可能是因为全国样本流动人口的流入地分布在各个地方,有相对发达和落后之别。美国一批人口学者将人口按出身、教育、职业状况等进行分类,并考察一段时间内上述变量的变化情况,将这些变量分为"向上流动""向下流动"和"非流动"三种情况。他们发现,在全部流动人口中,向上流动者的生育率有明显低于向下流动者的生育率。这种现象早在 19 世纪末已被法国社会学家 A.杜蒙特用"社会毛细管学说"加以解释。他认为,在现代文明社会,人们要求向上发展,提高自己的社会地位,就像液体沿着毛细管向上升一样,为此要减轻自己的负担,特别是要减少生育以减轻养育子女的负担,从而导致生育率下降。工业化和城市化伴随着的人口流动是人们生产方式和生活方式的一种进步,是一种"向上的流动"。这种"向上的流动"必然对生育行为产生影响,对"向上流动"产生阻力的一切因素都将被抑制,包括生育数量。厦门作为经济比较发达的沿海开放城市和经济特区,在经济上相对全国平均水平而言处于比较领先的水平,精神文化在各种外来积极因素的推动下得到了极大的进步和发展,少生优生的生育文化也得到广泛普及。而且,流动人口的生活多处于紧张和不安定的环境中,他们往往会推迟结婚或生育,在短期内影响流动人口的实际生育水平。

二、孩子性别结构

性别是人口的自然属性之一。人口性别结构指一个国家或地区两性人口数量的比例关系,会受到育龄妇女生育率、出生婴儿性别比、男女分别的死亡率以及人口迁移等的影响。人口性别结构从某种程度上又会对结婚率和妇女生育率造成影响,进而影响人口出生率和人口再生产速度。关于性别结构已有的研究主要从出生性别比的域值问题、性别偏好这两个途径来考察,经过多年的积累和发展,目前已形成多种研究的具体方法。其中主要包括:(1)最后一个孩子的性别比;(2)源于获得满意孩子性别结构后的生育"停止法则"和担心继续生育"错误性别"孩子风险的停止法则(SR);(3)不同的家庭子女性别结构和性别序列;(4)分胎次性别比;(5)拥有不同孩子性别结构的妇女避孕方法的使用情况;(6)按现有孩子性别的胎次递进比(PPR);(7)现存孩子性别结构前提下再生育的生育间隔;(8)在生育意愿调查中的理想男孩数和理想女孩数;(9)按照孩子性别序列的风险分析;(10)活产子女(或存活子女)的性别比;(11)专门的"性别偏好"指数;(12)出生性别比与出生数量关系的研究;(13)出生性别比与生育率关系的研究等等。

那么,在如今社会经济快速发展的大环境中,技术的进步、文化的变迁、人口的迁移等或客观或主观的因素都对人口的生育经历有着重大的影响。在这些背景的作用下,生育观念与行为的转变则是一个长期而动态变化的过程,生育决策从传统向现代的演进首先表现在生育数量选择的变化,其次是生育时间选择的变化,最后才是生育的性别偏好选择的变化(风笑天、张青松,2002)。个体的生育行为取决于宏观社会条件和微观家庭的生育决策,人口流动虽然在一定程度上促进了流动人口收入的增加和生活水平的提高,但在一定意义上并未满足或替代其世系继嗣、劳动力与养儿防老等生育需求。农村人口进入城镇后,随着职业、生活环境和生活方式的变化,在与流入地区社会的融合过程中,调整着自身的各种行为方式。国内外一些研究也表明,从社会网络视角研究流动人口能够更好地理解和认识流动人口观念与行为的变迁(李汉林,2003;靳小怡,2005;杨绪松 等,2004;Sara and Abigail，1997）。

有关流动人口生育孩子性别结构的已有研究，有从流动前后农村流动人口曾生子女性别比差异的角度，得出男孩偏好观念依然比较明显的结论（杨瑛 等，2002）；有从性别、年龄、婚姻状况、受教育程度和流动时间角度分析不同特征农村流动人口生育数量偏好和性别偏好的角度（伍海霞、李树茁、悦中山，2006），认为男孩偏好行为的改变滞后于观念的变化，落后地区比相对发达地区的流动人口具有相对较强的男孩偏好观念，流动时间因素对性别偏好仍然具有显著影响，但性别偏好观念的有无尚未随流动时间的延续呈规律性变化等等。本章将从不同的流动地区，以及流动与非流动人口对实际已有孩子的性别结构分孩次、分出生地、分已有孩子数做进一步探讨。

（一）农村外出打工人口与农村从未外出打工人口不同孩子次的性别比

根据 2005 年全国各地市农村外出打工人口与农村从未外出打工人口婚姻家庭调查得到的样本数据，通过汇总分析得到如表 9-9 所示的农村外出打工人口与农村从未外出打工人口不同孩次的性别比。

表 9-9　农村外出打工人口与农村从未外出打工人口不同孩子次的性别比

孩子数	农村从未外出打工人口	农村外出打工人口
第一孩	122.1	124.4
第二孩	102.1	97.2
第三孩	82.4	100.0
第四孩	166.7	100.0

从表 9-9 中可以看到，对于第一孩次性别结构，农村外出打工人口与农村从未外出打工人口的第一孩次性别比高出正常值范围很多，并且农村外出打工人口较农村从未外出打工人口的孩子性别比更高些；对于第二孩次性别结构，农村从未外出打工人口第二孩次性别比在正常值范围内，且农村外出打工人口的第二孩次性别比低于正常值；在第三孩次性别结构上，农村外出打工人口较农村从未外出打工人口的孩子性别比都比正常值偏低；但是农村从未外出打工人口第四孩次的性别比异常的攀高。从卡方检验的结果来看，P 值都大于显著性水平 0.05，说明二者在分孩次性别结构上无显著差异。

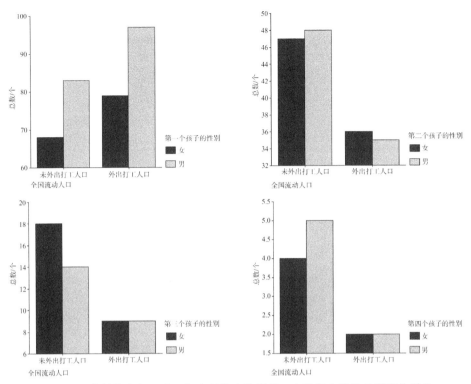

图 9-5　农村外出打工人口与农村从未外出打工人口各个孩次性别结构对比

虽然很多已有的研究表明,流动后农村流动人口男孩偏好观念依然比较明显(杨瑛 等,2002);流动后农村流动人口的理想子女性别偏好观念有所弱化,但仍强于城镇户籍人口,男孩偏好行为的改变滞后于观念的变化,性别偏好观念尚未随流动时间的延续呈规律性变化。但是也有研究结论表明人口流动影响了农村流动人口的性别偏好观念,流动人口的生育观念既受来源地社会观念和文化习俗的影响,又受目的地社会文化的熏陶和社会标准的规范,由人口流动而引起的个体生育观念的转变还需要进一步进行深入研究(伍海霞、李树茁、悦中山,2006)。所以,农村外出打工人口与农村从未外出打工人口已有孩子的性别结构是否有差异,以及他们的影响因素都需要从流动时间、流动的间隔、流入与流出地域的不同以及受个体的主观差异和客观因素影响的实际行为选择上来考察。

(二)厦门市流动人口与全国范围流动人口现有孩子性别结构的比较

通过对 2003 年 12 月厦门市流动人口的婚姻家庭调查数据,以及 2005 年 1 月全国范围流动人口婚姻家庭调查数据进行比较分析(剔除在 5~7 孩次因缺失而无法进行对比的数据），如表 9-10、表 9-11 所示。

表 9-10　厦门市流动人口与全国范围流动人口不同孩子次的性别比

孩子数	厦门市流动人口	全国流动人口
第一孩	169.1	124.1
第二孩	88.0	97.2
第三孩	400.0	100.0
第四孩	0	100.0

表 9-11　厦门市与全国范围流动人口的各个孩次性别结构对比

性别结构	样本	男		女		总计	
		个数/个	比例/%	个数/个	比例/%	个数/个	比例/%
第一孩子性别结构	全国流动人口	98	55.4	79	44.6	177	100
	厦门市流动人口	93	62.8	55	37.2	148	100
	总计	191	58.8	134	41.2	325	100
第二孩子性别结构	全国流动人口	35	49.3	36	50.7	71	100
	厦门市流动人口	22	46.8	25	53.2	47	100
	总计	57	48.3	61	51.7	118	100
第三孩子性别结构	全国流动人口	9	50.0	9	50.0	18	100
	厦门市流动人口	4	80.0	1	20.0	5	100
	总计	13	56.5	10	43.5	23	100
第四孩子性别结构	全国流动人口	2	50	2	50	4	100
	厦门市流动人口			1	100	1	100
	总计	2	40	3	60	5	100

　　从数据比较显示，对于第一孩次性别结构，厦门市与全国流动人口没有显著性差异（$P=0.172>0.05$）。但是二者的第一孩次性别比明显都偏高；对于第二孩次性别结构，厦门市与全国流动人口也没有显著性差异（$P=0.791>0.05$）。值得注意的是，二者的第二孩次性别比又回落到低于正常

值范围;在第三孩次性别结构上,厦门市与全国流动人口具有显著性差异
($P=0.0215<0.05$),从第三孩次性别比也可以看出,厦门市流动人口的第
三孩次性别比高达400,而全国范围流动人口的第三孩次性别比则比正常
值低,这可能与样本的个案数据特征有关;样本数据中,厦门市流动人口第
四孩只有一个个案为女孩,全国范围流动人口的第四孩次性别结构均衡,男
女孩子数各两个。总体上看,厦门市与全国流动人口的已有孩子性别比较
高,这可能与农村流动人口在生育行为上体现为较强的男孩偏好而采取的
一些人为干预生育行为的措施有关。

　　表9-12通过对厦门市与全国范围流动人口一孩不同性别的现有孩子
数比较,全国范围流动人口第一孩次为男孩的再生育比例为41.8%,厦门市
流动人口第一孩次为男孩的再生育比例为26.1%,厦门市第一孩次为男孩
再生育比例大大低于全国水平。这也印证了个体的生育行为取决于宏观社
会条件和微观家庭的生育决策,人口流动虽然在一定程度上促进了流动人
口收入的增加和生活水平的提高,但在一定意义上并未满足或替代其世系
继嗣、劳动力与养儿防老等生育需求(伍海霞、李树茁、悦中山,2006)。

表 9-12　厦门市与全国范围流动人口一孩不同性别的现有孩子数比较

样本			第一孩子的性别				总计	
			男		女			
			个数/个	比例/%	个数/个	比例/%	个数/个	比例/%
全国流动人口	现在孩子数	1	56	56.0	44	44.0	100	100.0
		2	33	60.0	22	40.0	55	100.0
		3	8	53.3	7	46.7	15	100.0
		4	1	25.0	3	75.0	4	100.0
		5			1	100	1	100.0
	总计		92	63.0	54	37.0	146	100.0
厦门市流动人口	现在孩子数	1	68	70.1	29	29.9	97	100.0
		2	22	50.0	22	50.0	44	100.0
		3	1	25.0	3	75.0	4	100.0
		7	1	100			1	100.0
	总计		92	63.0	54	37.0	146	100.0

三、胎次间隔

生育(胎次)间隔是测量个体生育密度的指标,其平均值又可以反映人口群体的生育密度水平。并且,平均生育间隔通常分别按不同孩次来计算。妇女生育间隔的影响因素很多,因为生育本身既是一种生理现象,又是一种社会现象,因此育龄妇女本身的社会特征及她们所处的社会环境都会影响生育间隔(郭志刚、李剑钊,2006)。

人口流动对生育(胎次)间隔的影响也不例外。当前流动人口以青壮年为主体,且16~23岁的女性多于男性。第五次全国人口普查资料表明,跨省流动人口中15~49岁育龄妇女规模庞大,达1736万人,占跨省流动人口的40.9%。尤其是处于生育旺盛期(20~29岁)的育龄妇女为888万人,占育龄妇女总量的51.2%,比全国平均水平高21个百分点。可见,流动人口潜伏着巨大的生育力。从已婚的有生育的育龄妇女情况看,一孩率仅为61.1%,比全国平均水平低7个百分点;二孩率为31.1%,比全国平均水平高5个百分点;多孩率为7.8%,比全国平均水平高2个百分点。流动人口多孩生育问题较为突出。而生育时间的选择又是影响流动人口生育实践的一个重要因素。流动人口生育控制不仅体现在对生育数量的限制上,也体现在对各孩次生育年龄或孩次生育间隔的控制上。为此,本章节将从生育时间角度分析流动人口生育行为的演化。

胎次间隔反映了婚后生育早晚以及生育各个孩次的时间间隔。一般主要从初育(婚生)间隔和一胎与二胎生育间隔来考察。有关胎次间隔的已有研究大多是从不同时期、城乡妇女不同特征的角度来进行描述性的比较分析,得出结论,比如,初育间隔从20世纪90年代以来呈波动式扩大趋势,一、二胎平均生育间隔总的变动趋势为上升,且城乡差异比较明显,城镇生育间隔的上升幅度大于农村,但其上下波动的幅度也大于农村(郭维明,2003);城市妇女的初育间隔略比农村妇女长些(郑真真,1999);在初婚和初育之间外出的妇女有较长的初婚初育间隔,同样在生育两个孩子之间有外出经历的妇女有相对较长的生育间隔(郑真真,2003);流动人口的初育年龄往往推迟,初育间隔缩短,一胎与二胎生育间隔延长(伍海霞、李树苗、悦中山,2006)。还有侧重于生育间隔或婚育年龄的测量并描述了其变化趋势(曾毅,1992;郭维明,2003;黎楚湘 等,2005),研究探讨生育间隔或婚育年龄作为自变量对其他变量的影响(查瑞传、刘金塘,1991;曾毅,1991a,

1991b)。生育间隔不仅由个人特征和家庭环境决定,还会受到所处社会经济环境的影响。因此,女性流动人口的生育间隔势必会受到所处流动环境变化的影响。本节将主要从厦门市流动人口中女性的初育(婚生)间隔、一胎与二胎生育间隔来研究,并辅之以与全国流动人口中女性胎次间隔的比较。

从本研究所获得的样本数据来看,厦门市流动人口的初育(婚生)间隔平均为 1.5 年,一胎与二胎生育间隔平均为 3.3 年。从表 9-13 的统计数据可以看出,初婚年龄在 20 岁以下的女性流动人口的婚生间隔在一年内的占本年龄段的 42.9%,但相对于其他年龄组的都较长,婚生间隔四年的样本中初婚年龄在 20 岁以下的就占 50%,婚生间隔七年的样本人口初婚年龄都在 20 岁以下;初婚年龄在 21~25 岁之间的女性流动人口婚后在一年内就生育的占本年龄段将近六成,婚生间隔在 2~3 年的只占 31.3%;初婚年龄在 26~30 岁的女性流动人口大部分是在婚后两年内生育的;初婚年龄在 31~35 岁的女性流动人口婚生间隔也比较短,样本人口大部分也是在婚后两年内生育。婚生间隔的各组比例都以 21~25 岁初育的女性流动人口为多数,从某种意义上也说明了样本中女性流动人口的年龄大都是集中在 21~25 岁之间的青年。从各组年龄段的婚生间隔分布来看以一年的比例为多,总体占到了 56.8%。

表 9-13 厦门市女性流动人口初婚各年龄组的婚生间隔比例

样本		婚生间隔/年						总计
		1.00	2.00	3.00	4.00	6.00	7.00	
初婚年龄	20 岁以下	42.9%		14.3%	28.6%		14.3%	100.0%
		12.0%		14.3%	50.0%		100.0%	15.9%
	21~25 岁	59.4%	12.5%	18.8%	6.3%	3.1%		100.0%
		76.0%	66.7%	85.7%	50.0%	100.0%		72.7%
	26~30 岁	75.0%	25.0%					100.0%
		12.0%	16.7%					9.1%
	31~35 岁		100.0%					100.0%
			16.7%					2.3%
总计		56.8%	13.6%	15.9%	9.1%	2.3%	2.3%	100.0%
		100.0%	100.0%	100.0%	100.0%	100.0%	100.0%	100.0%

注:似然比 χ^2 检验值为 15.299,$P=0.430$。

根据表 9-14 的统计数据显示,样本人口初育年龄在 20 岁以下的一胎与二胎间隔都集中在 3 年,21~25 岁初育女性的一胎与二胎间隔在 2~4

年之间的占到将近80％。样本人口中,26岁以上初育年龄组没有再生第二胎的现象。这从某种程度上也反映了初育年龄越大,人口的实际生育规模越趋于一孩。

表 9-14 厦门市女性流动人口初育各年龄组的二胎间隔比例

样　本		二胎间隔/年					总计
		1.00	2.00	3.00	4.00	11.00	
初育年龄	20 岁以下			100.0%			100.0%
				33.3%			10.0%
	21～25 岁	11.1%	22.2%	22.2%	33.3%	11.1%	100.0%
		100.0%	100.0%	66.7%	100.0%	100.0%	90.0%
总计		10.0%	20.0%	30.0%	30.0%	10.0%	100.0%
		100.0%	100.0%	100.0%	100.0%	100.0%	100.0%

注:似然比 χ^2 检验值为 2.683,$P=0.612$。

我们利用 2003 年 12 月对厦门市流动人口在择偶、婚姻建立、婚姻生活以及生育方面的一些个人看法和实际情况获得的调查数据,对胎次间隔进行 Cox 比例风险模型估计,受到数据资料缺失的影响,我们仅就初育间隔的风险进行模型检验估计。模型中的因变量是初婚与初育之间间隔的风险 $\ln h(t)$,协变量包括在外流动时间、自身户口性质、配偶户口性质、初婚年龄、受教育程度、与配偶居住情况、配偶月收入、自身打工月均收入、自身收入变化幅度、流入地的居住方式、一孩性别偏好等研究表明对胎次间隔有一定作用的变量,其中在外流动时间、受教育程度、初婚年龄、配偶月收入、自身打工月均收入、自身收入变化幅度是间距等级变量,其他为分类变量。收入变动情况用原来收入与现在收入之差来表示。户口性质、与配偶居住情况、流入地的居住方式、一孩性别偏好等分类变量设置为虚拟变量。其中户口为农村的赋值为1,城镇的赋值为0;与配偶一起居住的赋值为1,与配偶分居的赋值为0;在流入地与他人合租及住单位集体宿舍的赋值为1,单独在外居住的赋值为0;一孩性别偏好用"如果只生一个小孩,您希望这个孩子是男孩还是女孩"这一问题的选项代表,第一孩希望生男孩的赋值为1,第一孩希望生女孩或者无所谓的赋值为0;孩子数量偏好用"生几个孩子比较合适"这一问题的数值代表。我们主要考察的是初育间隔的影响因素。

统计结果表明,协变量中只有初婚年龄的检验 P 值小于显著性水平0.05,说明结婚年龄越大,初育的风险概率越大;女性打工者结婚越晚,初育间隔越短。在控制其他变量的条件下,结婚每推迟一年,初育的风险率将增加 51.1％。如果仅仅看具体变量的作用（见表 9-15），户口性质、流动时间、月均收入、孩子数量偏好、教育程度都与初育的风险呈负相关关系，说明样本人口户口在城镇、月平均收入越高、流动时间越长、受教育程度越高、孩子数量偏好多孩的初育间隔越长，其中孩子数量偏好多孩的与初育的风险呈负相关关系的结果与我们的推理相悖，这可能还有数据本身的原因。与配偶合住，朋友圈局限在打工者范围内的流动人口，其初育的风险率较大。收入变化幅度越大，有孩子性别偏好的女性流动人口初育间隔越短。值得注意的是，已有的研究都表明，人口流动会影响胎次间隔的长短，特别是存在性别偏好的条件下，前一个子女的性别不仅会影响到是否中止下一次怀孕，也会影响到下一次怀孕的时间安排（陈卫，2002），初育间隔亦然。但是，目前研究所得出的结论在流动是否会对人们的性别偏好产生很大的影响上存在很大的偏差，所以，流动人口的生育间隔变化是否有很大程度上通过性别偏好来决定，这是有待商榷的问题。另外，受教育程度与初育的风险呈负相关关系，说明了人力资本的投资与提升有利于延迟生育时间，控制生育风险。总之，单凭几个自变量远远不能对初育间隔的变化做出令人满意的解释，在现实当中，流动人口的生育行为受很多因素交互影响，远非一个模型能解释得了。

表 9-15　厦门市女性流动人口初育间隔的 Cox 比例风险模型

解释变量	回归系数	发生比	95% CI for Exp(B)	
			最小值	最大值
在外流动时间	−0.351	0.704	0.323	62.039
自身户口性质	−0.034	0.967	0.103	9.052
配偶户口性质	−2.896	0.055	0.000	7.123
初婚年龄	0.415[*]	1.515	1.020	2.250
受教育程度	−0.123	1.130	0.382	3.345
配偶月收入	−0.147	0.863	0.370	2.014
自身打工月均收入	−0.982	0.374	0.038	3.724
流入地的居住方式	1.588	4.892	0.386	62.039
与配偶居住情况	1.091	2.977	0.206	43.020
一孩性别偏好	1.496	4.464	0.087	229.445
孩子数量偏好	−1.190	0.304	0.038	2.464
自身收入变化幅度	0.001	1.001	0.997	1.005
似然率卡方检验值		64.32		
df		12		

图 9-6 显示了厦门市女性流动人口的初育间隔的生存曲线,它表明在未来各年上"存活下来的比例"(即没有生育一孩的比例)。从厦门流动人口中的女性打工者来看,生存曲线的风险率由最初一年间隔的接近 100％迅速下降,到两年间隔时降到大概 30％左右,2～4 年的风险率变化趋于缓和,四年间隔之后曲线的风险率为 0,即一般女性流动人口在婚后四年内都会生育。通过图 9-6 与图 9-7 对厦门市与全国流动人口女性的初育间隔进行比较,二者无多大的差异。

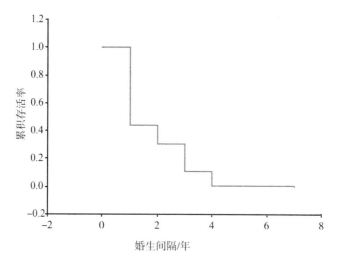

图 9-6 厦门市流动人口女性的初育间隔持续比例图

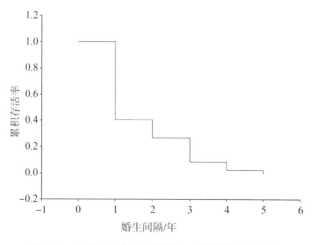

图 9-7 全国流动人口女性的初育间隔持续比例图

综上分析结果表明,样本中女性流动人口的年龄大都是集中在21～25岁之间的育龄青年,而她们的生育经历调查结果说明流动人口因为地理上的迁移和各种因素的不确定性,因而存在着生育控制的盲点。女性流动人口的婚生间隔一般较短,以一年的比例为多,有一孩以上的多为25岁以下的女性流动人口。初婚年龄是影响女性流动人口初育(婚生)间隔长短的主要因素,二者成正相关关系。"孩子偏好多孩"与初育的风险的关系,和我们一般所认识的结果相悖,但估计结果显示其解释能力有限。

四、孩子出生地

孩子出生地对流动人口的生育实践也是一个影响因素。对厦门市以及全国各地市流动人口在择偶、婚姻建立、婚姻生活以及生育方面的一些个人看法和实际情况进行的调查数据汇总,得到表9-16的分布情况。

表 9-16　厦门市流动人口与全国范围流动人口不同孩次的出生地分布比较

单位：%

样　　本	孩次	出生地		
		家里	打工地	其他
厦门市	第一孩	83.2	16.8	
	第二孩	95.6	4.4	
	第三孩	100.0	0	
	第四孩	100.0	0	
全国范围	第一孩	89.2	10.8	
	第二孩	83.3	15.0	0.7
	第三孩	80.0	13.3	6.7
	第四孩	75.0	25.0	

注："其他"项为调查数据中出现的除家里和打工地以外的地方。

从表9-16中我们可以看出,不管是厦门市还是全国范围,各个孩次都以在家乡生育居多,孩子出生地分布在打工地的比例较少。特别是在厦门这个经济发达的沿海特区城市,所得到的样本中,已经没有二胎以上有在打工地生育的;第一孩和第二孩分别仅占该孩次的16.8%和4.4%。从全国范围而言,打工者选择在打工地生育孩子的比例也是比较少的,但是,还是有多孩的现象。

各孩次出生地集中在打工者的家乡,出现这种情况大概有以下几种原因：

第一，从经济这个最根本的因素来考察。考虑到流动人口大多是在生育之后才外出打工，那么排除在家乡生育的已有孩子来分析，流动人口所在打工地一般都是社会经济较发达的地方，由于受当地较高的包括人力资本投资在内的消费物价水平的限制，以及相对于打工地本地人口和其他有较高素质的白领阶层而言拥有较低的收入水平，这些外在客观条件的变化，使得大部分外来流动人口考虑到生育所需的医疗成本、住房成本、时间成本、教育成本等相对于流出地的增加，特别是在初到外地时拥有较少的经济积累，因而即使有这个念头也会打消。

第二，从社会环境影响的角度来考察。流动人口大多受原本教育水平和技术水平的限制，主要从事的工作都集中在劳动密集型行业，由于工作强度的提高，再受教育机会和需求的增加，使得生育对于女性打工者而言，存在很大的压力和风险，因为这将意味着其在激烈的竞争中即将失业，所以一般在打工地都无暇顾及生育。此外，由于打工地社会文化的"同化作用"（Blau，1992；Ford，1990），使得打工者在已有孩子的情况下选择节育。

有些流动人口选择在返乡时候生育，甚至生育多胎，一方面是由于在农村受计划生育政策影响的力度相对城市比较弱，而且，一些根深蒂固的婚姻家庭观念仍无法彻底抹去，在生活节奏相对放慢、人们大多崇尚多子为福的环境中，受从众心理的驱使，往往不自觉地选择愿意多生孩子。

在进行打工者所在打工地的比较时，我们也看到，厦门相对于全国而言，只有比较少的流动人口选择在打工地生育，而且所生育的孩子数也相对较少。这也从另外一个侧面说明了，经济社会文化的发展程度对人们实际生育行为的影响程度是不可小觑的。厦门作为沿海的经济特区，在吸收外来先进的生产力要素的时候，也在很大程度上改变着人口的实际生育行为。

五、流动人口实际生育规模的决定因素

人口流动作为中国目前最活跃的社会现象之一，在加速社会经济发展的同时，也加快了生育决定变量（经济变量、社会变量）影响生育行为的历程。我们通常都认为在人口流动的整个过程当中，经济和社会的发展变化是影响生育行为的最根本的因素。生育变动是一系列直接和间接社会经济因素影响的综合反映。

（一）研究回顾与理论假设

关于人口流动迁移对生育意愿和生育行为的影响，有从宏观上（如全国

范围)考察各种社会经济变量对生育行为的影响,也有从微观上(如家庭、个人)进行研究,尤其是从个人的社会经济特征与性别偏好方面来考察其对生育孩次决策和行为的影响。

有关流动人口的生育实践变化,西方人口学家提出了若干解释性理论:同化(适应)理论、选择理论、干扰理论和分离理论(默斯顿,1985;You and Poston,2004)。这些理论都对人口流动迁移的原因、形式和特征等因素进行考察分析,比较流动迁移人口与来源地和目的地人口的生育水平差异,提出了适当的解释。干扰理论认为流动迁移过程实际上是对婚姻生育过程的干扰,由于流动迁移者进入一个全新的社会环境的过程中,他们的思想观念、行为习惯等都会受到强烈的冲击,而在陌生的地方重新开始新生活也使他们常常处于一种紧张、疲劳和不安定的状态,因此生理和心理的双重负担使他们无暇顾及或不愿意在此阶段生孩子,从而干扰了妇女的生育行为。另外,流动迁移往往先是单一的,在流动迁移初期会产生夫妻暂时分离的情况,造成性生活中断,从而减少了受孕机会,降低了流动迁移者的生育水平;选择理论认为,流动迁移行为本身是有选择性的,流动迁移者是具有某些特征的人群,相对于农村未流动迁移的人口而言,流动迁移人口年龄结构比较年轻,大都具有较高的文化素质和强烈的发展愿望,而原居住地农村的生活条件、教育水平、就业机会和发展前景等许多方面都不能满足他们的发展要求,因此他们期望流动迁移到更优越的地方,提高生活水平,改善生存环境,接受更好的教育,获得更多的工作和发展机会。对他们而言,发展需求占了主导地位,他们把大部分的精力和时间都倾注在自身发展上,因而会有意识地控制自己的婚姻和生育节奏及家庭规模,保持较低的生育率。因此,选择理论认为,正是流动迁移人口的这些特征导致其生育水平低于来源地人口,如果将这些特征加以控制,那么流动迁移人口与来源地人口的生育率差异将减小甚至消失;同化理论(适应理论)认为流动迁移人口在城市目的地有一个社会化过程。这个过程是一种文化适应,可能经历几代人,才会逐渐接近城市人口的生育观念与行为。由于流动迁移改变的只是生活地域,流动迁移者固有的生育观念在起初一段时间不会发生变化,但是随着时间的推移,流动迁移人口的生活逐渐安定下来,通过与城市人口的社会交往和联系,他们的城市化、社会化过程不断加快,流动迁移人口不断接受和适应城市的生活习惯、思想观念,改变原有的生育意愿和生育行为,逐渐实现向城市人口低生育水平的转变。他们在城市的时间越长,观念与行为就会越接近于城市人口。因此,流动迁移人口的生育率起初会高于城市人口的生育率,而只有在经历了一两代人之后,流动迁移人口的生育率才会趋于与城市目的地生育率重合。这一理论也将流动迁移人口与城市目的地人口的生育率差异归为他们在社会经济特征上的差异。当流动迁移人口的特征接近于城市人口的特征时,他们的生育率也将接近城市人口;分离理论实际上将流动迁移人口视为一种处于游离状态中的人口。流动迁移人口与农村来源地分离了,受农村的社会环境、习俗观念的影响和控制削弱了,但是他们又还没有融入城市生活,缺乏对城市的归依,还没有受到城市人口的观念与行为的深刻影响。因此他们处于一种游离的中间的状态,他们的生育率往往会高于流入地的永久性移民和本地人口,而低于农村流出地人口。或者说,他们的生育率是一种转变过程中的生育率。

从上述的几个主要理论看,它们共同的结论是流动迁移到城市的人口,其生育率要低于流出地农村的生育率,但要高于流入地城市的生育率,人口的流动迁移对降低生育率是有积极影响的。

国内对于流动迁移人口生育现象的研究大部分是在宏观层面,从经济学和人口学的视角来展开分析,通过不同地域、时间、流动人口特征的比较,来对人口生育观念的变迁进行讨论。比如,从我国人口流动迁移所处的历史阶段和我国人口流动特点出发,认为生育行为因区域类型、迁移间距远近和个人特征不同而产生差异(王平权,1996);迁移妇女的平均生育子女数都明显低于农村非迁移妇女的平均生育子女数,流动迁移对生育行为的积极影响不容低估(杨子慧,1991);早期农村迁移妇女的生育水平与迁入地非迁移妇女的差别不大,但近期农村迁移妇女的生育水平却低于迁出地和迁入地非迁移妇女的生育水平,生育率最低的是那些迁往特大城市的农村迁移妇女(谭晓青,1994);迁移对生育率的影响是客观的,迁移已婚妇女生育率低于非迁移已婚妇女生育率(敖再玉,1990);人口流动迁移对生育水平的影响程度随流动的形式、居住时间等的不同而有明显差别(周祖根,1993);流动既有有利于生育率下降的一面,也有导致生育盲目性和失控的一面(陈再华,1996);外出妇女的结婚年龄、初婚初育间隔都要大于未外出妇女(尤丹珍、郑真真,2002);我国城市地区持续的低生育率,达到了世界上生育率最低国家的水平,除了婚育年龄推迟(生育的进度效应)原因外,以青壮年为主的外来人口无疑对我国城市地区的低生育率具有增强作用。大城市超低TFR的出现,是由于大量外来流入人口的"分母效应"所致(梁秋生,2004),

外来人口的分母效应的大小,既与外来人口的规模,也与外来人口的生育水平有关(陈卫,2005)等等。可以看到,目前的研究主要是围绕生育观念的变迁来探讨生育行为的变迁,很少从流动人口的微观与宏观相结合的层面(比如家庭结构、家庭关系、社会网络特征)等来分析流动人口的实际生育规模,而人口流动在一定程度上促进了流动人口与城镇社会的融合,并在此过程中重新构建着个体的社会网络,个体的生育行为是取决于宏观社会条件和微观家庭的生育决策,国内外一些研究也表明,从社会网络视角研究流动人口能够更好地理解和认识流动人口观念与行为的变迁(李汉林,2003;靳小怡,2005;杨绪松 等,2004;Sara and Abigail,1997),所以,有必要从社会网络视角对农村流动人口的生育观念与行为的演化进行深入研究。

因此,我们认为,目前对流动人口的生育行为的研究至少可以从以下几个方面进一步深化。其一,西方人口学家提出的若干解释性理论对流动人口生育行为的解释有待实践的进一步检验与拓展;其二,生育行为特征的研究除了可以从生育观念进行探讨,也可以从实际生育规模来反映,相当一部分的国内学者对此都停留在简单的统计描述分析上,假设检验的量化研究相对较少;其三,虽然生育观念会对实际生育规模产生一定的影响,但是实际生育规模还是会与原本生育意愿存在着或多或少的偏差,实际生育规模可以更直观地从事实上反映流动人口的生育行为经历,而目前的研究很少针对流动人口的实际生育规模展开探讨;其四,从流动人口的微观与宏观相结合的层面,引入家庭结构、家庭关系、社会网络特征等变量来分析流动人口的实际生育规模,或许会比单纯从微观或宏观的角度分析来得可靠。因为生育行为不是一个完全的个人行为,在许多情况下,它还是一种家庭的选择,配偶的文化程度、收入水平、与配偶和孩子的居住情况、已生孩子的性别状况都可能成为影响生育实践的参考变数,另外,实际生育规模除了受个体的特征以及主观意愿影响外,流入地的社会经济文化环境与水平也都会对流动人口的生育实践经历产生很大的影响。

根据以上综述,我们构建了一个微观与宏观相结合的理论模型,以解释流动人口的实际生育规模状况(见图9-8)。模型中的被解释变量,即流动人口的实际生育规模;解释变量有五组,一是包括性别、原来户口性质、初育年龄、收入、教育程度、生育观念等在内的个体相关特征,二是用在外流动时间(打工时长)表示的流动经历,三是与配偶和孩子的居住情况等变量组成的家庭关系,四是用已生孩子数和孩次性别状况表示家庭结构,五是用在流入地结交的朋友数量和在流入地的居住方式表示的社会网络状况。

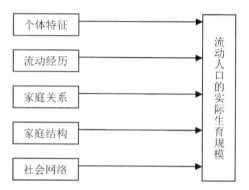

图 9-8　流动人口的实际生育规模的理论解释模型

根据国内外有关流动人口的生育行为经历的理论与分析,我们对解释和被解释变量之间的影响关系提出以下理论假设:

(1)社会网络越复杂,与城市人口的社会交往和联系越频繁,流动人口的城市化、社会化水平越高,实际生育规模就越趋同流入地的水平。具体来说,就是流动人口在流入地结交的朋友越多、在流入地的居住与生活方式与外界越融合(影响到流动人口与流入地的主流文化接触的程度)、流动时间越长、流入地的经济水平越高,其实际生育规模就越接近流入地的水平。由于流入地多为相对比较发达的地区,生育文化较现代化,多数选择不生或少生,因而,流动人口的实际生育规模逐渐缩小以至与流入地生育文化趋同。

(2)干扰理论认为流动迁移过程会对婚姻生育过程产生干扰,流动迁移往往先是单一的,在流动迁移初期会产生夫妻暂时分离的情况,从而降低了流动迁移者的实际生育规模水平。与孩子一起居住的流动人口由于受到流入地较为严格的计划生育政策的影响选择再生育的概率较小,从而对其实际生育规模的控制产生了一定的制约作用。因此,我们具体要考察流动人口的家庭关系状况,比如是否与配偶一起居住、是否携带孩子到流入地一起生活。流动人口与家人的居住状况会影响到其是否会选择在流入地再生育。与配偶分居,与孩子一起居住的流动人口,其实际生育规模较小。

(3)流动人口的个体特征越趋同于流入地人口的特征,其与流入地的文化就越融合。我们认为流动人口的教育水平越高、收入水平越高、生育年龄越迟,其实际生育规模就越小。另外,流动人口的性别、原来户口性质也会对其实际生育规模产生一定的影响。女性流动人口和来自城市的流动人口,其实际生育规模相对男性和来自农村的流动人口而言较小。

(二)资料来源与研究方法

本研究所使用的数据来自厦门大学 2003 年 12 月对厦门市流动人口在择偶、婚姻建立、婚姻生活以及生育方面的一些个人看法和实际情况进行的调查,以及 2005 年 1 月对全国各地市流动人口在择偶、婚姻建立、婚姻生活以及生育方面的一些个人看法和实际情况进行的调查,调查采用的是入户调查方式,访谈对象是厦门市流动人口和分布在全国各地的外出打工人口。在"现有孩子数"问题上,排除一些缺省数据,得到的厦门市流动人口婚姻家庭情况调查的有效样本容量为 151,全国范围的农村外出打工人口婚姻家庭情况调查的有效样本容量为 181。

本研究为了检验流动人口实际生育规模的影响因素,在分析全国范围农村外出打工人口生育特征的基础上,以截至调查当时实际"是否只生一孩"为因变量,处理为 0、1 分布的虚拟变量,以"实际生育一孩以上"为参照类,"实际只生一孩"的赋值为 1,利用 Logistic 回归,考察流动人口个体特征、流动经历、家庭关系、家庭结构、社会网络状况等对其实际生育规模的影响。

对所选择的解释变量和控制变量我们分别做如下处理:性别用虚拟变量测度,男性为 1,女性为 0。在外流动时间、初育年龄、配偶月均收入、自身打工月均收入、受教育程度处理为定序变量,其值随在外流动时间越长、初育年龄越大、月均收入和受教育程度越高而相应增大,其中考虑到知识的溢出效应,受教育程度规定为流动人口家庭中最高的受教育水平。流入地交友数、孩子数量偏好直接按照其原始数据值来测量,孩子数量偏好用"生几个孩子比较合适"这一问题的数值代表。打工者自身的户口性质、打工地类型、配偶户口性质、配偶在外打工情况、配偶在外打工地类型、与孩子居住情况、与配偶居住情况、流入地的居住方式、已有的第一孩性别、一孩性别偏好设置为虚拟变量,其中户口为农村的赋值为 1,城镇的赋值为 0;打工地类型为城镇的赋值为 1,农村的赋值为 0;配偶有在外打工经历的赋值为 1,没有在外打工过的赋值为 0;与孩子、配偶一起居住的赋值为 1,与孩子、配偶分居的赋值为 0;在流入地与他人合租及住单位集体宿舍的赋值为 1,单独在外居住的赋值为 0;已有的第一孩性别为男孩的赋值为 1,女孩的赋值为 0;一孩性别偏好用"如果只生一个小孩,您希望这个孩子是男孩还是女孩"这一问题的选项代表,第一孩希望生男孩的赋值为 1,第一孩希望生女孩或者无所谓的赋值为 0。

表 9-17 和表 9-18 是全国范围流动人口样本各解释变量的数据分布,据此我们能够比较具体地描述被研究对象的基本特征。表 9-17 数据显示了全国范围流动人口样本的个人及配偶基本情况,可以看到得到的样本人口的性别结构较为均衡,男性占 57.9%,女性占 42.1%;超过一半的样本人口在外流动时间在 1~5 年之间,在外流动时间在 5~10 年的约占 24.3%,长于 10 年的约占 10.4%;打工者及其配偶的户口为农村的多于城镇;打工者配偶有外出打工经历的大大多于从未有过外出打工的;打工者及其配偶的流入地为城镇的比例分别高达 96.3% 和 95.3%,显示出城镇对流动人口的积聚效应;初育年龄结构偏年轻化,72.5% 的样本人口初育年龄在 25 岁以下;受教育程度主要集中在初中及高中、中专两个层次,所占比例为 75.3%,约 45% 的样本人口家庭接受过九年制义务教育。

表 9-17　全国范围流动人口样本的个人及配偶基本情况

样　本		所占比例/%
性别($N=482$)	男	57.9
	女	42.1
在外流动时间 ($N=473$)	1 年内	13.5
	1~3 年	27.3
	3~5 年	24.5
	5~10 年	24.3
	10 年以上	10.4
自身户口性质 ($N=470$)	农村	59.6
	城镇	40.4
在外打工地类型 ($N=459$)	农村 3.7	
	城镇	96.3
配偶户口性质 ($N=203$)	农村	57.1
	城镇	42.9
配偶在外打工情况 ($N=196$)	配偶有外出打工经历	61.7
	配偶从未在外打工	38.3
配偶在外打工地类型 ($N=127$)	农村	4.7
	城镇	95.3

续表

样　本		所占比例/％
初育年龄 （N＝178）	20 岁以下	7.3
	21～25 岁	65.2
	26～30 岁	25.8
	31～35 岁	1.1
	36 岁以上	0.6
受教育程度 （N＝482）	文盲、半文盲	4.4
	小学	7.9
	初中	42.5
	高中、中专等	32.8
	大专	7.7
	大学	4.1
	研究生	0.4

由表 9-18 可以看出,分别有超过六成的流动人口及其配偶各自的月均收入低于 1000 元以下,而不到一成的流动人口及其配偶的月收入高于 2000 元以上,说明流动人口的整体收入还是比较低下的;从婚姻经历和生育实践来看,流动家庭还没有孩子的只占 1.1％,有一个孩子的占 56.4％,有三个及以上孩子的占 12.2％,平均孩子生育数量为 1.57 个,远低于替代的生育水平;在已有第一孩性别上,男孩多于女孩约一成;样本流动人口一般选择与配偶一起居住,与孩子分居;流入地的居住方式以与他人合住的为多,占 67.9％,说明流动人口在流入地还是有比较多的机会可以很好地接受当地的文化。

表 9-18　全国流动人口样本的家庭与社会网络情况

样　本		所占比例/％
打工月均收入 （N＝470）	少于 500 元	8.5
	500～1000 元	54.9
	1000～2000 元	29.1
	2000～3000 元	4.7
	3000 元以上	2.8

续表

样 本		所占比例/%
配偶月均收入 （N＝180）	少于 500 元	27.2
	500～1000 元	40.0
	1000～2000 元	23.9
	2000～3000 元	3.9
	3000 元以上	5.0
现有孩子数 （N＝181）	没有孩子	1.1
	1 个孩子	56.4
	2 个孩子	30.4
	3 个及 3 个以上	12.2
第一孩性别 （N＝175）	男	55.4
	女	44.6
与配偶居住情况 （N＝205）	与配偶一起居住	57.1
	与配偶分居	42.9
与孩子居住情况 （N＝189）	与孩子一起居住	23.8
	与孩子分居	76.2
流入地的居住方式 （N＝476）	与他人合住	67.9
	单独居住	32.1

表 9-19 和表 9-20 是厦门市样本流动人口的基本特征。表 9-19 数据显示了厦门市流动人口样本的个人及配偶基本情况，得到的样本人口中，男性占 52.7％，女性占 47.3％；样本人口在外流动时间在 1 年内的占 29.1％，在外流动时间在 1～5 年的约占 34.3％，长于 5 年的约占 36.6％；打工者及其配偶的户口大多数为农村户口；初育年龄集中在 20～30 岁；受教育程度主要集中在初中及高中、中专两个层次，所占比例为 82.7％。

表 9-19 厦门市流动人口样本的个人及配偶基本情况

样本		所占比例/%
性别 （N＝482）	男	52.7
	女	47.3

续表

	样本	所占比例/%
在外流动时间 （N＝492）	1 年内	29.1
	1～3 年	18.9
	3～5 年	15.4
	5～10 年	26.2
	10 年以上	10.4
自身户口性质 （N＝492）	农村	54.3
	城镇	45.7
配偶户口性质 （N＝185）	农村	60.5
	城镇	39.5
初育年龄 （N＝150）	20 岁及以下	6.7
	21～25 岁	67.3
	26～30 岁	24.0
	31～35 岁	2.0
	36 岁及以上	—
受教育程度 （N＝487）	文盲、半文盲	0.6
	小学	6.2
	初中	35.9
	高中、中专等	46.8
	大专	9.4
	大学	0.8
	研究生	0.2

　　由表 9-20 可以看出，与全国样本人口不同的是，厦门市样本的流动人口自身的月均收入相对于全国样本人口而言较高，少于 1000 元的只有四成多，比全国样本人口约低两成。厦门市样本的流动人口自身的月均收入比其配偶普遍都高，有七成样本人口其配偶的月收入低于 1000 元，说明厦门市样本流动人口的家庭双方收入差异较大；从婚姻经历和生育实践来看，流动家庭还没有孩子的只占 0.7％，有一个孩子的占 66.2％，有两个及以上孩子的占 33.1％；在已有第一孩性别上，性别结构失衡，男孩远多于女孩的比例，这与全国样本得到的数据差不多；厦门市样本流动人口一般选择与配偶

一起居住,与孩子分居,流入地的居住方式以与他人合住的为多,占67.8%,这也和全国样本人口的情况相同。

表 9-20　厦门市流动人口样本的家庭与社会网络情况

样　本		所占比例/%
打工月均收入 （N＝477）	少于 500 元	10.9
	500～1000 元	69.2
	1000～2000 元	18.2
	2000～3000 元	1.0
	3000 元以上	0.6
配偶月均收入 （N＝172）	少于 500 元	22.7
	500～1000 元	48.3
	1000～2000 元	22.7
	2000～3000 元	2.9
	3000 元以上	3.5
现有孩子数 （N＝151）	没有孩子	0.7
	1 个孩子	66.2
	2 个孩子	29.8
	3 个及 3 个以上	3.3
第一孩性别 （N＝148）	男	62.8
	女	37.2
与配偶居住情况 （N＝184）	与配偶一起居住	73.4
	与配偶分居	26.6
与孩子居住情况 （N＝156）	与孩子一起居住	33.3
	与孩子分居	66.7
流入地的居住方式 （N＝478）	与他人合住	67.8
	单独居住	32.2

(三)结果与分析

表 9-21 列出的是全国样本和厦门市样本流动人口截至调查当时实际"是否只生一孩"的 Logistic 的回归分析结果。从整体来看,模型有较好的拟合度,其中全国样本流动人口模型的正确预测度为 84.9%,厦门市样本流动人口模型的正确预测度为 82.7%。可以看到,我们提出的理论假设基本

得到了证实。

我们先来分析全国样本流动人口模型的估计结果。其中，在所选择的解释变量中，有11个变量的影响是显著的，都在0.1或0.5的水平上具有统计意义。首先，影响是正方向的，而且其与本文提出的假设一样的有以下几个方面：自身打工地类型对流动人口选择是否只生一孩的影响最大，打工地在城镇的比在农村的流动人口其实际生育规模较小，即可以认为流入地的经济水平越高，选择只生一孩可能性越大；与孩子一起居住的流动人口，其实际生育一孩的发生比相对于与孩子分居的流动人口高出1.87倍；流动人口已有第一孩性别为男的，其实际只生一孩的发生比是第一孩性别为女的3.94倍；流入地交友数越多，实际生育规模越趋于一孩化，或者说的更准确一点，每增加一个朋友，其实际只生一孩的发生概率就增加86.4%；自身打工月均收入越高，只生一孩的可能性越大。月均收入一个单位的变化就会使得只生一孩的发生比增加8.92倍。另外，我们发现与配偶一起居住的流动人口，其实际生育一孩的发生比相对于与配偶分居的流动人口高出约3.11倍，这显然与我们的假设相悖，我们认为，这种反向关系的出现可能归因于流入地文化、政策、经济水平的各个方面的同化和约束作用而导致的实际生育规模的下降。

其次，性别、配偶户口性质、流入地的居住方式、孩子数量偏好、一孩性别偏好与实际生育规模呈负相关关系。女性流动人口和来自城市的流动人口，其实际生育规模相对男性和来自农村的流动人口而言较小。从发生比率Exp(B)的值来看，男性流动人口实际只生一孩的发生比要比女性流动人口少83.8%，或者说女性流动人口实际生育一孩的可能性是男性流动人口的6.17倍。流动人口中只愿意生育一胎或者愿意选择不生育的比希望生育多孩的在实际生育行为上更趋向于少生育。在"如果只生一孩"这个问题上选择"希望是男孩"的流动人口，其实际生育规模也比无一孩性别偏好的流动人口而言较大，一孩偏好男孩的流动人口实际只生一孩的发生比只有无一孩性别偏好流动人口的6.2%。在流入地单独居住的流动人口实际只生一孩的发生比是在流入地与他人合租及住单位集体宿舍的43.5倍。这大概是由于在流入地与他人合租及住单位集体宿舍的流动人口由于接触的人群局限在打工群体中，从某种程度上来说，相应的就减少了与流入地人口和文化的交流，单独居住的流动人口相对而言就有更多的机会与当地的居民、邻里以及社区进行接触，因而受流入地同化的程度较高，更趋向于和流入地的文化相适应,选择少生育。

在厦门市样本流动人口模型中,我们剔除了流动人口自身打工地类型、配偶在外打工情况、流入地交友数这三个因素后,一些解释变量的影响程度和方向发生了变化。与全国样本流动人口模型相比,厦门市样本流动人口的性别、配偶户口性质、自身打工月均收入、流入地的居住方式对实际只生一孩的影响已经不显著。初育年龄和受教育程度的影响变得十分显著,这与我们的理论假设相符,可以看到,初育年龄和受教育程度各自每增加一个等级,就会导致实际只生一孩的发生比分别提高 10.7% 和 34.1%。受教育程度对于实际生育规模的显著影响,从贝克尔的孩子数量质量替代理论来解释,教育作为一种人力资本投资,实质上是一种家庭收益的最大化和孩子效用的最大化。人力资本的投资收益率与生育率成负相关关系。经济发展带来的收入增加,使得人力资本投资收益率提高,从而降低了生育率。家庭中由投资回报率决定父母对孩子数量和质量(人力资本)的投资,从而确定人力资本投资、生育率和经济增长之间的关系。从实践分析,我们认为这大概是由于厦门作为经济比较发达的经济特区,相对于全国总体而言,在吸引外来人口的过程中对教育程度的要求较高,从而使得流动人口接受再教育的需求增大,为了在激烈的竞争中不被淘汰,打工者的时间和精力大都投到如何进一步自我提升上来,从而无暇顾及或者是耽误了生育时间。另外,在具有显著影响的因素中,与配偶居住情况对实际生育一孩的影响方向与全国样本的相反,但是却与理论假设一致。与全国样本流动人口模型一样是,孩子居住情况、已有第一孩性别、孩子数量偏好、一孩性别偏好等四个解释变量还是和实际是否只生一孩成正向相关,且具有统计意义。从整个模型的拟合程度来看,模型的卡方检验在 0.001 水平上有统计显著性,说明该模型对流动人口是否"只生育一孩"还是具有较好的解释能力。

表 9-21 流动人口截至调查当时实际是否只生一孩的 Logistic 回归分析结果

解释变量	全国			厦门市		
	B	$\mathrm{Exp}(B)$	β	B	$\mathrm{Exp}(B)$	β
性别	-1.822^*	0.162	-0.497	0.030	1.130	0.008
在外流动时间	0.002	1.002	0.001	0.122	1.130	0.094
自身户口性质	0.630	1.877	0.171	0.342	1.407	0.094
自身打工地类型	51.455^*	$2.2\mathrm{E}+22$	6.043			

续表

解释变量	全国			厦门市		
	B	Exp(B)	β	B	Exp(B)	β
配偶户口性质	−5.124*	0.006	−1.401	−0.559	0.572	−0.151
配偶在外打工情况	−11.510	0.000	−3.092			
配偶在外打工地类型	−23.227	0.000	−2.728			
初育年龄	−0.677	0.508	−0.230	1.107**	3.024	0.358
受教育程度	0.123	1.131	0.077	1.341****	3.824	0.617
与孩子居住情况	1.053*	2.867	0.248	0.838*	2.313	0.218
与配偶居住情况	1.415*	4.116	0.387	−0.714*	0.490	−0.174
已有第一孩性别	1.371*	3.940	0.377	1.650***	5.206	0.441
配偶月收入	−0.563	0.569	−0.323	−0.271*	0.763	−0.139
自身打工月均收入	2.294*	9.916	1.033	−0.150	0.861	−0.050
流入地交友数	0.623*	1.864	7.068			
流入地的居住方式	−3.765**	0.023	−0.970	−0.347	0.706	−0.089
一孩性别偏好	−2.777*	0.062	−0.757	−0.662*	0.516	−0.167
孩子数量偏好	−0.971*	0.379	−0.250	−1.509***	0.221	−0.446
模型卡方检验值	41.361*****			45.520*****		
正确预测率/%	84.9			82.7		

注：*、**、***、****、***** 表示在 0.5、0.1、0.01、0.005、0.001 水平上有统计意义。

(四)结论与对策

本小节利用厦门市流动人口和全国各地市流动人口在择偶、婚姻建立、婚姻生活以及生育方面的一些个人看法和实际情况进行的调查资料,用流动人口是否"只生育一孩"来反映流动人口的实际生育规模,通过 Logistic 回归对其进行多变量的统计模拟分析。分析结果表明,生育实践的转变是一个长期而动态变化的过程,它取决于宏观社会条件和微观家庭状况的演变。两个模型的解释变量中,包括孩子居住情况、已有第一孩性别、孩子数量偏好、一孩性别偏好都对流动人口生育一孩的实际行为产生显著的影响,表明流动人口的实际生育规模普遍受到生育偏好和家庭关系的影响,生育偏好越强,流动人口的实际生育孩子数量越多,与子女的关系越密切,流动人口的实际只生育一孩的比率越大。厦门市作为沿海经济比较发达的地区,其经济水平可以说是高于全国的平均水平,但是其流动人口在与配偶一起居住的情况下一般生育孩子数量较多,这与全国样本所反映的情况有所不同,这在某种程度上说明了经济水平的提高并不一定能改变人口的生育观念与生育实践,生育观念及其行为的演变是受制于各种综合因素的影响,它在更大程度上还是和文化承袭和制度变迁有一定的关系。因为,文化作为一种社会的抑或群体、家庭、个人的价值观和态度,早已通过社会化过程内化于人们的心灵深处,又遍布在生存环境的各个角落。这种深入和遍布,决定了人类行为的方方面面都涉及和反映着文化特征(周怡,2002)。另外,厦门市流动人口的受教育程度对实际生育规模的显著影响也印证了在经济相对发达的地区,文化因素在某种程度上比经济因素在控制流动人口实际生育规模上发挥着更重要的作用。此外,我们也看到了社会网络结构对于控制流动人口实际生育规模的积极作用,可以说社会网络对于生育实践的影响也是文化对生育行为潜移默化的作用。

显然,以上流动人口实际生育规模的影响因素分析结果具有重要的政策启示。在当前流动人口规模日益庞大的形势下,针对较难控制和管理的流动群体,在控制流动人口规模的时候选择什么样的点作为突破口至关重要。我们提出以下对策建议:

(1)从文化创新的角度考虑,为流动人口提供宽松的人文环境,并且大力宣传社会主义先进的生育文化,更新全社会对生育决策的价值观念尺度。那么,这就必须从教育入手,在推进社会经济不断发展的同时,在稳定现行人口政策的情况下,增加人力资本投资。从制度上保证流动人口不断接受再教育的机会。比如,政府可以从财政资金中划拨一部分专门用来鼓励流动人口接受再教育,从政策上支持用工单位对流动人口接受再教育进行社会化补偿。

(2)从社区管理上,可以专门为流动人口组织一些与当地居民交流的文娱活动,丰富流动人口的业余生活,为流动人口拓宽社会交流网络创造机会。开展为流动人口提供婚前指导、优生优育优教咨询、免费妇检等活动,对流动人口生育宜进行人性化管理。在社区中,为流动人口子女的就学广开方便之门,与当地居民一视同仁,并适当辅以优惠政策。

第三节　避孕情况

　　婚育观包括五个方面：生育目的、生育偏好、生育数量、生育时间和子女质量（潘贵玉，2001）。而避孕节育直接影响着其中的三个方面——生育数量、生育时间和子女质量。2001年开始，针对避孕节育方法的"知情选择"政策正式取代以往的人口计划管理，在全国开展并被纳入法律轨道，此项政策对于提高避孕节育方法的知晓程度、避孕成功率和群众满意率发挥了重要作用（张纯元、陈胜利，2004）。于建春等的研究表明，影响避孕节育知情选择的因素表现在管理、技术服务和育龄人群三个方面（于建春、李欣迎等，2005），而流动人口由于数量庞大、育龄人口多，经济能力差、教育水平低，迁移流动频繁，流入地与流出地的管理与服务脱节，而成为计划生育服务网络、生殖健康关爱网络中的边缘群体和弱势群体。

　　避孕知识水平差，不仅是流动人口生育数量目标落空也是流动人口生育质量难以保障的主要原因，而且还影响着流动人口的婚姻家庭和谐和流动妇女的生殖健康水平，因此，研究这一群体的避孕相关情况及其影响因素就具有非同一般的意义。

　　本节基于《外出打工（或流动）人口婚姻家庭调查问卷》，在对外出打工人口的避孕知识了解状况、避孕知识获取渠道以及避孕行为实施状况进行系统的描述分析的基础上，结合课题组同期完成的《农村从未外出过人口的婚姻家庭调查问卷》、2003年完成的《厦门市流动人口婚姻家庭调查问卷》以及其他有关文献，针对相关内容进行对比分析，并建立多分类有序Logistic模型对外出打工人口避孕知识水平的决定因素进行回归分析。

一、避孕知识了解程度

（一）总体分布状况分析

　　如表9-22是外出打工人口对于一般避孕知识了解程度的分布状况汇总结果。从表中不难看出，大部分外出打工人口对于避孕知识的了解都处于一般了解的状态，选择"一般"和"了解不多"的合计近60%，而选择"比较了解"的只占不到总数的1/4，"很了解"和"不了解"的人数都在9%左右。黄江涛等以问卷形式调查了广东省15～35岁的女性城市流动人口的避孕知识水平,2006 人答题,得分≥60 分的比例为 35.9%,<60 分的占 64.1%(黄江涛、余森泉 等,2004)。由此同样可以看出,流动人口的总体避孕知识水平不容乐观。

表 9-22 外出打工人口对一般避孕知识的了解程度

变 量	很了解	比较了解	一般	了解不多	不了解	合计
人数/个	23	64	108	47	26	268
百分比/%	8.6	23.9	40.3	17.5	9.7	100.0

外出打工人口,尤其是占其中大部分的农村外出打工人口,在流动到城市后受到现代生活方式、先进传媒以及丰富信息的浸润,在对其避孕知识了解程度方面产生的影响到底有多大?对此可以从对三份调查问卷的对比分析中来发现一些差异与变化。结合表 9-22 和表 9-23 进行对比分析可知,外出打工人口、厦门市流动人口、农村从未外出打工人口在对于一般避孕知识了解程度上的差异主要显现在三个方面:第一个是对避孕知识不甚了解(指选择"了解不多"和"一般")的比例以农村从未外出打工人口最大,为67.4%,其他依次为外出打工人口、厦门市流动人口;第二个是选择"比较了解"的比例正好相反,以厦门市流动人口达到其有效样本总数的 1/3 为最大,比外出打工人口高了 10 个百分点;第三个是是否外出打工对避孕知识水平的影响最鲜明的体现是对于"很了解"的选择比例,农村从未外出打工人口此项比例仅达到外出打工人口和厦门市流动人口此项比例的66%。应该说,流动人口的整体避孕知识水平高于农村从未外出打工人口,其中厦门市流动人口的知识水平又高于全国样本流动人口的避孕知识水平,充分体现了流入地沿海、开放、发达城市的发展优势影响作用。此外,有一点很值得我们关注,选择"不了解"的在几种调查对象群体中所占比例差异较小。这种凝滞状态也反映了一种边际效应,在避孕知识推广过程中,即使受到外部环境变迁的积极推动影响,也仍然存在少部分人口的普及难度极大的问题,因此进一步考查这个人群的主要特征并分析原因就具有一定的现实意义。

表 9-23　对一般避孕知识了解程度的结果比较

单位:%

样　本	很了解	比较了解	一般	了解不多	不了解
外出打工人口	7.5	20.6	44.4	16.9	10.6
厦门市流动人口	7.6	33.7	30.8	18.6	9.3
农村从未外出打工人口	5.1	17.4	37.0	30.4	10.1

(二)单因素影响分析

在单因素影响分析中,选择了性别、年龄、户籍、受教育程度和收入水平这几个因素来对外出打工人口避孕知识水平的影响及变化状况进行考查。由表 9-24 可知,在外出打工人口中,对于一般避孕知识的了解程度表现为男性好于女性,了解程度随着年龄增长也不断提高,以 25～45 岁年龄段的人口了解程度最优。25 岁以下人口的了解程度略差,这应该是由于这个人群正处于婚育前期或是初期阶段,许多人还未被纳入计划生育服务体系,对于避孕知识既懵懵懂懂又羞于询问,本身受到中国传统思想及文化模式影响,外部又缺乏正式系统的避孕知识教育的原因。随着教育程度以及平均月收入的提高,意味着个人素质也不断提高,接触的知识面、信息量以及接受能力、调控能力也都与之成正比,避孕知识了解程度越来越好也就理所当然。从不同户口所在地的角度来看,则城乡差异检验结果表明并不具有统计意义。虽然我国长期二元制政策导向下造成城乡在许多方面出现剪刀差,但是计划生育工作却一贯保持了基本平衡稳定的发展态势,不论城镇还是农村,都一起建立了广泛的计划生育服务网络,对于避孕知识的普及推广自然功不可没。

表 9-24　不同个人背景下的外出打工人口对一般避孕知识的了解程度

单位:%

样　本		很了解	比较了解	一般	了解不多	不了解	显著性检验 (χ^2 检验)
分性别	女	11.2	22.4	32.8	18.1	15.5	14.54**
	男	6.7	25.3	46.7	17.3	4.0	

续表

	样 本	很了解	比较了解	一般	了解不多	不了解	显著性检验 （χ² 检验）
分年龄段	19 岁及以下	0	0	20.0	46.7	33.3	48.39**
	20～24 岁	12.8	20.5	35.9	17.9	12.8	
	25～29 岁	6.0	26.9	44.8	16.4	6.0	
	30～34 岁	13.2	39.6	39.6	5.7	1.9	
	35～39 岁	8.1	24.3	35.1	18.9	13.5	
	40～44 岁	5.4	13.5	51.4	24.3	5.4	
	45 岁及以上	6.3	12.5	50.0	18.8	12.5	
分户口所在地	城市	10.8	35.1	35.1	10.8	8.1	6.88
	镇	10.8	24.6	33.8	21.5	9.2	
	农村	7.5	20.6	44.4	16.9	10.6	
分教育程度	文盲、半文盲	0	15.4	30.8	38.5	15.4	−0.191[a]
	小学	14	11.6	39.5	30.2	4.7	
	初中	7.3	22.0	44.0	13.8	12.8	
	高中、中专等高等技术学校	5.1	30.4	38.0	17.7	8.9	
	大专	20.0	33.3	40.0	0	6.7	
	大学	14.3	42.9	42.9	0	0	
平均月收入	500 元以下	4.8	23.8	38.1	14.3	19.0	−0.235[a]
	500～800 元	8.2	13.7	39.7	26.0	12.3	
	800～1100 元	9.7	22.2	47.2	12.5	8.3	
	1100～1400 元	10.0	20.0	35.0	30.0	5.0	
	1400～1700 元	2.8	36.1	36.1	22.2	2.8	
	1700～2000 元	12.5	37.5	50.0	0	0	
	2000 元以上	15.0	45.0	25.0	10.0	5.0	

注：a 为 Gamma 值。

　　随着经济发展和城市化进程不断推进，越来越多的农村人口走出家门来到城市，脱离原有文化环境，受到新的思想观念和生活方式影响，这种潜移默化使得他们的婚育行为也随之出现了一定的变化，因此考查流动经历对于避孕知识了解程度的影响就很有意义。表 9-25 即是从外出打工人口的初次外出打工时间、打工时长、打工到过地区数量这三个角度来剖析外出打工人口在不同流动经历下的避孕知识了解程度及其影响。

很显然，打工经历越丰富，接触到的新事物、新知识也就越丰富。如表9-25 所示，随着外出时间越早、打工时长越长、到过地区数越多，对于避孕知识的了解程度也不断提高。由于流动人口接受正规教育的机会和渠道仍远少于城镇人口，同伴教育的影响对他们而言就不可忽视，对于外出打工人口的调查问卷结果也印证了这一点，在外出打工地是否交友对于避孕知识的了解程度的差异具有统计显著性。

表 9-25　不同流动经历下的外出打工人口对一般避孕知识的了解程度

单位：%

样	本	很了解	比较了解	一般	了解不多	不了解	显著性检验 （χ^2 检验）
初次 外出 打工 时间	1985 年以前	0.0	11.8	58.8	23.5	5.9	
	1985—1989 年	4.8	14.3	47.6	14.3	19.0	
	1990—1994 年	12.2	44.9	28.6	12.2	2.0	29.652*
	1995—1999 年	8.8	23.5	42.2	18.6	6.9	
	2000—2005 年	8.3	15.3	40.3	20.8	15.3	
打工 时长	1 年以内	3.1	21.9	37.5	25.0	12.5	
	1～2 年	9.7	9.7	58.1	9.7	12.9	
	2～3 年	3.8	30.8	23.1	11.5	30.8	34.23*
	3～5 年	10.0	20.0	42.0	20.0	8.0	
	5～10 年	10.0	27.5	36.3	23.8	2.5	
	10 年以上	11.6	27.9	41.9	9.3	9.3	
打工 到过 地区数	1 个	3.8	19.2	43.3	21.2	12.5	
	2 个	13.6	28.8	42.4	8.5	6.8	26.199**
	3 个	17.3	25.0	23.1	21.2	13.5	
	4 个及以上	2.1	27.1	50.0	16.7	4.2	
在打工地 是否交友	是	8.1	27.8	40.2	16.3	7.7	10.173*
	否	10.7	10.7	39.3	23.2	16.1	

避孕作为生育主体控制生育时间、生育数量的主要手段，在婚育行为中具有格外重要的意义，也是有过婚姻、生育经历的人必然要面对的一个问

题。从表 9-26 所示外出打工人口在不同婚姻和生育状态下对于避孕知识了解程度的差异比较分析中发现,是否结过婚和结婚次数在避孕知识水平上的差异都具有统计意义,但是否有过生育行为的差异性则并不显著,这应该是因为现代社会的生育行为常常是与生育控制密切相关的,没有生育过并不意味着对于避孕知识的需求就会降低,反而会因为受到未来生育计划的限制而有更高的要求。

表 9-26　不同婚生状态下外出打工人口对一般避孕知识的了解程度

选　项		很了解	比较了解	一般	了解不多	不了解	显著性检验 （χ^2 检验）
是否 结过婚	是	8.5	27.5	41.7	15.2	7.1	14.45**
	否	8.9	10.7	35.7	26.8	17.9	
结婚 次数	未婚	8.9	10.7	35.7	26.8	17.9	
	1 次	8.3	28.4	40.7	15.2	7.4	18.98*
	2 次及以上	14.3	0.0	71.4	14.3	0.0	
是否 有生育	是	8.0	25.3	44.4	14.4	8.0	
	否	9.6	21.3	33.0	23.4	12.8	6.74

由于男女两性均是婚育行为的主体,因此此处特意考查了当以性别作为控制变量时,男性和女性的婚育经历对于其避孕知识了解程度有何影响和差异。从表 9-27 所示的分性别统计检验结果来看,女性的婚育经历对于其避孕知识水平具有显著影响,而男性则全然没有。究其原因,虽然男女两性都是避孕行为的主体,但是避孕措施的实施方却常是女性,而且避孕失败后果的承担方也只有女性,在这种情况下,婚育期中的女性对于避孕知识水平的需求也就成了无可奈何的必然选择。

表 9-27　以性别作为控制变量时不同婚生状态下对一般避孕知识了解程度的 χ^2 检验

选项	性别	是否结过婚	结婚次数	是否生育
对一般避孕知识 的了解程度	女	20.01**	21.84**	12.77*
	男	4.13	8.09	2.94

在从男女两性的角度考查了对于流动人口避孕知识水平的影响后,下面还要就配偶背景对调查对象避孕知识水平的影响作用做进一步探讨。教

育的重要性体现在方方面面,如表 9-28 所示,随着配偶受教育程度提高,无论是否外出打工,避孕知识水平都相应提高,而且差异具有统计意义。流动经历对于改善外出打工人口避孕知识状况的重要性,可以从流动经历对于外出打工人口和从未外出打工人口的影响状况统计分析不同结果中得以体现。只要本人具有流动经历,则避孕知识了解程度是否能够提高并不受配偶的流动经历影响。而在农村从未外出打工人口中,其配偶是否有流动经历,对于其避孕知识的了解程度会由于扩散、传递作用而提高,且差异具有显著性。

表 9-28　配偶背景对外出打工人口、农村从未外出打工人口避孕知识了解程度的影响

单位:%

	选项		很了解	比较了解	一般	了解不多	不了解	显著性检验(χ^2 检验)
配偶是否外出	外出打工人口	是	11.3	26.1	41.7	13.9	7.0	3.18
		否	6.8	32.9	42.5	15.1	2.7	
	农村从未外出打工人口	是	7.1	28.6	19.0	38.1	7.1	10.44*
		否	3.5	17.7	44.2	23.9	10.6	
配偶教育背景	外出打工人口	文盲、半文盲	12.5	12.5	50.0	25.0	0.0	31.942*
		小学	12.5	15.0	47.5	25.0	0.0	
		初中	3.2	34.4	39.8	16.1	6.5	
		高中、中专等高等技术学校	18.9	27.0	43.2	2.7	8.1	
		大专	0.0	33.3	66.7	0.0	0.0	
		大学	25.0	50.0	25.0	0.0	0.0	
	农村从未外出打工人口	文盲、半文盲	8.3	25.0	25.0	25.0	16.7	38.81*
		小学	2.4	11.9	38.1	31.0	16.7	
		初中	3.8	21.8	42.3	26.9	5.1	
		高中、中专等高等技术学校	10.5	26.3	15.8	42.1	5.3	
		大专	0.0	0.0	100.0	0.0	0.0	
		大学	50.0	50.0	0.0	0.0	0.0	

中国人口与发展研究中心于 2004 年展开了一项"流动人口性与生殖健康状况基线调查",通过调查发现,在掌握避孕知识方面未婚者高于已婚者,但在采取避免怀孕的措施方面和在获得避孕节育服务方面,未婚者明显弱于已婚者(刘鸿雁、汝小美 等,2004)。中国人口与发展研究中心所做调查与我们此次调查的主要区别在于他们的研究重点是从生育个体和政府的两个角度来分析流动人口获得生殖健康服务方面存在的问题,而我们是以考查流动人口的避孕节育状况及对其婚姻、家庭的影响为主。

二、避孕知识获取渠道

避孕知识获取渠道是影响外出打工人口避孕知识水平的重要因素,其信息渠道是否易于获得以及由此对所传递信息的真实可靠性的影响都是值得深入考查的问题,对于我国的计划生育服务与监控工作都有着重要的意义。

从表 9-29 对外出打工人口避孕知识获取渠道的统计汇总以及表 9-30 对避孕知识获取渠道的排序中可以清楚看出,外出打工人口的避孕知识获取渠道无论是从总体来看,还是分个人背景、婚育状况、配偶背景来看,都呈现一个相同的排序趋势,即:①计划生育宣传,②报纸杂志,③听朋友说的,④电视广播,⑤夫妻交流。在政府主导下,经过近 30 年的不断建设,我国的计划生育管理体系不断健全,制度不断完善,遍及城乡,深入镇村,计划生育宣传已经成为避孕节育、生殖健康宣传的主要来源,中选比例远超过其他渠道。报纸杂志属于普及程度极高的大众传媒方式,因其更新快速,信息丰富,经济便利,易于获得,而且在生活知识、日常百科宣传方面一直比电视广播更具优势而成为排序第二的渠道。第三位的"听朋友说的",也就是同伴教育,一直是涉及性知识、生殖健康知识传播过程中的一个颇受研究者关注的途径,这也正是在由传统文化向现代文化发展过渡过程中,人们相互之间进行避孕等有关经验、信息的交流、学习与传递的一个易于也乐于接受的渠道。

表 9-29　外出打工人口避孕知识获取渠道

样本		计划生育宣传		听朋友说的		夫妻交流		电视广播		报纸杂志	
		数量	排序	数量	排序	数量	排序	数量	排序	数量	排序
总体		140	①	95	③	43	⑤	80	④	131	②
分性别	男	92	①	49	④	24	⑤	58	③	87	②
	女	48	①	44	②	19	④	22	③	44	②
分年龄段	19 岁及以下	3	①	2	②	0	③	2	②	2	②
	20～24 岁	13	③	17	①	2	⑤	12	④	16	②
	25～29 岁	36	②	15	④	12	⑤	18	③	37	①
	30～40 岁	53	①	37	③	16	⑤	30	④	47	②
	40 岁以上	28	①	16	③	10	⑤	12	④	18	②
户口所在地	城市	18	②	12	③	8	⑤	10	④	23	①
	镇	32	①	20	③	6	⑤	18	④	29	②
	农村	86	①	59	③	26	⑤	51	④	76	②
教育程度	文盲、半文盲	5	②	8	①	3	④	0	⑤	4	③
	小学	28	①	21	②	9	⑤	10	④	12	③
	初中	57	①	41	③	15	⑤	38	④	51	②
	高中	37	②	18	④	12	⑤	21	③	49	①
	大学	13	①	7	③	4	④	10	②	13	①
是否结过婚	是	122	①	75	③	42	⑤	69	④	107	②
	否	18	③	20	②	1	⑤	11	④	24	①
是否生育过	是	103	①	58	③	34	⑤	54	④	83	②
	否	37	②	37	②	9	④	26	③	48	①
配偶教育程度	文盲、半文盲	6	①	6	①	1	③	1	③	2	②
	小学	29	①	19	②	5	⑤	16	③	12	④
	初中	55	②	28	④	18	⑤	31	③	56	①
	高中	17	②	5	⑤	9	④	10	③	20	①
	大学	7	②	5	④	6	③	7	②	11	①
配偶是否外出打工	是	61	①	37	③	20	⑤	35	④	60	②
	否	48	①	23	④	17	⑤	25	③	37	②

表 9-30　外出打工人口避孕知识获取渠道排序结果汇总

渠　道	①	②	③	④	⑤
计划生育宣传	13	5	2	—	—
听朋友说的	2	5	10	3	
夫妻交流	—	—	1	4	15
电视广播	—	2	5	12	1
报纸杂志	6	12	2	—	

表 9-31 和表 9-32 是对农村从未外出打工人口的避孕知识获取渠道及其排序结果的汇总。农村从未外出打工人口避孕知识获取渠道从总体和各种重要分组来看同样也呈现一种相同的排序趋势：①计划生育宣传，②电视广播，③报纸杂志，④听朋友说的，⑤夫妻交流。

不论城乡，计划生育宣传作为避孕知识获取的主渠道在几种调查结果中都是位于首选。农村从未外出打工人口与外出打工人口的避孕知识获取渠道的排序结果主要在两方面存在差异：一是"电视广播"在农村从未外出打工人口获取渠道排序中提前了 2 位居于第二；二是"听朋友说的"在农村从未外出打工人口获取渠道排序中后退 1 位而居于第四。随着经济快速发展，农村人口的生活水平也在不断提高，电视对许多农民而言已不算是高档消费品，电网及线路的开通也促进电视走进广大农家，而报纸在城市所具有的即时性和快速更新性在农村则由于受到交通运输等基础设施的影响，反而相对变成一种滞后的传播方式，因此电视和报纸的排序结果差异也完全在情理之中。中国的传统文化具有压抑与性有关的知识交流传播的导向，耻于谈性的倾向在农村比在城市更为严重。虽然朋友之间进行交流讨论由于气氛轻松并且具有示范带动作用而更易于让人接受，但目前也只是在农村人口流动到城市后，受到城市新型生育文化影响而逐渐开始改变，为外出打工人口所接受，因此出现了"听朋友说的"在农村从未外出打工人口避孕知识获取渠道排名中处于后两位而在外出打工人口的选项排序中处于第三位。

表 9-31　农村从未外出打工人口避孕知识获取渠道

样本		计划生育宣传		听朋友说的		夫妻交流		电视广播		报刊	
		数量	排序	数量	排序	数量	排序	数量	排序	数量	排序
总体		104	①	45	④	29	⑤	65	②	58	③
分性别	男	58	①	21	④	10	⑤	43	②	41	③
	女	44	①	24	②	19	④	20	③	17	⑤
分年龄段	19岁及以下	0		2	①	0		1	②	0	
	20~24岁	3	②	4	①	2	③	0		3	②
	25~29岁	16	①	7	③	5	⑤	6	④	12	②
	30~40岁	39	①	15	④	8	⑤	24	②	19	③
	40岁以上	40	①	11	⑤	14	④	33	②	19	③
户口所在地	城市	1	②	0		2	①	0		0	
	镇	11	②	7	④	3	⑤	8	③	15	①
	农村	88	①	35	④	23	⑤	55	②	42	③
教育程度	文盲、半文盲	9	①	6	②	3	③	3	③	1	④
	小学	24	①	12	④	8	⑤	20	②	14	③
	初中	46	①	20	③	12	④	26	②	26	②
	高中	20	①	5	④	3	⑤	14	②	13	③
	大学	1	②	0		0		1	②	2	①
是否结过婚	是	101	①	42	④	29	⑤	62	②	58	③
	否	0		3	①	0		1	②	0	
是否生育过	是	94	①	38	④	26	⑤	62	②	49	③
	否	10	①	7	③	3	④	3	④	9	②
配偶是否外出打工	是	31	①	15	③	4	⑤	18	②	10	④
	否	68	①	26	④	24	⑤	40	③	43	②

表 9-32　农村从未外出打工人口避孕知识获取渠道排序结果汇总

渠　　道	①	②	③	④	⑤
计划生育宣传	16	2	—	—	—
听朋友说的	2	2	4	10	1
夫妻交流	—	—	2	4	12
电视广播	—	12	4	2	—
报纸杂志	—	5	9	2	1

　　结合两份调查的排序结果,更让人深思的,应该就是夫妻交流这一渠道无论是受城市现代文化和农村传统文化双重影响的外出打工人口,还是维持原有生活模式和发展节奏的农村从未外出打工人口,不分性别、年龄、户口所在地和受教育程度,绝大多数调查对象都把夫妻交流列为避孕知识获取渠道的最末选择,甚至不如在朋友之间进行交流,造成这种状况的原因值得我们深思。夫妻虽然都是避孕行为的主体,但在避孕措施实施中通常是由一方而且多是女方主要承担,未承担一方对于避孕知识的关注度自觉不自觉地就会相对减弱,而且在中国的许多婚姻家庭生活中,与性有关的知识即使是夫妻之间也缺少一种现代、开化的沟通交流。由纳入了与性有关的解释变量的婚姻质量影响因素多维回归分析结果也表明,无论城市还是农村,现代、开化的性意识和性互动模式均对婚姻质量具有正效应(徐安琪、叶文振,1999)。因此在避孕节育实施中,如果能加强夫妻沟通交流、共同参与,对于降低避孕失败率、提高满意度,促使婚姻家庭生活更加和谐也大有助益。

　　从表 9-33 对于其他研究中的避孕知识获取渠道排序结果的汇总及对比中可以看出,虽然不同的研究者在设置避孕知识获取渠道的选项时各有偏好,但综合各类结果可知,各种选项基本可以归为三类:计划生育宣传、大众媒体(广播电视、书报杂志)、互动式(亲朋、夫妻、学校)。从各个选项的中选结果排序中不难看出,计划生育由于其宣传、技术与服务融为一体,专业性强,可信度高,覆盖面广而成为最有效、最广泛的避孕知识来源。大众媒体方式由于其可得性和隐秘性,满足国人既有知识需求又羞于互动式咨询讨论的心态,也被多数人所选择。互动式的中选比例通常低于前面两种,一般而言,易于为更现代、更开放一些的人群所接受。

表 9-33　其他研究中的避孕知识获取渠道排序结果对比

研究者	调查地区	调查年	对象性别	样本数	渠道排序结果
国家计生委"计划生育家庭发展与变化"课题组	5 个省和 1 个市	2000	女	5367	①计划生育 ②人口学校 ③书报杂志 ④医生咨询 ⑤广播电视 ⑥亲友交流
中国人口与发展研究中心"流动人口性与生殖健康状况基线调查"	6 个省	2004	男、女(已婚)	7251	①书报杂志 ②广播电视 ③家乡计生人员 ④本地计生人员 ⑤亲戚朋友 ⑥同事 ⑦培训讲座
黄江涛　俞小英 王奇玲　余森泉	广东省三地市	2003	女(流动人口)	2006	①老乡工友之间交流 ②电视录像 ③报纸杂志 ④学校 ⑤家庭
郭兴萍　王　裕	山西榆次 2 个乡	2003	男、女	136	①民间交流 ②技术服务人员 ③宣传资料 ④培训 ⑤书、报刊 ⑥电视广播
孙惠兰　冯　婷 杨梅丽　张　英	浙江省省妇院	2000	女	2000	①计生干部 ②书报传媒 ③医生 ④他人介绍 ⑤广播电视
武俊青　陶建国 高尔生	上海市闵行区	1998	女(外来人口)	4679	①计生干部 ②书报杂志 ③医院 ④丈夫/男友 ⑤亲朋
武俊青　郑　玲 陈锡宽　高尔生	安徽宣州	1999	女(已婚育龄)	1367	①书籍手册 ②广播电视 ③报纸杂志 ④宣传海报、座谈会

三、避孕措施承受对象

夫妻双方在选择避孕措施承受对象时一般要受到避孕措施的可得性、生育计划、身体健康状况、个人偏好、夫妻双方是否具有平等地位尤其女性是否拥有决策权等几方面因素的影响。虽然目前针对男性、女性均研制出相应的多种避孕方式,但实际避孕措施的承担者往往都是以女性为主,甚至是政府在开展计划生育宣传服务、管理调控时的主要对象也明显向女性倾斜,这种暗示更容易让社会产生一种避孕节育是女性的问题的倾向。这样从宏观到微观都不利于男性参与避孕节育的实施。表 9-34 所示是对我们所做调查中避孕措施承受对象的汇总结果,在外出打工人口中,1/3 的避孕措施承受对象是女性,超出男性 10 个百分点,其中农村户口外出打工人口中避孕措施承受对象的比例升至 40.2%,超出男性几乎 16 个百分点。同样是农村户口,从未外出人口中由女性承担避孕措施的比外出打工人口的这一比例又高出 5 个百分点,并且在这几种调查对象中均是女性承担为最多。

表 9-34   避孕措施承受对象

单位:%

样　　本	女	男	双方都采取	双方都未采取
外出打工人口	35.1	24.3	27.2	13.4
农村户口外出打工人口	40.2	24.4	22.0	13.4
农村从未外出打工人口	45.3	27.0	15.3	16.7

由于课题组此次所展开问卷调查的主旨是考查流动人口的婚姻家庭状况,流动人口的避孕情况只是放在生育实践一章中作为其中一个组成部分来研究。出于整体综合考虑,在问题设计时偏重于性别角度的探讨,直接以男、女两性作为选项结果,而并没有像一些倾向于医学专业的、专门针对避孕节育问题进行调查的研究项目一样将选项按照详细技术手段分别列出。表 9-35 是一些其他研究中关于避孕措施承受对象的调查结果,表 9-36 是1990—2002 年中国已婚育龄夫妇避孕措施实施情况。两个进行对比的表中只列出实施男用(男性绝育术、避孕套)、女用(女性绝育术、宫内节育器)避孕措施的比例,这既是为了方便与本研究调查结果对比分析,同时也因为这几种避孕节育措施是所有措施中选用比例最高、最具代表性的。表 9-35和表 9-36 中各种不同范围的研究数据都充分说明了一点:在避孕节育措施实施中,无论长效还是短效避孕方式,女性都是主要承担者。而且近年来实

施男性绝育术的人数锐减，男性参与计划生育避孕节育的形势极不乐观（刘云嵘，2000）。

表 9-35 相关研究中的避孕措施承受对象

研究者	调查地区	调查年份	样本数	避孕节育措施/%			
				男性绝育	女性绝育	宫内节育器	避孕套
国家人口计生委统计数据	中国	2002	2.53 亿（已婚育龄妇女）	7.37	32.56	43.55	4.42
国家计生委"计划生育家庭发展与变化"课题组	5 个省和1 个市	2000	5612（已婚夫妇）	4.95	51.14	37.87	3.17
中国人口与发展研究中心"流动人口性与生殖健康状况基线调查"	6 个省	2004	7251（在婚）	3.9	26.5	56.0	10.0
王松丽 梁建成	湖北 2 市8 镇	2004	338（农村育龄妇女）	1.48	28.7	53.48	2.66
费勇勇	平湖市10 个乡镇	1999	15548（育龄妇女）	0.24	22.1	59.53	6.91
武俊青 袁 伟 陶建国 高尔生	上海城乡结合部	1996	910（外来已婚育龄妇女）	2.7	33.5	56.7	—

表 9-36 1990—2002 年中国已婚育龄夫妇避孕措施实施情况

单位：%

年份	男性绝育	女性绝育	宫内节育器	避孕套
1990	10.48	33.27	36.08	3.27
1991	10.88	34.93	34.99	3.48
1992	10.93	35.91	35.44	3.52
1993	10.34	36.42	36.13	3.25
1994	9.95	36.52	36.89	3.42
1995	9.56	36.09	37.66	3.40
1996	9.25	36.03	38.78	3.49

续表

年份	男性绝育	女性绝育	宫内节育器	避孕套
1997	8.90	35.54	39.71	3.49
1998	8.67	35.09	40.43	3.41
1999	8.37	34.64	41.22	3.52
2000	8.03	34.00	41.89	3.83
2001	7.71	33.38	42.72	4.12
2002	7.37	32.56	43.55	4.42

由避孕节育措施承受对象调查结果所表现出来的这些特点和问题不仅包含了相关知识宣传和技术层面等因素的影响，而且承载着相当丰富的文化内涵。目前，在避孕措施发展、施行的过程中所遇到的最大障碍不是知识的匮乏和技术的短缺，而是来自传统的社会价值取向、伦理道德观念、宗教等的反对与排斥。"计划生育丈夫有责"，然而同样作为生育行为中的主体，女性在必须承担妊娠、分娩、哺育的同时，还要作为避孕措施的主要承受对象，所面临的健康风险远远大于男性。在中国，生殖健康的概念正逐步被人们所重视和接受，而生殖健康正是要求充分尊重并保障女性的生殖健康，不断提高广大夫妇调节自身生育的能力，在知情的基础上做出自愿而负责任的选择（潘贵玉，2001）。但是在实际生育行为实施过程中，在长期男权主义思想影响下，男性在分享权力的同时，很少自觉承担相应义务，即使受到现代文化的影响有所意识，也常常会因认为男性承担避孕节育乃至绝育措施是有损面子甚至认为有失尊严的事情而不愿接受。从政府计划生育管理服务角度来看，也存在着一种思想，认为直接由生育的唯一载体——女性来实施避孕节育措施，计生宣传也都是要女性参与的事，只要对女性人口管理好控制好，计划生育任务就完成了、人口控制就有保证了的想法。此外，由于男性避孕节育实施人数过少，相关计生技术服务人员也相对较少，不如女性避孕节育技术服务人员普及、充足，逐年发展下来，形成恶性循环，使得实施男性节育的人员数量越来越少。应该说，婚育生活中的不平等往往和社会上的性别不平等相互依存，因此从政府到个人、从管理到服务、从男性到女性，都要建立新型生育文化，树立新的生育观念，引导两性科学、理性地制订生育计划、选择实施避孕节育措施仍然任重道远。

四、避孕知识水平的决定因素

现代社会人们对生育的调节能力大大增强。由于安全有效的避孕节育方法的出现和普及，人们可以根据需要，对自己生育的孩子数量、间隔、时间进行有效的控制。因此，在现代社会，生育不再是一个完全自然的过程，而变成一个基本受控的过程。传统社会影响生育的主要直接因素是初婚年龄和产后不孕期，现代社会避孕节育则成为一种越来越重要的生育直接影响因素，因此育龄人口对于避孕知识的了解程度就直接影响着对生育行为的控制和生育意愿的实现。

国内目前关于流动人口避孕知识水平及其决定因素的相关研究比较少，现有的一些关于避孕知识状况及其影响因素的研究主要来自公共卫生（王海江，2006；王松丽，2005）、医院以及计划生育科研所（黄江涛，2004；武俊青，2002）等的一些医学专业人士，在问卷设计时多是从避孕原理、使用方法、适用对象、优缺点等几方面来设置选项，其资料来源和研究视角更多的是出自疾病与保健、各种避孕节育措施的实施及效果以及计划生育的专业与服务。这些研究的主要结论基本一致：随着年龄和文化程度增加，避孕知识水平也随之增加。其中武俊青等的研究表明，怀孕次数越多，避孕知识得分越高；初婚年龄为22岁以上年龄组的得分高于22岁以下年龄组；避孕知识来源主要为广播/电视/录像的对象相对于宣传栏/座谈会/其他的得分高；每周看报纸次数越多避孕知识得分越高；去过计生门诊的对象避孕知识得分高（武俊青，2002）。

但是目前此类研究的研究对象多限于女性，而没有将男性同时纳入对比分析之中，然而男女两性同时作为生育行为的主体和避孕实施的主体，在婚姻生活中相互影响、相互作用，单独研究女性避孕知识状况而不考虑男女两性之间的相互影响难以反映实际情况。此外，以往研究在进行影响因素回归分析时主要考虑的是一些个人基本背景和婚孕状况，还没有专门针对流动人口并将流动经历纳入解释变量的研究，而流动经历对流动人口尤其是流动妇女的避孕知识水平的改善具有显著的积极作用。

我们认为，外出打工人口的避孕知识水平应该由以下四个方面决定：（1）个人背景。避孕知识水平首先要受到年龄、教育程度等方面的直接影响。（2）流动经历。外出打工人口的流动经历对于提高其避孕知识水平具有积极作用。（3）婚育状况。有过婚育实践的人口通常比未婚人口的避孕知识丰富。（4）避孕情况。避孕知识的不同来源以及避孕措施的承受方对避孕知识水平会产生不同的影响。

从个人背景来看，首先女性作为避孕措施的主要承担者，同时也是避孕失败后果的主要承担者,出于对自身生殖健康、家庭生育计划以及避孕失败对身心、事业造成影响的顾虑,对避孕节育知识的需求和认识程度应该高于男性。年龄越小的人口由于尚未结婚或是生育,又处在学习或是工作发展的关键阶段,对避孕知识的需求要大于高年龄段人口,但是由于外部缺乏现代、开放的避孕知识讨论学习氛围,各级计划生育服务体系作为一个主要的、能够提供正规科学的避孕知识的机构,其主要服务对象仍是以已婚育龄人口为主,这样就会出现低年龄段人口避孕知识需求高于高年龄段人口,而实际避孕知识水平又低于高年龄段人口的问题。受教育程度是研究各种婚育行为影响因素中的一个关键变量,受教育程度越高,拥有资源也越丰富,可获得的信息量和信息来源都多,自身接受能力越强,同时对于婚姻生活质量的要求也越高,因此避孕知识水平会随着受教育程度提高而同向变化。农村人口由于相对城市人口而言生活环境信息闭塞、技术落后、文化保守,直接影响到避孕知识的传播与提高。配偶教育程度高,可以在日常共同生活过程中把掌握的避孕知识相互交流传递,进而促使对方提高相应知识水平。

从流动经历来看,打工时间越长、到过地区数越多,即流动经历越丰富,一方面使得流动人口接受新知识新技术的机会与能力都大大增加,另一方面在脱离原有传统婚育文化环境后,受到现代生活方式和新型生育文化影响,晚婚晚育、追求更高生活质量的要求更强烈,对于避孕知识的需求更高,也促使流动人口知识水平的提高。我们设置了在打工地交友个数这一解释变量,希望考查的是流动人口在新的生活环境中受到同伴教育的影响程度。由于对于流动人口的生育控制以及避孕服务等都成为现有计划生育服务体系的一个薄弱环节,同时流动人口生活状况单一,生活设施简陋,社会活动少,因此对于大部分正处在育龄的这部分人口而言,避孕知识来源除了报纸、电视等大众媒体以外,同伴、朋友之间的交流对于他们避孕知识水平的提高也有促进作用。

从婚育状况来看,流动人口的婚育经历应该有利于其避孕知识水平的提高。而从避孕情况来看,不同的避孕知识获取渠道由于受到可得性、可靠性、亲和度以及个人偏好和接受能力的影响而对避孕知识水平产生不同的影响,具体影响程度因人而异。不同的避孕措施承受对象也决定了流动人口的避孕知识水平,仅由女性承担避孕措施通常不利于避孕知识水平的提高,而由男性或是双方共同承担则因为避孕主体的共同参与而提高对避孕知识的关注度,使得双方避孕知识水平都得以提高。

我们所做调查中在对"您了解一般的避孕知识吗"这一问题的选项设置为"1.很了解。2.比较了解。3.一般。4.了解不多。5.不了解",因此针对避孕知识水平的决定因素问题,采用了多分类有序 Logistic 回归模型来进行分析。因变量为避孕知识了解程度,解释变量中的性别以女性、户口所在地以农村、职业以失业和家庭主妇、避孕知识获取渠道以其他、避孕措施承受对象以都没有采取措施为参照类,其余解释变量以连续变量进入模型,回归分析结果如表 9-37 所示。

表 9-37 避孕知识水平决定因素回归分析结果

解释变量	回归系数	Wald 检验	95%CI	
			下限	上限
个人背景				
性别	0.543	0.835	−0.621	1.707
年龄	0.339	2.456	−0.085	0.763
受教育程度	−1.247**	12.772	−1.931	−0.563
户口所在地为城市	−0.648	0.850	−2.027	0.730
户口所在地为镇	0.346	0.369	−0.770	1.462
配偶教育程度	0.442	1.732	−0.216	1.101
流动经历				
初次外出打工时间	−0.524*	3.619	−1.065	0.016
打工时长	0.039	0.051	−0.297	0.375
打工到过地区数	−0.556*	5.201	−1.033	−0.078
职业 1	−0.064	0.002	−3.159	3.032
职业 2	1.520	0.851	−1.710	4.750
职业 3	0.850	0.303	−2.176	3.875
打工地交友个数	−0.303*	3.504	−0.620	0.614
婚育状况				
结婚次数	0.026	0.001	−1.999	2.051
现有孩子数	−0.616*	3.205	−1.290	0.058
避孕情况				
避孕知识获取渠道				
计划生育宣传	0.452	0.734	−0.582	1.485
朋友	−0.081	0.024	−1.104	0.943
夫妻交流	0.289	0.240	−0.869	1.447
电视广播	−0.474	0.949	−1.428	0.480
报纸杂志	0.111	0.055	−0.812	1.033
避孕措施承受对象				
女方	−0.774	1.542	−1.996	0.448
男方	−1.417*	4.247	−2.765	−0.69
都有采取	−1.448*	4.791	−2.745	−0.151
Model Chi-Square	36.990*			

避孕作为保证生殖健康的关键环节之一,在生育行为中具有不容忽视的地位,既是生育率降低的直接影响因素,又是提高婚姻质量、实现生育意愿、保障女性权益的重要决定因素,而避孕知识水平又决定着避孕行为的成功与否。如表 9-37 所示,我们的回归分析结果表明,教育在使人们知识丰富、认识深入的同时,也能够使人们在避孕节育、生育选择中更科学化、理性化。教育是最好的避孕药,教育也是中国妇女实现生育现代化的希望所在(叶文振,1998),它在回归分析各解释变量中突出的显著性影响即是证明。对避孕知识水平的影响居于第二、第三位的是避孕措施的承担对象,当由男性承担,或双方同时承担时都使避孕知识水平提高。究其原因,女性作为生育的唯一载体和避孕失败后果的承受者,不论是否为避孕措施的直接承担者,都会关注避孕节育知识。而男性是否参与避孕措施的实施则差异较大,如果男性成为避孕措施的承担者,则会显著提高男性对于避孕相关知识的学习及掌握积极性,夫妻共同学习相互促进,对于提高双方的知识水平非常有利。对于避孕知识水平的影响居于第四位的是现有孩子数量,现有孩子数越多则避孕知识水平越高。这应该是因为已婚并有过生育实践的人口,既能受到计划生育体系的避孕节育服务和指导,又通过实践不断积累学习的结果。而且随着孩子数量增多,生育计划已经完成或是超额完成,继续生育的可能性很小,对于避孕的需求也更强烈,同样促进了避孕知识水平的提高。最后,流动经历对于避孕知识水平的正向促进作用也充分印证了我们的理论设想,外出打工时间越长,到过地区数越多,避孕知识水平也越高。另外,回归分析结果显示,随着在打工地的交友个数增多,避孕知识水平也不断提高,同伴教育的效应在此得以体现,也给我们今后的计划生育管理、控制与服务工作带来启示:关注同伴教育对于计生工作深入开展的作用,如何发挥其在避孕节育等新型生育文化传递中的加法效应值得思考。

第四节　小　结

如今处在传统生育文化向新型生育文化的过渡转型期,流动人口的生育实践正是这两种文化交互影响、此消彼长下的比较突出的现实体现。从本章对流动人口的初育年龄、生育经历、避孕情况三方面,也就是从生育时间、生育数量、生育调控这几个生育行为的主要环节,结合问卷调查结果的深入分析中,既可以看到科学、进步、文明、理性的新型生育文化正在对流动人口的生育行为产生着潜移默化的作用,也发现长期积淀下来的传统生育观念仍然在很大程度上左右着他们的生育实践。对此既不能急于求成,也不能抛弃割裂,而应该用发展的观点理性地看待目前存在的问题,通过深化教育、强化宣传、完善服务、积极调控来逐步传播渗透,让新型生育文化真正取代传统生育文化引导人们的生育实践。

第十章 结 论

作为改革开放一个重大人口成果的人口流动,既形成一个规模庞大的流动人口这个特殊的人口群体,又在流出地和流入地带来巨大的经济、社会和文化的影响,而且还让这个人口群体面对城乡、东西区域流动,特别是流入的城市和发达地区对他们婚姻家庭生活的时代挑战,经历着从未有过也从来没有这么快速的历史变迁,本书紧紧围绕这个挑战和变迁,对流动人口的婚姻家庭生活做了一个全景式的统计描述和理论化的解释分析。本章将在简单归纳本研究主要收获的基础上,阐述本研究结果的政策意义,展望流动人口婚姻家庭研究的未来图景。

第一节 主要收获

从以上各个章节铺开的内容可以看出,本研究的收获是丰富多彩的,既对流动人口婚姻家庭生活有一个长过程和多方位的了解,又对他们所面临的婚姻家庭问题有一个透过现象找成因的聚焦,既有对既定研究任务的圆满完成,又有新的研究视角和方法的有益尝试。我们以为,本研究的收获主要体现在三个方面:

一是研究范式的收获。本研究认识到,流动人口婚姻家庭问题不是一个单纯的人口问题,它已经波及经济、社会和文化,甚至公共管理和政策等领域,所以从过去一个单一的人口学学科分析拓展到多个相关学科的综合研究,是一个必然的研究范式的突破。感到欣慰的是,本研究实践不仅证实了这一点,而且还显示出这种多学科互补综合研究具有许多学术优越性,对深化流动人口婚姻家庭问题研究是非常必要的。

在研究范式上,本研究还特别注重学术规范、理论建构和分析细化。本研究所持守的学术规范主要着力于密切本研究和过往研究之间的学术关联,通过对前人研究的系统梳理和客观评价,了解本领域的实际进展和借鉴前人的成功实践,更为重要的是,更精准地定位本研究的主攻方向和重点,努力提升本研究超越和创新的学术价值。所以我们花了很多时间和精力,认真做好流动人口婚姻家庭问题研究的学术史梳理和评价,其实这种梳理和评价对于推进这个领域的时期发展是非常有帮助的,至少明确了进一步的学术之旅应该从什么样的新起点迈步。

着重于理论解释是本研究的又一个特色,我们不再停留在对流动人口婚姻家庭问题一般的统计描述,或者泛泛的、评论式的综合解说,或者单变量的相关分析,而是对所有我们认为比较重要的流动人口婚姻家庭问题,都提出相应概念、进行统计操作、结合相关学科视角构建理论解释框架以及实施相适应的统计模型检验,使得我们的解释既上升为一种学科理论的思想创建,又落地到具有数量依据的统计检验,所以由此引申出来的政策意义就更加具有针对性,由此逐步推进的本领域研究就更加具有理论性。

流动人口婚姻家庭问题分析的细化是本研究在设计阶段就立下的一个目标,也就是要从过去只是某一个节点的分析转化为对流动人口婚姻家庭整个过程的全程研究;从过去更多注重行为的分析转化为对流动人口婚姻家庭行为与观念的综合研究,在婚姻家庭观念上,还进一步深入分析态度、需求和目的等等,如流动人口婚姻观念就有他们的婚姻态度、婚姻需求和结婚目的等几个维度;从过去偏重水平的分析转化为对流动人口婚姻家庭生活质量的研究,所以我们就专门设立一章细化对流动人口婚姻质量的探讨。

正是在研究范式上的突破,我们就有了可以说非常丰富的、来自研究结果和发现的第二个收获。这方面的收获既更加全面、客观地揭示了流动人口婚姻家庭在人口流动中的变化和现状、表现出来的结构特征以及促使这些变化发生和结构特征形成的主要成因及其影响的性质、程度和路径,同时又再一次证实,没有研究范式的突破,没有扩展型的人口学学科研究,没有跨越学科疆界进行多学科的协同研究,是很难能够把流动人口婚姻家庭研究带进一个新的发展阶段。由于前面各章都有自己的小结,这里就不再重复来自本研究的重要发现和分析结果了。

本研究的第三个收获,也就是通过本次课题研究的学术尝试,我们还发现了本研究的一些不足和对本领域研究未来发展的思考。这些不足主要表现在:一是在第一手资料的获得方面。受制于有限的学术资源和流动人口本身的分布特点,我们虽然做到了每一个问卷访谈的基本真实性,但还不能确保整个流动人口样本结构特征达到我们原先的设计要求，这在一定程度上影响了我们所调查研究的样本对流动人口总体的代表性。或者说，当我们想更加细化对流动人口婚姻家庭问题的调查研究时，获取可靠和具有代表性的第一手资料仍然是没有克服好的一个困难。

二是在性别比较上缺少足够的重视。男女流动人口虽然都面临城乡和区域流动给他们婚姻家庭生活带来明显影响，但这种影响是男女有别的，他们所做出的回应和选择也是存在性别差异的，不然我们就不会存在规模巨大的留守已婚妇女，出现进城的农村年轻女性因为婚姻市场转换而增加选择的机会，相反，农村未婚男性却面临更大的婚姻挤压等等。虽然本研究注意到分性别研究流动人口婚姻家庭的学术必要性，也在一些问题探讨上关注他们的性别差异，但在不少婚姻家庭观念和行为、过程和结构上，并没有有意识地都展开性别比较分析，也使得本研究在这方面的有益收获受到限制。

三是在流动人口婚姻家庭生活多样性方面分析还有待加强。流动的不确定性、多地性和短期性，再加上流动人口本身的人口特征和各种社会资本的相对缺乏，都会造成他们对婚姻家庭生活采取比较灵活机动的应对，这种应对都有哪些表现形式、存在什么样的性别差异以及对他们长期的婚姻家庭生活安排，甚至对他们的未来人口流动都会造成什么样的影响，本研究也关注的不多。

第二节　政策意义

本研究的政策意义是显而易见的，所引发的公共政策和服务的思考也是比较深刻和广泛的。概括起来，我们认为，这几个方面的政策意义是值得重视的：

（1）流动人口的婚姻家庭问题应该上升到公共政策的层面加以认识和应对。流动人口的婚姻家庭问题不仅仅是个人家庭私域问题，是流动人口自己去面对的流动过程的次要问题，是只和农村区域相关联的人口问题，实际上一旦开始流动，再加上如此庞大的规模，就变成了一个产生大量外部溢出效应的公共问题，变成了与流动过程本身一样重要的需要整个社会一起关注的社会问题，变成了流出和流入地都受影响、需要两地联手应对的跨区域问题。就以农村留守妇女这一现象来说，这种因为流动衍生出来的不完整的家庭结构，会因为时间的拉长和空间的拉大，加大对流动人口的婚姻稳定和家庭安全的负面影响，是用更多的打工收入的汇入、更多的当地妇联系统的关爱和更多的农村中小学家庭功能的替代都化解不了的，特别需要上升到涉及流出地和流入地公共政策的层面加以认识、设计和解决。

与此同时，还应该把这种公共政策意识和责任融入一系列与人口流动相关的重大经济社会发展规划和政策之中，也能够在思考提升城市化水平和推进乡村振兴的同时，兼顾稳定和优化流动人口婚姻家庭生活，让政策的积极效应能够放大或者溢出到流动人口的婚姻家庭建设。所以流入地赋予一定流入年限、职业稳定和贡献显著的流动人口的市民待遇，乡村振兴战略对流出农村人口回流的强劲拉动，都可以与目标流动人口的婚姻家庭问题的解决挂起钩来，一并加以考虑。几千万留守妇女和儿童现实生存状况的彻底改变，就必须依靠这种公共政策的意识和责任，把流动人口的婚姻家庭问题放到所有相关联的政策盘里一起协同解决。

（2）流动人口婚姻家庭问题的政策应对要加强针对性，密切对接流动人口的现实需求。流动人口流出地的过往背景、与流出地的家庭联系、流动经历的个人模式以及现时在流入地所处的经济社会地位都决定了他们的婚姻家庭问题的特殊性和不同于流入地常住人口的具体需求。就生育意愿来看，我们的理论模型分析发现，流动人口性别和数量的生育偏好还显著支撑着他们比较高的生育热情和意愿，这是与他们相对比较传统的农村生育观念相对应的，对于产生二孩生育的实际人口效应是有帮助的，但是我们又发现，夫妻一起出外打工的、第一个孩子跟在身边的以及打工的月收入都抑制他们的多生意愿，说明鉴于流入地更高的日常生活和抚养孩子成本，以家庭为单位流出的流动人口还不能通过自己的劳动，来获得足以多生孩子的经济能力，他们多生的愿望并不能转化为有效的生育供给，反而配偶和孩子都留在流出地的农村，却发生更多的多育行为，这又是我们不愿意看到的用一种比较低廉的养育成本和不完整的家庭照顾所形成的人口再生产。

所以对流动人口二孩生育政策的设计，更需要有相应的配套措施，一方面要保护他们的多生育传统，另一方面又要让他们在流入地有更强的抚养能力和把二次生育发生在一家都在流入地生活的流动阶段。这也在一定程度上提醒我们，也许在国家层面，我们不可能把政策设计得那么细，但在各地的具体实施中，完全可以针对流动人口的实际情况给予更加细致的考虑，来更好地对接他们的需要,更有效地帮助他们解决婚姻家庭生活方面所面临的困难。

(3)流动人口婚姻家庭问题的政策服务还需要多个相关部门的行政联手,贯穿他们婚姻家庭生活周期的每一个阶段。相对于常住人口,流动人口婚姻家庭生活的安排不仅缺乏自身资源和社会资本,而且还要面临更多的传统和现代、乡村和城市、内陆和沿海之间在流动中发生的思想观念和生活方式的冲突与矛盾,所以将要面临更多婚姻家庭生活问题的他们更需要多元化、全程式的行政服务和公共帮助。要更好地满足他们的需求,首先需要把他们也作为流入地城市行政服务的同等对象,享受一样的市民待遇,提升他们在政策服务当中的平等地位,把婚姻家庭的政策服务也当作促进流动人口融入流入地社会的一个社会化过程。

其次,又要在平等的政策服务当中区别对待,根据流动人口的工作和生活特点,加一些小灶,填补一些常住市民已经具备而他们还缺乏的婚姻家庭生活知识和经验,甚至提供一些以解决问题为目标的个性化政策服务,如帮助家属和孩子还在流出地的流动人口解决家庭结构不完整的问题,还有帮助新生代流动人口化解缺乏归属感给自己婚姻家庭生活可能带来的负面影响等等。

最后,还要在政策服务中整合流出地和流入地的资源,加强彼此间的合作与配合。这方面的服务空间和内容实际上是非常丰富的,做好了将十分有利于流动人口所面临的婚姻家庭问题的完好解决,明显提高他们的婚姻稳定和家庭幸福,这还需要两地政府的相关部门共同发起和组织,动员包括所有流动人口的雇佣单位、各级学校、社会组织和其他社会力量,为流动人口的婚姻家庭幸福奉献一份爱心。其实,现在的我们很多居家生活和公共活动都离不开流动人口所提供的服务,他们有一个稳定的婚姻家庭生活,也让我们更稳定地分享他们提供的服务,他们甚至还会把婚姻家庭生活的幸福转化为更加温暖可靠的社会与市场服务,形成一个良性的社会与市场供给与需求之间的平衡。

(4)流动人口婚姻家庭问题更需要有质量的政策研究,来更加科学地支持这方面政策的服务定位、框架设计。从目前流动人口婚姻家庭政策研究现状来看,学界重视不够,有品位的学术投入不足,有质量的政策研究成果偏少,其主要表现是理论研究往政策思考方面延伸不足,没有形成有分量的政策建议;专注流动人口婚姻家庭政策研究的,又没有在问题聚焦和理论解释上下功夫,使政策研究流于一般的工作总结和以往政策建议的归纳,缺少立意和高度,缺少前瞻性和操作性;还有的政策研究只重于提几个条款建议,较少从政策的现实和理论依据、政策的总体框架、政策的具体目标和服务对象、政策的制定过程,以及政策的实施步骤和中期评估等方面进行比较完整的政策构思和设计。本研究结果表明,要真正做好对流动人口的婚姻家庭政策服务,我们特别需要学术和学科研究与政策分析的有效对接,加强学界、政策制定部门、流出和流入地区政府,特别是政策服务的对象流动人口之间的政策研究合作,尤其需要在全国性的流动人口抽样调查中,全面了解流动人口婚姻家庭生活的现状、面临的困难和需要政策服务与解决的问题,以确保我们的公共政策设计和服务真正满足流动人口婚姻家庭生活的需要。

第三节　未来展望

鉴于如此庞大的流动人口,越发丰富多彩的流动方式及其带来的影响,以及还存在着许多流动过程衍生出来的婚姻家庭问题,流动人口婚姻家庭问题研究依然是一个十分重要的学术和政策研究领域,站在前人研究的肩膀上,共同展望和一起推进未来的发展是非常必要的。

结合本研究的学术实践和最后的得失,我们以为,以下几个方面值得我们学界一同期待和努力。

第一,要把流动人口婚姻家庭研究放在更重要的研究议程上来。我们还是要下大力气做好研究的精准定位,系统了解过去都研究了哪些问题?都有什么成功的收获和存在的不足?尤其是在学科合作和研究范式选用上都有哪一些值得总结的经验?在这个基础上,对我们即将再出发的流动人口婚姻家庭研究给出一个主攻的方位图和前进的路线图。我们还要把原来相对自发的、略显碎片化的研究行为变成一种有全国一级学会出面统筹、有组织的研究行动,制定 5 年或 10 年一期的研究规划,并协同各学科力量赋予实施,形成包括政策研究成果在内的系列学术产出。

第二,要把流动人口婚姻家庭研究放在更贴近的现实背景中来。以往的学术努力虽然也关注研究问题的现实背景和实践意义,但在许多情况下都是在申请研究项目的时候我们做了一定的分析,一旦进入实际的研究过程,我们就更多在意所谓学科性和学术性了。实际上,现在的人口流动和流动人口婚姻家庭生活展开的经济社会和政策背景都发生了很大的变化,流入地的市民化政策进程、流出地的乡村振兴战略的实施以及城市反哺乡村的逆向社会运行等等,都在很大程度上调整着农村人口的流动意愿和方式,进而影响着他们的婚姻家庭生活,不贴近这些重大现实背景的研究,往往脱离现实,隔断了诸多包括政策因素在内的宏观和中观背景因素对流动人口婚姻家庭个人选择的重要影响,其结果是,我们知道了流动人口婚姻家庭生活一些规律性表现及其个人和家庭层面的动因,但还是无法了解重要的经济社会发展和政策背景对这些规律性表现的形成产生多大的作用,最后也无法从学术研究有效地转化为评估和制定发展规划和政策的资政成果。我们的研究更贴近现实背景也就能够整合和利用更多的政策资源来解决好我们研究中发现的流动人口所面临的婚姻家庭问题。

第三,要把流动人口婚姻家庭研究放在更聚焦的重大问题上来。从目前研究话题的分布来看,分散有余而聚焦不够,重复探讨多于演进研究,对一些值得深入研究和需要快一点解决的流动人口婚姻家庭问题却投入不足,重要的学科和学术力量配置也不是很到位。比如几千万留守妇女和儿童回归正常婚姻家庭生活的问题,又如流动人口在流出和流入地多孩生育的问题,再如新生代流动人口的婚恋问题,还有流动人口婚育与家庭观念的变化,以及流动人口婚姻家庭观念与行为的性别差异问题,等等,都显得研究不够与不深,动态化的不断超越的高质量研究尤其缺少。所以我们需要进行研究资源的重新布局,让优质研究力量往重要的研究话题集结,尽快推出一系列有质量的研究成果,提升学界对流动人口婚姻家庭政策制定和服务的支持力度和水平,让更多的流动人口及其家庭成员从中受益。

第四,要把流动人口婚姻家庭研究放在更经常的资料收集中来。流动人口婚姻家庭研究的发展还需要质量可靠和具有代表性的资料支持,但从目前的资料收集现状来看,至少存在两个问题,一是有限的资料收集经费,如来自国家社科基金的经费,被各个课题根据本研究的需要分散使用,严重制约了有更多省(自治区、直辖市)加入的大样本和长问卷的抽样调查,所收集的资料在数据质量和样本代表性方面都不能得到很好的保障;二是花巨资收集的全国性资料开放度和开放时效都略显不够,加上不是有意识地对接流动人口婚姻家庭重大问题、对接国家社科基金公布的课题指南相关选题,所以大量的现成资料还用不上,当然这里面还有对资料进一步开发和挖掘的技术支持还不到位问题等等。从这个意义上来讲,一方面国家统计制度要把与流动人口婚姻家庭相关的数据收集纳入其中,完善这方面的统计制度化建设,让流动人口也具备自觉和准确提供这方面数据的公民意识和能力;另一方面,国家社科基金对每年立项的课题研究的资料收集经费可以按照选题类别集中起来,委托几个课题主持人统筹使用,合作进行多地区的大样本抽样调查,以同时满足这些课题对第一手资料的需要。总之,国家社科基金委要通过外联的方式,和国家统计局、民政部、全国妇联等单位合作,为每年国家社科基金立项的课题研究建立国家级的原始资料库,避免课题承担者在收集资料上花费太多精力,防止与资料收集相关的研究资金的低效使用。

第五,要把流动人口婚姻家庭研究放在更持续的人才培养上来。没有新生研究力量的不断注入,没有学科结构和年龄结构不断优化的研究队伍的支撑,也就没有流动人口婚姻家庭研究的发展和进步。现在看来这方面的新生人才的培养,一方面在学科上不平衡,似乎只有人口学和社会学相对多一点,另一方面在学术上可持续性相对比较弱,把更多的学术生涯都投放在流动人口婚姻家庭问题研究的新生人才似乎也不太多。所以我们还面临着两大任务,一是让更多的相关学科的硕士点和博士点也设立流动人口婚姻家庭研究方向,二是搭建更加稳定和更具激励的学术平台来吸引更多的高级专门人才长期投身这方面的研究。

总之,我们期待有更多的学界同仁能够用一份爱心来对待你我所从事的流动人口婚姻家庭研究事业,因为"从眷恋土地、不出远门的庄稼人到跨越村乡、四处打工的农民工,再到东西与城乡双向迁移的流动人口,是历时40年的改革开放铺开了这幅让全世界瞩目与惊叹的中国人口画卷";因为"它的主体是被人们认为最传统保守、也最缺乏流动条件的中国农民,他们居然成为东方这块古老的土地上最具流动性的人口群体";因为让他们在辛苦的流动过程中,不仅实现从未有过的人生价值和尊严,而且还能获得更多的来自婚姻家庭生活的幸福感,是我们共同的美好愿望!

参考文献

艾尔·巴比,2002.社会研究方法基础[M].邱泽奇,译.北京:华夏出版社.

蔡昉,2001.中国人口流动方式与途径(1990—1999)[M].北京:社会科学文献出版社.

蔡文辉,2003.婚姻与家庭——家庭社会学[M].台北:五南图书出版股份有限公司.

查瑞传,刘金塘,1991.中国妇女结婚生育的时期分析和队列分析[J].中国人口科学(6):7-14.

查瑞传,刘金塘,1991.中国妇女结婚生育的时期分析和队列分析[J].中国人口科学(6):7-14.

陈岸涛,2008.广东发达地区外来女工婚恋观特点[J].当代青年研究(6):76-80.

陈桂菊,梁盼,2007.城市打工女青年面临的婚姻困境[J].社会工作(5):37-38.

陈胜利,魏津生,林晓红,2002.中国计划生育与家庭发展变化[M].北京:人民出版社.

陈胜利,张世琨,2003.当代择偶与生育意愿研究[M].北京:中国人口出版社.

陈胜利,张世琨,2003.当代择偶与生育意愿研究——2002年城乡居民生育意愿调查[M].北京:中国人口出版社.

陈卫,2002.性别偏好与中国妇女生育行为[J].人口研究,48(2):14-22.

陈卫,2005.外来人口与我国城市低生育率[J].人口研究(4):79-83.

陈印陶,1997.打工妹的婚恋观念及其困扰——来自广东省的调查报告[J].人口研究,48(2):39-44.

陈友华,苗国,2008.春运难题的建构与消解——社会风险视角下的社会学分析[J].公共管理高层论坛(2):47-64.

程广帅,万能,2003.农村女性婚姻迁移人口的成因及影响[J].西北人口(4):31-33.

程灶火,谭林湘,杨英,等,2004.中国人婚姻质量问卷的编制和信效度分析[J].中国临床心理学杂志,32(3):226-230.

迟书君,2005.深圳流动人口婚姻家庭状况调查报告[J].青年研究(11):35-44.

迟书君,2008.深圳流动人口婚恋观调查[J].特区实践与理论(6):90-94.

迟书君,2006.深圳流动人口未婚者的恋爱状况调查[J].特区实践与理论(3):68-72.

迟书君,2007.深圳流动人口婚姻家庭状况调查报告(之二)——深圳流动人口的家庭关系[J].青年研究(5):41-49.

大渊宽,森冈人,1989.经济人口学[M].张真宁,等译.北京:北京经济学院出版社.

单冬文,1994.对三个乡(镇)528名"打工妹"生育观念的调查分析[J].南京人口管理干部学院学报(1):54-56.

邓伟志,徐新,2003.爱的困惑——挑战离婚观念[M].上海:上海人民出版社.

邓智平,2004.关于打工妹婚姻逆迁移的调查[J].南方人口(3):35-40.

丁文,1997.家庭学[M].济南:山东人民出版社.

董凤芝,2000.经济关系变化影响夫妻关系[J].妇女研究论丛(1):54-55.

杜守东,1990.城乡生育观的社会经济分析[J].人口学刊(6):22-25.

杜鹰,白南生,1997.走出乡村——中国农村劳动力流动实证研究[M].北京:经济科学出版社.

段成荣,杨舸,张斐,等,2008.改革开放以来我国流动人口变动的九大趋势[J].人口研究(6):30-43.

段成荣,周皓,2001.北京市流动儿童少年状况分析[J].人口与经济(1):5-11.

方菁,张开宁,王爱玲,1997.昆明市部分女性流动人口生育意愿和避孕状况调查[J].人口学刊(1):63-65.

费涓洪,等,1995.改革开放中的上海郊区妇女[M].上海:上海社会科学院出版社.

费孝通,1998.乡土中国:生育制度[M].北京:北京大学出版社.

费勇勇,2002.平湖市16998名妇女生殖健康检查资料分析[J].职业与健康(2):142-143.

风笑天,张青松,2002.二十年城乡居民生育意愿变迁研究[J].市场与人口分析(5):21-31.

高小贤.进入廿一世纪的中国农村:婚姻、家庭、妇女[EB/OL].www.usc.cuhk.edu.hk/.(没有找到时间)

龚维斌,1999.农村劳动力外出就业与家庭关系变迁[J].社会学研究(1):90-93.

辜胜阻,1986.农村生育观的探索[J].社会学研究(5):66-71.

顾宝昌,1992.论生育和生育转变:数量、时间和性别[J].人口研究(6):1-7.

顾大男,1999.生育文化对生育行为的影响机制探讨[J].西北人口(2):24-26.

郭维明,2003.20世纪90年代我国婚育模式的初步分析[J].人口学刊(5):18-21.

郭兴萍,王裕,2004.山西省榆次区避孕节育知情选择访谈结果分析[J].中国计划生育学杂志(7):411-413.

郭志刚,1999.社会统计分析方法——SPSS软件应用[M].北京:中国人民大学出版社.

郭志刚,2005.关于京津沪超低生育率中外来人口分母效应的检验[J].人口研究(1):80-83.

郭志刚,陈功,1999.从1995年1‰人口抽样调查资料看北京从妻居婚姻[J].社会学研究(5):96-106.

郭志刚,李剑钊,2006.农村二孩生育间隔的分层模型研究[J].人口研究(4):2-11.

国家职业分类大典和职业资格工作委员会,1999.中华人民共和国职业分类大典[M].北京:中国劳动社会保障出版社.

何新易,廖淑华,2005.劳动歧视下的人口流动模型[J].统计与决策(3):8-9.

贺飞,2004.转型期青年农民工婚恋观念和行为的社会学分析[J].青年研究(4):42-49.

侯伟丽,2001.生育行为的制度经济学分析及其管理[J].人口与经济(2):27-30.

候文若,1988.当代外国人口:理论、学科、研究[M].北京:经济科学出版社.

胡英,2001.从农村向城镇流动人口的特征分析[J].人口研究(6):9-15.

黄俭,李佳能,1990.试论城市流动人口对城市规划和建设的影响[J].城市规划(2):43-45.

黄健元,刘洋,2008.流动人口预测模型构建及其应用[J].统计与决策(23):18-20.

黄江涛,余森泉,王奇玲,等,2004.广东省城市流动人口年轻女性避孕现况调查[J].中国计划生育学杂志(11):668-670.

黄江涛,余森泉,俞小英,2005.流动人口年轻女性生殖健康知识及需求调查[J].中国妇幼保健(6):92-93.

黄江涛,俞小英,王奇玲,等,2004.流动人口年轻女性避孕知识及需求现状调查[J].中国生育健康杂志(6):349-351.

黄婧,褚军,2005.外来流动人口迅速增长对新城发展的启示——以上海市松江新城为例[J].上海城市规划(5):5-9.

黄了,2006.农民城市流动对其婚姻家庭生活的影响[J].甘肃农业(3):79-80.

黄润龙,1997.农村人口流动的资源、环境和社会经济因素分析[C]//全国人口与生殖健康调查论文集,北京:中国人口出版.

黄润龙,2000.江苏省打工妹的婚育现状和婚恋观[J].南方人口(2):39-43.

黄润龙,2002.江苏省外来婚嫁女的婚姻状态与观念[J].人口与经济(2):16-21.

黄润龙,杨来胜,潘金洪,等,2000.女性流动人口婚姻状况及其影响因素研究[J].南京人口管理干部学院学报(1):42-46.

黄润龙,仲雷,杨来胜,2000.江苏外来女婚恋观念和婚育现状的比较研究[J].人口学刊(2):60-65.

黄润龙,仲雷,杨丽琴,等,2000.外来经商女婚恋、婚姻观念与生育现状——常熟市18万外来经商人员的社会调查[J].人口与计划生育(4):45-46.

黄希庭,郑涌,2005.当代中国青年价值观研究[M].北京:人民教育出版社.

J·罗斯·埃什尔曼,1991.家庭导论[M].潘允康,译.北京:中国社会科学出版社.

加里·S.贝克尔,1987.家庭经济分析[M].彭松建,译.北京:华夏出版社.

加里·S.贝克尔,2002.人类行为的经济分析[M].王业宇,陈琪,译.上海:上海人民出版社.

加里·斯坦利·贝克尔,2005.家庭论[M].王献生,王宇,译.北京:商务印书馆.

贾劝宝,2006.农村打工人口家庭问题——陇东老区农村流动人口家庭的抽样调查[J].南京人口管理干部学院学报(1):30-32.

蒋成凤,2006.解读中国城市农民工的婚姻难题[J].安徽农业科学(22):6058-6059.

蒋正华,1995.1992年中国生育率抽样调查数据集[M].北京:中国人口出版社.

解振明,等,2001.人口流动对农村妇女计划生育与生殖健康的影响[J].人口与计划生育(5):37-41.

金一虹,2009.离散中的弥合——农村流动家庭研究[J].江苏社会科学(2):98-102.

靳小怡,彭希哲,李树苗,等,2005.社会网络与社会融合对农村流动妇女初婚的影响——来自上海浦东的调查发现[J].人口与经济(5):53-58.

蓝宇蕴,2008.城中村流动人口聚居区的功能分析——基于城中村空间改造的思考[J].中共福建省委党校学报(12):30-35.

黎楚湘,吴擢春,汪涛,等,2005.1998—2003中国妇女生育水平与生育模式[J].

中国卫生统计(4):197-199.

李彩娜,邹泓,段冬梅,2005.幼儿母亲育儿压力的特点及其与婚姻质量的关系[J].中国心理卫生杂志(2):136-138.

李甫,孙秉军,1997.社会问题空间化——为流动人口提供可出租住宅[J].世界建筑(5):75-78.

李汉林,2003.关系强度与虚拟社区[M]//载李培林.农民工——中国进城农民工的社会经济分析.北京:社会科学文献出版社.

李培林,2003.农民工——中国进城农民工的经济社会分析[M].北京:社会科学文献出版社.

李强,1996.关于"农民工"家庭模式问题的研究[J].浙江学刊(1):77-81.

李强,2001.外出农民工及其汇款之研究[J].社会学研究(4):64-76.

李强,2003.当前我国城市化和流动人口的几个理论问题[M]//李培林.农民工:中国进城农民工的经济社会分析[M].北京:社会科学文献出版社.

李晓梅,2006.城市流动人口预测模型探讨[J].南京人口管理干部学院学报(4):26-29.

李新建,2000.中国人口控制中的政府行为[M].北京:中国人口出版社.

李银河,1994.生育与村落文化[M].北京:中国社会科学出版社.

李银河,1995.中国婚姻家庭及其变迁,哈尔滨:黑龙江人民出版社.

李煜,徐安琪,2004.婚姻市场中的青年择偶[M].上海:上海社会科学院出版社.

梁秋生,2004.外来流入人口的分母效应与大城市育龄妇女的超低总和生育率——以京津沪为例[J].人口研究(5):19-26.

刘炳福,1996.上海当代婚姻家庭[M].上海:上海三联书店.

刘程,等,2004.农民进城务工经历对其家庭生活消费方式的影响[J].青年研究(7):1-8.

刘翠,孙晓峰,2007.社会问题的空间视角——以城市低收入流动人口的居住为例[J].华中建筑(10):38-40.

刘鸿雁,顾宝昌,1998.中国农村地区性别偏好及其行为表现[J].中国人口科学(2):17-24.

刘倩,1998.打工妹:在婚姻与家庭中向平等迈进[J].妇女研究论丛(3):24-27.

刘若雨,2001.甘肃省城市妇女婚姻家庭状况的调查分析[J].人口学刊(4):44-47.

刘淑华,2008.家乡的"归根"抑或城市的"扎根"——新生代农民工婚恋取向问题的研究[J].中国青年研究(1):47-50.

刘英,1987.中国城市家庭的发展与变化——五城市家庭调查初析[C]//刘英、薛素珍.中国婚姻家庭研究.北京:社会科学文献出版社.

刘云嵘,2000.我国男性绝育使用者人数逐年锐减值得引起高度重视[J].中国计划生育学杂志(5):195-197.

刘云嵘,2004.中国已婚育龄妇女避孕方法使用现状及发展变化趋向(一)[J].中国计划生育学杂志(5):260-262.

楼超华,涂晓雯,高尔生,2000.上海市未婚男女的恋爱年龄及其影响因素的研究[J].中国卫生统计(6):31-33.

卢国显,2006.农民工与市民通婚意愿的实证研究[J].石家庄学院学报(2):36-43.

卢淑华,文国锋,1999.婚姻质量的模型研究[J].妇女研究论丛(2):8-16.

陆杰华,傅崇辉,张金辉,等,2005.结构方程模型在妇女生育行为研究中的应用:以深圳市为例[J].人口研究(2):25-33.

陆益龙,1997.生育分析的社会人类学框架[J].人口学刊(6):16-22.

罗建英,胡双喜,谭银花,2008."八〇"后农民工婚恋观的研究[J].农村经济与科技(8):12-13.

罗纳德·弗里德曼,1992.生育率下降的理论:重新评价[M]//顾宝昌.社会人口学的视野.北京:商务印书馆.

罗仁朝,王德,2008.基于聚集指数测度的上海市流动人口分布特征分析[J].城市规划学刊(4):81-86.

罗仁朝,王德,2009.上海流动人口聚居区类型及其特征研究[J].城市规划(2):31-37.

罗忆源,2006.流动农民工家庭中的夫妻两地分居问题研究[J].湖北社会科学(7):179-180.

吕昭河,2000.试论家庭生育行为经济分析的理论前提及实践意义[J].人口与经济(2):10-14.

马光红,2008.大都市流动人口居住问题研究[J].江西社会科学(11):184-188.

马克·赫特儿,1988.变动中的家庭——跨文化的透视[M].宋践,李茹,等译.杭州:浙江人民出版社.

马克思恩格斯,1965.马克思恩格斯全集[M].北京:人民出版社.

马侠,1989.当代中国农村人口向城镇的大迁移[M].北京:北京经济学院出版社.

马侠,1994.中国城镇人口迁移[M].北京:中国人口出版社.

内森·凯菲茨,1992.社会人口学的视野[M]//顾宝昌,理论知识能否改进人口预测.北京:商务印书馆.

欧阳力胜,2006.进城农民工消费行为与消费方式探析[J].经济与管理(4): 38-40.

潘贵玉,2001.中华生育文化导论(上册)[M].北京:中国人口出版社.

潘贵玉,2003.婚育观念通论[M].北京:中国人口出版社.

潘永,朱传耿,2007."80后"农民工择偶模式研究[J].西北人口(1):125-128.

潘允康,1986.家庭社会学[M].重庆:重庆出版社.

潘允康,2002.家庭社会学[M].北京:中国审计出版社.

潘允康,2004.社会变迁中的家庭:家庭社会学[M].天津:天津社会科学出版社.

裴斐,陈健,2008.农民工"闪婚"——后城乡二元结构中的挣扎[J].齐齐哈尔大学学报(哲学社会科学版)(4):73-75.

彭良军,2006.流动人口生育问题研究综述[J].黑河学刊(5):120-122.

彭松建,1987.西方人口经济学概论[M].北京:北京大学出版社.

彭松建,1992.现代西方人口经济学[M].北京:人民出版社.

彭希哲,戴星翼,1996.中国农村社区生育文化[M].上海:华东师大出版社.

戚少琴,2008.我国农民工婚姻问题研究[J].商业文化(学术版)(4):84.

齐桂玲,2008.青年农民工"闪婚"的社会学解析[J].淮海工学院学报(社会科学版)(3):117-119.

千庆兰,陈颖彪,2003.我国大城市流动人口聚居区初步研究[J].城市规划(11):60-64.

钱雪飞,2003.进城农民工消费的实证研究[J].北京社会科学(9):89-96.

乔纳森 H.特纳,2001.社会学理论的结构[M].邱泽奇,等译.北京:华夏出版社.

R.A.伊斯特林,1992.生育分析的经济学框架:社会人口学的视野[C].顾宝昌,译.北京:商务印书馆.

沙吉才,1995.当代中国妇女家庭地位研究[M].天津:天津人民出版社.

沙吉才,熊郁,孙淑清,1995.中国当代妇女地位[M].北京:北京大学出版社.

邵夏真,1999.中国城乡家庭育前和育后生育意愿的比较研究[J].中国人口科学(1):20-26.

沈崇麟,等,1995.当代中国城市家庭研究[M].北京:中国社会科学出版社.

沈崇麟,杨善华,1995.当代中国城市家庭研究[M].北京:中国社会科学出版社.

沈毅,2005.苏南流动人口生育意愿研究[J].市场与人口分析(5):42-50.

施磊磊,2008.青年农民工"闪婚"现象的动因探析——以皖北 Y 村为个案的研究[J].青年研究(12):8-14.

石人炳,2005.农村青年流动对婚姻的影响[EB/OL].[2007-01-05].http://www.ocialology.ca.cn/hxw/nyj.

苏建明,2009.流动人口计划生育管理服务体系的缺陷与对策[J].人口学刊(1):54-59.

苏珊娜·格罗斯巴德·舍特曼,2005.婚姻与经济[M].王涛,译.上海:上海财经大学出版社.

孙惠兰,冯婷,杨梅丽,等,2002.浙江省育龄妇女紧急避孕知识调查[J].中国妇幼保健(6):349-351.

孙慧芳,时立荣,2007.农村流动家庭的夫妻关系研究——来自太原市城乡接合部 H 社区的调查[J].北京科技大学学报(社会科学版)(4):26-31.

孙丽岩,王建辉,吴友军,2002.当前我国婚姻满意度的状况分析[J].学术探索(4):122-123.

孙琼如,2004.婚姻:农村女性迁移的翘翘板——农村女性婚姻迁移的社会学分析[J].青年探索(6):20-23.

孙淑清,1995.妇女在婚姻生活中的权力[C]//沙吉才,等.中国当代妇女地位.北京:北京大学出版社.

孙文生,佟建亮,2003.论经济因素在婚姻关系中的作用[M].经济与管理(5):62-63.

谭深,1998.打工妹的内部话题:对深圳原致丽玩具厂百余封书信的分析[J].社会学研究(6):63-73.

谭雪洁,2008.城市化进程中农村打工妹跨地区婚姻状况的调查与思考[J].新学术(6):263-268.

田霞,田跃安,1994.二十世纪上半期农村家庭夫妻关系探析[J].人文杂志(4):53-56.

田先红,陈玲,2008.打工经济对农村青年婚姻生活的影响[J].当代青年研究(12):15-19.

佟新,2000.人口社会学[M],北京:北京大学出版社.

佟新,2002.人口社会学[M].北京:北京大学出版社.

王德文,吴要武,蔡昉,2009.迁移、失业与城市劳动力市场分割——为什么农村迁移者的失业率很低[J].世界经济文汇(1):37-52.

王东亚,赵伦,贾东,2007.构建农民工和谐家庭关系研究[J].技术与市场(11):94-95.

王海江,李宁秀,毛立坡,等,2006.避孕方法知情选择对四川省农村育龄妇女的影响[J].现代预防医学(1):33-35.

王迥澜,2007.农民进企务工对家庭关系的影响——对青岛海尔企业农民工的个案调查[J].社会科学家(5):150-153.

王玲杰,叶文振,2008.流动人口婚姻满意度实证分析[J].人口学刊(2):32-37.

王平权,1996.农村→城镇迁移人口行为对生育行为影响的几点认识[J].人口学刊(1):38-41.

王胜今,景跃军,1999.中国农村生育行为研究[M].长春:长春出版社.

王树新,1994.北京城市妇女生育观的转变[J].人口与经济(1):42-46.

王松丽,梁建成,2005.农村育龄妇女生殖与避孕状况调查分析[J].公共卫生于预防医学(6):25-27.

王学思,2002.生育行为的经济学解析[J].人口学刊(4):14-19.

韦克难,杨世箐,周炎炎,等,2008.农村流动人口婚姻满意度的调查分析——基于四川省四地的调查报告[J].中共四川省委省级机关党校学报(3):61-63.

魏晓娟,2008.鲁西南农村外出务工青年的婚恋研究[J].当代青年研究(6):71-75,47.

吴本雪,1995.成都市婚姻家庭追踪调查综述[J].社会学研究(2):111-116.

吴晓,2003."边缘社区"探察——我国流动人口聚居区的现状特征透析[J].城市规划(7):40-45.

吴晓,吴明伟,2003.国内外流动人口聚居区之比较[J].规划师(12):96-101.

吴银涛,胡珍,2007.三角结构视域下的青年农民工婚姻维持研究——基于成都市服务行业青年农民工的实证调查[J].青年研究(8):14-21.

伍海霞,李树茁,悦中山,2006.城镇外来农村流动人口的生育观念与行为分析[J].人口研究(1):61-68.

伍先江,2000.近年来我国流动人口特征浅析.1997年全国人口与生殖健康调查论文集.北京:中国人口出版社.

武俊青,陶建国,高尔生,2002.流动人口紧急避孕知识状况分析[J].中国计划生育学杂志,79(5):269-271.

武俊青,袁伟,陶建国,等,2001.上海市城乡结合部流动人口中已婚育龄妇女的婚育状况研究[J].中国计划生育学杂志,70(2):107-109.

武俊青,郑玲,陈锡宽,等,2005.避孕方法知情选择干预措施对已婚育龄妇女避孕知识水平的影响[J].生殖与避孕(5):295-301.

西南财经大学人口研究所,2001.人口与经济发展研究[M].成都:西南财经大学出版社.

夏雪,2008.流动人口子女教育问题研究综述[J].北京科技大学学报(3):7-11.

肖和平,胡珍,2008.青年农民工婚姻家庭状况研究报告——基于成都市服务行业的调查[J].中国青年研究(6):46-49.

谢苗诺夫,2002.婚姻和家庭的起源[M].北京:中国社会科学出版社.

谢振明,1998.人们为什么重男轻女——来自苏南皖北农村的报告[J].人口与经济(4):56-61.

邢占军,金瑜,2003.城市居民婚姻状况与主观幸福感关系的初步研究[J].心理科学(6):1056-1059.

熊太和,2009.基于流动人口的成人教育思考[J].中国成人教育(1):19-20.

熊伟,杨玉美,2007.农民工家庭婚变表现形式分析——基于四川泸州农户案例[J].新西部(下半月)(5):105-106.

徐安琪,1996.经济收入的分化与夫妻关系[J].浙江学刊(5):44-47.

徐安琪,2000.择偶标准:五十年变迁及其原因分析[J].社会学研究(6):18-30.

徐安琪,2003.夫妻权力模式与女性家庭地位满意度研究[C]//蒋永萍.世纪之交的中国妇女社会地位.北京:当代中国出版社.

徐安琪,刘汶蓉,2003.家务分配及其公平性——上海市的经验研究[J].中国人口科学(3):45-51.

徐安琪,叶文振,1999.中国婚姻质量研究[M].北京:中国社会科学出版社.

徐安琪,叶文振,2002.婚姻质量:婚姻稳定的主要预测指标[J].上海社会科学院学术季刊(4):103-112.

徐安琪,叶文振,2002.中国婚姻研究报告[M].北京:中国社会科学出版社.

徐向红,2001.人口生育行为的理论追溯及经济成本和经济效用[J].西北人口(4):12-14.

许传新,2006.新生代农民工与市民通婚意愿及影响因素研究[J].青年研究(9):38-43.

杨菊华,2008.社会统计分析与数据处理技术:STATA软件的应用[M].北京:中国人民大学出版社.

杨菊华,2009.从隔离、选择融入到融合:流动人口社会融入问题的理论思考[J].人口研究,33(1):1-13.

杨新科,1997.改革开放条件下中国择偶观念的变化及发展趋势[J].西北人口(3):35-38.

杨瑛,武俊青,陶建国,等,2002.已婚流动妇女的婚姻及生育状况分析[J].中国计划生育杂志(11):668-671.

杨子慧,1991.流动人口的生育行为[J].人口与经济(3):3-13.

仰和芝,2006.农村打工女跨地区婚姻模式出现的成因及影响分析[J].农业考古(6):328-331.

仰和芝,2007.农村打工女性跨地区婚姻满意度分析[J].中国组织工程研究与临床康复(30):5942-5944.

仰和芝,2007.农村打工女性跨地区婚姻稳定状况及影响因素探讨[J].安徽农业科学(1):294-295.

叶明志,温盛霖,王玲,1995.夫妻性格组合与婚姻质量关系探讨[J].中国心理卫生杂志(5):298-299.

叶苏,叶文振,2005.人口流动与家务分工——以厦门市流动人口为例[J].中共福建省委党校学报(2):26-30.

叶文振,1997.当代中国婚姻问题的经济学思考[J].人口研究(6):11-17.

叶文振,1998.孩子需求论——中国孩子的成本和效用[M].上海:复旦大学出版社.

叶文振,等,2006.外来打工妹的择偶意愿研究[J].市场与人口分析(6):32-40.

叶文振,葛学凤,叶妍,2005.流动妇女的职业发展及其影响因素——以厦门市流动人口为例[J].人口研究(1):66-73.

叶文振,徐安琪,2000.婚姻质量:西方学者的研究成果及其学术启示[J].人口研究(4):67-75.

叶妍,叶文振,2005.流动人口的择偶模式及其影响因素——以厦门市流动人口为例[J].人口学刊(3):46-52.

尤丹珍,郑真真,2002.农村外出妇女的生育意愿分析——安徽、四川的实证分析[J].社会学研究(6):52-62.

于建春,李欣迎,樊云井,等,2005.避孕节育知情选择影响因素研究[J].中国妇幼保健(16):2121-2124.

于学军,2005.中国流动人口的特征、需求和公共政策思考[J].开放导报(6):20-23.

于志涛,冯维,2004.当代青年婚恋观的变迁及其分析.中国研究生(6):4-6.

曾荣青,贺义梅,2008.成人教育对外来女工流动的促进作用——以广东省流动人口为例[J].中国成人教育(15):107-109.

曾毅,1991.全国及各省、市、自治区近年出生率回升成因的人口学分析[J].人口研究(1):8-17.

曾毅,1991.逐步提高平均生育年龄对我国人口发展的影响[J].人口与经济

(2):3-11.

曾毅,1992.利用普查数据估算平均初婚年龄与平均初婚初育间隔的方法及其在四普资料分析中的应用[J].人口与经济(3):3-8.

张纯元,陈胜利,2004.生育文化学[M].北京:中国人口出版社.

张峰,2001.关于我国城市社区流动人口教育的思考[J].成人教育(5):13-15.

张国平,1996.关于461名外来妹婚姻现状的调查[J].南京人口管理干部学院学报(3):37-38.

张洪林,廖宏军,2008.流动人口家庭暴力与构建和谐社区预防机制探析[J].宁夏大学学报(人文社会科学版)(1):70-74.

张继焦,2000.外出打工者对其家庭和社区的影响——以贵州为例[J].民族研究(6):61-67,107.

张继焦,2004.城市的适应——迁移者的就业与创业[M].北京:商务印书馆.

张一兵,辛瑗,邵志杰,2003.农村城市化中的夫妻关系[J].学术交流(1):111-114.

赵乐东,2009.人口流动宏观调控的统计思维[J].统计与决策(4):34-36.

赵美玉,2006.不同类型学校教师婚姻质量与心理健康相关性的调查[J].中国临床康复(34):56-61.

赵孟营,2000.新家庭社会学[M].武汉:华中理工大学出版社.

郑丹丹,2003.日常生活与家庭权力——家庭权力自我评价的影响因素分析[C]//蒋永萍.世纪之交的中国妇女社会地位.北京:当代中国出版社.

郑真真,1999.对80年代以来我国妇女初婚初育间隔的分析[J].人口与经济(2):13-17.

郑真真,2001.关于人口流动对农村妇女影响的研究[J].妇女研究论丛(6):38-41.

郑真真,2002.外出经历对农村妇女初婚年龄的影响[J].中国人口科学(2):61-65.

中国妇女社会地位调查课题组,1993.中国妇女社会地位概论[M].北京:中国妇女出版社.

周连福,等,1997.生育与相关社会经济因素关系的研究[J].人口学刊(5):58-64.

周敏,林闽钢,2004.族裔资本与美国华人移民社区的转型,社会学研究(3):36-46.

周全德,1998.欠发达地区区内流动人口婚姻家庭关系演变的特征[J].妇女学苑(3):4-5.

周伟文,严晓萍,刘中一,2002.生存在边缘——流动家庭[M].保定:河北人民出版社.

周怡,2002.贫困研究:结构解释与文化解释的对垒[J].社会学研究(3):49-63.

周祖根,1995.人口迁移流动与生育[J].人口与计划生育(5):21-26.

朱宝树,2009.春运高峰与流动人口大潮[J].人口研究,33(1):30-33.

左际平,2002.从多元视角分析中国城市的夫妻不平等[J].妇女研究论丛(1):12-2,13-17.

AREE,2006.How does leaving home affect marital timing? An event-history analysis of migration and marriage in Nang Rong,Thailand[J]. Demography,43(4):711-725.

BLAU F D,1992. The fertility of immigrant women:evidence from high-fertility source countries. Immigration and Workforce,ed. BORJAS and FREEMAN.

BRANDEN N,1980.The psychology of romantic love[M],New York:Bantam.

BROCKERHOFF M,XIUSHI Y,1994. Impact of migration on fertility in Sub-Saharan Africa[J].Social Biology,41(1/2):19-43.

CHATTOPADHYAY A,1999. Marriage and migration in the changing socio-economic context of Nang Rong, Thailand[C]. Paper presented at the annual meeting of the Population Association of America, New York: March 25-27.

CHRISTENSEN H J,1978.Data reflecting upon the sexual revolution in America[C]. The International Sociological Association 9th World Congress.

CUTTENTAG M,P SECORD,1983. Too many women: sex ratio question [M]. Beverly Hill: Sage.

D MASSEY,ARANGO J,HUGO G, et al., 1998. Worlds in motion: understanding international migration at the end of the Millennium[M]. Oxford: Clarendon Press.

EDWARD J L,JEONGKOO Y,1998. Network structure and emotion in exchange relations[J].American Sociological Review,63(6):871-894.

ERIC R J,DENNIS A A, 2004. Why does migration decrease fertility? evidence from the Philippines[J]. Population Studies,58(2):291-231.

FAN C C, Huang Y,1998. Waves of rural brides: female marriage migration in China[J].Annals of the association of American geography，88：227-51.

FORD K，1990. Duration of residence in the United States and the fertility of U.S. immigrants[J].International Migration Review,24:34-68.

GOLDSTEIN A,WHITE M J,GOLDSTEIN S,1997. Migration and fertility in Hubei province,China[J].Demography,34:481-492.

GOLDSTEIN S, TIRASAWAT P,1977. The fertility of migrants to urban places in Thailand[M]. Honolulu：East-West Population Institute.

HALLI S S,1987. How minority status affects fertility：Asian groups in Canada[M]. New York：Greenwood Press.

HARRISON R E，R R OMOORE,A M O'MOORE,1986. Stress and fertility：some modalities of investigation and treatment in couples with unexplained infertility in dublin[J]. International journal of fertility,31(1)：153-159.

HOFSTEDS G，1980. Culture's consequences：international differences in work-related values[M].Beverly Hills：Sage.

HILL L E, JOHNSON H P, 2002.Understanding the future of Californians' fertility：the role of immigrants[M].California：Public Policy Institute of California：116.

JAMPAKLAY A,2003.Migration,marital timing, and mate selection in the context of Thailand[D].NC:University of North Carolina at Chapel Hill.

KAHN J R,1988. Immigrant selectivity and fertility adaptation in the United States[J]. Social Forces, 67(1):108-128.

KAPLAN D H, et al.,2004.Urban geography[M].New York:John Wiley&Sons.

KEPHART W M,1967. Some correlates of romantic love[J].Journal of marriage and the family,29(3):470-474.

KININGHAM R B,B S APGAR,T L SCHWENK,1996. Evaluation of amenorrhea[J]. American family physician, 53(3):1185-1194.

KNOX D. H, SPORAKOWSKI M J, 1968, Attitudes of college students toward love[J].Journal of marriage and the family,30(4):638-642.

LEE G R,STONE L H,1980.Mate-selection systems and criteria：variation according to family structure [J]. Journal of marriage and family, 42：319-326.

LEE K S,1989.Migration, income and fertility in Malaysia：a simultaneous e-

quations model with limited dependent variables[J]. Applied Economics,21
(12): 1589-1610.

LESTER D,1985. Romantic attitudes towards love in men and women[J].
Psychological reports,56(2):662.

LESTHAEGHE R, SURKYN J, 1988. The culture dynamics and economic
theories of fertility change[J]. Population and development review,14(1):
1-45.

LIMANONDA B,1983.Marriage patterns in Thailand:rural-urban differentials[R].
Institute of Population Studies,Chulalongkorn University.

MCHUGH K E, MIYARES I M, SKOP E H, 1998. The magnetism of
Miami: segmented paths in Cuban migration[J]. Geographical review,87
(4):504-519.

PARRADO E A,1998.Marriage and international migration: timing and orde-
ring of life course transitions among men in Western Mexico[R].Paper
presented at the Seminar on men, family formation, and reproduction, IU-
SSP/CENEP, Buenos Aires, May 13-15.

PRITCHETT L H,1994.Desired fertility & the impact of population policies
[J]. Population and development review,20(1):1-55.

ROACH A J, et al., 1981.The marital satisfaction scale: development of a
measure for intervention research[J]. Journal of marriage and the family,
43:537-545.

SARAR C, ABIGAIL C S,1997.Migrations and cultural change:A role for
gender and social net works? [C].Presented to the Culture and Inequality
Workshop at Princeton University.

SATHAR Z,et al.,1988.Women's status and fertility change in Pakistan[J].
Population and development review,14(3):415-432.

SIMPSON J A, COMLBELL B, BERSCHEIL E, 1986, The association
between romantic love and marriage:Kephart twice revisited[J].Personality
and social psychology bulletin,12(3):363-372.

STEPHEN E H,F D BEAN,1992. Assimilation, disruption and the fertility
of Mexican-origin women in the United States[J]. International migration
review, 26(1):67-88.

STRONG B,C DEVAULT, 1986. The marriage and family experience[M].

St. Paul：West Publishing Company.

SWICEGOOD G C，et al.，1988. Language usage and fertility in the Mexican-origin population of the United States[J]. Demography，25(1)：17-33.

YOU H X H，POSTON D L J，2004. Are floating migrants in China"child-bearing guerillas"?：an analysis of floating migration and fertility[J].Asia and pacific migration journal，13(4).

附 录

流动人口婚姻家庭调查问卷

您好！我是厦门大学公共事务学院人口研究所的调查员，我们正在进行一项关于流动人口婚姻家庭状况的调查，想了解您在择偶、婚姻建立、婚姻生活以及生育方面的一些个人看法和实际情况。问卷不记姓名，我们将按照法律的有关规定对您提供的数据严格保密，调研的结果只作为课题研究之用，请您放心回答。

调查会占用您的一些时间，希望您支持。谢谢！

厦门大学人口研究所

2005 年 1 月

调查员姓名_____ 系别_____ 专业_____ 年级_____

调查开始时间____月____日　　调查持续时间_____分钟

一、基本情况

A.被调查者的基本情况

A1 性别____

　　0 女　　1 男

A2 您的出生年月：_____年_____月

A3.1 您的户口在_____省_____县（市\区）

A3.2 您的户口所在地的类型

　　1 城市　　2 镇　　3 农村

A4 您一共读了_____年书，目前的受教育程度是_____

　　1 文盲、半文盲　　2 小学　　3 初中

　　4 高中、中专等中等技术学校　　5 大专　　6 大学

A5.1 您在家乡时的职业是：_____（注明

从事的具体工作)

A5.2 您在____年第一次外出打工,一共在____个地区打过工,在外打工的时间总共____个年____个月

A5.3 您最近一次或现在打工的地区是_____省_____市(区\县)

A5.4 您最近一次或现在打工的地区是

　　　　1城市　　2镇　　3农村

A6.1 您最近一次或现在打工的职业是:_____

(注明从事的具体工作)

A6.2 您最近一次或现在打工时的平均月收入是_____元

A7 您在打工地的住房来源是:

　　　　1单位提供的集体宿舍　　2合租　　3单独租房

　　　　4借用　　5购买　　6自建房　　7其他_____

A8 您在打工地有没有和当地人交朋友?

　　　　0没有　　1有,一共交了_____个

A9 您今后的打算_____

　　　　1.继续外出打工　　2.待在老家　　3.希望能在打工地定居

　　　　4.其他(请注明)_____

A10 您目前的婚姻状况是:_____

　　　　1未婚(跳问 C/D/E/H/J 部分)　　2初婚有配偶

　　　　3离婚后再婚有配偶　　4丧偶后再婚有配偶

　　　　5离婚(跳过 B/F/G 部分)　　6丧偶(跳过 B/F/G 部分)

B.被调查者配偶的基本情况

B1 您配偶的出生年月:_____年_____月

B2.1 您配偶的户口在_____省_____县(市\区)_____乡(镇\街道)_____村(居)

B2.2 您配偶户口所在地的类型:1城市　　2镇　　3农村

B3 您配偶总共读了_____年书,您配偶目前的受教育程度是_____

　　　　1文盲、半文盲　　2小学　　3初中

　　　　4高中、中专等中等技术学校　　5大专

　　　　6大学　　7研究生

B4 您配偶目前的职业是:_____(注

明从事的具体工作)

B5 您配偶目前的平均月收入是＿＿＿＿＿＿元

B6.1 您配偶是否有外出打过工？

　　　0 否(跳过 B6.2、B7 和 B8)　　　1 是

B6.2 如果您配偶有外出打过工,＿＿＿年第一次外出打工,一共在＿＿＿＿＿个地区打过工,在外打工的时间总共＿＿＿个年＿＿＿个月

B7.1 您配偶最近一次或现在打工的地区是＿＿＿＿省＿＿＿市(区\县)

B7.2 您配偶最近一次或现在打工的地区是

　　　1 城市　　　2 镇　　　3 农村

B8 您配偶在打工地有没有和当地人交朋友？

　　　0 没有　　　1 有,一共交了＿＿＿＿个

二、婚姻意愿和择偶行为

C.婚姻意愿

C1.1 您想不想结婚＿＿＿(对已婚者,请问"如果现在重新让您选择,您想不想结婚＿＿＿")

　　　1 想(跳过 C1.3)　　　2 不想[即想独身](跳过 C1.2、C2 和 C3)

C1.2 您结婚的主要目的是(或者你为什么要结婚)(可多选)＿＿＿

　　　1 相亲相爱　　2 人生有伴,互相照应　　3 改善生活条件

　　　4 提高社会地位　　5 有健康的性生活　　6 传宗接代

　　　7 父母要求　　8 社会需要　　9 人人都这样

　　　10 人生的必然过程　　11 其他(请注明)＿＿＿

C1.3 您不想结婚是因为(可多选)＿＿＿

　　　1 婚姻束缚个人自由和个性发展

　　　2 担心婚姻会影响事业发展

　　　3 没有合适的对象

　　　4 对保持婚姻的长期稳定缺乏信心

　　　5 结婚会造成比较大的经济负担

　　　6 其他(请注明)＿＿＿

C2 您结婚后,希望的居住方式＿＿＿＿

1 和对方父母居住　　2 和自己父母居住　　3 和配偶单独居住

4 其他(请注明)＿＿＿＿＿＿＿

C3 您对未婚同居的看法是＿＿＿＿＿

1 坚决反对　　2 反对　　3 可以接受　　4 基本赞成

5 非常赞成

C4 您对傍大款/"包二奶"的看法是＿＿＿＿

1 非常不赞同　2 基本不赞同　　3 可以理解　　4 基本赞同

5 非常赞同

C5 您对婚外恋的看法是＿＿＿＿＿＿

1 非常不赞同　2 基本不赞同　　3 可以理解　　4 基本赞同

5 非常赞同

C6 您对婚姻的态度是(可多选)＿＿＿＿＿

1 婚姻必须有爱,不能凑合着过

2 即使不满意我的婚姻,我也不和配偶离婚

3 一个人一生只能结婚一次,万一离婚,我也不会再婚

4 一旦结婚,我就会保持对配偶的忠诚

5 一旦结婚,夫妻就应该居住在一起

6 一旦结婚,夫妻收入和财产就应该共享

7 其他(请注明)＿＿＿＿＿＿＿

D.择偶行为

D1.1 您的初恋是在＿＿＿＿岁,你认为＿＿＿＿岁恋爱最合适。

D1.2 您谈过＿＿＿＿次恋爱(初恋和未谈过恋爱的跳过 D1.3),在外地打工时谈过＿＿＿＿次。

D1.3 前一次恋爱没有成功的原因是:

1 没有住房　　2 收入太低　　3 父母反对　　4 分居两地

5 双方性情不合　　6 一方另有选择　　7 一方病、亡

8 其他(请注明)＿＿＿＿＿＿＿

D2 您(当初)找对象时,最先考虑＿＿＿＿＿＿

1 家乡人　　2 老乡　　3 拥有打工地户口的人

4 外地人(非老乡)　5 都可以

D3.1 您认为择偶对象生理条件中哪几个条件更重要? (可多选)＿＿＿＿

1 年龄　　2 身高　　3 体形　　4 容貌　　5 健康

6 其他(请注明)＿＿＿＿＿＿

D3.2 您认为择偶对象个人品质中哪几个条件更重要?(可多选)＿＿＿＿

1 老实可靠　　2 温柔体贴　　3 有修养　　4 聪明能干

5 有进取心　　6 孝顺长辈　　7 开朗幽默　　8 成熟有责任心

9 其他(请注明)＿＿＿＿＿＿

D3.3 您认为择偶对象物质条件中哪几个条件更重要?(可多选)＿＿＿＿

1 住房　　2 收入　　3 财产、积蓄　　4 无所谓

5 其他(请注明)＿＿＿＿＿＿

D3.4 您希望(当初)择偶的对象从事怎样的职业?＿＿＿＿＿＿

D3.5 您希望(当初)择偶的对象有怎样的收入水平?＿＿＿＿＿＿

1 和自己差不多　　2 比自己低　　3 比自己高　　4 无所谓

D3.6 您(当初)择偶时,主要考虑对方哪几个方面的条件?(按重要程度选三个)＿＿＿＿＿＿

1 生理条件　　2 个人品质　　3 物质条件　　4 家庭背景

5 社会关系　　6 政治面貌　　7 学历

8 其他(请注明)＿＿＿＿＿＿＿＿＿

D4.1 您认为以下哪一种夫妻年龄组合更合适:

1 丈夫大于妻子　　2 妻子大于丈夫　　3 丈夫妻子一样大

D4.2 您认为夫妻年龄相差＿＿＿＿＿＿岁比较合适

D5 您认为双方在下面哪几个方面需要互补?＿＿＿＿＿＿＿哪些方面需要一致?＿＿＿＿

1 理想志向　　2 思想观念　　3 道德修养　　4 兴趣爱好

5 性格脾气　　6 生活习惯　　7 其他(请注明)＿＿＿＿＿＿

D6 您希望(当初)通过哪种方式认识对方?＿＿＿＿＿＿＿

1 自己认识　　2 父母亲戚介绍　　3 朋友同事介绍

4 婚姻介绍所　　5 征婚广告　　6 网恋

7 其他(请注明)＿＿＿＿＿＿＿

D7 您(当初)恋爱时受到下列哪些因素的制约?(可多选)

1 户口在外地　　2 经济条件差　　3 打工地居民的排斥

4 语言不通　　5 心理障碍　　6 生活圈子小

7 社交圈中异性比较少　　8 闲暇时间短　　9 他人的干涉

10 个人观念保守　　11 其他(请注明)＿＿＿＿＿＿

D8 您(当初)择偶时,面临哪些困难?(请说明)＿＿＿＿＿＿＿＿＿＿

＿＿＿＿＿＿＿＿＿＿＿＿＿＿＿＿＿＿＿＿＿＿＿＿＿＿＿＿＿＿＿＿＿

D9 下列因素中哪些最可能影响您(当初)的恋爱观?(可多选)＿＿＿＿

1"金钱至上"的价值观　　2 打工地的文化和生活方式

3 家乡的文化或家庭观念　　4 身边朋友的观念和感情经历

5 自己的感情经历　　6 其他(请注明)＿＿＿＿＿＿

D10 您认为恋爱多长时间结婚比较合适(对已婚者,问"您当初恋爱多长时间结婚")?＿＿＿＿＿＿＿＿＿

1 半年内　2 1年内　3 1到2年　4 2年以上　5 无所谓

D11 您所认识的打工妹(仔)发生婚前性行为的比例是＿＿＿＿

D12 您是否赞同"恋爱就是为了结婚"观点?＿＿＿＿＿

1 非常不赞同　　2 不赞同　　3 说不清　　4 赞同

5 非常赞同

三、婚姻家庭状况(询问已婚者,未婚者选择性回答)

E.婚姻建立

E1.1 您的初婚年龄是＿＿＿周岁,当时您的配偶是＿＿＿＿周岁

E1.2 您理想的初婚年龄＿＿＿岁(未婚者也询问),与您实际初婚年龄存在差异的主要原因是(可多选)＿＿＿＿＿

1 经济条件　　2 父母要求　　3 对方要求　　4 自己选择

5 其他(请注明)＿＿＿＿＿

E2.1 您结婚的登记地在＿＿＿＿

1 男方户口所在地　　2 女方户口所在地

E2.2 您对婚姻法规定的"男女双方应当共同到一方当事人常住户口所在地的婚姻登记机关办理结婚登记",是否满意＿＿＿＿＿(未婚者也询问)

1 非常满意　　2 比较满意　　3 无所谓　　4 比较不满意

5 非常不满意

E3.1 您(希望将来)举办婚礼的地点在(可多选)＿＿＿＿＿(未婚

431

者也询问)

　　　　1 男方家　　2 女方家　　　3 男方或女方的打工地

　　　　4 其他(请注明)＿＿＿＿＿＿＿

　　E3.2 对举办婚礼地点的选择,是出于何种考虑?(可多选)＿＿＿＿＿

(未婚者也询问)

　　　　1 在该地亲戚朋友较多　　2 传统习俗的影响　　3 父母的要求

　　　　4 节约婚礼成本　　　　5 其他(请注明)＿＿＿＿＿＿＿

　　E4.1 您最理想的婚礼形式是(单选)＿＿＿＿＿＿＿＿

(未婚者也询问)

　　　　1 传统婚礼　　　2 旅游结婚　　　3 饭店结婚　　　4 教堂婚礼

　　　　5 集体结婚　　　6 其他(请注明)＿＿＿＿＿＿

　　E4.2 您实际举办婚礼的形式是(可多选)＿＿＿＿＿＿(选项同 E4.1)

　　E4.3 对婚礼形式的选择,是出于何种考虑?(可多选)＿＿＿＿＿

　　　　1 传统习俗的影响　　　2 婚礼成本的节约　　　3 个人喜好

　　　　4 父母要求　　　5 其他(请注明)＿＿＿＿＿(未婚者也询问)

　　E5.1 您结婚时的总开销是＿＿＿＿＿＿元

　　E5.2 您结婚时的各部分开销各是多少?

　　　　1 修建、装饰房屋＿＿＿＿元　　　2 购买家具和消费品＿＿＿元

　　　　3 送彩礼(置办嫁妆)＿＿＿元　　　4 拍婚纱照＿＿＿＿元

　　　　5 婚宴＿＿＿＿元　　　6 交通、住宿＿＿＿＿元

　　　　7 回馈亲友＿＿＿＿元　　　8 其他＿＿＿花费,计＿＿＿元

　　E5.3 您婚礼开销的资金主要来源是谁?各出多少资金?

　　　　1 男方父母＿＿＿＿元　　　2 女方父母＿＿＿＿元

　　　　3 男方本人＿＿＿＿元　　　4 女方本人＿＿＿＿元

　　　　5 其他＿＿＿＿,＿＿＿＿元

　　E6 您结婚的礼金收入为＿＿元;结婚的礼品(估价)收入为＿＿元

F.婚姻生活

　　F1.1 您在打工地时,与配偶的居住情况＿＿＿＿

　　　　1 住在一起　　　2 配偶在家乡

　　　　3 配偶也外出务工,但在另一个地区

　　F1.2 您外出打工时,孩子的居住的情况＿＿＿＿

1 和祖父母(外祖父母)住在家乡　　2 和父母一方住在家乡

3 和父母一方住在打工地　　4 和父母一起住在打工地

5 和其他亲友住在一起　　6 其他_____

F2 您觉得您的家庭地位如何?　_____

1 非常高　　2 比较高　　3 一般　　4 比较差　　5 非常差

F3 您是否觉得自己在家庭经济支配方面的自主权太少?　_____

1 经常感到不自由　　2 有时感到　　3 偶尔感到　　4 从来

没有

F4.1 在您家,下列这些家务劳动主要是由谁承担?

	丈夫	妻子	家中老人	子女	其他人(请注明)
1 做饭	1	2	3	4	
2 洗碗	1	2	3	4	
3 洗衣服	1	2	3	4	
4 收拾屋子、做卫生	1	2	3	4	
5 日常家庭采购	1	2	3	4	
6 照料孩子	1	2	3	4	
7 辅导孩子功课	1	2	3	4	
8 买煤(换煤气)等力气活	1	2	3	4	

F4.2 您认为目前的家务分工对您来讲是否公平?　_____

1 很不公平　　2 不大公平　　3 较公平　　4 很公平

F5 请您仔细回忆一下,在打工时,您平均每天用于下列活动的时间

各是多少?

1 工作/劳动/经营活动	小时　　分钟
2 往返路途	小时　　分钟
3 做饭	小时　　分钟
4 家庭清扫、洗衣	小时　　分钟

续表

1 工作/劳动/经营活动	小时	分钟
5 其他家务劳动	小时	分钟
6 看电视	小时	分钟
7 其他休闲活动(如看报纸、小说,聊天、娱乐等)	小时	分钟
8 学习	小时	分钟
9 睡觉	小时	分钟

备注:以上时间之和应少于 24 小时。

F6.1 在下列家庭事务的决定上,你们夫妻通常以谁的意见为主?

	丈夫	妻子	夫妻共同	其他人(请注明)
1 家庭日常开支	1	2	3	
2 购买高档用品/大型农机具	1	2	3	
3 是否要孩子	1	2	3	
4 孩子的升学/就业	1	2	3	
5 买房/盖房	1	2	3	
6 从事什么工作	1	2	3	
7 投资或贷款	1	2	3	

F6.2 在下列事务的处理上,您是否能自己做主?

	完全可以	基本可以	一般	基本不可以	完全不可以
1 购买个人的高档用品	1	2	3	4	5
2 出外学习或打工	1	2	3	4	5
3 资助自己父母	1	2	3	4	5

F6.3 在您家,下列财产是以谁的名字登记的?

	丈夫	妻子	父母	子女
1 住房	1	2	3	4
2 存款(多数情况下)	1	2	3	4

F7 在夫妻性生活中您是否有过下列情况

	经常	偶尔	从未	不回答
主动向对方表示性要求	1	2	3	9
拒绝对方的性要求	1	2	3	9

F8.1 在夫妻性生活中,配偶是否经常与您交流性感受?＿＿＿＿＿＿

　　　1 从不　　2 偶尔　　3 有时　　4 经常

F8.2 您和配偶近来在性交前拥吻、抚爱等亲昵的时间一般有多长时间?＿＿＿＿＿

　　　a 无亲昵行为　　b 1～2 分钟　　c 3～5 分钟　　d 6～10 分钟

　　　e 11～20 分钟　　f 20 分钟以上

F8.3 您在近来的性生活中是否经常体验到性快感(性高潮)?＿＿＿

　　　1 没有　　2 偶尔　　3 有时　　4 经常　　5 每次

F8.4 除了性生活以外,您夫妻之间平时是否经常有亲昵行为(如牵手、亲吻等)?＿＿＿＿＿＿

　　　1 从不　　2 偶尔　　3 有时　　4 经常

G.婚姻质量

G1 从您目前的自我感觉来讲,您和配偶的婚姻生活在以下各方面可以打几分? (假如 7 分表示"非常满意",1 分表示非常不满意)

　　　非常满意 | 7 6 5 4 3 2 1 | 非常不满意

　　　1 平等＿＿＿＿＿分　　2 独立＿＿＿＿＿分　　3 和谐＿＿＿＿＿分

　　　4 幸福＿＿＿＿＿分

G2 在目前的夫妻生活中,您对以下各方面的满意度可以打几分? (评分标准同 G1)

　　　1 感情生活＿＿＿＿＿分　　2 性生活＿＿＿＿＿分

　　　3 物质生活＿＿＿＿＿分　　4 余暇生活＿＿＿＿＿分

G3 您对配偶以下各方面的满意度可以打几分? (评分标准同 G1)

　　　1 能力＿＿＿＿＿分　　2 收入＿＿＿＿＿分　　3 信任您＿＿＿＿＿分

　　　4 尊重您＿＿＿＿＿分　　5 体贴您＿＿＿＿＿分

G4 总的来说,您对您配偶的满意度可以打几分? (评分标准同 G1)＿＿

G5.1 您觉得您夫妻目前的感情好吗？　_____

　　1 很好　　2 较好　　3 一般　　4 比较淡漠疏远　　5 破裂

G5.2 从您的自我感觉来讲,您觉得您的夫妻关系目前主要依靠以下哪些因素来维系？（可多选）_____

　　1 爱情　　2 子女　　3 经济　　4 责任　　5 舆论

　　6 不想让父母操心　　7 父母反对我们离婚

　　8 其他（请注明）_____

G6.1 从总体来讲,您认为自己在婚姻中得到的多还是付出的多？　__

　　1 付出的多　　2 差不多　　3 得到的多

G6.2 您是否对自己的婚姻有过失望的感觉？　_____

　　1 经常有　　2 有时有　　3 偶尔有　　4 从来没有

G6.3 在日常生活中,配偶是否经常指责或否定您？　_____

　　1 经常　　2 有时　　3 偶尔　　4 从来没有

G7.1 近一年来您曾经有过和配偶分手的念头吗？　_____

　　1 经常有　　2 有时有　　3 偶尔有　　4 从来没有（跳过 G7.2）

G7.2 您产生离婚的念头的主要原因是（可多选）_____

　　1 感情破裂　　2 长期分居两地　　3 对方婚外恋

　　4 与对方父母亲属不合　　5 性生活不和谐　　6 家务矛盾

　　7 家庭暴力　　8 对方不求上进　　9 对方赌博或吸毒等

　　10 其他（请注明）_____

G8.1 近一年来你俩有无发生争吵？　_____

　　1 经常　　2 有时　　3 偶尔　　4 从来没有（跳过 G8.2）

G8.2 夫妻发生争吵后有无出现过如下情况？（可多选）_____

　　1 一方主动认错　　2 互相妥协　　3 互相不理睬

　　4 离家出走　　5 动手打人　　6 威胁离婚

　　7 其他（请注明）_____

四、生育意愿和生育行为

H. 生育意愿

H1 您觉得最合适的生育年龄是_____岁,婚后_____年生小孩最合适。

H2.1 如果让您(重新)选择,您想不想要孩子_____

　　　　0 不想(跳过 H9)　　　1 想(跳过 H2.2)

H2.2 您不想生育是出于怎样的考虑?(可多选)_____

　　　　1 增加经济负担　　　2 带来家务负担和心理压力

　　　　3 限制自由和兴趣发展　　4 影响工作　　5 影响夫妻关系

　　　　6 生孩子后身材难以恢复　　　7 不喜欢孩子

　　　　8 中国人口已经太多了　　　9 其他(请注明)_____

H3.1 如果没有计划生育政策的限制,您觉得生养_____个小孩最好,其中男孩数_____个,女孩数____个。

H3.2(询问 H3.1 回答希望生养 1 个小孩的被调查者)您希望只生一个孩子的原因是什么?(可多选)_____

　　　　1 经济条件限制,生多了养不起

　　　　2 工作太忙,没有时间生育或照顾孩子

　　　　3.孩子少,负担轻,可以快点致富

　　　　4 只要一个孩子有利于其教育和健康

　　　　5 其他(请注明)_____

H4.1 如果只生一个小孩,您希望这个孩子的性别是_____

　　　　1 男孩　　　2 女孩　　　3 无所谓

H4.2 如果生养两个小孩,您希望这两个孩子的性别是_____,您认为间隔_____年生育比较合适

　　　　1 两个男孩　　　2 两个女孩　　　3 一男一女

H5 您认为生养孩子的主要目的是什么?(可多选)____

　　　　1 传宗接代　　　2 养儿防老　　　3 提高家庭经济收入

　　　　4 增加家庭的乐趣　　　5 孩子事业有成增添家庭荣誉

　　　　6 增进夫妻感情　　　7 体现个人能力与成功

　　　　8 人生无憾和家庭圆满　　　9 其他(请注明)_____

H6 在(将来)生育的过程中,您考虑最多的是(可多选)_____

　　　　1 生几个孩子　　　2 至少生一个男孩　　　3 至少生一个女孩

　　　　4 生健康的孩子　　　5 让孩子接受最好的教育

　　　　6 其他(请注明)_____

H7 到老年时,您比较倾向于哪种养老方式?_____

1 自己居住　　2 与子女同住　　　3 进养老院

4 其他(请注明)＿＿＿＿＿＿＿

I.生育行为

I1 您(或您妻子)第一次生育的年龄是＿＿＿岁(指孩子母亲的第一次生育的年龄)

I2 您现在一共有＿＿＿＿个孩子

您第一个孩子今年＿＿＿岁,是＿＿＿1 男孩　2 女孩,出生地在＿＿＿
1 家里　2 打工地

您第二个孩子今年＿＿＿岁,是＿＿＿1 男孩　2 女孩,出生地在＿＿＿
1 家里　2 打工地

您第三个孩子今年＿＿＿岁,是＿＿＿1 男孩　2 女孩,出生地在＿＿＿
1 家里　2 打工地

您第四个孩子今年＿＿＿岁,是＿＿＿1 男孩　2 女孩,出生地在＿＿＿
1 家里　2 打工地

其他(请注明)＿＿＿＿＿＿＿＿＿＿＿＿＿＿＿＿＿＿＿＿＿

I3 您了解一般的避孕知识吗?　＿＿＿＿＿＿

1 很了解　　2 比较了解　　3 一般　　4 了解不多

5 不了解(跳问 I5)

I4 您是通过何种渠道获取避孕知识的?(可多选)＿＿＿＿＿＿

1 计划生育宣传　2 听朋友说的　　3 夫妻交流　4 电视、广播

5 报纸杂志　　　6 其他(请注明)＿＿＿＿＿＿＿＿＿＿

I5 目前你们夫妻以谁为主采取避孕措施?　＿＿＿＿＿＿

1 女方　　2 男方　　3 夫妻都采取　　4 双方都没采取

五、离婚与再婚(仅询问离婚和再婚者,丧偶再婚者仅回答 J6.1、J6.2 以及 J7.1 和 J7.2)

J1.1 您是＿＿＿年离婚的

J1.2 您当时的婚姻持续了＿＿＿＿＿年

J1.3 离婚由哪方提出?　＿＿＿＿＿＿

1 女方　　2 男方

J1.4 您当时离婚的原因是:(可多选)＿＿＿＿＿＿

1 感情破裂　　2 长期分居两地　　3 对方婚外恋

4 与一方父母亲属不合　　5 性生活不和谐　　6 家务矛盾

7 家庭暴力　　8 一方不求上进　　9 一方赌博或吸毒等

10 其他(请注明)＿＿＿＿＿＿＿

J2 离婚后,孩子的监护权归＿＿＿＿＿＿＿(没有小孩的跳过)

　　1 女方　　2 男方

J3.1 您认为离婚对谁的影响更大?(可多选)＿＿＿＿＿

　　1 女方　　2 男方　　3 孩子　　4 对双方父母

J3.2 离婚的影响主要表现在哪些方面?＿＿＿＿＿

　　1 降低生活水平　　2 增加心理压力　　3 影响孩子正常成长

　　4 损坏身体健康　　5 影响职业发展　　6 其他(请注明)＿＿＿

J4.1 您离婚后是否再婚?＿＿＿＿＿

　　0 否——原因是(可多选):(跳过以下所有问题)

　　1 子女父母干涉　　2 个人观念　　3 世俗偏见

　　4 没有合适的对象

　　5 经济条件差　　6 年纪太大　7 子女拖累

　　8 已经绝育不能生育　　9 其他(请注明)＿＿＿＿＿＿

　　1 是

J4.2 离婚后＿＿＿＿年再婚。

J5.1 您以前配偶的户口所在地类型为＿＿＿＿＿

　　1 城市　　2 镇　　3 农村

J5.2 您以前配偶的受教育程度是＿＿＿＿

　　1 文盲、半文盲　　2 小学　　3 初中

　　4 高中、中专等中等技术学校　　5 大专　　6 大学

　　7 研究生

J5.3 您以前配偶的职业是＿＿＿＿＿＿＿(请注明具体从事的职业)

J6.1 再婚后对方有小孩吗?＿＿＿＿＿

　　0 没有

　　1 有　　其中男孩数＿＿＿＿个,女孩数＿＿＿＿个。

J6.2 再婚后你们有生育小孩子吗?＿＿＿＿＿

　　0 没有

1 有　　其中男孩子＿＿＿＿＿＿个,女孩子＿＿＿＿＿＿个。

J7.1 您所认识的已婚打工者,离婚的比例大约为＿＿＿＿＿＿＿＿＿＿

(所有人都询问)

J7.2 他们离婚的主要原因是什么?(可多选)(选项同 J1.4)＿＿＿＿＿＿

(所有人都询问)

后　记

　　历时六年的本课题研究终于在 2009 年的圣诞节即将到来之际大功告成了。窗外天上的冬阳灿烂温暖，乌龙江上的碧波悠然荡漾，大庄园里依然花红草绿；窗内刚做过卫生的居室一片整洁，几盆万年青更加翠绿欲滴，把餐桌上几天前摆放的几支红玫瑰衬托得格外红火娇艳。作为这里的主人，我以这些年久违的轻松与满足，开始了庆祝胜利的"后记"写作。

　　坦白地说，我喜欢写"后记"。因为每每在键盘上敲下"后记"时，我都会通过翻阅细心留下来的各种资料、电子邮件、短信、笔记和照片等等，从当年的研究始发点再一次一步又一步地走过来。这既是一个锻炼记忆不忘当初的过程，又是一个激励自己感恩他人的仪式。

　　翻到一张在厦门大学公共事务学院成立庆典上我与中国社会科学院人口研究所原所长、中国人口学会原常务副会长田雪原教授合影的照片，看到田所长充满学者智慧的微笑，我一下子感悟到，其实研究的收获更多来自学术贤人的鼓励与指点。谢谢您，田雪原教授！谢谢所有热心提携和帮助过这个课题研究的学界同人，你们的信任和同行是我的莫大荣幸！

　　这是我于 2006 年 8 月 19 日发给自己指导的研究生的一封电子邮件："……老师现在美国费城。虽和祖国相离甚远，但依然'文债缠身'啊！这不，刚编完《女性学导论》一书，又铺开对流动人口婚姻家庭问题的研讨。附件是老师刚刚设计出来的国家社科基金项目的最终成果——《流动人口的婚姻家庭研究：基于 2003—2005 年的调查》一书的写作提纲。希望通过大家的共同参与，尽快出版这本专著……晚安！老师想念你们！"从调查问卷的设计，到对大学生调查员的培训，再到我们一起深入公司厂房、社区、工地、街头小店，甚至在出租车上（司机也是流动人口）对流动人口的问卷调查；从问卷初始资料的录入，到对样本特征的描述分析,再到无数次的解释模型拟合;从研究总体框架和写作布局的拟定,到分工合作中的初稿形成,再到最终成果的修正与定稿,我和厦门大学人口研究所的同人、我的硕士和博士研究生等再一次享受到精诚合作的快乐与效率。谢谢大家对学术缘分的珍惜,它让我坚信,一个拥有共同学术追求的团队是不可能放弃努力的!谢谢对这次合作研究提供支持的各个机构及其相关人员,包括接受问卷调查的流动兄弟姐妹,没有你们创造便利及积极参与,我们的努力要转化为成功也是很难的。

六年的研究合作不仅让我们在流动人口研究领域又留下一个学术进取的记忆,而且还把我们带入一个令人喜悦的人生流动中,参与写作的这些弟子和他们的导师一起都经历了一段富有收获的变化:

负责第一章第二节、第二章第三节写作的孙琼如从任职的华侨大学公共管理学院刚刚考上厦门大学社会学系女性社会学方向的博士生,可以说是最迟介入这个研究合作的,她是因为考博才有机会和此书的写作结缘的。

承担第三章著述的石红梅是我的开门弟子,当她出色完成这个研究任务时,不仅拿到博士学位,而且很快就要利用国家留学基金的资助前往美国做一年的访问学者。

负责第四章第一节和第四节、第七章,以及第九章第三节写作的王玲杰,在顺利获得博士学位后,就返回家乡,成为河南省社科院经济研究所的一名专职研究人员。王玲杰对本书的贡献还包括认真阅读了第一章以外的各章节,并做了初步的修改与统稿。

负责第四章第二节和第三节写作任务的叶妍,在顺利获得硕士学位后,用自己的实力在厦门大学生命科学学院获得了留校任职的好机会,不过最后她还是放弃在母校发展的机遇,再次用实力东渡日本,开始了攻读博士学位的异国求学之路。

负责第五章写作的夏怡然,现在是温州大学的教师,2007年用一声"我嫁人了"的呼喊向人们展现了她那难以抑制的喜悦。

负责第六章写作的叶苏和夏怡然都是同一届的同门师姐妹,毕业后作为调干生被中共福建省委组织部选送到罗源县下基层锻炼,后来调离罗源任职中共福州市委办公厅秘书。

撰写第八章的葛学凤与叶妍同一届,她也留在厦门大学任职。

分别负责第九章第一节和第二节写作的胡旭彬和陈颐,都是王玲杰的同一届师兄妹,旭彬报名援藏,并在那里完成了关于藏区可持续发展的博士论文研究,而陈颐依然不离厦门大学,在厦门大学台湾研究院从事博士后学术研究。

除了拟定研究框架、搭建写作提纲还有全书的定稿以外,我所负责的第一章第一、三、四、五节,第二章第一、二、四节和第十章的写作,也是在流动中,特别是在多次往返美国的探亲度假中完成的。2005年年初组织完第二次的问卷调查不久,我就于3月5日离开厦门大学到福州履新。在这里我要好好感谢厦门大学公共事务学院、福建金融职业技术学院以及福建江夏学院共事的各位领导,谢谢你们对我行政之余学术研究的关心与支持!

在今天收笔之际,我还要代表课题组全体研究人员,感谢国家社科基金对我们的厚爱和信任,为我们提供这么难得的研究机会;感谢厦门大学社科处、福建省社科规划办给予我们非常友好的支持和帮助;感谢原福建金融管理干部学院学报编辑部的各位老师为本研究成果提供认真而细致的编校服务。

最后,还要把我们的谢意献给厦门大学出版社和责任编辑许红兵老师,你们的信任和支持放大了这次研究的成就感和幸福感!

叶文振
2009 年 12 月

补记:这是一本本来在十多年前就要推出的学术专著,只是因为一些原因拖滞,直到今天才付梓出版。借此要特别感谢厦门大学出版社的厚爱和责任编辑许红兵老师的支持,一直没有转移对这个研究成果的关注,没有淡忘对我们多年努力的鼓励。

显然,在这时光荏苒的十多年里,特别是进入新时代以来,我国社会经济形势、人口发展状况,以及国家的人口流动和生育政策都发生了巨大变化。有的学者就指出,"在当前的中国人口发展格局中,以人口高频率、大规模流动为标志的'迁徙中国'形态已是最为重要的特点之一"。据统计,2020年,我国流动人口规模继续扩大到 3.76 亿,占当年总人口的 26.63%,其中从农村流向城镇的人口规模为 3.3 亿人,占比高达近 88.1%。国家生育政策也从单独二孩过渡到 2016 年的全面二孩、2021 年的全面三孩政策,尤其是 2023 年 5 月召开的二十届中央财经委员会第一次会议指出:"必须全面认识、正确看待我国人口发展新形势。要着眼强国建设、民族复兴的战略安排,完善新时代人口发展战略,认识、适应、引领人口发展新常态,着力提高人口整体素质,努力保持适度生育水平和人口规模,加快塑造素质优良、总量充裕、结构优化、分布合理的现代化人力资源,以人口高质量发展支撑中国式现代化。"在婚姻家庭方面,推迟结婚生育、少子化、较高离婚率成为一种趋势性特征,习近平总书记关于重视家庭、重视家教和重视家风的重要论述正在推动社会主义家庭文明新风尚的形成,助力和引领新时代婚姻家庭的建设和发展。

站在如此变化的背景下,回望发生在当年的流动人口婚姻家庭生活及其出现的问题与治理,一方面可以把人口流动从时间上接续起来,形成一个完整的动态链条,把握从变化过程当中呈现出来的规律性,另一方面客观展示当时的流动人口婚姻家庭生活状况、存在问题及其成因与对策,有利于进行跨时间的历史比较,既可以证明我们当时的研究发现和成果的真实性和科学性,为现时的理论思考和新政出台提供更多的实践支撑,又能把过往和新时代结合起来,深化对流动人口婚姻家庭变化与发展规律的认识,更好地预测和引领流动人口婚姻家庭的未来走向,提升他们婚姻家庭生活的获得感、幸福感和安全感。所以这个国家社科基金资助的研究成果出版,将会丰富我们对 21 世纪初流动人口婚姻家庭的了解和认识,也会强化我们对包括流动人口婚姻家庭高质量发展在内的我国人口高质量发展的信心和期待。

最后,我要代表课题组的全体成员,把最美好祝福献给所有的流动人口,恭祝他们能够拥有更多的政策资源和文化意识,在流动发展和婚姻家庭稳定与幸福之间形成更加良性的双向互动,在以人口高质量发展支撑中国式现代化的过程中做出更大的新时代贡献!

叶文振

2024 年 4 月

于福州大学城闽都大庄园